21世纪经济与管理规划教材
物流管理系列

现代物流配送管理（第二版）

MODERN LOGISTICS DELIVERY MANAGEMENT

于宝琴　吴津津　等/编著

北京大学出版社
PEKING UNIVERSITY PRESS

图书在版编目(CIP)数据

现代物流配送管理/于宝琴,吴津津等编著. —2版. —北京:北京大学出版社,2009.8

(21世纪经济与管理规划教材·物流管理系列)

ISBN 978-7-301-15641-4

Ⅰ. 现… Ⅱ. ①于… ②吴… Ⅲ. 物流-物资管理-高等学校-教材
Ⅳ. F252

中国版本图书馆CIP数据核字(2009)第139181号

书　　　名:现代物流配送管理(第二版)
著作责任者:于宝琴　吴津津　等编著
策 划 编 辑:石会敏
责 任 编 辑:袁　辉　石会敏
标 准 书 号:ISBN 978-7-301-15641-4/F·2263
出 版 发 行:北京大学出版社
地　　　址:北京市海淀区成府路205号　100871
网　　　址:http://www.pup.cn
电　　　话:邮购部62752015　发行部62750672　编辑部62752926　出版部62754962
电 子 邮 箱:em@pup.cn
印　刷　者:北京宏伟双华印刷有限公司
经　销　者:新华书店
730毫米×980毫米　16开本　26印张　456千字
2004年2月第1版
2009年8月第2版　2016年1月第4次印刷
印　　　数:8001—10000册
定　　　价:35.00元

前　言

在全球经济一体化的进程中，物流的地位和作用，显得比任何时候都更为重要。配送是一项特殊的、综合性的物流运动，其运行和发展有着深刻的社会根源和历史背景。传统的作坊式营销方式，以及分散、低效、高耗的物流形式，必然导致流通成本居高不下。2007 年全国社会物流总费用为 45 406 亿元，同比增长 18.2%，增幅比 2006 年提高 4.7%。社会物流总费用与 GDP 的比率由 2006 年的 18.3% 提高到 18.4%，上升 0.1%。当今世界没有哪家企业不关注成本控制、经营效率、改善顾客服务，而这一切都建立在高效率的物流配送系统基础之上。在市场经济体系中，物流配送如同人体的血管，把国民经济各个部分紧密地联系在一起。我们已经加入 WTO，这意味着通过高效率物流配送打竞争战的时代已经到来，看清这一点的企业及管理者才能成为未来竞争急流中的弄潮儿。

本书以物流配送系统为对象，论述了配送的基本原理、类型；归纳了配送的主要模式、组成、基本环节、工业流程；研究了配送合理化和配送方案优化的数学方法；对配送中心的功能、作用、作业流程、设施设备和选址进行了深入探讨；对智能配送系统的技术支持与人力支持、主要技术和设计做了初步探索；特别分析了配送操作中的难点并提出了相应的对策。以实例论述了分销与物流的关系及分销面临的物流问题。本书触及现代物流配送中的一些深层次问题，提出系统和系统工程的观点是物流学最基本的思想，对物流配送系统的操作是一个系统工程，强调了只有系统化才能科学化；要让物流配送形成一门科学，就必须把它建立在系统基础之上。本书注重理论与实践的结合，案例说明有机地结合到篇章中。因此它既适合于作物流专业、电子商务专业的教材，也是初学者入门的好向导。另外，它还向物流配送理论的研究者、教师、物流配送管理部门、管理人员和决策者，提供了某些可以参考或值得借鉴的思想和方法。

2004 年 2 月我们出版了《现代物流配送管理》一书，该书被许多高等院校相关专业选作教材。几年来我们收到许多读者,尤其是作为教材使用的教师的来信和邮件,他们提出了很多建议和鼓励。面对我国物流事业的蓬勃发展,物流配送技术的深入应用,我们及时更新了书中部分内容,今天在北京大学出版社林君秀、石会敏等编辑的鼎力协助下,《现代物流配送管理》(第二版)终于出版了。

本书第 1 章由宋耀煦、于宝琴改编,第 2 章由单芳改编,第 3 章由刘世杰、吴津津、武淑萍改编,第 4 章由吴津津、龙丽群改编,第 5 章由吴迪改编,第 6 章由吴津津、刘勍杨编写,全书由于宝琴、吴津津组稿、审定。

物流配送系统的理论和方法仍处在发展过程中,需要有志于此项工作的人们共同努力去完善和充实。由于作者水平有限,不足之处恳请批评指正。

编　者

2008.11

目　录

第1章 配送概述

教学目的

- 配送产生的背景及配送概念；
- 配送的类型；
- 零库存概念；
- 配送的现状与发展。

配送是现代物流的一个重要内容。它是现代市场经济体制、现代科学技术和现代物流思想的综合产物。它与人们所熟知的“送货”有着本质的区别。现代企业界普遍认识到，配送是企业经营活动的重要组成部分，它能给企业创造出更多的效益，是企业增强自身竞争力的重要手段。本章从引导案例——联华生鲜食品加工配送中心出发，介绍了配送产生的背景，论述了配送的兴起、概念和类型，介绍了发达国家配送的状况和经验，分析了我国配送现状、存在的问题及配送中心发展的基本对策，本章最后一节论述了电子商务条件下的物流配送和配送的未来发展趋势。

引导案例

联华生鲜食品加工配送中心

联华生鲜食品加工配送中心是我国目前设备最先进、规模最大的生鲜食品加工配送中心，总投资6 000万元，建筑面积35 000平方米，年生产能力20 000吨，其中肉制品15 000吨，生鲜盆菜和调理半成品3 000吨，西式熟食制品2 000吨。产品分为15大类，约1 200种生鲜食品。在生产加工的同时，配送中心还从事水果、冷冻品以及南北货的配送任务。

连锁经营的利润源重点在物流，物流系统好坏的评判标准主要有两点：物流服务水平和物流成本。联华生鲜食品加工配送中心就是在这两个方面都做得比较好的一个物流系统。

生鲜商品按其秤重包装属性可分为：定量商品、秤重商品和散装商品；按物流类型可分为：储存型、中转型、加工型和直送型；按储存运输属性可分为：常温品、低温品和冷冻品；按商品的用途可分为：原料、辅料、半成品、产成品和通常商品。生鲜商品大部分需要冷藏，所以其物流流转周期必须很短，以便节约成本；生鲜商品保质期很短，客户对其色泽等要求很高，所以在物流过程中需要快速流转。

在生鲜配送中心有两个评判标准，通俗地归结起来就是“快”和“准确”，本案例从订单管理方面说明联华生鲜配送中心是如何做的。

门店的要货订单通过联华数据通信平台，实时地传输到生鲜配送中心，在订单上标明各商品的数量和相应的到货日期。生鲜配送中心接收到门店的要货数据后，立即输入系统中，生成门店要货订单，然后按不同的商品物流类型进行不同的处理：

(1) 储存型的商品：系统计算当前的有效库存，比对门店的要货需求、日均配货量和相应的供应商送货周期，自动生成各储存型商品的建议补货订单，采购人员根据此订单再根据实际情况做一些修改，即可形成正式的供应商订单。

(2) 中转型商品：此种商品没有库存，直进直出，系统根据门店的需求汇总，按到货日期直接生成供应商的订单。

(3) 直送型商品：根据到货日期，分配各门店直送经营的供应商，直接生成供应商直送订单，并通过 EDI 系统直接发送到供应商。

(4) 加工型商品：系统按日期汇总门店要货，根据各产成品/半成品的 BOM 表计算物料耗用，比对当前的有效库存，生成加工原料的建议订单，生产计划员根据实际需求做出调整，发送采购部生成供应商原料订单。

各种不同的订单在生成完成或手工创建后，通过系统中的供应商服务系统自动发送给各供应商，时间间隔在 10 分钟内。

1.1　配送产生的背景及配送概念

1.1.1　配送产生的背景

配送的雏形最早出现于20世纪60年代初期,在这个时期,物流运动中的一般性送货方式开始向备货、送货一体化方向转化。从形态上看,初期的物流只是一种粗放型、单一型的活动。这时的配送活动范围很小,规模也不大。在这个阶段,企业开始配送活动的主要目的是为了促进产品销售和提高其市场占有率。因此,配送主要是以促销手段的职能来发挥其作用的。20世纪60年代中期,在一些发达国家,随着经济发展速度的逐渐加快,以及由此带来的货物运输量的急剧增加和商品市场竞争的日趋激烈,配送得到最初的发展。

配送作为一种新型的物流手段,是在变革和发展仓库业的基础上开展起来的。传统的仓库业是以储存和保管货物作为主要职能,其基本功能是保持储存货物的使用价值,为生产连续运转和生活正常进行提供物资保障。但是在生产节奏加快、社会分工不断扩大、竞争日益激烈的情况下,迫切要求缩短流通时间和减少库存资金的占用。因此,急需社会流通组织提供系列化、一体化、多项目的后勤服务。许多经济发达国家的仓储业开始调整内部结构,扩大业务范围,转变经营方式,以适应市场的变化对仓储功能提出的新要求。许多老式仓库变成了商品流通中心,其功能由货物"静态储存"转变成"动态储存",其业务活动由原来的单纯保管、储存货物转变成向社会提供多种服务,并且把保管、储存、加工、分类、挑选和输送等连成一个整体。这样,配送就真正形成和发展起来了。

总之,配送的产生既是社会化分工进一步细化的结果,又是社会化大生产发展的客观要求。

1.1.2　配送的概念

1. 配送的定义

在《中华人民共和国国家标准·物流术语》一书中,配送中心是这样定义的:

从事配送业务,具有完善的信息网络的场所或组织,应基本符合下列要求:

（1）主要从事为特定的用户服务；

（2）配送功能健全；

（3）辐射范围小；

（4）多品种、小批量、多批次、短周期；

（5）主要为末端客户提供配送服务。

中国物资流通协会副会长王之泰在《物流学》一书中对配送中心的定义如下："配送中心是从事货物配备（集货、加工、分货、拣选、配货）和组织对用户的送货，以高水平实现销售或供应的现代流通设施。"配送中心是从传统的仓库发展起来的一个综合性物流设施。传统的仓库主要完成的任务是存储、装卸和搬运，而现代的配送中心则需要包括运输、存储、装卸、搬运、包装、流通加工、配送、信息处理等所有要素。配送中心通过为供应链成员企业集中采购，提供类似联合库存的功能，对供应链成员的集货/送货统一规划以达到降低物流成本的目的。另外，配送中心还提供拣货、分类包装、重新包装、组合包装及粘贴标签等流通加工作业。

2．配送的特征

（1）配送和送货的区别。配送不是一般概念的送货，也不是生产企业推销产品时直接从事的销售性送货，而是从物流据点至用户的一种特殊送货形式。从送货功能看，配送的特殊性表现为：

• 从事送货的是专职流通企业，而不是生产企业；

• 配送是"中转"型送货，而一般送货，尤其从工厂至用户的送货，往往是直达型送货。

• 一般送货是生产什么送什么，有什么送什么，配送则是需要什么送什么。

（2）配送和输送、运输概念的区别。配送不是单纯的运输或输送，而是运输与其他活动共同构成的有机体。配送中所包含的那一部分运输活动在整个输送过程中是处于"二次输送"、"支线输送"、"末端输送"的位置，其起止点是物流据点至用户。

（3）配送和一般概念的供应或供给的区别。配送不是广义概念的组织物资订货、签约、结算、进货及对物资处理分配的供应，而是以供给者送货到户的形式进行供应。从服务方式来讲，是一种"门到门"的服务，可以将货物从物流据点一直送到用户的仓库、营业所、车间乃至生产线的起点。

（4）配送和运送、发放、投送概念的区别。配送是在全面配货基础上，充分按用户要求，包括种类、数量、时间等方面的要求所进行的运送。因此，除了各种“运”、“送”活动外，还要从事大量分货、配货、配装等工作，是“配”和“送”的有机结合形式。

3. 配送活动的基本特征

（1）配送不仅是送货，它是配货、分货、送货等活动的有机结合体。配送是以分拣和配货为主要手段，以送货和抵达为目的的一种特殊的综合性物流活动。其特殊性表现在它包含了某一段的装卸、包装、流通加工、保管等活动，但又不是这些活动的全部或全过程。因此，配送不能简单地等同于运输或其他物流活动的全部。

（2）配送的概念描述了接近用户资源配置的全过程。

配送不仅是在恰当的时间、通过恰当的方式、恰当的费用将商品最终传递给需求者，而且将最优质的服务传递给需求者。因此，它一头连接着物流系统的业务环节，一头连接着消费者，直接面对服务对象的各种服务要求。配送功能完成的质量及其达到的服务水准，最直接而又具体地反映了物流系统对需求的满足程度。

（3）配送是一种专业化的分工方式，是大生产、专业化分工在流通领域的体现。

以往送货形式的目的仅仅在于多销售一些商品。而配送活动作为营销活动的重要手段，准确而又稳定的配送活动可以在保证供给的同时，最大限度地降低生产或者流通企业对商品的库存，从而降低总的销售成本。

1.2　配送的类型

在长期的实践中，配送以不同的运作特点和方式满足不同顾客的要求，从而形成了不同的配送类型，如表 1-1 所示。由表 1-1 可知，这些配送类型是根据不同的标准来划分的，下面分别叙述各类的特点。

表 1-1 配送类型

分类标准	配送机构	配送商品的种类及数量	配送时间及配送数量	配送组织的经济功能	配送组织的专业化程度
类型	• 配送中心配送 • 商店配送 • 仓库配送 • 生产企业配送	• 少品种大批量配送 • 多品种小批量配送 • 配套(成套)配送	• 定时配送 • 定量配送 • 定时定量配送 • 定时定路线配送 • 即时配送	• 销售配送 • 供给配送 • 销售—供应一体化配送 • 代存代供配送	• 综合配送 • 专业配送

1.2.1 按照配送机构划分

按配送的组织机构不同,可以把配送分为以下几种形式:

1. 配送中心配送

这种配送的组织者是专职从事配送的配送中心。这种配送中心专业性强,和客户有固定的配送关系,一般实行计划配送。需配送的商品通常有一定的库存量,一般情况下很少超越自己的经营范围。这种配送中心的设施及工艺流程是根据配送需要专门设计的,所以配送能力强,配送品种多,配送数量大,可以承担企业主要物资的配送及实行补充性配送等,是配送的主要形式。

配送中心的配送覆盖面宽,是一种大规模的配送形式,必须有配套的大规模实施配送的设施,如配送中心建筑、车辆、路线等,一旦建成就很难改变,灵活机动性较差,投资较高。因此,这种配送形式有一定的局限性。

2. 商店配送

这种配送形式的组织者是商业或物资的门市网点,这些网点主要承担商品的零售,一般来讲规模不大,但经营品种比较齐全。除日常经营的零售业务外,这种配送方式还可以根据用户的要求,将商品经营的品种配齐,或代用户外订外购一部分本商店不经营的商品,与商店经营的品种一起配齐运送给客户。

这种配送组织者实力有限,往往只是零售商品的小量配送,所配售的商品种类繁多,但是用户的需求量并不大,甚至于某些商品只是偶尔需要,很难与大配送中心建立计划配送关系,所以常常利用小零售网点从事此项工作。

由于商业及物资零售网点数量较多,配送半径较小,所以比较灵活机动,可承担生产企业非主要生产物资的配送以及对消费者个人的配送。可以说,这种配送是配送中心配送的辅助及补充形式。商店配送有两种主要形式:

(1) 兼营配送形式。进行一般销售的同时,商店也兼行配送的职能。商店的备货可用于日常销售及配送,因此,有较强的机动性,可以使日常销售与配送相结合,作为相互补充的方式。这种配送形式,在铺面一定的情况下,往往可以取得更多的销售额。

(2) 专营配送形式。商店不进行零售销售,而是专门进行配送。一般情况下,如果商店位置条件不好,不适合门市销售,而又具有某些方面的经营优势以及渠道优势,可采用这种方式。

3. 仓库配送

这种配送形式是以一般仓库为据点进行配送。它可以把仓库完全改造成配送中心,也可以在保持仓库原功能的前提下,以仓库原功能为主,再增加一部分配送职能。由于其并不是按配送中心专门设计和建立的,所以,一般来讲,仓库配送的规模较小,配送的专业化较差。但是由于可以利用原仓库的储存设施及能力、收发货物地、交通运输路线等,所以既是开展中等规模的配送可以选择的形式,同时也是较为容易利用现有条件而不需大量投资的形式。

4. 生产企业配送

这种配送形式的组织者是生产企业,尤其是进行多品种生产的生产企业。这些企业可以直接从本企业开始进行配送,而不需要将产品发送到配送中心进行配送。

由于避免了一次物流中转,所以生产企业配送具有一定的优势,但是由于生产企业,尤其是现代生产企业,往往进行大批量低成本生产,品种较为单一,因此无法像配送中心那样依靠产品凑整运输取得优势。实际上,生产企业配送不是配送的主体,它只是在地方性较强的产品生产企业中应用较多,比如就地生产、就地消费的食品、饮料和百货等。此外,在生产资料方面,某些不适应于中转的化工产品及地方建材也常常采用这种方式。

1.2.2 按照配送商品的种类及数量划分

按照配送商品的种类及数量的不同,可以把配送分为以下几种形式:

1. 少品种大批量配送

当客户所需要的商品品种较少,或对某个品种的商品需要量较大、较稳定时,可以实行此种配送形式。这种配送形式往往由于商品数量大,不必与其他商品配装,可使用整体运输。这种形式多由生产企业或者专业性很强的配送中心直接送达客户，由于配送量大，商品品种较少，可以提高车辆利用率，同时也使配送组织内部的工作简化，因此配送成本较低。

2. 多品种小批量配送

现代企业生产中，除了需要少数几种主要物资外，大部分属于次要的物资，品种数量多，但是由于每一品种的需求量不大，如果采取直接运送或大批量的配送方式，由于一次进货批量大，必然造成客户库存增大等问题。类似的情况在向零售店补充一般生活消费品的配送中心也存在，所以以上这些情况，适合采用多品种小批量的配送方式。

多品种小批量配送是根据用户的要求，将所需要的各种物品（每种物品的需要量不大）配备齐全，凑整装车后由配送据点送达客户。这种配送作业水平要求高，配送中心设备要求复杂，配送送货计划难度大，因此需要较高水平的组织工作保证和配合。而且在实际中，多品种、少批量配送往往伴随多用户、多批次的特点，配送频度往往较高。

配送的特殊作用主要反映在多品种、少批量的配送中。因此，这种配送方式在所有配送方式中是一种高水平、高技术的方式。这种方式也与现代社会中的"消费多样化"、"需求多样化"等新观念相符合，因此是许多发达国家推崇的方式。

3. 配套（成套）配送

这种配送方式是为了满足企业生产的需要，依照企业生产的进度，将装配的各种零配件、部件、成套设备定时送达企业，生产企业随即可将这些成套的零部件送上生产线进行组装，生产出产品。这种装配方式中，配送企业完成了生产企业大部分供应工作，从而使生产企业专门致力于生产，这与多品种、少批量、多批次配送方式效果相同。

1.2.3 按照配送的时间及数量划分

按照配送的时间及数量的不同，可以把配送分为以下几种：

1. 定时配送

定时配送是指按规定的时间间隔进行配送，比如数天或数小时一次等。而且每次配送的品种及数量可以根据计划实行。也可以在配送之前以商定的联络方式（比如电话、计算机终端输入等）通知配送的品种及数量。

由于这种配送方式时间固定、易于安排工作计划、易于计划使用车辆，因此，对于用户来讲，也易于安排接货的力量（如人员、设备等）。但是，由于配送物品种类变化，配货、装货难度较大，因此如果要求配送数量变化较大时，也会使安排配送运力出现困难。

2. 定量配送

定量配送是指按照规定的批量，在一个指定的时间范围内进行配送。这种配送方式数量固定，备货工作较为简单，可以根据托盘、集装箱及车辆的装载能力规定配送的定量，能够有效利用托盘、集装箱等集装方式，也可以做到整车配送，配送效率较高。由于时间不严格限定，因此可以将不同用户所需的物品凑成整车后配送，运力利用也较好。对于用户来讲，每次接货都处理同等数量的货物，有利于人力、物力的准备工作。

3. 定时定量配送

这种配送方式是指按照规定的时间和规定的商品品种及数量进行配送。它结合了定时配送和定量配送的特点，对配送企业的服务要求比较严格，管理和作业难度较大，曰于其配送的计划性强、准确性高，所以，相对来说比较适合生产和销售稳定、产品批量较大的生产制造企业或大型连锁商场的部分商品配送。

4. 定时定路线配送

这种配送是通过对客户分布状况的分析，设计出合理的运输配送路线，根据运输路线达到站点的时刻表，按照时刻表研究规定的运行路线进行配送，这种配送方式一般由客户事先提出商品需求计划，然后按规定的时间在确定的站点接收商品，易于有计划地安排运送和接货工作，比较适应于消费者集中的地区。

5. 即时配送

即时配送是根据客户提出时间要求和商品品种、数量要求及时地将商品送达指定的地点。即时配送可以满足用户的临时性急需，对配送速度、时间要求严格，因此，通常只有配送设施完备，具有较高管理和服务水平及作业组织能力和应变能力的专业化配送机构才能较广泛地开展即时配送业务，完善和稳定的即时配送服务可以使用户保持较低的存货水准，真正实现"准时制"生产和经营。

1.2.4　按照配送组织的经济功能划分

根据配送组织的配送功能将配送分为以下几种：

1. 销售配送

这种配送方式是指配送企业是销售型企业，或者是指销售企业作为销售战略一环所进行的促销型配送。一般来讲，这种配送的对象、用户是不固定的，往往要根据对市场的占有情况而定。其配送的经营状况也取决于市场状况，因此，这种形式的配送随机性较强，而计划性较差。各种类型的商店配送一般多属于销售配送。

用配送方式进行销售是扩大销售数量、扩大市场占有率、获取更多销售收益的重要方式。由于是在送货服务前提下进行的活动，所以一般来讲，也受到用户的欢迎。

2. 供给配送

供给配送是指用户为了自己的供应需要所采取的配送形式。在这种配送形式下，一般来讲，是由用户或者用户集团组建配送据点，集中组织大批量进货（以便取得批量折扣），然后向本企业配送或向本企业集团若干企业配送。在大型企业、企业集团或联合公司中，常常采用这种配送形式组织对本企业的供应，例如商业中广泛采用的连锁商店就常常采用这种方式。用配送方式进行供应，在保证供应水平、提高供应能力、降低供应成本方面有重要意义。

3. 销售-供应一体化配送

销售-供应一体化配送是指对于基本固定的用户和基本确定的配送产品，配送企业可以在自己销售的同时，承担用户有计划供应者的职能，既是销售者同时又成为用户的供应代理人，起到用户代理人的作用。

对于某些用户来讲，这样就可以减少自己的供应机构，而委托销售代理。对销售者来讲，这种配送方式能够获得稳定的用户和销售渠道，有利于扩大销售数量，有利于本身的稳定持续发展。对于用户来讲，能够获得稳定的供应，而且可以大大节约本身为组织供应所耗用的人力、物力和财力。我们知道，销售者能有效控制进货渠道，这是任何企业的供应机构都难以做到的，因而委托销售者代理，对供应的保证程度可望大大提高。销售-供应一体化配送是配送经营中的重要形式，这种形式有利于形成稳定的供需关系，有利于采取先进的计划手段和技术手段，有利于保持流通渠道的畅通稳定。

4. 代存代供配送

代存代供配送是指用户将属于自己的货物交给配送企业代存、代供，有时还委托代订，然后组织对本身的配送。这种配送在实施时不发生商品所有权的转移,配送企业只是用户的委托代理人。商品所有权在配送前后都属于用户所有,所发生的仅是商品物理位置的转移,配送企业仅从代存代送中获取收益,而不能获得商品销售的经营性收益。在这种配送方式下,商品所有权与经营权是分开的。

1.2.5　按照配送企业专业化程度划分

按照配送企业的专业化程度,可以把配送分为以下两种:

1. 综合配送

综合配送是指配送商品种类较多,在一个配送网点中组织不同专业领域的产品向用户配送。由于综合性较强,称这一类配送为综合配送。综合配送可以减少用户组织所需全部物资的进货负担,它们只需要和少数配送企业联系,便可以解决多种需求的配送。因此,这是对用户服务较强的方式。

综合配送的局限性在于,由于产品性能、形状差别很大,在组织时技术难度较大。因此,一般只是在性状相同或相近的不同类产品中实行综合配送,而对于差别过大的产品则难以实现综合化。

2. 专业配送

专业配送是指按照产品的形状不同,适当划分专业领域的配送方式。专业配送并非越细分越好,实际上在同一形状而类别不同的产品中,也是有一定综合性的。专业配送的重要优势,是可以根据专业的共同要求来优化配送设施,优选配送机械及配送车辆,制定适应性强的工艺流程等,从而大大提高配送各环节工作的效率。

1.3　零库存与配送

库存属于物流范畴,是储存运动的一种现象形态。从现象上看,库存实际上就是利用各种仓库、储料场和料棚等设施储存各种货物的系列化运动。从实质上看,库存则是物流运动的一个环节。无论我们从哪个角度去认识和说明库存,都应当把它和物流运动联系在一起,把库存定义为物流行为或物流活动。库存实质上是以仓库为场所储存货物这种经济活动的理论抽象。

1.3.1　库存的功能

库存的功能可以概括为:

1. 调节供应,调整生产和消费之间的时间差

实践证明,在再生产运动中,有了库存这样一个物流环节,不仅可以吸收大量的剩余产品,能保证生产连续运转,也可以应付过旺的消费需求。在一定程度上,库存能缓解供求矛盾,调整生产和消费之间的时间差。

2. 创造商品的时间效用

有人曾把运输和库存看做是物流运动的两个主要支柱。其理由是,前者能提高产品的空间效用,后者可以创造商品的时间效用。

值得注意的是,储存或库存又是一个需要占用大量资金的物流环节。事实上,由库存而引出的仓库建设、仓库维修、仓库管理和货物存储等费用支出均不同程度地增加了企业的流动资金占用量和利息负担。正因为如此,人们在研究物流问题和进行物流实践时,很早就提出了库存正常化、合理化的要求和建议。只有在合理的限度内,库存的功能和作用才能得到充分发挥。

1.3.2 库存合理化及合理化库存

只有当库存是一种必需的和必要的活动,它才是合理的正常的运动。换言之,只有库存能够与生产和流通的发展需要相适应,并且成为生产和流通运行的必要条件而不是它们的累赘时,才称得上是合理的库存。从另一个角度看,库存合理化是指以最经济的方法和手段从事库存活动,并发挥其作用的一种库存状态及其运行趋势。具体地说,合理化库存包含这样一些内容:

1. 库存硬件配置合理

库存硬件是指各种用于库存作业的基础设施和设备。如果物流基础设施和设备的数量不足,技术水平落后,或者设备过剩、闲置,都会影响库存功能作用的有效发挥。因此,库存硬件的配置应以有效地实现库存职能、满足生产和消费需要为基准,力求适当、合理地配置仓储设施和设备。

2. 组织管理科学化

库存组织管理科学化主要有这样几种表现:库存对象数量保持在合理的限度之内,既不缺少,同时也不过多;货物储存的时间较短,货物周转的速度较快;货物存储结构合理,能充分满足生产和消费需要。

3. 库存结构符合生产力的发展要求

从微观上讲,合理的库存结构指的是,在总量上和储存时间上库存货物的品种和规格的比例关系基本上是协调的,不能出现此多彼少、此长彼短的现象;

从宏观上说,库存结构符合生产力发展要求,意味着库存的整体布局、仓库的地理位置和库存方式等应有利于生产发展。

1.3.3　零库存概念

零库存是实现库存合理化的一种重要现象形态,是在物流运动合理化背景下提出并着手解决的一个理论问题和实际问题,其目的是为了减少社会劳动占用量(主要表现为资金占用量)和提高物流运动的经济效益。如果我们把零库存仅仅看成是仓库中存储物的数量变化或数量变化趋势而忽视其他物质要素的变化,则上述目的很难实现。从物流活动合理化的角度来研究问题,零库存的概念应当包含这样两层意思:其一,库存对象物的数量趋于零或等于零(近乎无库存物资);其二,库存设施、设备的数量及库存劳动耗费同时趋于零或等于零(即不存在库存活动)。而后一种意义上的零库存,实际上是社会库存结构的合理调整和库存集中化的表现。就其经济意义而言,它并不亚于通常意义上的仓库物资数量的合理减少。然而零库存并不等于不要储备和没有储备。亦即某些经营实体不单独设立仓库和库存物资,并不等于取消其他形式的存储。

零库存是针对微观经济领域内经营实体的库存状况而言的一种库存变化趋势,它属于微观经济范畴。从全社会来看,不可能、也不应该实现零库存。为了应付可能发生的各种自然灾害和意外事件,为了调制生产和需求,通常国家都要以各种形式储备一些重要物资。因此,就微观主体的储存行为而论,零库存是在特定经济环境下实现的,也就是某些经营实体在社会集中库存及保证供应的前提下实现的。可见,零库存是对社会库存结构进行合理调整的结果。

1.3.4　零库存与配送

零库存是伴随配送而产生的一种经济现象。在传统生产方式下,零库存是企业家的一种梦想,而这个梦想今天已经变成现实。社会库存结构之所以会发生如此大的变化,除了人们在生产领域中普遍采用了一些新的组织形式和管理制度以外,也与广泛推行配送制度及积极开展配送活动有直接的关系。从某种意义上说,零库存现象是实行配送制的必然结果,是配送制的伴生物。

实践告诉我们,零库存能否实现,不以人们的主观意志为转移;作为一种库存状态和库存结构,它是在一定条件下形成的。从行为主体的角度来分析问题,欲使其库存物资减少和取消自行设立的仓库环节,至少需具备几个条件:经济环境相对稳定;物流能与生产或经营活动同步进行;取消库存之后,既不影响当事者的正常经营活动,又不影响其物流成本和营业利润。

在生产和流通实践中,广泛推行配送制及采用配送方式向企业供货,之所以能够促使企业缩减乃至取消自己的库存,原因之一就在于由配送企业所组成的社会供应系统能够有效替代企业内部的供应系统,并且社会供应系统能够负担起向企业的一线组织直接供货、配套供货和及时供货的任务。另一个重要原因在于,这种先进的、带有现代化色彩的物流运动可以集中库存的优势为众多生产者和经营者提供周到的、全方位的后勤服务,能够有效地适应生产节奏变化和市场形式变化。

通过配送方式实现零库存的具体做法是:以多批次、少批量的方式向用户配送货物;用集中库存和增强调节功能的办法,有保障地向用户配送货物;配送企业采用即时配送和准时配送方式,向需求者供货。

1.4 配送的现状与发展

配送在发达国家和发展中国家的发展状况可谓大相径庭。配送在发达国家出现的比较早,随着经济发展速度的逐步加快,配送得到进一步发展。而在发展中国家,配送这一概念形成的较晚,一直处于封闭的状态,直到 20 世纪 90 年代后,才有了较大规模的发展动向。

1.4.1 发达国家的配送状况

配送最早产生于发达的资本主义国家,随着国际交往的日益增加和经济全球化趋势的不断加强,这种先进的物流方式逐步在其他国家和地区推行起来。发达国家的配送已经成为制造商和经营商普遍接受和采用的物流方式,而且还在迅猛发展,主要表现在以下几个方面:

1. 专业物流与共同配送形成规模

随着经济的迅速发展和产品产量及消费量的急剧增长,在发达国家,配送的规模及其范围也在同步扩大。据统计,在许多产品(包括服装、食品、家电等)的供货总量中,通过配送方式到达经营者或用户手中的比例高达 50% ~90% ,与此同时,配送的品种也不断增加,采用配送方式向需求者供货的产品不仅包括一些轻工产品(如药品、服装、食品等),而且一些原材料的供应也采用了配送方式。

从配送的活动范围来看，随着道路交通等基础设施的不断改善和日趋完善，一些发达国家的配送服务已经延伸到了省际和国际。比如，荷兰的“国际物流中心”就利用其庞大的配送网流和先进的物流技术、物流设备，能够在很短的时间内将货物运送到欧盟成员国的用户手中，使得配送活动超越了城市和地区的界限。

国外专业物流企业是伴随制造商经营取向的变革应运而生的。由于制造厂商为迎合消费者日益精致化、个性化的产品需求，而采取多样、少量的生产方式，因而高频度、小批量的配送需求也随之产生。目前，在美国、日本和欧洲等经济发达国家和地区，专业物流服务已形成规模。共同配送是经过长期的发展和探索优化出的一种追求合理化配送的配送形式，也是美国、日本等发达国家采用较广泛、影响面较大的一种先进的物流方式，它对提高物流效率、降低物流成本具有重要意义。

2. 配送技术和设备更加先进

目前发达国家已经形成以信息技术为核心，以运输技术、配送技术、装卸搬运技术、自动化仓储技术、库存控制技术、包装技术等专业技术为支撑的现代化物流装备技术格局。其发展趋势表现为信息化、自动化、智能化和集成化。其中，高新技术在物流运输业的应用与发展表现尤为突出。

基于互联网络的电子商务的迅速发展，促使了电子物流的兴起。企业通过互联网加强了企业内部、企业与供应商、企业与消费者、企业与政府部门的相互沟通、相互协调、相互合作。消费者可以直接在网上获取有关产品或服务信息，实现网上购物。这种网上的“直通方式”使企业能迅速、准确、全面地了解需求信息，实现基于客户订货的生产模式和物流服务。“非典”疫情的发生，进一步突出了电子商务的快速和低成本优势。此外，电子物流可以在线跟踪发出的货物，联机实现投递路线的规划、物流调度以及货品检查等。可以说电子物流已成为 21 世纪国外物流发展的大趋势。

国外物流企业向集约化、协同化方向发展，主要表现在两个方面：一是大力建设物流园区；二是物流企业兼并与合作。国际物流市场专家们认为，世界上各行业企业间的国际联合与并购，必然带动国际物流业加速向全球化方向发展，而物流业全球化的发展走势，又必然推动和促进各国物流企业的联合和并购活动。除了并购之外，另一种集约化方式是物流企业之间的合作并建立战略联盟。新组成的物流联合企业、跨国公司将充分发挥互联网的优势,及时准确地掌握全球物流动态信息,调动自己在世界各地的物流网点,构筑起本公司全球一体化的物流网络,将空载率压缩到最低限度,节省时间和费用,为货主提供优质服务,从而形成更加强大的竞争力。

3. 配送服务质量明显提高

按照配送的基本要求,配送服务或业务必须做到准时、准确和快速,不能出差错。具体来讲,要做到拣选配货准确无误;发货不出现错装;发货时间不能超过规定的期限;发送的目的地准确无误;运输货物要保持货物的完整性,不得污损货物。

在竞争激烈的配送市场中,企业必须向用户提供高质量,高水平的服务才能立足。因此,发达国家的一些配送中心都把提高配送服务质量视为发展配送业务的重要手段。严格的规章制度使商品配送作业准确有序地进行,真正体现了优质服务。一套严格的规章制度使配送中心的各个环节作业严格按规定时间完成,并都有详细的作业记录。他们不仅仅出色地完成配送的基本任务,使配送货物的准确率、准时率经常保持在100%的水平,同时,更加重视提供更好、更全面的服务。

1.4.2 中国的配送现状

为了更深入地了解我国物流配送现状和发展趋势,可以参考来自上海证券报的报道:

中国经济持续快速增长,成为全球经济增长的重要动力趋势不变。改革开放30年来,中国经济取得了巨大的发展,从1978—2007年中国GDP按照可比价格年均增长9.8%,在30年中持续保持接近10%的经济增长在世界上是没有前例的。人均GDP水平按照美元计算,2007年应该接近2 400美元,和改革开放之初比较,人均GDP年均增长了8.2%。

同时,中国经济增长的稳定性越来越高。进入21世纪后,在接近10%这样一个高速增长的区间内,中国经济保持了一个大体稳定的状态。导致中国经济增长结构变化的动力尚未结束,未来还会持续发展下去,这样一种结构变动的能量将推动中国完成工业化和城市化的过程,完成经济的现代化。据中国对外贸易运输(集团)总公司总裁张斌介绍,现在,能参与客户物流资源的内外统筹配置,为客户提供量体裁衣的个性化物流服务的企业还很少。由此可见,我国社会物流虽然有了快速发展，但与国民经济发展的需要相比，仍难以满足高速发展的物流需求。

据统计，我国物流费用占货品总成本的 30%，运输成本比西方发达国家高出 3 倍。另外，从产品的供应链结构看，90% 的时间消耗在流通环节，在生产环节的时间只占 10%。另外，我国需要运输的实物量年均增长 20% 左右，而实际完成的货运总量只增长了 10.6%，使货物在途时间延长，压港、压航、压库现象严重。同时，在我国的外包物流服务中，85% 来自基础性服务，其中 53% 来自运输管理，32% 来自仓储管理，增值服务及物流信息的财务收益只占 15%。而在美国，来自基础性服务的收益占 62%，增值服务的比例已达 38%。因此我们不难看出：尽管目前我国社会物流需求持续高速增长，物流业增加值稳步上升，物流服务在我国仍占主导地位，但物流发展的总体水平还比较低，问题比较突出。现阶段我国商业物流配送中心发展的主要问题包括：

- 配送中心总体配送比率较低；
- 商业连锁优势未能充分发挥；
- 商品采购规模受到企业发展规模的影响，导致采购成本难以降低；
- 现代化程度低、信息化水平不高；
- 系统化的配送技巧不足，影响配送效率的提高。

目前我国经济正面临同世界经济的全面接轨，物流却成为制约国内企业进一步发展的瓶颈。虽然只要能够采取有效的物流策略，企业就可以获得市场竞争中的巨大优势，但是由于组织经济、高效的商品分销是如此的困难，国内产品很少能够渗透到全国市场中去，它们只能在企业所在地的市场上占有较大的市场份额，企业对本地以外市场上消费者的需要只能望尘莫及。更为重要的是，我们的大部分企业甚至对什么是现代物流配送的基本观念都没有。

我国物流配送中心发展的基本对策有：

- 大力推动“共同配送中心”的发展；
- 鼓励大型商业企业进行资产重组，推动自建配送中心的发展；
- 加快现代物流基础设施建设，提高整体物流配送能力；
- 更新传统观念，为我国物流配送中心的发展提供人才保障；
- 在物流领域加大引进外资的力度，提升物流配送的国际化水平；
- 在大力发展第三方物流的同时，积极推动第四方物流的发展。

因此，如何改善物流基础设施、建立现代仓储体系和配送中心、弄清配送和物流的关系、提高物流管理水平,已经成为我国企业发展乃至整个社会经济持续发展中亟待解决的关键课题。

1.4.3 配送与物流

物流作为一种经济活动,随着商品经济的发展而形成。在经济日益全球化的今天,现代物流作为"第三种利润源泉"和第三产业重要组成部分,正在日益受到广泛重视并面临前所未有的发展机遇。物流就其本意来说,是指物质实体所发生的物理转移或时空性转移的各种活动,随着社会生产力的发展和社会分工的细化,流通业逐渐从其他产业中分离出来成为生产与消费的桥梁。配送是在物流系统中由运输环节派生出来的功能,是短距离的运输,它是物流中一种特殊的、综合的活动形式,同时也包含了物流中若干功能要素。

1. 相互作用关系

从物流来讲,配送的距离较短,位于物流系统的最末端,处于支线运输、二次运输和末端运输的位置,即到最终消费者的物流。但是在配送过程中,也包含着其他的物流功能(如装卸、储存、包装等),是多种功能的组合,可以说配送是物流的一个缩影或在某小范围中物流全部活动的体现,也可以说是一个小范围的物流系统。一般的配送集装卸、包装、保管、运输于一体,通过这一系列活动完成将货物送达的目的。

配送和物流不同之处在于,物流是商物分离的产物,而配送则是商物合一的产物,配送本身就是一种商业形式。虽然配送具体实施时,有时也以商物分离形式实现,但从配送的发展趋势看,两者越来越紧密的结合是配送成功的重要保障。

企业的竞争优势来源于低成本地提供给客户带来高效应的产品。对于处于流通领域的物流企业来说,由于没有生产环节,服务即是它们唯一的产品,现代消费快速多变的特点决定尽可能快地将物品交到消费者手中是物流企业获得竞争优势的重要途径。建立快速反应配备系统现在成为研究物流的热门话题,发展现代经济需要一个具有现代化装备的企业,能建立有效的社会物流配送系统,对实物的转移提供低成本的、快速适量的转移服务。按照现代物流业的概念,运输及仓储设施是物流业的基础平台。现在对快速反应系统的讨论多集中于物流的信息化方面,但那是基于作为基础设施重要部分的配送装备非常先进的前提下。从我国的实际情况来看,现有的物流配送系统与经济发展对物流的需要之间存在着很大的差距。现在一些超市、连锁店虽然建立了配送中心,但普遍采取的是货架、叉车式的设备和人工分拣的工作方式。这种做法虽然成本较低,不需投入大量的资金,短时期内也能在一定程度上成功运作,但从长远来看,却不能满足完善的电子商务的需求。美国的UPS快递系统是世界上顶尖级的配送公司,但在某年圣诞节期间,由于在网上购买圣诞礼品的人太多,三天之中就有450万件商品需要配送,还是导致系统的能力无法满足,公司不得不在网上发表公告,宣布业务暂停。即使这样,UPS还由于有很多商品未能及时送达而付出了巨额的赔偿金。而我国几乎还没有真正适应未来电子商务发展需要的物流配送系统。据统计,北京市每年集装箱运输仅占货物运输总量的2.8%,航空货运只占0.07%。也正因如此,这一尚待开发的市场潜力巨大。

2. 发展配送的意义和作用

我国物流配送企业今后可采取如下措施:货物的包装实现标准化、通用化、机械化、集装化、大型化,包装容器依据统一的模数制成。同时与仓库设施、运输设施的模数统一起来;货物的分拣、装卸、搬运过程实现机械化、自动化,并将机械化与自动化紧密结合;采用条码技术以实现信息录入的自动化;建立高度自动化的高层立体仓库等。只有逐步实现以上各个目标,物流配送业才能真正发展起来。

(1) 配送完善了运输及整个物流系统。由于大吨位、高效率运输力量的出现,使干线运输无论在铁路、海运抑或公路方面都达到了较高水平,长距离、大批量的运输实现了低成本化。但是,在所有的干线运输之后,往往都要辅以支线运输和小搬运,这种支线运输及小搬运成了物流过程的一个薄弱关节。这个环节和干线运输有许多不同的特点,如要求灵活性、适应性、服务性,致使运力往往利用不合理、成本过高等问题难以解决。采用配送方式,从范围来讲将支线运输及小搬运统一起来,综合上述的各种优点,使输送过程得以优化和完善。

(2) 配送提高了末端物流的效益。采用配送方式,通过增大经济批量来达到经济的进货,又通过将各种商品用户集中一起进行一次发货,代替分别向不同用户小批量发货来达到经济的发货,使末端物流经济效益提高。

(3) 集中库存使企业实现低库存或零库存。实现了高水平的配送之后,尤其是采取准时配送方式之后,生产企业可以完全依靠配送中心的准时配送而不需保持自己的库存。或者,生产企业只需保持少量保险储备而不必留有经常储备,这就可以实现生产企业多年追求的"零库存",将企业从库存的包袱中解脱出来,同时解放出大量储备资金,从而改善企业的财务状况。实行集中库存,集中库存的总量远低于不实行集中库存时各企业分散库存之总量。同时也增加了调节能力,提高了社会经济效益。此外,采用集中库存可利用规模经济的优势,使单位存货成本下降。

(4) 简化事务、方便用户。采用配送方式,用户只需向一处订购,或和一个进货单位联系,就可以订购到以往需要去许多地方才能订到的货物,只需组织对一个配送单位的接货便可以替换现有的高频率接货,因而大大减轻了用户的工作量和负担,也节省了事务性开支。

(5) 配送提高供应保证程度。生产企业自己保持库存,维持生产,由于受到库存费用的制约,供应保证程度很难提高,采取配送方式,配送中心可以比任何单位企业的储备量更大,因而对每个企业而言,中断供应,影响生产的风险变得相对缩小,可使用户免去后顾之忧。

1.4.4 电子商务下的物流配送

在企业现代化管理和信息网络架构基础上建立起来的电子商务,是以知识总结和知识转化为核心的一条物流高速公路,有效地实现了信息流、存货流和资金流的统一。电子商务的发展,必将加剧物流业高度集成的网络技术支持下服务方面的竞争。对于物流信息管理来讲,电子商务的应用将构造其企业与供应商及客户连接的网络,改变物流信息的接收与传递方式,使物流信息在其数据加工和获取过程中实现增值。电子商务下的物流配送,就是信息化、现代化、社会化的物流配送。

1. 电子商务下物流配送的含义

物流配送定位在为电子商务的客户提供服务,根据电子商务的特点,对整个物流配送体系实行统一的信息管理和调度,按照用户订货要求,在物流基地进行理货工作,并将配好的货物送交收货人。这一先进的、优化的流通方式对流通企业提高服务质量、降低物流成本、优化社会库存配置,从而提高企业的经济效益及社会效益具有重要意义,配送制作为现代物流的一种有效的组织方式,代表了现代市场营销的主方向,因而得以迅速发展。

电子商务下的物流配送是指物流配送企业采用网络化的计算机技术和现代化的硬件设备、软件系统及先进管理手段,针对社会要求,严格、守信用地按用户的订货要求,进行一系列分类、编配、整理、分工、配货等理货工作,定时、定点、定量地分给没有范围限度的各类用户，满足其对商品的需求。可以看出，这种新型的物流配送是以一种全新的面貌，成为流通领域革新的先锋，代表了现代市场营销的主方向。较传统的物流配送方式，新型物流配送能使商品流通更容易实现信息化、自动化、现代化、社会化、智能化、合理化、简单化，使货畅其流，物尽其用，既减少生产企业库存，加速资金周转，提高物流效率，降低物流成本，又刺激了社会要求，有利于整个社会的宏观调控，也提高了整个社会的经济效益，促进市场经济的健康发展。

2. 现代配送中心产生和发展的基础

(1) 技术基础——Internet

Internet 是集通信技术、信息技术、计算机技术和网络技术为一体的网络系统，实现资源和信息的共享。通过 Internet 的开放性实现物流信息的共享；通过 Internet 的互动性实现物流信息的传输；通过 Internet 的虚拟性进行配送中心的虚拟设计与规划；通过 Internet 的低廉费用降低物流配送活动的成本。

(2) 理论基础——分流理论、效益背反理论、供应链理论

- 分流理论

一般而言，现代一个完整的流通活动，包括信息流、商流、资金流和物流四个流程。商流是商品所有权更迭的过程；物流是产品的流转过程，是信息流和资金流的基础和载体；资金流从属于商流，是所有权更迭的交易过程的伴生物；信息流分别从属于商流和物流，指物流信息和流通信息。这四个部分一方面构成商品交换活动的不同方面，完成交换活动的不同职能；另一方面形成独有的运行方式、构成和规律。这种职能的分离，尤其是商流和物流的分离，成为物流产业存在的前提条件。而物流职能的完成又由许多物流功能实现，这些功能的衔接和协调成为配送中心存在和发展的基础条件。网络经济的繁荣促使配送中心在原有的集散货物的职能外，增加了集散物流信息的职能。

- 效益背反理论

效益背反指的是物流的若干功能要素之间存在着损益的矛盾。即，某一个功能要素的优化和利益发生的同时，必然会存在另一个或另几个功能要素的利益损失，反之也如此。这是物流领域普遍的现象，是这一领域中内部矛盾的反应和表现。例如包装问题，在产品销售市场和销售价格不变的前提下，假定其他成本因素也不变，那么包装方面每少花一分钱，这一分钱就必然转到收益上来，包装越省，利润则越高。但是，一旦商品进入流通，如果简省的包装降低了

产品的防护效果，造成大量的损失，就会导致储存、装卸、运输功能要素的工作恶化和效益大减。显然，包装活动的效益是以其他活动的损失为代价的，我国流通领域每年因包装不善出现的上百亿的商品损失，就是这种效益背反的实证。解决这一矛盾的关键就是综合考虑各个要素并予以协调。配送中心作为各种功能要素的集聚中心，具备有效的现代技术条件和方法来解决这个矛盾。

- 供应链理论

狭义地讲供应链，是从原材料采购开始，经过生产、制造，到销售给终端用户的全过程。这些过程的设计、管理、协调、调整、组合、优化是供应链的主体；通过信息和网络手段使其整体化、协调化和最优化是供应链的内涵；运用供应链管理实现生产、流通、消费的最低成本、最高效率和最大效益是供应链的目标。配送中心作为物流运动的协调中心，是降低整个社会物流成本和费用的关键。此外，成本中心理论、利润中心理论、服务中心理论及社会化理论也提供了理论支持。

（3）市场基础

市场观念的变化包括企业对物流观念的变化和消费者观念的转变。一方面，物流环节在社会再生产中占据的比重越来越大，必须建立企业物流系统、物流配送中心；另一方面，消费者主动性的增强、个性消费的回归以及对购物方便快捷和乐趣的追求，需要高效、完整，以配送中心为核心的物流体系。物流配送中心具有利用现代信息技术的优势，帮助企业降低成本、提高服务水平、增加收益，以应对市场竞争。网络经济的繁荣为物流配送中心的发展提供了新的契机。

1.4.5 现代配送中心运作的特征

1. 快速反应

配送系统是一个用“订单”拉动的物流系统。为了协调不同环节的工作进程、提高系统的响应速度，并能对配送过程中货物的分配进行准确控制，需要建立一个高效的信息系统，分层次在不同的水平上运行。为此，有可能按系统控制的要求，提高系统的信息共享水平，明确各子系统之间的边界及彼此间的功能耦合关系和数据库共享原则，统一通信标准和信息标准，使供应链成员彼此独立、可靠地工作。

2. 连续补充库存

连续库存补充计划是利用及时准确的销售时点信息确定已销售的商品数

量，根据零售商或批发商的库存信息和预先规定的库存补充程序确定发货补充数量和配送时间的计划方法。该方法的运作目标是要提高存货周转率、降低系统的库存水平、降低缺货概率、提高客户服务水平、促进商务合作伙伴合作。按照这种方式，供应商承担了向零售商或批发商的仓库自动补货的责任，而零售商或批发商则有责任向供应商提供准确的销售数据。供应商通过不断对零售商或批发商提供的销售时点(POS)信息和预先发货清单(ASN)信息进行分析，把握商品的销售和零售商的库存动向，在此基础上，决定什么时间，把什么类型的商品，以什么方式向什么地方发货。

实施连续补货策略过程中，经常采用的是供应商管理库存技术(vendor managed inventory，VMI)。VMI 技术不同于常规的库存管理，它不是由买方，而是由卖方管理买方的库存，是一种降低物流成本和压缩库存的供应链管理技术。针对不同的商品，供应商管理库存技术关注的是采用最有效率的方法补货，利用数据库和信息处理技术，保证实时监测买方商品的库存水平、预测商品流量，从而有效确定什么时间补货以及补多少，避免缺货现象的出现。

3. 有效客户反应

有效客户反应以满足客户要求，最大限度降低物流过程费用为原则，及时做出迅速、准确的反应，使提供的物品供应或服务流程最佳化而组成的协作系统。是一个以消费者需求为基础和具有快速反应能力的系统。西方学者称之为第二次产业革命。有效客户反应系统通过制造业和流通业的联盟体制、开发信息技术投资项目，消除系统中不必要的活动和费用，尽可能地满足客户的需求，通过各方共同努力不断降低成本。信息技术的运用要面向经营，促进电子订货、连续补库程序、越库作业以及产品、价格和促销数据库的广泛应用。从供应链的角度看，有效客户反应更可能促进整个后端的工厂制造与前端店面之间生产与库存效率的提升。

4. 货物的越库作业

货物从进货月台进货后，直接到出货月台至配送货车上出货，没有入库、储存、拣货等作业。越库作业有下列优点：

- 减少时间，减少入库、储存、拣货等作业的时间，加快商品的流通速度；
- 减少固定成本，减少仓储设施与仓库空间；
- 减少变动成本，减少入库理货费、储保费和出库理货费等成本。

本章小结

本章以联华生鲜食品加工配送中心为引导案例,介绍了配送产生的背景,讲解了配送的概念和类型。详细论述了零库存与配送的关系,从库存的功能、合理化库存、零库存概念等,进一步阐述了零库存在传统生产方式下是不可能实现的,零库存现象是实行配送制的必然结果。本章通过对发达国家配送现状的描述,具体分析了我国的配送现状、主要存在的问题及应采取的对策等。最后讲解了电子商务下物流配送的含义。

思考题

1. 配送的概念是什么?
2. 配送的类型有哪些?
3. 什么是零库存?
4. 我国的配送现状是什么?存在哪些问题?应采取的对策是什么?
5. 什么是电子商务下的物流配送?有什么特点?

第2章
物流配送系统

教学目的

- 掌握系统和物流系统的概念;
- 熟悉物流系统各环节的基本功能;
- 掌握增值服务的概念;
- 了解效率背反的有关知识和物流系统化的思想。

重点掌握配送系统的理论,如配送的基本功能、环节、配送模式和一些典型的配送系统。同时掌握配送领域中各种技术方法的应用以及配送管理的难度与对策。

引导案例

日本物流配送业的经验与启示

现代化物流配送系统是社会化大生产和国民经济发展的客观要求,它的发展状况对经济发展、商品流通和大众消费起着重要的促进或抑制作用。

日本物流配送社会化、系统化、网络化的程度比较高。生产企业、商品流通企业不是都自设仓库等流通措施,而是将物流业务交给专业物流企业去做,以达到减少非生产性投资、降低成本的目的。如日本岗山市的一些企业就把生产需要的原材料和产成品放在专业物流企业的仓库里,交由他们去保管和运送,自己不设仓库。日本菱食公司的配送公司面向1.2万个连锁店、中小型超市和便利店配送食品,它们自己不设配送中心,全部交由菱食公司的配送中心实行社会化配送、统一采购,而且供货一般都是通过当地的物流配送或代理商按需要配送,各大型超市只有很小的周转率,仅保持两三天的销售商品库存。许多物流配送企业的运输车辆等也是向社会租用的,同样是出于减少投资、降低成本的考虑。

日本的大型物流企业比较注重网络的发展，在日本物流配送行业排名第五的日本物流株式会社，在日本国内设有124个网点，在国外15个国家设有62个网点。由于拥有比较完善的物流配送网络，在发展和承揽业务、满足客户需要、降低物流成本等方面具有较大优势。

日本的物流配送企业还十分重视不断提高物流服务质量，降低物流成本，增强在市场的竞争力，注意研究探索物流配送的新技术、新方法，如引进美国等国家的物流新技术和先进方法。同时，日本的流通企业比较注重商品流通中对商品的加工等增值服务，按照消费者和客户的要求，对商品进行分拣、包装、拼装，使生产企业或进口的商品更能适合本国客户和消费者的要求。这些流通领域的中间加工作业一般都是在物流配送过程中，在物流企业的仓库里进行的。此外，日本物流配送企业都比较注重降低人工成本，提高劳动效率。

重视现代物流业的发展，实行统筹规划。日本是一个国土面积较少的国家。国内资源和市场有限，商品进出口量大，各级政府对商品物流发展都很重视。在大中城市、港口、主要公路枢纽都对物流设施用地进行了规划，形成了大大小小比较集中的物流区域，集中了多个物流企业，如日本横滨港货物中心就集中了42家物流配送企业。这样便于对物流区域的发展进行统一规划、合理布局，有利于物流配送业的发展。

由此可见，发展物流产业，建立高效的物流配送系统对经济发展具有重要的意义。物流活动形成物流系统，物流配送活动形成物流配送系统。对物流配送系统的操作是一个系统工程。系统和系统工程的概念，是物流学最基本的概念，只有系统化才能科学化。要让物流配送形成一门科学，就必须把它建立在系统基础之上。

2.1 系统和系统工程

我们周围存在大量的系统。例如，一个学校就是一个系统。一个学校可以分为若干系、部，一个系是一个子系统，一个部也是一个子系统。一个子系统还可以向下分为更小的子系统。若干子系统也可以合并为一个更大的系统。如若干个班合并为一个系。站在系的立场上，学校便是这个系的外部环境。

2.1.1　系统

所谓系统,就是由两个以上相互区别又相互联系的单元结合起来为完成特定功能的有机结合体。每个单元可以称为一个子系统,每个子系统又可以分为更小的子系统。系统本身又处在更大的系统之中,这个更大的系统就是系统所处的环境。相对于环境而言,系统具有一定的目的和一定的功能,并且相互独立,如图 2-1 所示。

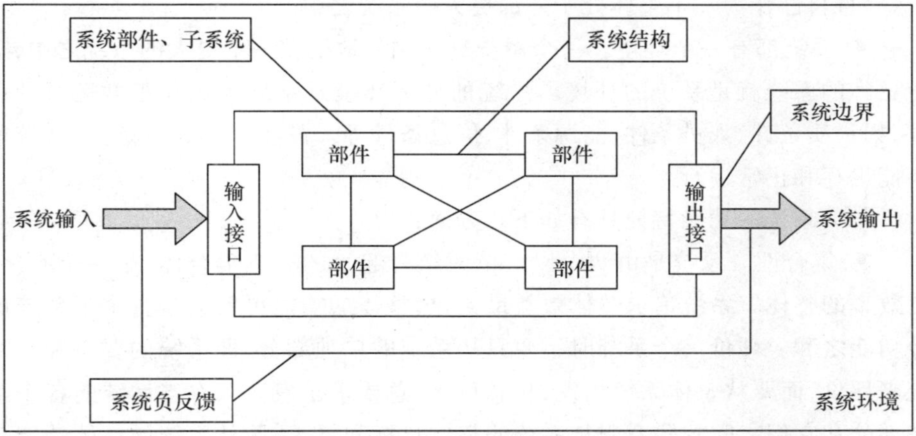

图 2-1　系统概念模型

1. 系统的特征

(1) 系统的结构特征。从结构上分析,系统具有以下一些特征:

- 多单元、多因素。一个系统由两个以上的单元构成,这些单元可以是人、事、物,也可以是其他一些因素。在一个学校中,构成不同层次系统的单元可以是系、班、人。

- 单元之间相互区别又相互联系。在任何一个层次的系统中,构成它的不同单元是有区别的,没有区别的单元不能构成系统;但是,有区别而无联系的单元,也不能构成系统。例如,班上某个同学,就不能同社会上一个毫不相干的人构成系统。这里的区别可以是个体上的或逻辑上的,也可以是空间上的或时间上的。

- 具有特定功能。一个系统必定具有一个特定功能,它是系统的目的或宗旨。系统的功能不同,系统的结构也不同,是系统的功能决定了系统的结构。

例如，不同的管理信息系统有不同的功能，因而有不同的结构。

• 有机结合体。一个系统是多个单元的有机结合体，而不是若干单元的简单组合，更不是凑合。有机结合体的意思是，组成系统的各单元互相协调配合、互相联系、不可分割，我中有你，你中有我。

• 往下可以再分，往上可以再合。一个系统可以往下分为若干子系统，可以依此分解到最小基本单元，往上可以是一个更大系统的组成部分。这样就在系统内部构成了一个等级层次结构，在外部它又和其他系统合成一个更大的系统，并且自己作为一个整体处于外部更大的系统之中。

• 系统都有一个环境。一个系统毫无例外地处在一个更大的系统之中，这个更大的系统就是系统的环境。系统的外部环境是系统生成和正常运行的条件，如物质条件、人员条件、能源条件、信息条件等。没有这个环境条件，系统就不能生存和正常运行。

（2）系统的功能特征具有如下几方面：

• 集合性。系统是由两个以上单元结合起来的有机集合体，是一个有序、有效率的整体。系统追求整体效益最大化，整体的功能可能大于各个子系统的分功能之和。评价一个系统时不要只从系统的单独部分，即系统的要素和子系统来评价，而要从整体系统出发，从总目标、总要求出发。只有当系统的各个组成部分和它们之间的联系服从系统的整体目标和要求、服从系统的整体功能并协调地活动时，这些活动的总和才能形成系统的有机活动。

• 相关性。系统是组成它的各单元按一定的关系连接起来的等级层次结构，这些相互关系主要表现在：各单元之间的关系；各等级之间的等级层次关系；单元和系统之间的关系；单元、系统和环境之间的关系。

系统相关性是系统建立并且稳定运行的基础和条件。不论何种原因破坏了这种相关性，就会影响系统本身的成立，自然也会影响系统有效稳定的运行。

• 目的性。任何一个系统都有它特定的功能，完成这个特定功能就是整个系统的目标。任何系统都是为完成系统功能、实现系统目标而建立和运行的。系统的目的决定系统的结构和功能，并通过系统的结构、功能达到和实现，而系统的功能通过一系列子系统的功能来体现，这些子系统的目标之间往往互相有矛盾，其解决的办法是在矛盾的子系统之间寻求平衡和折中，以求达到总目标的最优。

• 环境适应性。系统的环境是系统所处的外部条件，环境和系统之间必然存在物质、能源、人员和信息的交换。系统要生存、运行，就离不开这些物质、能源、人员和信息。因此，环境是系统无论情愿或不情愿都必须接受的外部条件，系统必须适应环境才能生存。当然，系统也不会只是完全消极地适应环境，它也可以通过自己的努力去能动地改造环境，为自己未来的生存与发展创造一个更好的环境。

- 结构的层次性。系统的层次性是指系统的每个元素本身又可看成一个系统，即系统可分为一系列的子系统，这种分解实质上是系统目标的分解、系统功能和任务的分解，而各子系统又可分解为更低一层的子系统。

- 系统要素。每个系统都由各种可以相互区别的具有不同属性的元素组成。在考虑一个系统时，必须联系到组成集合的各要素状况。

2. 系统的环境

系统所处的环境是系统必须接受的约束和运行条件，它具体表现为为保证系统生存和正常运行，系统和外部间必须进行的物质、能源、人员和信息的交换，如原材料、设备、工具、电力、水源、资金、劳力、技术、管理、政策、市场和信息。这些东西可以归结为两大类：有形的物质资料称为物资，无形的资料称为信息。这里的交换方式也可以分为两大类：直接的和间接的。交换形式也有两类：输入与输出。因此，系统与环境之间的交换关系具体包括以下三方面内容：

(1) 系统的输入。环境对系统的输入，如输入物资、人员、信息，是直接输入。

(2) 系统的输出。系统对环境输出系统处理的结果，是直接输出。

(3) 约束和干扰。环境对系统处理形成的外部条件，是环境对系统的间接输入、强迫性输入，是系统处理的约束条件。约束主要表现为环境对系统在能源、信息、物资、人员、技术、政策、风俗、地理、气候等方面的经常性的间接输入，即能源物资条件、政治政策环境、经济技术水平、气候地理条件等对于系统满足和限制的程度。干扰也是一种约束，它具有偶然性、突发性，不能预先估计到。

系统和环境之间的交换，直接作用点是在系统和环境之间的交接面上。在系统内部就是系统处理。系统处理就是把系统的输入转化成系统的输出过程。

3. 系统的模式

从系统本身的立场看，系统处理、系统的输入和系统的输出是构成系统的最基本组成部分，或者称为系统的三要素。

我们画出系统的模式,如图 2-2 所示。由图 2-2 可知,系统的模式由两部分构成:一部分就是系统本身,即系统处理,它是一个等级层次结构,一个有机结合体,承担着特定的功能,即将环境对它的输入转化为它对环境的输出。另一部分就是系统所处的环境。环境对于系统的作用,包括对系统的直接输入和间接输入,直接输入系统的处理对象,间接输入系统处理的运行条件和约束条件。这些输入中,有形的物资用实线表示,无形的信息用虚线表示。信息的输入和输出往往是双向的,因此用双向箭头表示。系统和环境有一个清晰的交界。而环境,从绝对意义上讲可以说是无限的,没有一个清晰的边界,但为了说明问题,设想有一个虚拟边界,或者模糊边界,用虚线表示,如图 2-2 所示。

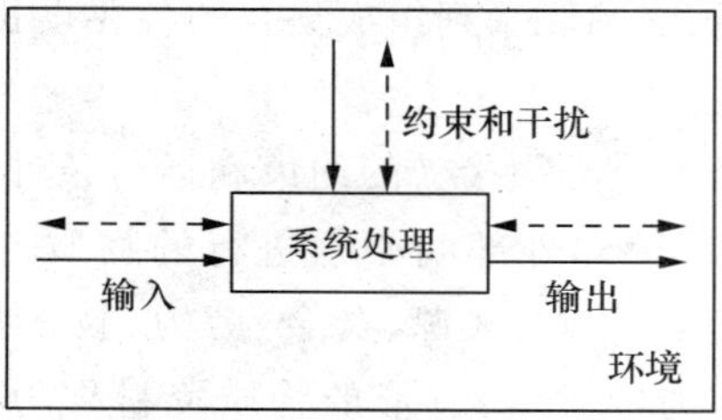

图 2-2　系统的模式

4. 系统的分类

按不同特征可以将系统分成各种不同的类别。

(1) 自然系统和人工系统。这是按系统形成的方式划分。自然系统是自然力形成的系统,而人工系统是为达到人类需求的目的,由人所建立起来的系统。前者如山川、河流;后者如铁路、桥梁、企业、管理系统。人工系统可以转化为自然系统。事实上,大多数系统是自然系统与人工系统相结合的复合系统。在人工系统中,许多是人们运用科学力量,认识改造了自然系统。

(2) 实体系统和概念系统。这是按系统实体的性质划分。实体系统是由物质实体构成的系统,而概念系统则是由概念、原理、方法、程序、制度等非物质实体所组成的系统。前者如山川、河流、物资管理、交通管理;后者如我国的法律体系、企业的规章制度、各种管理信息系统。

(3) 静态系统和动态系统。动态系统中,系统的状态变量是时间的函数,即描述其特征的状态变量是随时间而变化的。静态系统则是表征系统运动规律的数学模型中不含有时间因素的系统,即模型中的变量不随时间而变化。静态系统只是动态系统的极限状态。前者如山川、河流、已经建好的铁路、桥梁;

后者如企业、学校、城市、管理信息系统。世界上任何事物都是发展变化的，因此，我们看见的大多数系统都是动态系统。事实上，即使是被我们认为的静态系统，它本身也在变化，只是对我们所关心的内容来说，它们的变化缓慢，不影响系统的运行。因此，研究的视角不同，系统的运行性质也不同，系统的类型也就不同。

（4）开环系统和闭环系统。这是按系统与环境的关系划分的。开环系统要与外界环境发生能量、信息、物质、人员交换的系统，闭环系统长期处于封闭状态，几乎不和外界发生往来，不和环境发生能量、信息、物质、人员的交换。但是从系统思想观点来看，几乎一切系统都是开环系统。开环系统运动的规律性趋势是走向稳定和有序，表现为系统内部可用能不断增加，可用能指标熵值的减少。这是由于系统与环境相互作用的结果。系统内部产生的熵可以向外转移，系统也可以从环境吸取能量和组织性，使系统内部的组织化程度提高，有序化趋势增强。闭环系统则因与外界环境完全没有物质、能量和信息的交换，系统内部的摩擦损耗使可用能不断减少，熵值不断增加，系统内部组织化程度越来越低，最后达到熵值极大值时，系统运动和发展停滞，相当于死亡状态。因此，任何系统都必须是开放的，才能使系统走向组织化、有序化。前者如学校、工厂、交通、管理；后者如未开发的原始森林、太空天体、海底资源。

此外，系统还可以分为线性系统和非线性系统、确定系统与随机系统、适应系统与非适应系统等，如图 2-3 所示。

2.1.2　系统工程

研究系统更重要的目的是为了引入系统工程的方法，它是现代管理科学中一种具有时代意义的研究方法。

1. 系统工程的概念

为了创造或改造系统，使之最有效地达到系统的目的，运用各种科学知识，根据系统的思考方法，把它作为系统而进行开发、设计、制造或运行的综合性工程体系，就称之为系统工程。

这个定义包含了系统工程的三个要点：它的工作对象是系统；它需要综合运用各种知识；它采用一整套综合性的工程体系。但是系统工程沿用的仍然是一种工程方法，它仍然是一门工程学，从这个角度看，它和传统工程没有本质的区别。

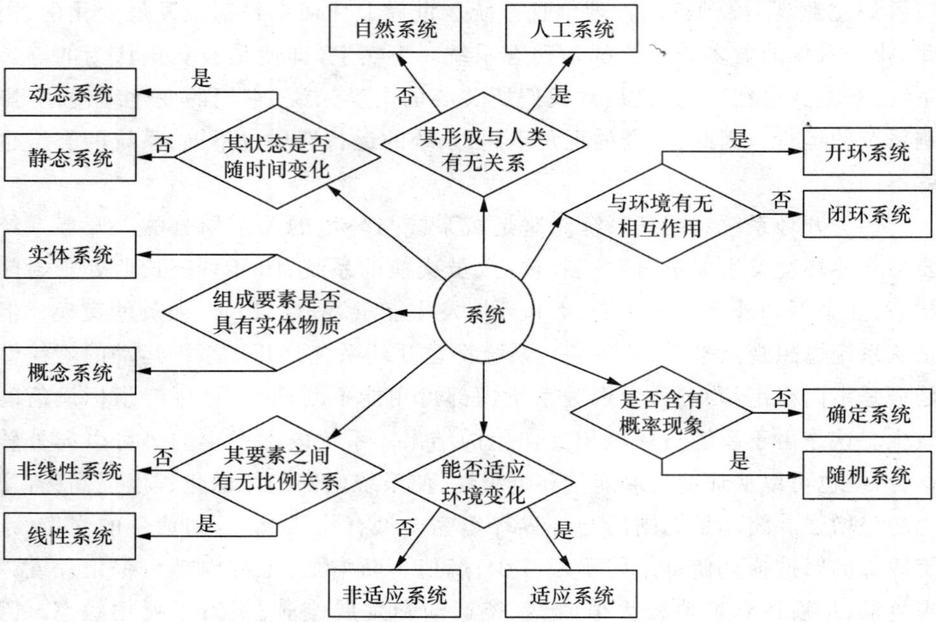

图 2-3　系统分类示意图

然而系统工程工作,已经和传统的工程工作有了革命性的、划时代的变化。它区别于传统工程的主要特征是:它的工作对象不再是简单的、单专业、单技术的作业项目,而是一个较大的、具有多专业、多技术的复杂系统,需要有很强的系统观念。它不再只靠一门专业、一类技术就能解决问题,而需要综合运用各种知识,包括自然科学知识,也包括社会科学、管理科学,甚至社会学、心理学、哲学、医学等各门科学才能解决问题。它不再采用比较单一、比较简单的工程手段,而是采用包括设计、开发、制造、改造、实验、运行等一整套综合性的工程体系。

2. 系统工程的基本内容

系统工程的基本内容包括系统的开发、设计、制造、改造、实验、运行等方面的理论、方法和技术。下面我们分别叙述。

(1) 系统的开发。包括物质系统的开发、管理系统的开发、信息系统的开发。凡是开发一个系统,都需要用到系统工程学的理论、方法和技术。

(2) 系统的设计。包括物质系统的设计、管理系统的设计、信息系统的设计。凡是设计一个系统,都需要用到系统工程学的理论、方法和技术。

（3）系统的制造。包括物质系统的制造、管理系统的制造、信息系统的制造，它们都是一个系统工程。

（4）系统的改造。包括物质系统的改造、管理系统的改造、信息系统的改造，它们也是一个系统工程。

（5）系统的实验。包括系统的调试等，也是一个系统工程。要考虑实验方案、考虑指标体系，然后进行实验方案实施，还要考虑在实施过程中的各种因素。

（6）系统的运行。系统运行也是一个系统工程。它要考虑人力物力配备、作业控制、系统监测维护等。例如铁路系统的运行、企业管理系统的运行、管理信息系统的运行。

系统工程的基本内容的每个方面，都要用到系统工程的理论、技术和方法，如系统的观点、系统工程的基本概念、方法程序、系统模型和模拟、系统分析与评价、系统预测与决策、系统可靠性技术、系统优化技术、网络分析技术等。

3. 系统工程的理论与观点

系统工程是一门范围广泛、内容丰富的学科，它是建立在一个坚实的基本理论基础之上的。系统工程的基本理论包括：系统论、控制论、信息论和信息技术、运筹学、管理学等。

一个系统工程师，除了要掌握以上一些基本理论、技术、方法之外，还要在工作中树立起系统工程所必需的如下一些基本观点：

（1）系统的观点。从事系统工程，总是要把工作对象看成是一个系统，要从组成系统的各单元、各因素的相互联系上去发现问题、解决问题。

（2）整体最优的观点。从事系统工程，总是着眼于系统的整体最优化。根据系统整体的需要，为最有效地实现系统的功能合理地设置系统的结构和各单元的功能，要正确处理好系统和单元、全局和局部的关系，在发生矛盾时，要做到单元服从系统，局部服从全局。

（3）发展变化的观点。世界是不断发展变化的。市场在不断变化，经济在不断变化，技术在不断变化，社会在不断变化。系统工程的工作对象是一个系统，该系统必然处在这个不断发展变化的环境中，它必须适应这个不断发展变化的环境，也必须适应未来环境的发展变化。它还必须适应由于系统内部各单元的发展变化而导致系统相关性的变化，保证系统内部仍然能和谐稳定。

（4）协调配合的观点。系统各个功能单元在功能分担、任务数量、作业进度、质量控制、成本分摊、利益分配等方面相互衔接、统筹兼顾、协调合作,克服本位主义、小团体主义、自私自利、斤斤计较等弊病。系统的效益源泉就在于协调配合,能够做到 1 + 1 > 2 的效果。协调配合也是生产力,也可以创造效益。

(5) 适应环境的观点。系统必须适应环境才能生存,但不是消极地服从环境的摆布,而要通过自身的努力,在和环境的协调中,促使环境的发展,为系统的未来创造一个更好的环境条件。

(6) 控制的观点。随时对系统进行调查测定,求出对象的状态值和输出管理特征值,并与管理目标进行比较,找出差距,采取必要措施进行修正。

(7) 人是系统主体的观点。人具有自主性、创造性和自驱动力,有自我发挥的能力。这是世间任何事物所不可相比的。发挥好人的创造力,就可以开创出新局面。因此,要重视人的作用,充分发挥好人的作用,努力培养和造就人才。只有这样的系统才能充满活力。

4. 系统工程的方法论

人们一直在探索系统工程的工作方法。系统工程的方法论,是指运用系统工程研究问题的一套程序化的方法,也就是为了达到系统的预期目标,运用系统工程思想及其技术内容解决问题的工作步骤。系统工程方法论的特点,是从系统思想和观点出发,将系统工程所要解决的问题放在系统形式中加以考虑,始终围绕着系统的预期目的,从整体与部分、部分与部分和整体与外部环境的相互联系、相互作用、相互矛盾、相互制约的关系中综合地考察对象,以达到最优地处理问题的效果。它是一种立足整体、统筹全局的科学方法体系。

1940 年,美国贝尔电话公司提出了系统工程五个阶段的思想方法。1942 年,贝尔电话公司的工程师霍尔(A. D. Hall)在他的《系统工程方法论》一书中提出了在整个系统工程中要反复进行的七个步骤的思想方法。1969 年,霍尔又进一步在他的《系统工程的三维形态》新作中提出了系统工程三维系统的思想方法。下面我们将有关内容加以简单介绍。

(1) 系统工程三维系统

三维即时间维、逻辑维和知识维组成的立体空间结构,它描述了系统工程的工作方法和步骤,如图 2-4 所示。时间维主要描述系统工程进行的时间阶段,他把整个系统工程的工作时间分成七个阶段;逻辑维主要描述系统工程各个时间阶段中的工作步骤,他把每个时间阶段上的工作分成七个步骤;而知识维则主要描述各个时间阶段上各个工作步骤中所要运用的知识种类。

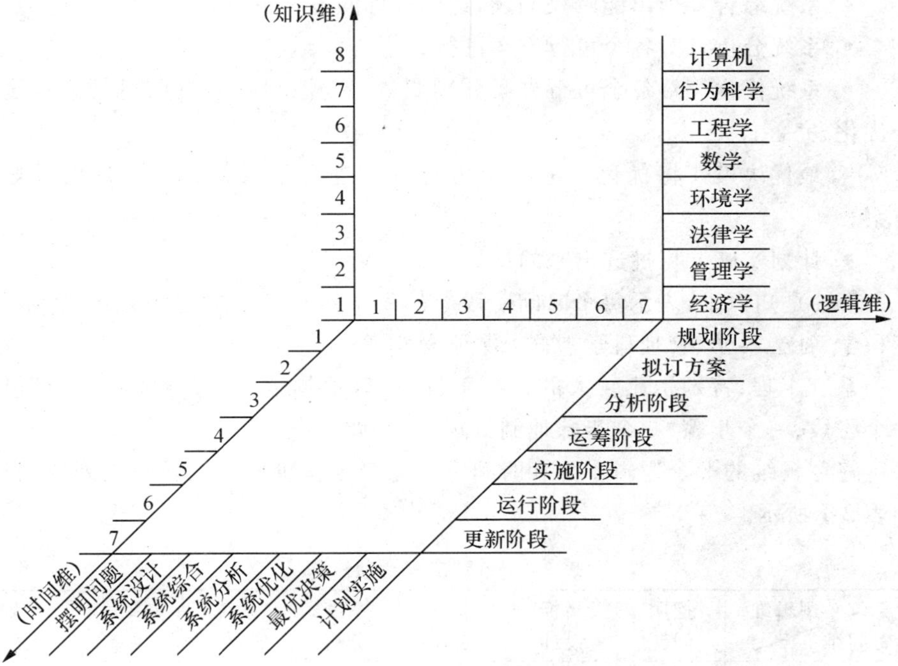

图 2-4 系统工程的三维结构

三维系统的描述如图 2-4 所示。X 轴表示时间维,分成七个阶段;Y 轴表示逻辑维,分成七个步骤;Z 轴表示知识维,分别指定各种类别的知识。

X 轴表示系统工程进行的七个时间阶段依次是:

- 规划阶段 制定系统工程活动的规划和战略;
- 拟订方案 设计具体的计划方案;
- 分析阶段 实现系统的研制方案,并制订生产计划;
- 运筹阶段 生产出系统的构件及整个系统,提出装配计划;
- 实施阶段 安装系统完毕,完成系统的运行计划;
- 运行阶段 系统为预定目标服务;
- 更新阶段 实施新系统或改进原有系统,使之更有效的工作。

Y 轴表示系统工程进行的七个时间阶段上的每一个阶段都要进行的七个步骤,这七个步骤依次是:

- 摆明问题 弄清要解决什么问题,问题的症结所在;

- 系统设计　要把问题解决到什么程度，达到什么目标；
- 系统综合　列出能解决问题、达到目标的各种可行方案；
- 系统分析　对各个可行方案进行分析；
- 系统优化　对各个可行方案分别调试、比较；对比较好的可行方案进一步优化、完善；
- 最优决策　将优化后的各个可行方案进行分析、比较，挑选出最好的方案；
- 计划实施　将挑选出来的最好方案付诸实施。

Z 轴是知识维，表示每个时间阶段上的每个步骤所用的各种知识，包括：自然科学、社会科学、管理科学、哲学、数学科学等。

系统工程，特别是比较大的系统工程，可以根据这个三维结构，一个阶段、一个阶段，一个步骤、一个步骤地制订规划、开展工作。

将逻辑维的七个逻辑步骤和时间维的七个工作阶段归纳在一起列成表格，如表 2-1 所示。

表 2-1　系统工程活动矩阵

逻辑维 时间维	摆明问题	指标设计	系统综合	系统分析	系统优化	择优决策	计划实施
1. 规划阶段	α_{11}						
2. 拟订方案							
3. 分析阶段							
4. 实验阶段							
5. 调试阶段						α_{56}	
6. 运行阶段							
7. 更新阶段							

矩阵中的 α_{ij}（$i=1,2,\cdots,7$；$j=1,2,\cdots,7$）表示系统工程的一组具体活动。如 α_{11} 表示在规划阶段对“摆明问题”步骤进行的活动。

（2）软系统方法论

三维结构方法论的特点是强调明确目标，认为对任何现实系统的分析都必须满足其目标的需求。三维结构方法论的核心内容是模型化和定量化。霍尔认为，现实问题都可以归结为工程问题，从而可以应用定量分析方法求得最优。在 20 世纪 60 年代期间，系统工程主要用来寻求各种战术问题的最优策略，或用来组织与管理大型工程建设项目，这最适合应用霍尔的三维结构方法论。这是由于工程项目的任务一般比较明确，问题的结构一般是清楚的，属于有结构性问题，此类问题都可以应用数学模型进行描述，用优化方法求出模型的最优解。但是从 20 世纪 70 年代开始，系统工程面临的问题有三个特点：一是与人的因素越来越密切；二是与社会、政治、经济等众多复杂的因素纠缠在一起，属于非结构性问题；三是本身的定义并不清楚，难以用逻辑严谨的数学模型进行定量描述。因此，国内外很多系统工程学者对霍尔的三维结构方法论提出了修正意见，其中英国卡斯特大学切克兰德提出的一种系统工程方法论，受到了系统工程学界的重视。

切克兰德把霍尔系统工程方法论称为“硬系统”的方法论，他认为完全按照解决工程问题的思路来解决社会问题和软科学问题，将遇到很多困难。至于什么是“最优”，由于人们的立场、利益各异，判断价值观不同，就很难简单地取得一致的看法，因此“可行”、“满意”、“非劣”的概念逐渐代替了“最优”的概念。还有一些问题只有通过概念模型或意识模型的讨论和分析后，才使得人们对问题的实质有进一步的认识，经过不断磋商，再经过不断反馈，逐步弄清问题，得出满意的可行解。切克兰德根据以上思路提出他的方法论，被称之为“软系统方法论”。软系统方法论的逻辑思维和内容如图 2-5 所示。

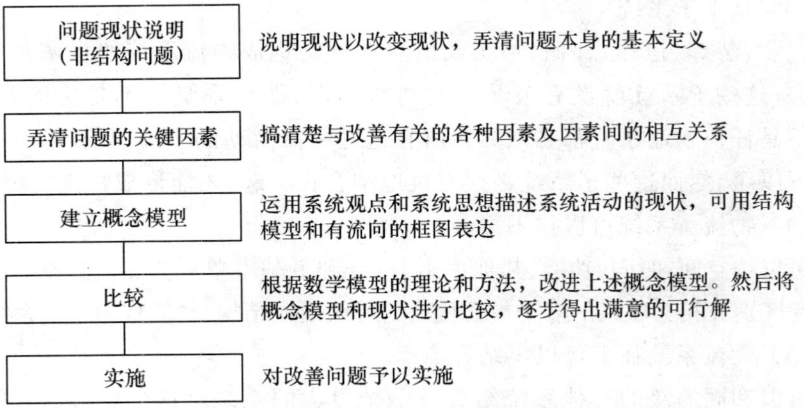

图 2-5　软系统方法论的逻辑思维和内容

切克兰德的软系统方法论的核心不是“最优化”，而是进行“比较”，强调找出可行满意的结果。“比较”这一过程要组织讨论，听取各方面有关人员意见，为了寻找可行满意结果，不断地进行多次反馈，因此它是一个“学习”的过程。

2.1.3 物流系统概述

所谓物流系统,是由多个既相互区别又相互联系的单元结合起来的,以物资为工作对象,以完成物资物质实体流动为目的的有机结合体。最基本的物流系统由包装、装卸、运输、存储、加工及信息处理等子系统中的一个或几个结合而成。每个子系统又可以向下分成更小的子系统。而物流系统本身又处在更大的系统之中。下面我们就把与物流系统密切相关的一些概念做进一步说明。

(1) 单元

这里所说的单元可以是单位组织,可以是空间,可以是职能、功能,可以是时间,也可以是其他因素。它们都是能够独立完成某种功能任务的独立体。大可以大到很大的系统,小可以小到一个人、一台设备、一辆车、一项工作。

(2) 物流系统的特点

物流系统区别于一般系统的特点是它以物资为工作对象,以完成物资物质实体流动为目的。这个特定功能强调两层意思:一是以物资为工作对象,物流就是处理物资的;二是强调物资物质实体流动,这是物流的本质意义,是一切物流活动所共同具有的本质特征。

(3) 基本子系统

包装、装卸、运输、存储、加工及信息处理是构成物流系统的最基本的子系统,没有这些子系统就没有最基本的物流活动,那个系统就不是物流系统了。但并不是任何物流系统都必须具备所有这些物流活动的全部,只要有一个或几个就可以了,然而这些子系统必须有机地结合在一起,才能形成物流系统。

(4) 物流子系统可以往下再分

可以按空间、时间、功能、其他因素分,分到最基本单元为止。这样构成一个既相互区别又相互联系的多个单元构成的等级层次结构,才能称为一个系统。

(5) 物流系统往上可以再结合

可以和同等级的其他系统结合成一个更大的系统。这个更大的系统就是物流系统的环境。物流系统也必须适应这个环境才能够生存发展。

物流系统示意图如图 2-6 所示。

1. 物流系统的基本功能与增值服务功能

(1) 物流系统的基本功能

物流系统的基本功能可以从物流系统的组成角度进行理解。物流系统由

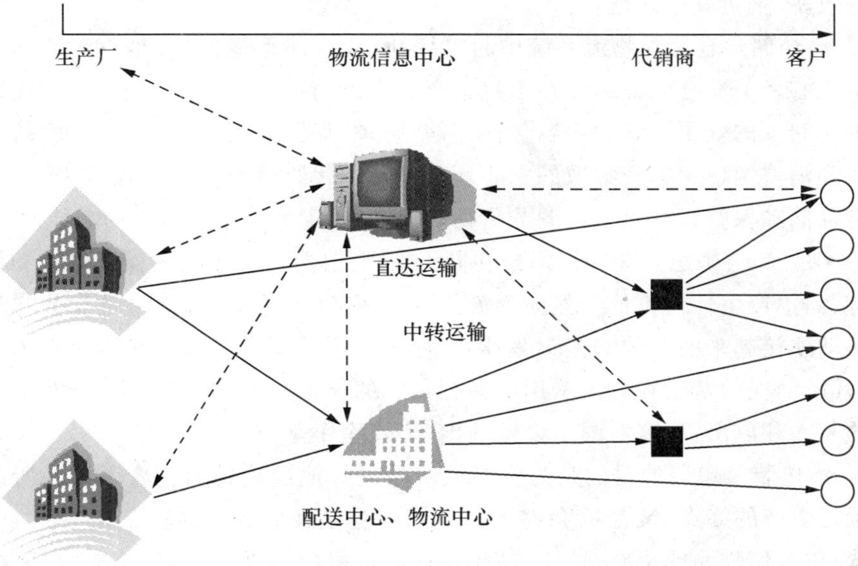

图 2-6　物流系统示意图

物流作业系统和支持物流系统的信息流动系统(即物流信息系统)组成。

- 物流作业系统:在运输、保管、搬运、包装、流通加工等作业中,使用种种先进技能和技术,并使生产据点、物流据点、输送配送路线、运输手段等网络化,以提高物流活动的效率。
- 物流信息系统:在保证订货、进货、库存、出货、配送等信息畅通的基础上,使通信据点、通信线路、通信手段网络化,提高物流作业系统的效率。物流活动一般涉及运输、仓储、装卸搬运、包装、流通加工和物流信息这样一些内容。

物流系统是由运输、仓储、装卸搬运、包装、流通加工和物流信息这几个环节组成。

- 运输。运输的任务是将物资进行较远距离的空间移动。物流部门通过运输解决物资在生产地点和需求地点之间的空间距离问题,从而创造商品的空间效益,实现其使用价值以满足社会需要。运输是物流的中心环节之一,是物流最重要的一项功能。运输扩大了经济作用的范围,在一定的经济范围内促进物价的平均化。运输的方式主要有铁道运输、汽车运输、船舶运输、航空运输、管道运输。运输在物流成本中所占的比重最大,因此运输合理化的意义重大。合理化的途径有以下几个方面:运输网络的合理化,选择最佳的运输方式,提高运输效率,推进共同运输。

• 仓储。仓储在物流系统中起着缓冲、调节和平衡作用,是物流活动的另一个中心环节。仓储的目的在于克服产品生产与消费在时间上的差异,使物资产生时间上的效果。它的内容包括存储、管理、保养、维护等活动。仓库是生产领域和消费领域中物资集散的中心环节。从现代物流系统的观点看来,仓库应具有存储和保管、调剂供需、调节货物运输能力、配送和流通加工的功能。

• 装卸与搬运。装卸搬运是在同一地域范围内进行的,它伴随输送和保管进行,而不产生任何价值。然而物流的主要环节(如运输和仓储)是靠装卸和搬运活动连接起来的。装卸搬运发生次数频繁,作业内容复杂,是劳动密集型作业,其所消耗的费用在物流费用中占有较大的比重。装卸搬运作业有对运动设备的装入和取出,也有对固定设备的出库、入库作业。

• 包装。包装的目的是为了保证产品完好地运送到消费者手中。所以包装既是生产的终点,又是社会物流的起点。包装使物品形成一定的单位,便于处置;包装使物品的形状、性能、品质在物流过程中不受损坏;包装使物品醒目、美观,从而可以促进销售。包装材料有容器材料、内包装材料、包装用辅助材料,又可细分为:纸和纸板制品、塑料制品、木制容器、金属容器、包装用辅助材料。由于包装只起保护作用,对产品使用价值没有任何意义,因此包装应该轻薄化、单纯化,应该符合集装单元化和标准化的要求。

• 流通加工。在流通过程中辅助性的加工活动称为流通加工。流通与加工本属于不同的范畴:加工是为了改变物质的形状或性质,以形成一定的产品;而流通则是为了改变物质的空间与时间状态;流通加工是为了弥补生产过程中的加工不足,更有效地满足用户或本企业的需要,使产需双方更好地衔接,将这些加工活动放在物流过程中完成。作为物流的一个组成部分,流通加工是生产加工在流通领域中的延伸。流通加工的形式有以下几种:为了运输方便而进行的加工;由于用户需要的多样化而进行的加工;为了综合利用,在流通中将货物分解,按分类处理。

• 物流信息。物流活动进行中必要的信息为物流信息。信息是事物的内容、形式及其发展变化的反映。因此,物流信息和运输、仓储等各环节都有密切的关系,在物流系统中起着神经系统的作用。加强物流信息的研究才能使物流成为一个有机系统,而不是各个环节孤立地活动。只有及时收集和传输有关信息,才能使物流定量化、通畅化。物流信息已向系统化发展,信息流和物流分离是其发展的一个特征。在信息流和物流一致的条件下,发货票随货物发送,货物发出后无论发出单位或收货单位都对货物的中间状态不了解;在物流和信息流分离的条件下,通过统一的信息系统,各个方面均可以及时了解货物的运送状况。按垂直方向,物流信息系统可以划分为三个层次,即管理层、控制层和作业层;在水平方向,物流系统贯穿供应物流、生产物流、销售物流、回收和废弃物流的运输、仓储、装卸搬运、包装、流通加工等各个环节,呈金字塔结构。可见物流信息系统是物流领域的神经网络,遍布物流系统各个层次、各个方面。

物流系统的效益并不是组成它的各个局部环节效益的相加,因为各环节的效益之间存在相互影响、相互制约的关系,也就是交替损益的关系。各个环节都是物流系统链条中的一个组成部分,任何一个环节过分削弱都会影响到物流体系的整体强度。重视系统观念,追求综合效益最佳,这是物流学的基本观点之一。

(2) 物流系统的增值服务

如今的物流服务已经超出了传统意义上的货物包装、配送、仓储或寄存等常规服务,由常规服务延伸而出的增值服务正在成为物流发展的新趋势。

在以前召开的国际物流博览会上,许多专家和学者认为,增值服务与全球物流趋向一体化、新技术提速物流业、第四方物流带来新的挑战一起构成了国际物流发展的四大趋势。美国学者 J. 迈克 · 琼(J. Mike Jone)指出:“对竞争激烈的物流企业而言,单独的物流服务已经无法构成企业牢固的基础,所以,一方面它们必须提供新的附加业务,扩大业务范围;另一方面必须不断推陈出新,为用户提供增值服务,以增加企业的核心竞争力。”

增值服务对于物流企业而言是既诱人又充满变数的,企业要想让增值服务成为自己的优势,需要做好以下三件事:

- 引导客户需求,实现客户增值新体验。企业在实施任何新的服务策略之前,一定要明白客户在什么时候、什么环境下需要何种服务,企业的服务策略要有很强的针对性。

- 对症下药,提供一体化的物流解决方案。传统物流服务的内容大多集中于传统意义上的运输、仓储范畴。它们对传统的物流服务内容有着比较深刻的理解,对物流环节中的某个单项服务内容有一定的运作经验,但却缺乏将多个单项服务内容有机组合起来的经验和尝试,即缺乏针对客户专门提供一体化物流的解决方案。

物流企业发展的现状客观上要求物流企业,尤其是3PL(第三方物流企业)应加快向一体化物流解决方案提供商的转变速度,为客户提供个性化的增值服务,不仅需要突破人才"瓶颈",还应该形成独特的商业模式,尽快开发出针对常见物流需求和物流问题的配套方案模型,包括物流信息系统解决方案、物流优化配送解决方案、物流供应链管理解决方案、一体化物流解决方案等。

- 借助信息技术,实现增值服务承诺。信息技术在物流运作的广泛应用,不仅打破了传统的运输、仓储配送等各个物流环节各自为政的局面,使一体化物流运营成为可能,而且为物流企业为客户提供服务提供了有力保障。

通过建立物流管理信息系统,物流企业可以运用先进的信息技术来管理物流业务运作,实现业务信息的一体化运营,提高信息层面的透明度,缩短物流运作时间,这样企业才有可能实现服务承诺,为强化物流增值服务奠定基础。

2. 物流系统中的效益背反问题

也就是物流系统中的相互制约问题(效益背反)。"效益背反"一词源自英语"Trande-off",其含义是"两种目的,对于同一种资源会产生两种不同的结果时,为了更好地完成一种目的,可能需要对另一种目的的完成作出部分的牺牲,这种目的间的关系,就是'效率背反'关系。"从现代物流的角度出发,所谓效益背反可以理解为改变物流系统的任一要素都会影响到其他要素;系统中任一要素的增加都将对其他要素产生减损的作用。解决物流系统的"效益背反"问题,是现代物流管理的精华所在。

在一个物流系统中,存在着广泛的效益背反的关系,典型的效益背反关系可以归纳为:

(1) 物流服务水平和物流成本之间存在效益背反关系。要提高物流系统的服务水平,物流成本通常要增加。比如采用小批量即时运货制,要增加费用。要提高供货率即降低缺货率,必须增加库存保管费,其关系如图2-7所示。

(2) 构成物流系统的各子系统之间存在效益背反关系。

(3) 构成物流成本的各个环节费用之间的关系。如为了降低库存采取小批量订货,会因为运输次数增加而导致费用上升,运费和保管费之间有背反关系。

(4) 各子系统的功能和所耗费用之间的关系。任何子系统功能的增加和完善必须投入资金。要增加信息系统的功能,就必须购置硬件和开发计算机软件;要增加仓库的容量和提高进出库速度,就要建设更大的库房并实现机械化、

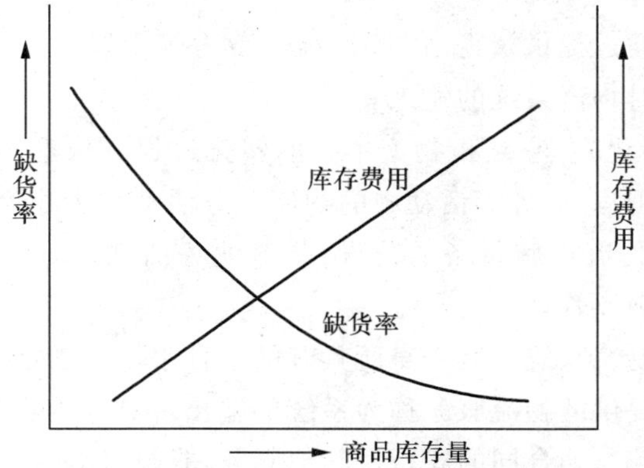

图 2-7　物流服务水平与物流成本关系

自动化。在实际中必须考虑在财力许可的范围内改善物流系统的功能。

2.1.4　物流系统的模式

1. 物流系统模式简图

物流系统的模式是一般系统模式的具体化,由输入、输出、处理(转化)、限制(制约)、反馈等功能组成。通过输入和输出使系统与社会环境进行交换。根据物流系统的性质,不同物流系统的具体内容可能有所不同,如图 2-8 所示。

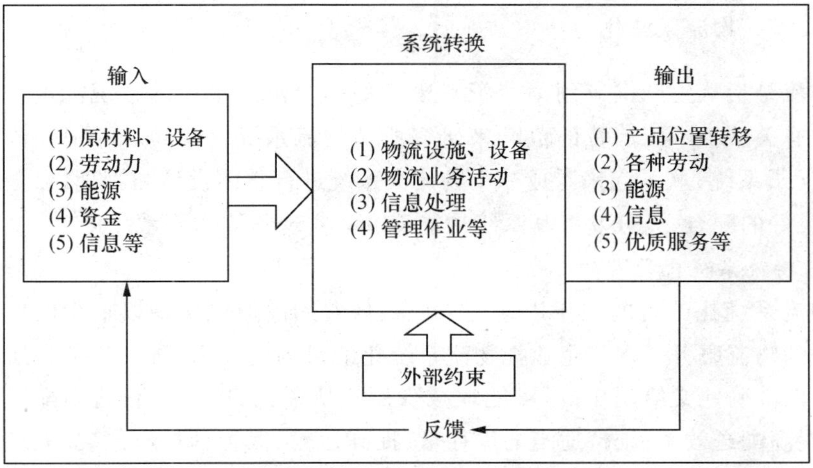

图 2-8　物流系统模式简图

2. 物流系统模式内涵

(1) 输入。通过提供资源、能源、设备、劳力等手段对某一系统发生作用，统称为外部环境对物流系统的输入。

(2) 处理(转化)。它是指物流本身的转化过程。从输入到输出之间所进行的生产、供应、销售、服务等活动中的物流业务活动称为物流系统的处理或转化。具体内容有物流设施设备的建设;物流业务活动,如运输、存储、包装、装卸、搬运;信息处理及管理。

(3) 输出。物流系统与其本身所具有的各种手段和功能,对环境的输入进行各种处理后所提供的物流服务称为系统的输出。具体内容有:产品位置与场所的转移;各种劳务,如合同的履行及其他服务;能源与信息。

(4) 限制或制约。外部环境对物流系统施加一定的约束称之为外部环境对物流系统的限制和制约。具体有:资源条件、能源限制、资金与生产能力的限制、价格影响、需求变化、仓库容量、装卸与运输的能力、政策的变化等。

(5) 反馈。物流系统在把输入转化为输出的过程中,由于受系统各种因素的限制,不能按原计划实现,需要把输出结果返回给输入,进行调整;即使按原计划实施,也要把信息返回,以便对工作做出评价,这称为信息反馈。信息反馈的活动包括:各种物流活动分析报告、各种统计报告数据、典型调查、国内外市场信息与有关动态。

2.1.5 物流系统化

物流是指从生产供应到消费资料废弃的一个范围很广的系统。这里主要就其中有关从生产到消费的范畴来研究所谓物流系统化问题。即把物流的各个环节(子系统)联系起来看成一个物流大系统进行整体设计和管理,以最佳的结构、最好的配合,充分发挥其系统功能、效率,实现整体物流系统化。

1. 物流系统化的目的

物流系统化的目的在于以速度、可靠、低费用的原则实现以最少的费用提供最好的物流服务。现代企业把物流系统化的目的定义为:按交货期将所订货物适时而准确地交给用户;尽可能地减少用户所需的订货断档;适当配置物流据点,提高配送效率,维持适当的库存量;提高运输、保管、搬运、包装、流通加工等作业效率,实现省力化、合理化;保证订货、出货、配送的信息畅通无阻;使物流成本降到最低。

斯麦基教授倡导的物流系统的目的是 7R 原则：优良的质量（right quality）、合适的数量（right quantity）、适当的时间（right time）、恰当的场所（right place）、良好的印象（right impression）、适宜的价格（right price）、适宜的商品（right commodity）。

将物流系统化的目的细化，即是物流系统所追求的作业目标。在物流系统设计方面，每一个厂商都必须同时实现至少六个不同的作业目标。这些作业目标构成了物流表现的主要方面，其中包括快速响应、最小变异、最低库存、整合运输、质量以及生命周期支持等。

（1）快速响应。快速响应反映一个厂商及时满足顾客服务需求的能力。快速响应的能力把作业的重点从根据预测和对存货储备的预期，转移到以从装运到装运的方式对顾客需求作出反应方面上来。

（2）最小变异。变异是指破坏系统表现的任何意想不到的事件，它可以产生于任何一个领域的物流作业。物流系统的所有作业领域都容易遭受潜在的变异，减少变异的可能性关系到内部作业和外部作业。传统的解决变异的办法是安全储备存货或使用高成本的溢价运输。当前已被信息技术的利用所取代，以实现积极的物流控制。

（3）最低库存。最低库存的目标涉及资产负担和相关的周转速度，是要把存货配置减少到与顾客服务目标相一致的最低水平，以实现物流的最低总成本。

（4）整合运输。最重要的物流成本之一是运输成本。要减少运输成本，就需要实现整合运输，因此需要有创新的规划，把小批量的装运聚集成集中的、具有较大批量的整合运输。

（5）质量。要寻求持续的质量改善。全面质量管理已成为全行业各方面承担的主要义务。对全面质量管理承担全面义务是对物流复兴作出贡献的主要动力之一。物流是发展和维护全面质量管理不断改善的主要组成部分。

（6）生命周期支持。生命周期支持的含义是，从摇篮到摇篮的物流支持，这是物流活动的最后一个目标。在某些情况下，必须回收那些已流向顾客的额外存货。产品回收是由于不断地提高具有强制性的质量标准、产品有效期的到期和因危害而产生的责任等引起的顾客对产品的不满所造成的结果。逆向物流需求也产生于某些法律规定，其重要意义是，当存在潜在的健康责任时需要进行最大限度的控制。在这个意义上，产品回收规划就与不论代价大小都必须最大限度地执行顾客服务战略相类似了。厂商必须设计一个物流系统的生命周期支持的能力。由于全世界对环境问题的注意,逆向物流能力需要具有再循环利用各种配料和包装材料的能力。

2. 物流系统化的目标

(1) 服务性(service)。在为用户服务方面要求做到无缺货、无货物损伤和丢失等现象,且费用便宜。

(2) 快捷性(speed)。要求把货物按照用户指定的时间和地点迅速送到。

(3) 有效地利用面积和空间(space saving)。目前,我国土地费用正在不断上涨,应注意对其的有效利用。应逐步发展立体化设施和有关物流机械,求得空间的有效利用。

(4) 规模适当化(scale optimization)。应该考虑物流设施集中与分散是否适当,机械化与自动化程度如何合理利用,情报系统的集中化所要求的电子计算机等设备的利用等。

(5) 库存控制(stock control)。库存过多则需要更多的保管场所,而且会产生库存资金积压,造成浪费。因此,必须按照生产与流通的需要变化对库存进行控制。

上述物流系统化的目标简称为“5S”,要发挥以上物流系统化的效果,就要进行研究,把从生产到消费过程的货物量作为一贯流动的物流量看待,依靠缩短物流路线,使物流作业合理化、现代化,从而降低其总成本。

3. 物流系统设计要素

进行研究时需要以下几方面的基本数据:

(1) 所研究商品(products)的种类、品目等;

(2) 商品的数量(quantity)多少,年度目标的规模、价格;

(3) 商品的流向(route),生产厂配送中心、消费者等;

(4) 服务(service)水平,速达性、商品质量的保持等;

(5) 时间(time)即不同的季度、月、周、日、时业务量的波动及特点;

(6) 物流成本(cost)。

以上 P、Q、R、S、T、C 被称为物流系统设计有关基本数据的六个要素。这些数据是物流系统设计中必须具备的。

2.2　配送对象与配送模式

配送对象就是产品。不同的产品有不同的性质、特点及工业流程。配送模式是指构成配送运动的诸要素的组合形态及其运动的标准样式。配送模式是根据经济发展需要，针对不同配送对象，经过反复实践摸索出来的配送方式。不同种类的产品，其配送模式不尽相同；而同一类产品，在不同市场环境下，配送模式也不完全一样。但是，作为一项特殊的物流活动，配送所包括的基本要素（或称基本环节）及其运动规律却是完全相同的，由此构成了配送的基本模式。

2.2.1　物流系统的相互关系

1．配送在物流系统中的表现特点

配送是物流系统中由运输派生出的功能，是短距离的运输，具有如下三个特点：

（1）配送是距离较短的运输，位于物流系统的最末端，处于支线运输、二次运输和末端运输的位置，即到最终消费者的物流。

（2）配送是物流系统的一个缩影，也可以说是一个小范围的物流系统。在配送过程中，也包含着其他的物流功能。一般的配送集装卸、包装、保管、运输于一身，通过这一系列活动完成将货物送达的目的。

但是配送的主题活动与一般物流却有不同，一般物流是运输及保管，而配送则是运输及分拣配货。分拣配货是配送的独有要求，也是配送中有特点的活动。

（3）配送是物流系统中一种特殊、综合的活动形式，是商流和物流的紧密结合，既包含了商流活动，也包含了物流若干功能要素。从商流上讲，配送和物流的不同之处在于物流是商物分离的产物，而配送则是商物合一的产物。配送本身就是一种商业形式。在配送具体实施时，虽然也有以商物分离的形式实现，但从配送的发展趋势看，商流和物流越来越紧密地结合，是配送成功的重要保障。

2．配送在物流系统中的作用与地位

（1）配送是物流网络构成的基础。

（2）配送是物流系统功能的核心。

物流系统具有三大效用,或称三大功能,即创造物品的空间效用、时间效用和形质效用。由于物流系统的功能是由各子系统来实现的,因此多数资料将物流系统的功能表述为运输功能、存储功能、搬运装卸功能、流通加工功能、包装功能和信息处理功能等。

空间效用是通过运输或配送活动实现的,这是物流系统三大功能中不可缺少的功能之一,因为在社会化大生产条件下,产品生产和消耗在空间位置上的矛盾不但不会消除,而且随着经济的全球化反而会不断扩大,这种扩大会增加对物流业,特别是运输、配送业务的需求。

时间效用主要由仓储活动来实现,这一功能虽然在物流系统中是不可缺少的功能之一,但也有弱化的趋势。之所以弱化是基于以下几方面的原因:一是生产技术的发展和管理水平的提高,生产企业可以做到柔性化和按订单生产,缩短产品制造与消费在时间上的差距;二是通过其他物流功能的强化,降低或消除存储功能的作用,如通过流通加工和配送实现所谓的"零库存"生产;三是信息技术的发展。

形质效用是指通过流通加工,改变物品的形状和性质,达到促进销售、方便运输和提高物品利用效果的目的。流通加工功能,一部分从属于运输、配送功能,为运输、配送服务;另一部分也需要运输、配送功能与之紧密配合。

在物流系统的各个功能中,运输、储存、流通加工是主体功能,装卸、搬运、包装和信息处理则是从属功能,且主体功能中配送功能的主导地位更加凸显出来,成为所有功能的核心。

3. 配送是物流合理化的关键

物流合理化是指在各物流子系统合理化基础上形成的最优物流系统总体功能,即系统以尽可能低的成本创造更多的空间效用、时间效用和形质效用。或者从物流承担的主体来说,以最低的成本为用户提供更多、更优质的服务。物流系统是由运输、储存、装卸、搬运、包装、流通加工配送和信息处理子系统构成,所以物流合理化指各子系统合理化并相互协调产生结构效应,使物流系统总体功能达到最优。

从前面对物流功能结构的分析知道,运输、配送功能在物流系统中处于核心地位,显然,运输、配送合理化直接影响到其他物流子系统的构成,所以只有运输、配送合理化,才能使物流系统结构更加合理,功能更强,系统总体功能更优。因此,运输、配送合理化是物流系统合理化的关键因素。

2.2.2　配送模式

说到底,配送模式就是某种配送流程,这种配送流程适用于某一类产品。我们把产品分为生产资料产品与生活资料产品两大类。生产资料是劳动手段和劳动对象的总称。在管理运作中,人们又常常把生产资料分成工业品生产资料和农产品生产资料两类。下面我们将要讲到的是某些工业品生产资料的配送模式,包括各种原料、材料、燃料、机电设备。

1. 生产资料产品配送模式

一般说来,生产资料的消费量都比较大,从而运输量也比较大。从物流的角度看,有些生产资料是以散装或裸露方式流转的(如煤炭、水泥、木材),有些则是以捆装和集装方式流转的(如金属材料、机电产品),有些产品要粗加工以后才能供应给消费者使用(如木方、配煤、型煤),也有些产品直接进入消费领域,中间不经过粗加工过程。由于产品的性质和消费情况各异,其配送模式也迥然不同。从流程上看,生产资料配送模式大体上可分为两种。

第一种模式:在配送流程中,作业内容和工序比较简单,除了有进货、储存、装货和送货等作业外,基本上不存在其他工序。这种配送模式的流程是:进货→储存→装卸→送货。

这种模式中,装卸运输作业通常要使用专用的工具或设备,并且车辆可直接开到储货场地进行作业(直接发送)。在流通实践中,按照这种模式进行配送的生产资料产品主要有煤炭、水泥、成品油等。

第二种模式:在配送活动中包含着加工(产品的初级加工)。换言之,加工作业成了配送流程中的一道重要工序。由于产品种类和需求方向不同,在加工工序之后续接的作业不尽一致。下面列出两种配送流程:

进货→储存→加工→装货→送货

进货→储存→加工→储存→分拣→配货→送货

显然,第二种模式比第一种模式复杂:不但作业工序多,且同样的工序会重复出现(如储存工序)。在物资供应活动中,采用第二种配送模式流转的生产资料产品主要有钢材、木材等。下面我们选出几种有代表性的产品来具体说明生产资料的配送模式。

(1) 金属材料配送模式。作为配送对象的金属材料主要包括这样几种产品:黑色金属材料(包括各种型材、板材、线材等)、有色金属材料(有色金属及其型材)和各种金属制品(如铸件、管件、坯料)。和生活资料相比,金属材料有如下一些特点:重量大、强度高、规格品种繁多,但运输时可以混杂。一般说来,这类物资的产需关系比较稳定,但是需求结构比较复杂。因此,金属材料配送多数都内含着加工工序。对于一些需求量不太大但需要品种较多的用户,金属材料的配送流程中又常常包含着分拣、配货和配装等作业。就加工工序而言,主要有这样几项作业:集中下料;材料剪切、定尺和整形;除锈、剔除毛刺。金属材料的配送工艺流程如图 2-9 所示。

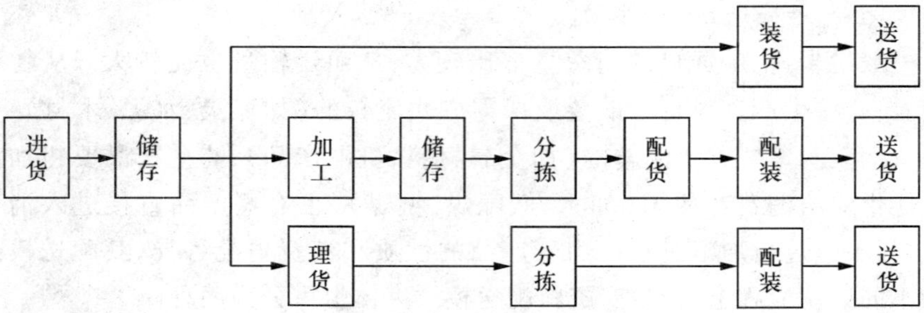

图 2-9　金属材料的配送工艺流程

从图中可以看出,金属材料配送存在着一种特殊情况:若配送品种单一,且数量较多的货物,流程中没有也不需要安排分拣、配装等作业(或工序)。通常,配送车辆可以直接开到储货场进行装货、送货。由于金属材料的需求相对稳定,因此在实践中,适宜采用计划配送的形式供货;同时因金属材料的需求量大,并且带有连续性,所以也适宜采用集团配送和定时、定量配送的形式向用户供货。

(2) 煤炭品种配送模式。作为配送对象的煤炭产品主要有原煤、型煤、配煤(混配煤炭)。这类产品需求有这样一些共同特点:需求量大、需求范围广;消耗稳定、用户较固定。由于此类产品储运是以散堆为主,因此很难与其他产品混装。

鉴于煤炭有其特殊的物理性能和化学性质,因而在实际操作中形成了两种不同的配送流程。其中一种工艺流程是从储存场地直接装货、送货;另一种工艺流程是在储货场地设置加工环节,将煤炭加工成配煤(即将几种发热量不同的煤炭掺混在一起,达到消费者的使用要求)和型煤,然后进行装货和发货,如图 2-10 所示。

煤炭配送模式是单品种散装生产资料配送的典型模式。按照此模式运作,

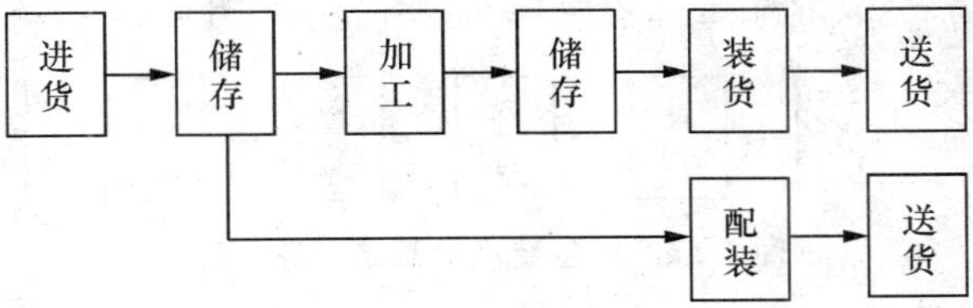

图 2-10　煤炭的配送模式

其基本要求是:配送企业要有集中库存的能力和设施;配送主体必须有较强的加工能力;需配置专用的设备和采用专门的技术。煤炭配送的特点是:配送量大且发送(货物)频繁。有些不需要加工的煤炭,在满足整车装运要求的前提下,进行配送时,运输车辆可以直接到储煤场地去装运和发货。另外,因配送的煤炭品种单一,故配送流程中不需要分拣、配货等作业。

由于煤炭产品的配送量比较大,加上这类产品需求稳定(用户比较固定),因此,在实际操作时常采用计划配送和定量配送等形式向用户供货。

(3) 化工产品的配送模式。这是特殊产品(指生产资料产品)配送的典型模式。化工产品的种类繁多,有些产品无毒无害,有些产品则有毒有害。本书所讲的化工产品是指单位时间内消耗量大、有毒、有腐蚀性和有一定危险性的化工产品,包括硫酸、盐酸、磷酸、烧碱、树脂等。上述化工产品的共同特点是:活性强,不同种类的产品不能混装、混存,其装载运输和储存需使用特制的容器、设备和设施。

由于化工产品形态较为复杂,进货情况不同,所以其配送工艺也不尽一致。从总体上看,基本上有两种形式,即散装或大包装产品配送工艺和小包装配送工艺。

散装或大包装产品配送工艺:配送企业(配送中心)集中进货后,通常都要按照要求进行分装加工(变大包装为小包装),然后采取一般配送工艺流程进行配送作业,如图 2-11 所示。

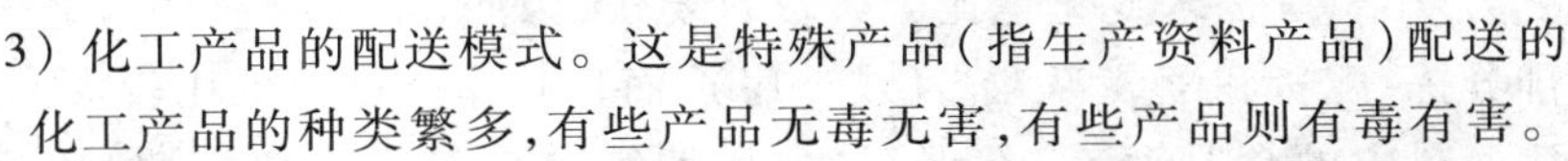

图 2-11　散装产品配送工艺流程

小包装产品配送工艺:有些化工产品在出厂前即已包装成小单元(用户可以接受的单元标准),对于这类产品,配送企业集中进货后不需要再进行分装加工,可以直接按照一般的配送工艺流程安排作业,如图 2-12 所示。

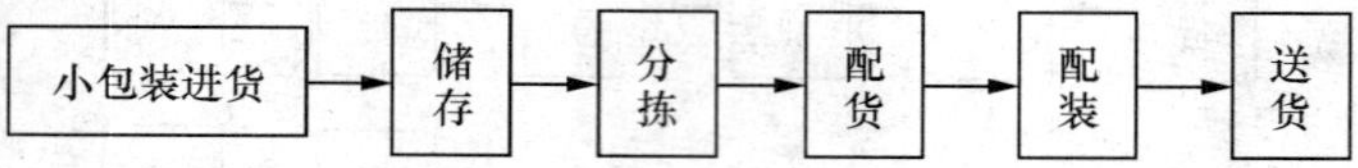

图 2-12　小包装产品配送工艺流程

由于很多用于工业生产的化工产品系有毒、有害物,因此,配送这类物资须配备专用的设施和设备(储存和运输设备)。此外,化工产品的配送只适宜由专业生产企业(化工企业)和专业流通企业(化轻公司)来组织。因用户不宜过多储存有毒、有害、有危险的物资,故采用定点、定量配送方式供货和计划配送方式供货是化工产品配送的主要运作形式。

2. 生活资料产品配送模式

生活资料是用来满足人们生活需要的劳动产品,它包括供人类吃、穿、用的各种食品、饮料、衣物、用具和各种杂品。生活资料的品种、规格较之生产资料更为复杂,其需求变化也比生产资料要快,因此,生活资料的配送不但必须安排分拣、配货和配装等工艺(或工序),而且其作业难度也比较大。此外,就生活资料中的食品而言,有保鲜、保质期和卫生等质量要求,根据这一特点,一部分生活资料的配送流程中也包含着加工工序。关于生活资料配送的作业程序和具体内容,下面我们用日用小杂品的配送模式和食品的配送模式为例进行说明。

(1) 日用小杂品配送模式。这里所说的日用小杂品主要指这样几类产品:小百货(包括服装、鞋帽、日用品)、小机电产品(如家用电器、仪器仪表和电工产品、轴承及小五金)、图书和其他印刷品、五毒无害的化工产品和其他杂品。这类产品的共同特点是:有确定的包装,可以集装、混装和混载,产品的尺寸不大,可以成批存放在设有单元货格的现代化仓库中。

由于日用小杂品的品种、规格繁多,其市场需求又呈多品种、小批量状态,因此,其配送流程中必然要求有理货和配货等工序。由于单个用户每次对日用小杂品的需求量有限,而这类产品又能够进行混存、混装,因此,为了进行合理运输,在配送主流程中必然要安排配装工序。就整个配送流程来看,日用小杂品配送是一种标准化的配送模式,其配送工艺流程如图 2-13 所示。

由图 2-13 可知,日用小杂品的配送作业工序比较齐全,但流程中没有加工工序。这是因为,日用小杂品多为有包装物品,并且包装内的产品数量一般都不太多(即为小包装物品),故在这类产品的配送中很少有流通加工环节出现。

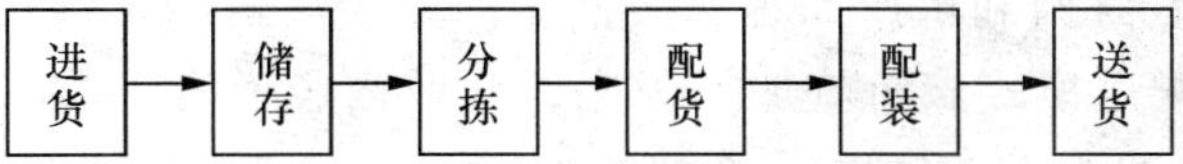

图 2-13 日用小杂品的配送工艺流程

日用小杂品的配送常常要根据用户的临时需要来安排和组织,因而其配送量、配送路线和配送时间等很难固定下来。在现实生活中,往往都是采用即时配送形式和多品种、少批量、多批次配送的方法来向用户供货和发送货物。

(2) 食品配送模式。食品的种类很多,且形状各异,又都有保质、保鲜期。根据这些特点,决定了食品配送有三种工艺流程。

第一种流程:货物组织到以后基本上不存放,很快进行分拣、配货,然后快速送货。中间不存在储存工序。通常,保质期较短和保鲜要求较高的食品(如点心类食品、肉制品、水产品)基本上都按照上述流程进行配送,如图 2-14 所示。

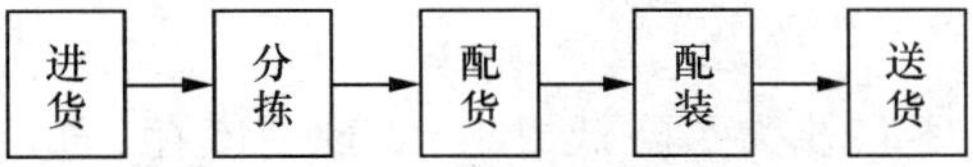

图 2-14 没有储存工序的食品配送工艺流程

第二种流程:在备货作业后安插储存工序,然后依次进行配货和配装等作业。通常保质期较长的食品主要按照这样的流程配送。操作程序是:大量货物组织进来后,先要进行储存、保管,然后根据用户订单进行分拣、配货、配装,待车辆满载后,随即向各个用户送货。其工艺流程如图 2-15 所示。

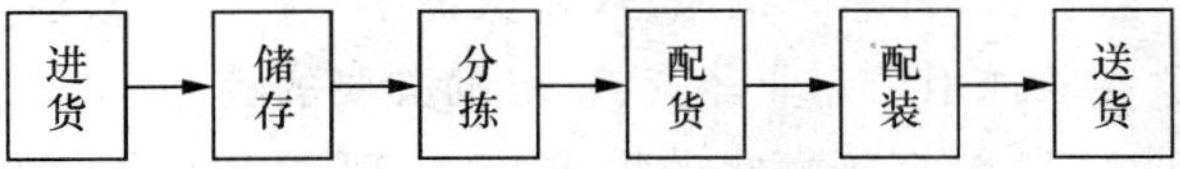

图 2-15 带有储存工序的食品配送工艺流程

第三种流程:带有加工工序的配送流程。实际操作情况大体上是这样的:大量货物集中到仓库或场地后,先进行粗加工,然后依次衔接储存、分拣、配货、配装和送货等工序,如图 2-16 所示。

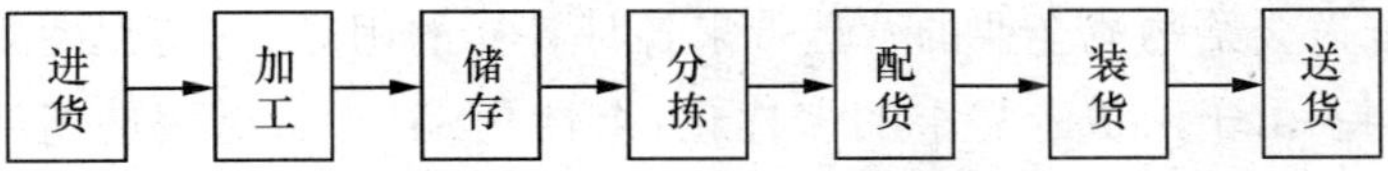

图 2-16 带有加工工序的食品配送工艺流程

鲜菜、鲜果、鲜肉和水产品等保质期短的货物配送经常选用上述包含有加工工序的食品配送模式。而就加工工序的作业内容而言,主要有以下几项:分装货物(将大包装改为小包装)、货物分级分等、去杂质(如蔬菜去根、鱼类去头和内脏)和配置半成品等。

食品配送要特别强调速度和保质。因此,在物流实践中,一般都采用定时配送、即时配送等形式向用户供货。

2.3 配送系统举例

本节我们列举几个配送系统的例子,包括服务周到的高频率小批量配送系统;降低经营成本的共同型配送系统;高效率运营的一体化配送系统。

2.3.1 服务周到的高频率小批量配送

1. 准时配送

准时配送是指,零售业为了降低成本,实现零库存,为了防止商品滞销和缺货而进行的准时的、少量的、直接的供应。这是需要准时配送的一种场合。在这种场合下,店铺的库存负担减轻,高效益营运,人工费用压缩,促进了销售;对于生、鲜食品当日配送来说,尤为重要。

准时配送是丰田汽车有限股份公司开发的生产、工艺管理方式中的一项内容,被称为"看板管理"。采用这一方式,各工艺的零部件没有储存,将所需要的时间及数量记入看板,进行准时供应,这就保证了生产的连续性和稳定性,又可降低成本。把这一原理用于商业经营,仅根据必要的商品、必要的时间、必要的数量进行准时供应,既满足了顾客的需求,又实现了零库存。由于看板方式的采用,丰田公司的发展顺利,实现了中间库存减少,业务操作标准化、简单化。作为看板系列的代表,准时供应系列成为日本工业生产现代化的代名词,在全世界享有盛名。

2. 高频率小批量配送的产生

准时配送会给物流企业的营运带来各种各样的困难,它将促使物流成本上升即为一例。由于消费者需求的多样化、个性化,消费品也从量到质发生了变化。零售业者为了及早发现滞销商品及避免库存积压,与此相应的要求就是商场效率化及高频率、小批量的配送。最初是大型的便利连锁业采用高频率、小批量配送系统，很快成为燎原之火，迅速扩展到超市业及其他零售业。然而这个系统的原型是美国的食品业和汽车运输业采用的散货出库方式，将这个方式和准时供应方式结合起来便成了独特的高频率小批量配送系统。

3. 高频率小批量配送概念

批发商认为，所谓高频率、小批量配送，就是配送间隔较传统的配送间隔短，但接收货物的单位小批量化，比传统的配送方式费工夫，它是要求在规定的时间内进行配送的系统。另一方面，便利店总部则认为，所谓高频率、小批量配送，是满足消费者的需要，得到供应商的协助，将必要的商品，在必要的时间内，按必需的数量供给零售业，是合理的、高效率的物流系统。这两方面的理解反映各自对流通的态度，批发商的理解对于高频率、小批量配送是被动的；与此相反，便利店总部的理解则是主动的。他们只是观察问题的角度不同，得出的结论却都是正确的。

4. 高频率小批量配送的作用与评价

我们可以从下列几个方面对零售业的高频率小批量配送进行分析。

(1) 消除脱销。零售业者作为一个条件要求批发商采用高频率、小批量配送，以使缺货率降低并消除脱销，而这种配送方式正好按适品、适量、适时原则配送和进货。此外，这种配送方式还要求附加免费进行流通加工（例如粘贴价格、标记）及商品陈列等服务，对于出现脱销、配送迟缓等现象要强化惩罚措施。

(2) 订、发货期间缩短。零售业期待批发商高频率、小批量配送的基本要求是订、发货期间缩短，这样零售业的商品库存面积削减，能够确保店铺商品陈列场地。另外一个作用就是削减了库存量，解决了因陈列面积不足而不得不压缩商品数量和因商品在店铺库存而使其新鲜度降低、品质恶化等问题，进而减少了商品损失。

(3) 多样化的流通加工。高频、小批量配送是以消费者需求的高档次、多样化为背景，为使零售业店铺商品品种齐全、丰盛而形成的物流系统。由于商品品种的不断扩大，要求商品进行分类、分装、标价、包装等流通加工的多样化。

(4) 验货成本的改善。新售商品可以根据统计结果有选择地进行销售，使店铺库存压缩，商场效率提高，对于要求批发商缩短订、发货周期的零售业，必须备有高频率、小批量的验货系统，由于订、发货周期缩短，验货频率较以前增加，验货时间也比以前长，验货人员相应增加，人工费用随之增加是不可避免的。但是，如果零售业同批发商配合较好的话，验货时间就能缩短，验货成本也可以压缩。

一般说来，零售业要求高服务水平，而批发商希望低服务水平，无论哪一方，无论什么方式都不应该仅以有利于自己的观点论事。对于消费者，从流通服务最适化、各流通阶段应该分担的功能这一观点出发，选择客观、适当的方式。

关于高频率、小批量配送的问题，有三种不同意见：

（1）人工费增加，库内作业的配送费等也增加，因此带来总物流成本增加。

（2）配送车装载效率低，总的运行距离长，平均装载率降低，另外汽车数量增加，由于配送时间集中，易堵车及停车场紧张，接收货物的作业也较繁杂。

（3）带来城市交通拥挤、大气污染、噪音等公害问题。

2.3.2 配送策略与共同型配送

由于有效地进行高频率、小批量的配送，也推进了分拣等方面的机械化及物流技术的革新。为了防止配送车辆数量的增多和装载效率的下降，有必要进行车辆混载等共同搬运、共同配送。

1. 共同型配送概念及形态

为了提高车辆的装载率，对多数企业共同、有效地进行配送。对这种类型的配送来说，建立配送中心是必要的。同一辆车装载不同货主的货物，一次性地运到配送中心；配送中心则将所进商品汇总、分类后，统一进行配送；而货主则从配送中心领取他们各自的商品。这样，增加了汽车的装载率，多数货主的货物一次便可送到，装卸搬运作业省力方便，如图 2-17 所示。

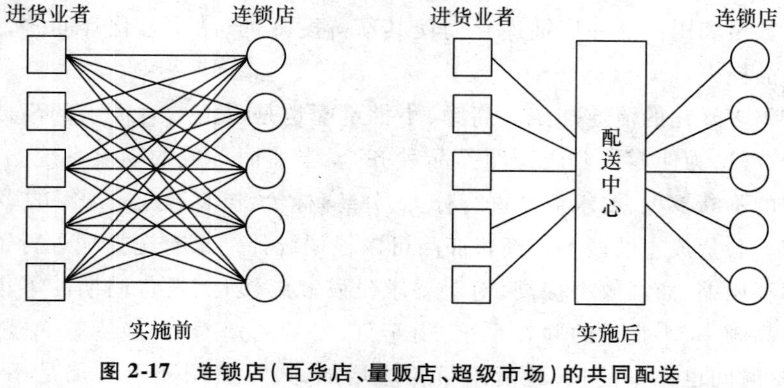

图 2-17 连锁店（百货店、量贩店、超级市场）的共同配送

2. 共同型配送的作用与实施难点

(1) 共同型配送与高频小批量配送。这两种配送方式所存在的问题及应该采取的改进措施是当前研究的新课题。共同型配送也具有实现高频小批量配送的可能性。如果批发业只有一家公司进行配送,零售业只能要求高频率、小批量配送。共同型配送进一步细化是实现高频率、小批量配送的重要措施。共同型配送是物流企业使用本公司的设施及配送网络,根据零售业的需要,将配送、流通加工、保管三个服务按商品种类、不同地区、不同配送地点捆绑在一起。

(2) 连锁店的共同进货。百货店、量贩店、自由连锁、特许连锁等连锁店,为了提高各店铺的进货效率及验收业务效率,将发货者发来的商品先集中到配送中心,再共同配送到各店铺。这种进货物流共同化的方法,在日本大体上可以分为以下两种类型。第一种类型是以大荣集团为代表的将自己的转运中心作为物流中心。这是为了追求多店铺功能性的优势,同时也追求自己公司资产增大这一财务上优势的方法。第二种类型是依藤洋货堂为代表的共同型配送中心。这种方法构筑在本公司物流据点和物流系统之上,是将自己掌握主动权的物流网络进行信息化,因此是一种完全统合的开展市场营销的方法。对于连锁经营具有自己的物流中心和不具有自己的物流中心而由第三方物流代行配送的方法,究竟选择哪一种方法为好,是目前研究的重要课题。但是,它至少是构成短期性的物流系统,而不进行设施投资,不负担营运责任,参与代行进货较易实施的方法。

(3) 共同型配送的主要优点。共同型配送有这样一些优点:车辆装载率提高,单位成本降低,进而可以削减物流总成本;复数企业之间不存在重复、交错运送问题,运输效率提高,单位成本下降;复数企业的货物一次运送,装卸、验货等作业也是一次性进行,提高物流效率;可以缓解交通堵塞和环境污染。

(4) 共同型配送的主要问题。不可避免会泄露企业之间的商业机密;不可能完全保证货物的不破损、不丢失等安全性问题;能否适当核算运费及其他费用,也是一个值得注意的问题。

3. 解决共同配送的措施

为了使共同配送健康发展,实施共同配送时应注意以下几个方面的问题:

(1) 参与共同配送的物流业务应相对稳定,双方应签订比较稳定的共同配送合作协议。

(2) 在客户分布、商品特性、物流作业特性、经营系统等方面应具有相似性,这样便于组织管理和协调,也有利于利益分配。

(3) 货主之间可以有生产、营销方面的竞争,但在物流方面应相互合作,不应存在竞争。

(4) 货主和承担主体在物流信息管理方面应有一定的基础。

(5) 利益分配要有具体的制度和方法,应制定明确的收费或费用分摊标准。

(6) 在共同配送合作协议中,应对货主保护商业秘密,明确各自的权利和义务。

2.3.3 高效率运营的一体化配送

一体化配送产生于20世纪90年代的日本,现在在供应链管理中发挥着重要作用。

1. 一体化配送的意义

一体化配送又称一揽子物流,它是将货物和信息实现一元化高水平管理的物流。其目的是降低成本和提高服务水平。这里的一揽子可以认为是两层意思:一是货架一揽子,也就是以某一货架群作为整体对象,不同进货地点和形态,将全部商品集中上货;另一个是业务一揽子,就是说不仅仅是进货业务,而且包括发货的商品完全不出现错误,易陈列地进入店铺,是将与进货相关的全部业务一揽子接收的系统。

具体地讲是将店铺作为起点,把出库信息(ASN)、供应链(SCM)记录单、物流(EDI)等信息技术纳入物流系统。同样,将一次性分品种进货、定时定量配送等作业组合在一起,是一体化配送中心起着核心作用的进货体制。

2. 从共同型配送到一体化配送

零售业的商品供应物流可以分为店铺直接进货型、共同型配送、一体化配送三种类型。如果采用共同型配送,因为可以共同进货,所以在店铺内接受商品的次数减少,但与接受商品有关的作业内容没有太大的变化。接受商品的次数减少仅仅是因为作业量汇总到一起;而一体化配送是以尽可能地在配送中心代行作业,使店铺内的作业大幅度减少作为主要目的。一般情况下汽车从配送中心到达店铺时,在店铺进行的主要作业是验货及陈列两部分。

零售业极力反对后方作业,主张前方作业,让店铺内的职员专心从事售货及顾客服务。实际上后方作业需要较多的人工和时间。实施一体化配送，由配送中心把从批发商进来的商品全部检验，确定不存在质量和数量问题；在店铺仅仅是分类点数这一简单的验收，可将此称为按部门进货，其优点是陈列作业迅速，商品可以很快摆放在货架上。主要区别是共同型配送采用店铺进货系统，而一体化配送采用货架进货系统。

3．日本一体化配送的进展

日本零售企业的商品供应系统发展到现今阶段，经历了从店铺直接进货型、共同型配送到现在开展一体化配送的发展历程。目前在日本的企业中一体化配送的水平相当高。但是到现在为止，仍然存在店铺直接进货，并且三种类型并存的状况，然而一体化配送却是当前发展的方向。

一体化配送从大型连锁经营企业开始，现在渗透到中型零售企业。然而一体化配送系统的构筑，不管是中型骨干企业还是大型企业，说它是开展连锁经营的重要课题并不过分。特别是消费处于疲软的今天，各公司都在为了生存而奋斗，开展一体化配送，最大的目标当然还是削减成本，更重要的是由于一体化配送提高了对消费者的服务水平。提高顾客服务水平，削减成本这是两个必要的条件，因此零售业者为了提高供应物流的效率，需要在物流战略上下大工夫。

再从零售商的角度分析一下业务的变化。由店铺直接进货发展到共同配送收货次数减少，到一体化配送，接收货物的作业大幅度减轻。再从配送中心的角度上分析业务的变化。共同型配送汽车巡回送货的场所减少，汽车向各店铺送货，店铺内的工作量并没有变化；到了一体化配送，在配送中心进行配货时，是将店铺的所有货物总量一揽子发出，一个店铺、一个店铺地进行分拣和验货，汇总之后，送达店铺的每个部门，这可以使发货作业减轻。一体化配送系统是一体化配送中心将生产商和零售业店铺货架连接起来形成的最有效的供应链。今后由零售业推进一体化配送是一个发展方向，还将有哪些领域实施一体化配送现在尚不清楚，但是目前可以判断一体化配送是顾客所期待的供应物流形式。

4．一体化配送的分析

与共同型配送相比，一体化配送最大的优点是店铺业务减轻，运营成本降低，经济效益改善。不管发货方是批发商还是生产商，直接性的效益并不太多。无论是发货方还是进货方，与此相对应的作业流程，在实施一体化配送后需要重新调整。

几乎所有的连锁经营企业都采用一体化配送使得店铺作业减轻。但是所有连锁经营并不一定都能够采用一体化配送。因为店铺的货架分类必须标准化,按整个店铺所决定的商品陈列摆放货架,若货架变更不能立即反映到作业系统,就不能采用一体化配送。货架编码和商品位置经常变化的店铺不能采用一体化配送。作为系统投资,使商品管理水平持续提高的连锁经营,将负担起推广一体化配送的重担;店铺完全是低价运营,店铺职工作业负担减轻,专心为顾客服务,顾客综合性的满意率提高是强有力的竞争的基本条件。

对于一体化配送中心的批发商不管进货地点和进货形态,一律在一体化配送中心将商品按部门的货架集中起来分类,然后配送到货架前。所处理的商品种类从传统的加工食品、点心、生鲜食品等进一步扩展成为系列商品,尽可能覆盖多的货架,提高店铺面积的利用效率。这是一个有效的策略,它不限于加工食品领域,可以使日用品、文具等众多消费商品领域中的大型批发商急速联合起来,共同推进一体化配送。

一体化配送的效率化能够提高供应链的整体效率;一体化配送中心库存补充部分也是对整个效率的补充;进一步牵动上游的生产管理部分,可以控制整体效率,对此应引起生产商的重视。

2.4 配送领域中各种技术方法的应用

在具体的货物运送过程中,有这样几个问题需要考虑:第一,由于交通拥挤,大多数顾客又都有收货时间的限制,因此为了争取配送时间,应先将车辆直接开到最远处的第四家,然后再回头送第三家、第二家、第一家;第二,车上的货物应事先按配送先后位置顺次排放,否则临时选择是哪一家货物,将浪费许多时间;第三,在配送车上货物的放置区内,依照产品品种在固定有限的范围内做到有效的区隔是比较难实现的。此外,物流中心供应的客户、货物种类比较多,而且每家物流中心所用的出货容器均有差别,所以物流中心在进行出货作业时对配送的路线、区域均应详细规划,才不至于在配送过程中,因交通问题而延迟交货,或因移动储位配置不佳使卸货时间变得冗长。故而移动储位的管理已直接影响到物流中心配送服务的水准。

2.4.1　配送服务技术

1. 配送计划要点

在配送之前，必须制订配送计划，这是实现配送省时、省力的主要因素。在配送计划中，对配送人员的安排、货物摆放、车辆的安排以及路线都要规划好，才能保证在满足客户要求的前提下，节约成本，提高工作效率。制订配送计划的要点流程如图 2-18 所示。下面对此图做简要分析。

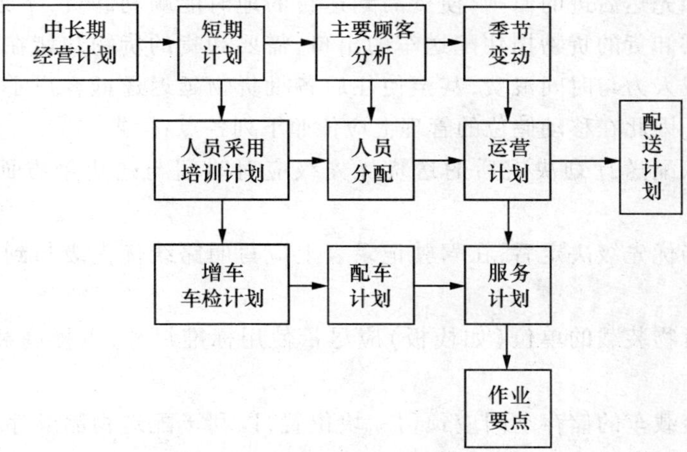

图 2-18　配送计划的要点

(1) 先制订中长期经营计划，并据此制订短期计划。可见，短期计划要服从长期经营计划的需要。根据短期计划，要做两件事：分析顾客；决定配送人员，制订培训计划。

(2) 分析主要顾客，将分析结果的有关信息分别送季节变动、运营计划、服务计划、作业要点四个模块。

(3) 决定配送人员，制订培训计划。然后，对配送人员具体分工，将分工情况分别送运营计划、服务计划、作业要点三个模块。同时，决定配送用车及车检计划，据此制订配车计划，将配车信息送运营计划、服务计划、作业要点三个模块。

(4) 将季节变动信息送运营计划模块。运营计划模块根据所输入的各种信息，制订运营计划。

(5) 运营计划模块将制订出的运营计划分别送配送计划模块、服务计划模块。

（6）配送计划模块根据输入信息制订出具体的配送计划。

（7）服务计划模块根据输入的信息，制订出服务计划，并将计划送作业要点模块。

（8）作业要点模块根据输入的信息，制定出作业要点。

2. 移动储位的管理

当配送计划决定后，配送路线也经由各项评估决定优先级。当装载货物上车时需依照先达后进的原则，使货品到达目的地时能顺利卸货，不致因顺序混淆而使不需卸货的货物挡住配送车的出口，需要卸货的货物却堵在配送车内，这不但造成人力与时间浪费，甚至使往后各批货物延迟送抵客户手中，造成商誉的损失。因此在移动储位的管理上应依照下列各点：

（1）依配送计划决定后的送货优先级应对时间与送货量方面做严密的考虑。

（2）当优先级决定后，在驾驶记录表上应写明路线优先级与到达时间，并告诉驾驶员。

（3）货物装载的单位（如栈板）应尽量使用标准尺寸，以提高装载车的容积率。

（4）装载车的储存空间应预留一块位置，以利于配送物品顺序的转移、调配以及人员取货活动等。

（5）货品装载单位（如栈板）上，应附上客户名称、卸货顺序的标示卡，并将货物正确存放在事先规划好的移动储位编号上。请注意，卸货顺序依先达后进的原则。若无事先规划好的移动储位编号，则每家店的货物必须以隔板或其他装置加以明确区隔。

2.4.2 车辆排程系统的应用

一般物流中心从接受订单至出货所花费的时间相当长，配送路线的决定不明确，致使效率低下，许多状况无法满足客户需求。为了解决这类问题，车辆排程系统（vehicle scheduling system, VSS）的应用益显重要，其主要的功能在于提高管理水准与作业效率，并借此确立配送系统的效率。车辆排程系统主要的输入与输出如表 2-2 所示。

表 2-2　车辆排程系统主要的输入与输出

输入		输出
道路网络分析	道路网资料、区域范围分割资料	最短途径
	仓库位置、仓库管辖范围 顾客位置、仓库所属顾客 十字路 道路分析 行车距离 单向行驶信号	时间上的最短途径 距离上的最短途径 最短途径的路径 区域范围分割记录
配送计划	车辆资料、定购资料	配送时间表
	车种、顾客编号 能力、希望配送时间 台数、商品 数量,其他	哪辆车、车辆利用状况 何时、配送状况 至何地 携带什么,其他
	在库资料	区域范围分割结果
	仓库别、商品别在库量 其他	哪个仓库配送哪些顾客

2.4.3　配送路线的选择

车辆排程系统自动化程度比较高,关于配送路线的选择问题,我们将在第 3 章中作专门讨论。

2.5　配送管理的难点与对策

配送是指小范围内小宗货物的运送,运输工具以小型卡车为主;而运输则是使用铁路、大型船舶、大型卡车、飞机进行长距离、大批量货物的输送。运输的线路是一定的、有计划的,能事先算定费用。长途批量运输的难点并不在于运输管理,而在于运输工具的选择和货物是否集中,以及道路、港湾、铁路车站和机场的设施是否完备。配送是在小范围内为分散在不同地方的多家客户少量、多频率地运送客户所需的商品,因此其管理方法完全不同于长途批量运输。配送管理的难点不在于使用什么样的运输工具,而在于如何安排配送这个控制环节。

2.5.1 配送管理的难点

具体说来,配送管理的难点是:

(1) 配送操作是在城市这个平面场所进行面上运送的,城市里不同时间的交通状况每天都是不一样的,因此时间管理非常困难。由于难以预测配送时间,那么安排配送操作活动就只有依靠那些老资格的配送管理者了,他们凭借多年的经验来指挥配送作业。

(2) 一次配送常常要为多家客户分别送去少量商品。当然,一次配送只为一家送货的情况也是有的,但多数时候是给多家客户依次送去少量货物。这样就引发了一系列的问题,如按什么样的顺序送货、怎样分配时间、装卸是否方便。

(3) 不可能每天都为同样的地方配送同样的货物。也就是说,一般情况下,每天的送货地点、送货类型和数量都不相同,那么如何操作配送,就必须事先拟订作业计划。

(4) 与长途批量运输相比,配送的一个显著特点是:在配送货物途中车辆停下来的时间比行驶的时间还要多。出发前要装货,货装好后出发配送,如遇堵车就要停下来;到一家客户时必须停车卸货,如果靠人工卸,就得花更多时间,若客户暂时没有放货的场地,就要送到别的某个地方。有时因客户的原因,不得不等,这样就不可能事先预定时间。

由于上述原因,在配送过程中,事先拟订好的计划被打破便是常事。因此做配送作业时,需要做好配送计划不可能完全实行的思想准备,并由此出发对配送进行管理。

2.5.2 追求物流总体目标

由于存在二律背反规律,因此就物流活动而言,必须研究其总体效益问题,基本要求就是使物流系统化。物流系统是为了实现物流目标的有效机制。物流中的各项活动,如运输、保管、搬运、包装、流通加工等都具有各自提高自身效率的机制,也就是说物流系统包含运输系统、保管系统、搬运系统、包装系统、流通加工系统等子系统。因此,我们必须使各个子系统都能以实现整体效益最佳为目的。

由于这些子系统之间存在着背反现象,因而,以成本为核心形成的物流系统,应当按照最低成本的要求,实现整个物流系统的优化。也就是说,物流系统就是要调整各个分系统之间的矛盾,把它们有机地联系起来,使之成为一个整体,使总成本变为最小,以追求和实现部门的最佳效益。

虽然物流系统化的目的在于追求部门最佳效益,是十分简单的道理,但因为认识不足就引起了许多问题。物流系统是以尽可能低廉的价格,提供尽可能优良的物流服务的机制。这里,这种"尽可能优良的物流服务",正是物流系统化的前提条件。即在物流服务水平决定之后,物流的方式也会随之改变。因此,一个企业在决定所希望达到的物流服务水平之后,为此目的而进行的物流系统化必须在整个公司(即系统内)取得共识。因此,物流系统化的关键是确定物流服务水平。

2.5.3　物流服务与成本关系

物流各部门和各功能之间多存在"二律背反"现象,物流成本与物流配送服务之间的"背反"当属关键和难点。基于这种背反现象,企业应当准确把握物流服务与物流成本之间的关系。

一般来说,提高物流服务,物流成本即上升,成本与服务之间受"收获递减法则"的支配。物流服务如处于低水平阶段,追加成本物流服务即可上升;如服务处于高水平阶段,同样追加成本,则服务水平只能有较小的提高。所以,处于高水平的物流服务时,成本增加而物流服务水平不能按比例地相应提高。与处于竞争状态的其他企业相比,在处于相当高的服务水平的情况下,想要超过竞争对手,提出并维持更高的服务标准就需要有更多的投入,因此企业在做出这种决定时必须慎重。

美国市场权威 P. 科特勒指出:实现物流目的必须引进投入与产出的系统效率概念,才能得出较好的定义。决策层虽然可以提出降低物流成本的要求,但这时必须认真考虑物流成本变化与物流服务之间的关系。

一般说来,物流配送服务与成本的关系有下述四个方面:

(1) 在配送服务不变的前提下,考虑降低成本。不改变配送服务水平,通过改变配送系统来降低配送成本。这是一种尽量降低成本来维持一定服务水平的办法,亦即追求效益的办法。

(2) 积极的物流成本对策,即在成本不变的前提下提高服务水平。在给定成本的条件下提高服务质量,这是一种追求效益的办法,也是一种有效地利用物流成本性能的方法。

(3) 为提高配送服务,不惜增加成本,这是许多企业提高配送服务的做法,是企业在特定客户或其特定商品面临竞争时所采取的具有战略意义的做法。

(4) 用较低的物流成本,实现较高的物流服务。这是增加销售、提高效益,具有战略意义的办法。

如何进行选择才能处理好这些关系,应全面考虑下列诸因素,然后再做出决定:商品战略和地区销售战略;流通战略和竞争对手;物流成本、物流系统所处的环境,以及物流负责人所采取的方针。

2.5.4 实现物流服务水平的能力

企业正确处理服务与成本的关系,可以提高物流配送服务水平的能力。第一,企业应充分考虑企业的经营方针、销售战略、生产战略、行业环境、商业范围、商品特性、流通渠道、竞争对手以及与全社会有关的环境保护、节能问题、劳动力状况等社会环境。

第二,企业应从物流配送所处的环境,企业的物流观念以及物流与采购、生产、销售等部门的关系等层面加以把握。企业应清楚地了解物流体制,特别是物流配送部门的现状、物流据点(库存据点、配送据点)、运输、信息的情况如何,等等。

第三,企业应明确物流配送的地位、作用以及经营决策层的方针。为实现物流系统化,企业需要标准化、规模化、计划化、一体化、信息化、简单化,为彻底消除浪费,提高效率,特别要注意提高物流配送活动的软硬件两个方面的标准化程度,并使其呈螺旋形提高。企业容易把物流系统化看成是物流专业人员参加的底层活动,这其实是一种改良主义的观点,即工业工程(industry engineering, IE)的观点。为了实现物流配送系统化,应该从革新的角度建立一种有效的、理想的物流配送机制。因此,从这个意义来说,决策层对理想的物流配送系统形象的创造是十分重要的。

本章小结

本章首先介绍了系统、系统工程、物流系统的基本概念和相关知识,接着简述了物流系统的模式和物流系统化的思想,并介绍了效率背反问题。通过对物流系统的基本模式的分析，使读者对当前物流系统模式的内涵和物流系统化有所了解。本章重点介绍了配送的相关知识。第一，从配送的功能要素和基本作业角度理解配送的基本环节；第二，介绍了物流配送的一般工艺流程，并就应用于不同行业、具有不同特点的特殊工艺流程进行了讲解；第三，从生产资料产品配送和生活资料产品配送两个方面全面阐述配送模式的理论与实践知识；第四，介绍了一些典型的配送系统：服务周到的高频小批量配送，配送策略与共同型配送以及高效率运营的一体化配送；第五，简单论述了配送领域中各种技术方法的应用以及配送管理的难点与对策。

思考题

1. 你认为配送发展的趋势将会如何？
2. 共同配送实施有哪些障碍，如何解决共同配送方案？
3. 简述效益背反问题。

参考文献

1. 谢声、詹荣富等：《现代物流配送中心运营与管理》，暨南大学出版社，2006 年版。
2. 孙红、冯江华、孙杨：《现代物流管理基础》，立信会计出版社，2006 年版。
3. 丁立言、张铎：《物流基础》，清华大学出版社，2000 年版。
4. 储雪俭等：《现代物流管理教程》，上海三联书店，2002 年版。
5. 丁立言、张铎：《物流系统工程》，清华大学出版社，2000 年版。
6. 张维明：《信息系统原理与工程》，电子工业出版社，2002 年版。

第3章 配送方案的优化

教学目的

- 配送路线的优化问题；
- 配送网络布局的目标、步骤、原则、分类和方法；
- 配载方法及数学模型；
- 集装箱装载问题的数学模型；
- 运输问题的数学模型；
- 求解车辆路径问题的智能化算法；
- 常用物流配送系统仿真软件介绍。

众所周知，物流配送要求在一定条件下，达到总费用最省、顾客服务水平最好、全社会经济效益最高的综合目的。而由于物流配送中包含多个约束条件和多重因素的影响，难以达到最优状态，所以便产生了配送方案的优化问题。本章试图从物流配送的各个方面（包括物流配送网络布局优化、货物配装优化、物资调运优化、配送路线优化、物流配送系统模拟仿真优化）介绍物流配送优化的理论和方法。

引导案例

旅行商问题

旅行商问题（TSP）是一个典型的组合优化问题，1972 年 Karp 证明了 TSP 为 NP 难题，其描述简单，求解困难。

旅行商问题描述如下：给定 n 个城市及两两城市之间的距离（或时间、费用等），求一条经过各城市一次且仅一次的长度最短（或耗时最小、费用最少）的路线。其图论描述为：给定图 $D=(V,A,W)$，其中 $V=\{0,1,\cdots,n\}$ 为顶点集，$A=\{(i,j)\mid i,j=0,1,\cdots,n;i\neq j\}$ 为各顶点相互连接组成的弧集。$\boldsymbol{W}=\{d_{ij}\mid(i,j)\in A\}$ 为费用矩阵，d_{ij} 表示旅行商经过对应弧 (i,j) 所需的距离（或时间、费用等），要求确定一条总长度最短的遍历所有顶点一次且仅一次的回路。引入决策变量

$$x_{ij}=\begin{cases}1, & \text{若旅行商访问城市 } i \text{ 后访问城市 } j\\ 0, & \text{否则}\end{cases}$$

则 TSP 的目标函数为：

$$\min Z=\sum_{i,j=1}^{n}x_{ij}\cdot d_{ij}$$

我们这里研究的是标准的 TSP 问题，具有如下特征：

(1) $d_{ij}=d_{ji}$

(2) $d_{ij}+d_{jk}\geqslant d_{ik},i,j,k\in V$

(3) $d_{ij}=\sqrt{(i_1-j_1)^2+(i_2-j_2)^2}$

TSP 问题描述非常简单，但最优化求解很困难，若用穷举法搜索，则要考虑所有可能情况，并两两对比，找出最优。算法复杂性呈指数增长。

事实上，在 n 个城市的 TSP 问题中，一条有效的路径可以看成是 n 个城市的一种排列。n 个城市有 $n!$ 种排列，注意到两个顺序完全相反的方案其行程相同，而且对于一种排列从哪个城市出发都可以，所以有效路径的方案数目为 $R_n=\dfrac{n!}{2n}$。例如，$R_4=3$，$R_5=12$，$R_6=60$，$R_{10}=181\,440$，$R_{30}\approx4.4\times10^{30}$，$R_{60}\approx6.93\times10^{78}$，$R_{100}\approx4.67\times10^{155}$。可见路径总数随 n 增大而急剧增长，当城市数目增加，计算量增加到无法进行的地步时，寻求和研究 TSP 的有效启发式算法，就成了问题的关键所在。

近年来，对 TSP 问题的研究十分活跃，之所以如此，主要有以下几个方面的原因：

(1) TSP 问题是一个典型的、易于描述、却难以处理的 NP-hard 问题，有效地解决 TSP 问题有重要的理论价值；

(2) TSP 问题是许多领域内出现的多种复杂问题的集中概括和简化形式，因此，快速有效地解决 TSP 问题有很高的实际应用价值，比如车辆路线问题（VRP）的原型就是 TSP 问题；

(3) 由于 TSP 问题的典型性,它已成为各种启发式的搜索、优化算法的间接比较标准。

TSP 只是物流配送方案优化的一个问题,从中可以看出,研究如何通过实施科学的物流管理,以提高物流效率、降低物流成本、提高服务质量是十分必要的;如何应用现代应用数学、运筹学、智能优化算法、物流科学、计算机应用科学快速求解物流配送优化调度方案成为当前研究应用的热点问题。

3.1 配送优化的概述

现代物流配送优化是第三利润源的一个重要来源。所谓配送优化,是在配送的诸环节,如流通加工、整理、检选、分类、配货、末端运输中,从物流系统的总体目标出发,运用系统理论和系统工程原理和方法,充分利用各种运输方式优点,以运筹学方法、启发式算法、智能优化和模拟仿真等方法建立模型与图表来选择和规划合理的配送路线和配送工具,以最短的路径、最少的环节、最快的速度和最少的费用,组织好物质产品的配送活动,避免不合理配送情况和次优化的出现。

合理的配送优化对企业和社会都具有重要的意义。

1. 合理配送优化对企业的意义

(1) 优化配送方案,可以提高配送效率,对配送车辆做到物尽其用,尽可能地降低配送成本;

(2) 可以准时、快速地把货物送到客户的手中,极大地提高客户满意度;

(3) 有利于企业提高效益。

2. 合理的配送优化对社会的意义

它可以节省运输车辆,缓解交通紧张状况,减少噪声、尾气排放等运输污染,为保护生态平衡、创造美好家园作出贡献。

3. 选择配送方案的目标时应考虑的因素

进行配送方案优化时必须有明确的目标,遵循基本的原则。

(1) 配送效益最高或配送成本最低。效益是企业追求的主要目标,可以简化为用利润来表示,或以利润最大化作为目标;成本对企业效益有直接的影响,选择成本最低化作为目标值与前者有着直接的联系。当有关数据容易得到和容易计算时,就可以用利润最大化或成本最低作为目标值。

(2) 配送里程最短。如果配送成本与配送里程相关性较强,而和其他因素相关性较弱时，配送里程最短的实质就是配送成本最低，则可考虑用配送里程最短作为目标值，这样就可以大大简化线路选择和车辆调度方法。当配送成本不能通过里程来反映时，如道路收费、道路运行条件严重地影响成本时，单以最短路程作为目标就不适宜。

(3) 配送服务水准最优。如准时配送要求成为第一位时，或需要牺牲成本来确保服务水准时，则应该在成本不失控的情况下，以服务水准为首选目标。这种成本的损失能从其他方面弥补回来，如优质服务可以收取较高的价格。

(4) 配送劳动的消耗最小。即以物化劳动和活劳动消耗最小为目标。在许多情况下，如劳动力紧张、燃料紧张、车辆及设备较为紧张的情况下，限制了配送作业的选择范围，就可以考虑以配送所需的劳动力、车辆或其他有关资源作为目标值。

4. 实现配送方案目标的过程受到的约束条件限制

配送方案目标的实现过程受到很多约束条件的限制，因而必须在满足约束条件的限制下取得成本最低、或路线最短、或消耗最小等目标。其中常见的约束有：

(1) 收货人对货物品种、规格和数量的要求；

(2) 收货人对货物送达时间或时间范围的要求；

(3) 道路运行条件对配送的制约，如单行道、城区部分道路对货车通行的限制；

(4) 车辆最大装载能力的限制；

(5) 车辆最大行驶里程数的限制：

(6) 司机最长工作时间的限制；

(7) 各种运输规章的限制等。

3.2　物流配送网络布局优化

3.2.1　配送网络合理布局的概念

物流节点是组织物流活动的基础条件。由于受物资环境的分布、需求状况、运输条件和自然环境等因素的影响，使得不同物流网络布局方案（如选点、网点规模和服务范围等）的运营效率和经济效益不同，有时差别甚至很大。那么，在已有的客观条件下，物流配送网络的合理布局可以使物流费用最少，社会经济效益最佳,对用户的服务质量最好。

概括地讲,配送网络的合理布局,就是以物流配送系统和社会的经济效益为目标,用系统学的理论和系统工程的方法,综合考虑物资的供需状况、运输条件、自然环境等因素,对物流节点的设置位置、规模、供货范围等进行研究和设计,做出恰当的布局。

物流节点布局主要讨论如下几个方面的问题:

(1) 计划区域内应设置物流节点的数目;

(2) 网点的地理位置;

(3) 各网点的规模;

(4) 各网点的进货与供货关系;

(5) 计划区域内中转供货与直达供货的比例。

3.2.2 配送网络布局的目标

配送网络布局模型通常是以系统总成本最低为目标函数的。建立模型时主要应考虑以下几项费用:

1. 网点建设投资

网点建设投资包括建筑物、设备和土地征用等的费用,此项费用一般与网点的位置和规模有关。

2. 网点内部的固定费用

网点设置以后的人员工资、固定资产折扣以及行政支出等与经营状态无关的费用,我们称之为网点内部的固定费用,它与网点的位置无关。

3. 网点经营费用

经营费用是网点在经营过程中发生的费用,如进出库费、保管维护费等,它是与经营状态直接相关的费用,即与网点中转量的大小有关。

4. 运杂费

运杂费是物资运输过程中所发生的费用,主要包括运价、途中换乘转装等费用。显然,它与运输路线,即与网点位置有关。

为了使问题简化,一般将上述各类费用分成两个大类:固定费用和可变费用。如投资、固定管理费等属于固定费用,经营费用和运杂费则为可变费用。

3.2.3 配送网络布局的步骤

物流配送网络规划的一般步骤包括:

（1）找出物流配送网络规划的约束条件，其中约束条件可能包括：总采购、配送及仓储成本、最小运送时间、平均顾客服务水平等；

（2）根据约束条件构造模型；

（3）将模型转化为数学模型求出多组可行解；

（4）利用可行的评估方法或准则，对以上求出的多组可行解进行评估，将各可行解进行排序，以选取最适合的规划方案。

3.2.4 备选地址的选择原则

网点布局的最优方案，是在选定备选地址的基础上建立起数学模型，然后进行优化计算求得的。因此，备选地址选得是否恰当，对最优方案和计算求解的过程以及运算成本有着直接的影响。备选地址选得过多，会使模型变得十分复杂，计算工作量大，成本也高；相反，如果备选地址选得太少，则可能使所得方案偏离最优解太远，达不到合理布局的目的。由此可见，选择备选地址，对于物流节点布局的合理与否是一个关键性的步骤。进行备选地址选择时应考虑以下几项原则：

1．用户满意度原则

现在许多企业都把“用户至上”作为企业的经营理念，因为只有顾客满意企业才会获得更高的效益。物资部门的服务对象是物资的供需双方，而且主要是物资的需求用户，因此应该使网点尽量靠近用户，特别是应在用户比较集中的地方设置网点。

2．有利于物资运输合理化

物流节点是物资运输的起点和终点，网点布局是否合理将直接影响运输效益的提高，因此从运输系统考虑，网点应设置在交通方便的地方，一般应在交通干线上。

3．费用最小原则

网点的基建费用是布局网点考虑的主要费用之一，为降低基本建设费用，应在地形环境比较有利的位置上设置网点。

4．动态性原则

许多与网点布局相关的因素不是一成不变的，例如，用户的数量、需求量、经营成本、商品价格、交通状况等都是动态因素，所以应以发展的眼光考虑网点布局的规划，尤其是应该对城市发展规划加以充分的调查与咨询。同时，网点布局的规划设计应有一定的弹性机制，以便将来能够适应环境变化的需要。

5. 战略性原则

备选地址的选择,应具有战略眼光,一是要考虑全局,二是要考虑长远。局部要服从全局,眼前利益要服从长远利益,既要考虑目前的实际需要,又要考虑日后发展的可能。

3.2.5 配送网络布局分类

为了对网络布局进行更深入的研究,根据储放货品的多寡,可以将物流网络布局划分为单品种网点和多品种网点两种类型。

单品种网点只中转一个种类的物资,而且该类物资的品种规格简单,互相之间可替代性也比较强,如煤炭、水泥等;多品种网点中转多种类型的物资,或者虽然只中转一种类型的物资,但品种规格复杂,如机电产品、化工原料、金属材料等。严格地讲,物流节点都应是多品种的,因为同类货品一般都有不同的品种规格,质量上的好坏和性能上的差异总是存在的,它们的用途和使用方法也会有所不同。

3.2.6 进行网点布局的常用方法

多种多样的选址方法,概括起来可归纳为三大类。

1. 解析方法

解析方法是通过数学模型进行物流网点布局的方法。采用这种方法,首先根据问题的特征、外部条件和内在联系建立起数学模型或图解模型,然后对模型求解,获得最佳布局方案。解析方法的特点是能获得精确的最优解。但是,这种方法对某些复杂问题难以建立起恰当的模型,或者由于模型太复杂,使求解困难,或要付出相当高的代价。因而这种方法在实际应用中受到一定的限制。

采用解析方法建立的模型通常有微积分模型、线性规划模型和整数规划模型等。对某个问题究竟建立什么样的模型,要根据具体分析而定。

2. 模拟方法

网点布局的模拟方法是将实际问题用数学方程和逻辑关系的模型表示出来,然后通过模拟计算和逻辑推理确定最佳布局方案。这种方法较之用数学模型求解简单。采用这种方法进行网点布局时,分析者必须提供预定的各种网点组合方案,以供分析评价,从中找出最佳组合。因此,决策的效果依赖于分析者预定的组合方案是否接近最佳方案，这也是该方法的不足之处。

3. 启发式方法

启发式方法是针对模型的求解方法而言的，是一种逐次逼近最优解的方法。这种方法对所求得的解进行反复判断、实践修正，直至满意为止。启发式方法的特点是模型简单，需要进行方案组合的个数少，因此便于寻求最终答案。此方法虽不能保证得到最优解，但只要处理得当，可获得决策者满意的近似最优解。

用启发式方法进行网点布局时，一般应包括以下几个步骤：

(1) 定义一个计算总费用的方法；

(2) 拟定判别准则；

(3) 规定方案改选的途径；

(4) 建立相应的模型；

(5) 迭代求解。

3.2.7　一元网点布局问题

1. 一元网点布局概念

一元网点布局是指在计划区域内设置网点的数目为一的物流节点布局问题。在流通领域中，一元网点布局问题实际并不多，较多的是多元网点布局问题。不过，对于多元网点布局，为了使模型简化，计算工作量减少，有时将它变换成一元网点布局问题来处理。因此，了解和掌握一元网点布局的方法还是必要的。

2. 一元网点布局的方法

(1) 因素评分法

因素评分法在常用的布局方法中是使用最广泛的一种，它以简单易懂的模式将各种不同因素综合起来。在使用中，每一个备选地点都按因素计分，在允许的范围内给出一个分值，然后将每一地点各因素的得分相加，求出总分后加以比较，得分最多的地点中选。

使用因素评分法选址的步骤如下：

第一，给出备选地点；

第二，列出影响选址的各个因素；

第三，给出每个因素的分值范围；

第四，由专家对各个备选地点针对各个因素进行评分；

第五,将每一地点各因素的得分相加,求出总分后加以比较,得分最多的地点中选。

举例如下(如表 3-1 所示):

假设各项影响因素为 $X_1, X_2, \cdots, X_n$,对应的分值为 $R_1, R_2, \cdots, R_n$,备选方案总分为 M, 则因素评分法可以描述为:

$$\max M = \sum_{i=1}^{n} X_i R_i$$

表 3-1　因素评分法

影响因素(X_i)	分值范围(R_i)	影响因素(X_i)	分值范围(R_i)
区域内能源情况	0—330	供水	0—10
劳动力环境	0—100	气候	0—50
生活条件	0—100	供应商情况	0—60
交通运输情况	0—50	税收政策和有关法律法规	0—20

这种简单的因素评分法最大的缺点是没有将各种因素所关联的成本考虑在内。例如,对某个因素来说,最好和最坏的地址之间只有几百元的区别,而对另一个影响因素来说,好坏之间可能就有几千元的差别。第一个因素可能分值最高,但是对选址决策帮助不大;第二个因素分值不高,但是能反映各个地址的区别。为了解决这个问题,建议将每一因素的分值根据权重来确定,而权重则要根据成本的标准差来确定,而不是根据成本值来确定,这样就把相关的成本考虑进来了。

(2) 重心法

重心法是一种模拟方法。这种方法将物流系统中的需求点和资源点看成是分布在某一平面范围内的物体系统,各点的需求量和资源量分别看成是物体的重量,物体系统的重心作为物流节点的最佳设置点,利用求物体系统重心的方法来确定物流节点的最佳设置点。

现仅讨论用重心法在计划区域内只设置一个网点的简单情况。

在某计划区内,有 n 个资源点和需求点,各点的资源量或需求量为 $W_j, j = 1, 2, \cdots, n$,它们各自的坐标是(x_j, y_j), $j = 1, 2, \cdots, n$。需设置一个网点,设网点的坐标为(x, y),网点至资源点或需求点的运费率为 C_i。

根据求平面中物体系统重心的方法,有:

$$\begin{cases} x \cdot \sum_{j=1}^{n} C_j W_j = \sum_{j=1}^{n} C_j W_j x_j \\ y \cdot \sum_{j=1}^{n} C_j W_j = \sum_{j=1}^{n} C_j W_j y_j \end{cases}$$

整理后得到：

$$\begin{cases} x = \dfrac{\sum_{j=1}^{n} C_j W_j x_j}{\sum_{j=1}^{n} C_j W_j} \\ y = \dfrac{\sum_{j=1}^{n} C_j W_j y_j}{\sum_{j=1}^{n} C_j W_j} \end{cases} \tag{3-1}$$

代入数字，实际求得 x, y 的值即为所求物流节点位置的坐标，记为 (x, y)。

重心法的特点是简单，但这种方法并不能求出精确的最佳网点位置，因为这一方法将纵向和横向的距离视为互相独立的量，与实际是不相符的。

（3）微分法

微分法是为克服重心法的上述缺点而提出来的，但它要利用重心法的结果作为初始解，并通过迭代获得精确解。

仍以重心法讨论的系统为例，设总运输费用为 F，则：

$$F = \sum_{j=1}^{n} C_j W_j [(x - x_j)^2 + (y - y_j)^2]^{\frac{1}{2}} \tag{3-2}$$

使总运输费用 F 最小的网点位置，其坐标 (x, y) 必满足：

$$\begin{cases} \dfrac{\partial F}{\partial x} = \dfrac{\sum_{j=1}^{n} C_j W_j (x - x_j)}{[(x - x_j)^2 + (y - y_j)^2]^{\frac{1}{2}}} = 0 \\ \dfrac{\partial F}{\partial y} = \dfrac{\sum_{j=1}^{n} C_j W_j (y - y_j)}{[(x - x_j)^2 + (y - y_j)^2]^{\frac{1}{2}}} = 0 \end{cases} \tag{3-3}$$

公式(3-3)为一元网点布局的微分模型。由公式(3-3)解得：

$$\begin{cases} x = \dfrac{\sum C_j W_j x_j / [(x - x_j)^2 + (y - y_j)^2]^{\frac{1}{2}}}{\sum C_j W_j / [(x - x_j)^2 + (y - y_j)^2]^{\frac{1}{2}}} \\ y = \dfrac{\sum C_j W_j y_j / [(x - x_j)^2 + (y - y_j)^2]^{\frac{1}{2}}}{\sum C_j W_j / [(x - x_j)^2 + (y - y_j)^2]^{\frac{1}{2}}} \end{cases} \tag{3-4}$$

式(3-4)右边仍含有未知数 x,y,此时最佳网点位置坐标 x,y 还不能解出。如果要将式右边的 x,y 完全消除,计算起来是相当复杂的。为此,下面采用一种简便的迭代方法求解。

迭代法求解必须事先给出一个初始值,通常的方法是由重心法求得系统的重心坐标,以重心坐标作为初始值。重心坐标可由重心法公式(3-1)求得。记重心坐标(x^0,y^0),将(x^0,y^0)代入公式(3-4),反复进行,直至两次迭代结果相同时为止。这时,即获得网点最佳位置坐标(x,y)。

例:某计划区域内资源点与需求点的分布情况如图 3-1 所示,各点的资源量、需求量和运费率如表 3-2 所示。

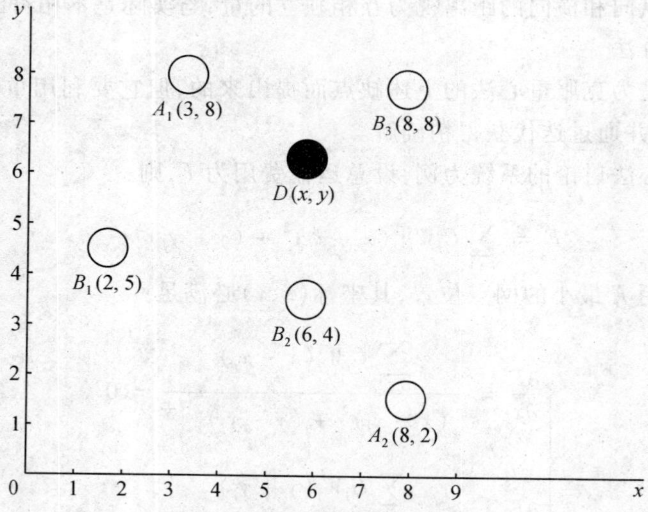

图 3-1　资源点与需求点分布图

表 3-2　各点资源量、需求量和运费率

	资源量或需求量	至网点的运费率
A_1	2 000	0.5
A_2	3 000	0.5
B_1	2 500	0.75
B_2	1 000	0.75
B_3	1 500	0.75

解:先由重心法公式(3-1)求得重心坐标(x^0,y^0)

$$x^0=\frac{2\,000\times0.5\times3+3\,000\times0.5\times8+2\,500\times0.75\times2+1\,000\times0.75\times6+1\,500\times0.75\times8}{2\,000\times0.5+3\,000\times0.5+2\,500\times0.75+1\,000\times0.75+1\,500\times0.75}$$

$$=5.16$$

$$y^0=\frac{2\,000\times0.5\times8+3\,000\times0.5\times2+2\,500\times0.75\times5+1\,000\times0.75\times4+1\,500\times0.75\times8}{2\,000\times0.5+3\,000\times0.5+2\,500\times0.75+1\,000\times0.75+1\,500\times0.75}$$

$$=5.18$$

将 x^0,y^0 代入式(3-4)得:

$$x^1=5.04,\quad y^1=5.06$$

再将 x^1,y^1 代入式(3-4)得 x^2,y^2。如此反复进行,将各次迭代结果列入表 3-3。

表 3-3　迭代结果

迭代次数(k)	x^k	y^k	总运费
0	5.16	5.18	215 000
1	5.04	5.06	214 310
2	4.99	5.03	214 270
3	4.97	5.03	214 260
4	4.95	5.04	214 250
…	…	…	…
29	4.91	5.06	214 250
30	4.91	5.06	214 250

求得网点的最佳位置坐标是:

$$\bar{x}=4.91,\quad \bar{y}=5.06$$

即

$$D(\bar{x},\bar{y})=D(4.91,5.06)$$

最低总运输成本为 214 250 元。

3.2.8　多元网点布局问题

1. 问题描述

在现实的物流系统中,大量存在的网点布局问题是多元的,即某计划区域内需要设置多个物流网点。多元网点布局问题中的网点数目有时有限制,有时没有限制。我们只讨论网点数目无限制的情况，对于有网点数目限制的问题，只需在模型中增加一个网点数目的限制的约束即可。

多元网点布局问题通常有如图 3-2 所示的系统结构。图中有 m 个资源点 $A_i(i=1,2,\cdots,m)$，各点的资源量为 a_i；有 n 个需求点 $B_j(j=1,2,\cdots,n)$，各点的需求量为 b_j；有 q 个可能设置网点的备选地址 $D_k(k=1,2,\cdots,q)$；需求点可以从设置的网点中转进货，也可以从资源点直接进货。假定各备选地址设置网点的基建投资、仓储费用和运费率均为已知，以总成本最低为目标确定网点布局的最佳方案。

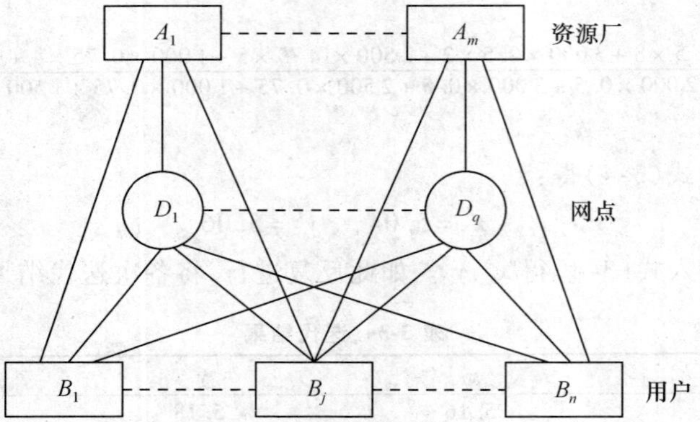

图 3-2　网点布局结构示意图

2. 多元单品种物流网点布局的数学模型

多元单品种物流网点布局问题，只考虑一种产品。对图 3-2 所示的系统结构，设 F 为网点布局方案总成本，根据网点布局的概念，应使总成本降到最低，于是有目标函数：

$$\min F = \sum_{i=1}^{m}\sum_{k=1}^{q} C_{ik}X_{ik} + \sum_{k=1}^{q}\sum_{j=1}^{n} C_{kj}Y_{kj} + \sum_{i=1}^{m}\sum_{j=1}^{n} C_{ij}Z_{ij} + \sum_{k=1}^{q}\left(F_k W_k + C_k \sum_{i=1}^{m} X_{ik}\right)$$

式中：

X_{ik}——被选网点 k 从资源厂 i 进货的数量；

Y_{kj}——用户 j 从备选网点 k 中转进货的数量；

Z_{ij}——用户 j 从资源厂 i 直达进货的数量；

W_k——备选网点 k 是否被选中的决策变量；

C_{ik}——备选网点 k 从资源厂 i 进货的单位商品进货费；

C_{kj}——备选网点 k 向用户 j 供货的单位商品发送费；

C_{ij}——用户 j 从资源厂 i 直达进货的单位商品进货费；

F_k——备选网点 k 选中后的基建投资；

C_k——备选网点 k 中转单位商品的仓库管理费。

各资源厂调出的商品总量不大于该厂的生产能力；各用户调进的商品总量不小于它的需求量，即：

$$\sum_{k=1}^{q} X_{ik} + \sum_{j=1}^{n} Z_{ij} \leqslant a_i, \quad i = 1,2,\cdots,m$$

$$\sum_{k=1}^{q} Y_{kj} + \sum_{i=1}^{m} Z_{ij} \geqslant b_j, \quad j = 1,2,\cdots,n$$

对任一物流网点，由于它既不生产商品，也不消耗商品，因此每个物流网点调进商品总量应等于调出商品总量，即：

$$\sum_{i=1}^{m} X_{ik} = \sum_{j=1}^{n} Y_{kj}, \quad k = 1,2,\cdots,q$$

另外，网点布局模型经优化求解后的结果，可能有的备选地址被选中，而另外一些被淘汰。被淘汰的备选网点，经它中转的商品数量应为零。这一要求可由下面的约束方程予以满足。

$$\sum_{i=1}^{m} X_{ik} - MW_k \leqslant 0$$

$$W_k = \begin{cases} 1, & k\text{ 点被选中} \\ 0, & k\text{ 点被淘汰} \end{cases}$$

式中 M 是一个相当大的正数。由于 X_{ik} 是商品调运量，所以不可能小于零，故当 W_k 为零时，$X_{ik}=0$ 成立；当 W_k 为 1 时，M 是一个相当大的正数，MW_k 足够大，X_{ik} 为一有限值，所以不等式成立。

综上所述，可以写出多元单品种物流网点布局的数学模型如下：

$$\min F = \sum_{i=1}^{m}\sum_{k=1}^{q} C_{ik}X_{ik} + \sum_{k=1}^{q}\sum_{j=1}^{n} C_{kj}Y_{kj} + \sum_{i=1}^{m}\sum_{j=1}^{n} C_{ij}Z_{ij} + \sum_{k=1}^{q}\left(F_kW_k + C_k\sum_{i=1}^{m} X_{ik}\right)$$

$$\sum_{k=1}^{q} X_{ik} + \sum_{j=1}^{n} Z_{ij} \leqslant a_i, \quad i = 1,2,\cdots,m$$

$$\sum_{k=1}^{q} Y_{kj} + \sum_{i=1}^{m} Z_{ij} \geqslant b_j, \quad j = 1,2,\cdots,n$$

$$\sum_{i=1}^{m} X_{ik} = \sum_{j=1}^{n} Y_{kj}, \quad k = 1,2,\cdots,q$$

$$\sum_{i=1}^{m} X_{ik} - MW_k \leqslant 0$$

$$W_k = \begin{cases} 1, & k \text{ 点被选中} \\ 0, & k \text{ 点被淘汰} \end{cases}$$

$$X_{ik}, Y_{kj}, Z_{ij} \geqslant 0$$

这是一个混合整数规划模型,解这个模型求得 X_{ik},Y_{ik},Z_{ij}和 W_k 的值。X_{ik}表示网点 k 的进货来源,$\sum_{i=1}^{m} X_{ik}$ 决定了该网点的规模;Y_{kj}表示网点 k 与用户的供求关系与供货量,相应地也就知道了该网点的供货范围;其他还有 $\sum_{i=1}^{m} Z_{ij}$ 表示直达供货部分,$\sum_{k=1}^{q} W_k$ 为计划区域内应布局网点的数目。

3. *多元多品种物流网点布局的数学模型*

对于多品种物流网点布局问题,从理论上讲只需在单品种问题中增加多品种的因素即可。但从实际情况看,由于各个品种都要按照各自的优化方案选择中选点,因此,同一用户可能会需要同类不同品种的商品,他们将会分别从几个不同的网点进货,这势必导致出现某些需求量不多的商品的运输工具的利用率降低、运输成本增大的现象。在这种情况下,无论是用户自己派车提货,还是由物流中心组织配送,其效果都是不佳的,对实行商品的计划管理也是一种不利因素。为此,我们将各用户所需同类不同品种商品的进货相对集中,使某一网点的进货数量降到一个最低的限额。

若某计划区域内需设置 p 种商品的流通网点,引入表示品种的下标 l($l=1,2,\cdots,p$)。考虑用户 j 从某网点 k 进货的最低下限,根据用户的需求情况设为 E_j。由此对多元单品种物流网点布局的数学模型进行修正,有多元多品种物流网点布局的数学模型如下:

$$\min F = \sum_{l=1}^{p}\sum_{i=1}^{m}\sum_{k=1}^{q} C_{lik}X_{lik} + \sum_{l=1}^{p}\sum_{k=1}^{q}\sum_{j=1}^{n} C_{lkj}Y_{lkj} + \sum_{l=1}^{p}\sum_{i=1}^{m}\sum_{j=1}^{n} C_{lij}Z_{lij}$$
$$+ \sum_{k=1}^{q}\left(F_k W_k + C_k \sum_{i=1}^{m}\sum_{l=1}^{p} X_{lik}\right)$$

$$\sum_{k=1}^{q} X_{lik} + \sum_{j=1}^{n} Z_{lij} \leqslant a_{li}, \quad i = 1,2,\cdots,m$$

$$\sum_{k=1}^{q} Y_{lkj} + \sum_{i=1}^{m} Z_{lij} \geqslant b_{lj}, \quad j = 1,2,\cdots,n$$

$$\sum_{i=1}^{m} X_{lik} = \sum_{j=1}^{n} Y_{lkj}$$

$$\sum_{i=1}^{m} X_{lik} - MW_k \leqslant 0$$

$$\sum_{i=1}^{m} Y_{lij} - E_j I_{kj} \geqslant 0$$

$$\sum_{i=1}^{p} Y_{lkj} - MI_{kj} \leqslant 0$$

$$W_k = \begin{cases} 1, & k\text{点被选中} \\ 0, & k\text{点被淘汰} \end{cases}$$

$$I_{kj} = \begin{cases} 1, & \text{网点 } k \text{ 与用户 } j \text{ 有供需关系} \\ 0, & \text{网点 } k \text{ 与用户 } j \text{ 无供需关系} \end{cases}$$

$$X_{lik}, Y_{lkj}, Z_{lij} \geqslant 0$$

该模型也是一个混合整数规划模型。解此模型求得 X_{lik},Y_{lkj},Z_{lij} 以及 0-1 整数变量 W_k,I_{kj} 的值。$\sum\sum X_{lik}$ 或 $\sum\sum Y_{lkj}$ 决定了网点 k 的规模，$\sum W_k$ 表示为计划区域内设置网点的数目，由 I_{kj} 确定网点 k 与用户 j 之间是否存在着供需关系。可以十分清楚地可以看出，当 $W_k=0$ 时，因 X_{lik} 和 Y_{lkj} 均为 0，故 I_{kj} 必为 0；当 $W_k=1$ 时，I_{kj} 可为 0 或 1。I_{kj} 为 0 时表示网点 k 与用户 j 无供需关系，为 1 时有供需关系，并且商品供货量不小于 E_j。

4. 精确重心法

精确重心法是一种以微积分为基础的模型，用来找出起讫点之间使运输成本最小的物流节点数量，若确定的物流节点数目不止一个，就有必要将起讫点预先分配给位置待定的物流节点，这就形成了个数等于待定选址节点数量的许多起讫点群落，找出每个起讫点群落的精确重心。

精确重心法思想：

(1) 把相互间距离最近的起讫点组合起来形成群落，运用精确重心法找出各群落的精确重心，作为物流节点的初步方案；

(2) 根据物流节点的初步方案，按照距离最近原则重新分配起讫点，形成新群落；

(3) 根据精确重心法重新计算新群落的精确重心，作为新的物流节点方案；

(4) 重复(2)，直到群落无变化为止。

该方法也可以针对不同数量的物流节点重复计算过程，求出最优物流节点数量、位置。

随着物流节点数量的增加,运输成本通常会下降,与运输成本下降相平衡的是物流系统中总固定成本和库存持有成本的上升。最优解是使所有这些成本和最小的解。

如果存在能够评估所有分配起讫点群落的方法,那么该选址方法是最好的。尽管如此,就实际问题的规模(起讫点过多)而言,在计算上是不现实的。即使预先将大量顾客分配给很少的几个物流节点,也是一件极其庞杂的工作。因此,还需要使用其他选址方法。

5. 集合覆盖模型

集合覆盖模型的目标是用尽可能少的设施去覆盖所有的需求点,相应的目标函数可以表达为:

目标函数:

$$\min \sum_{j \in N} X_j$$

约束条件:

$$\sum_{j \in B(i)} y_{ij} = 1, \quad i \in N$$

$$\sum_{j \in A(j)} d_i y_{ij} \leqslant C_j x_j, \quad j,i \in N$$

$$x_j, y_{ij} \in \{0,1\}, \quad i,j \in N$$

式中:N——需求点数,$N = 1,2,\cdots,n$;

d_i——第 i 个需求点的需求量;

C_j——设施节点 j 的容量;

$A(j)$——设施节点 j 所覆盖的需求节点的集合;

$B(i)$——$B(i) = \{j | i \in A(j)\}$,可以覆盖需求节点 i 的设施节点的集合;

$$x_j = \begin{cases} 1, & \text{第 } j \text{ 个需求点被选中为物流节点;} \\ 0, & \text{第 } j \text{ 个需求点未被选中为物流节点。} \end{cases}$$

$$y_{ij} = \begin{cases} 1, & \text{第 } j \text{ 个物流节点供应第 } i \text{ 个需求点;} \\ 0, & \text{第 } j \text{ 个物流节点不供应第 } i \text{ 个需求点。} \end{cases}$$

对此类带有约束条件的极值问题,有两类方法可以进行求解。一是应用分枝定界求解的方法,能够找到小规模问题的最优解,但由于运算量方面的限制,一般只适用于小规模问题的求解;二是启发式方法,所得到的结果不能保证是最优解,但是可以保证是可行解,对大型问题进行的分析、求解用启发式算法可以大大减少运算量。

例：有一个配送企业，拟为 7 个生产企业 $A_1, A_2, A_3, A_4, A_5, A_6$ 和 A_7 提供即时配送，生产企业要求配送企业在接到订单后 6 小时之内将所需物品送至其生产线上，配送企业为满足生产企业配送要求，准备在每个生产企业周围 30 公里范围内至少设置一个配送中心，配送中心的服务能力不受限制，除生产企业 A_6 处受城市规划用地限制不能作为配送中心候选地外，其余 6 个企业所在地均可作为配送中心候选地，试对该配送企业至少建设几个配送中心和相应的位置进行决策。7 个企业所在地分布情况如图 3-3 所示。

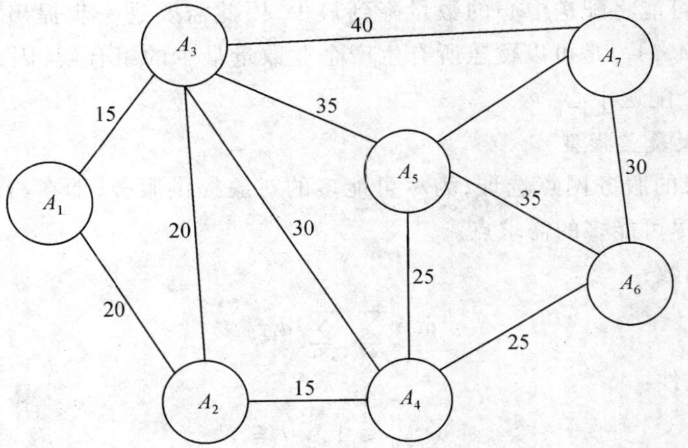

图 3-3　各生产企业分布

解：(1) 根据约束条件服务距离 ≤30 公里要求，求出每一个候选地（生产企业所在地）所服务企业集合 $A(j)$ 和可以为每一个企业服务的候选地集合 $B(i)$，相应结果如表 3-4 所示。

表 3-4　候选地的服务范围

生产企业	$A(j)$	$B(i)$
A_1	A_1, A_2, A_3	A_1, A_2, A_3
A_2	A_1, A_2, A_3, A_4	A_1, A_2, A_3, A_4
A_3	A_1, A_2, A_3, A_4	A_1, A_2, A_3, A_4
A_4	A_2, A_3, A_4, A_5, A_6	A_2, A_3, A_4, A_5, A_6
A_5	A_4, A_5, A_7	A_4, A_5, A_7
A_6		A_4, A_7
A_7	A_5, A_6, A_7	A_5, A_7

一般情况下两个集合相同,但若有其他条件限制,可能会出现差异(本例由于企业所在地 A_6 不能作为候选地,就出现了差异)。

(2) 根据表 3-4,将 $A(j)$ 中可以作为为其他生产企业服务的候选地集合的子集删除,以简化问题。

A_2 可以为 A_1,A_2,A_3,A_4 提供服务,A_1 可以为 A_1,A_2,A_3 提供服务,所以 A_1 是 A_2 的子集,不考虑在 A_1 建设配送中心,同理将 A_3 排除建设配送中心。(A_2,A_4,A_5,A_7)是候选地的集合。

(3) 确定合适解。(A_2,A_4,A_5,A_7)本身就是一组可行解,但为了满足经济性要求,尽可能将配送中心的数量降到最少,因此需要进一步提出可以合并的候选地。(A_2,A_7)是可以覆盖所有生产企业数量最少的组合解,因此,应在 A_2,A_7 建设两个配送中心。

6. 最大覆盖模型

对有限的服务网点选址,为尽可能多的对象提供服务,即在给定数量的设施下,覆盖尽可能多的需求点。

目标函数:

$$\max \sum_{j \in N} \sum_{i \in A(i)} d_i y_{ij}$$

约束条件:

$$\sum_{j \in B(i)} y_{ij} \leqslant 1, \quad i \in N$$

$$\sum_{i \in A(j)} d_i y_{ij} \leqslant C_j x_j, \quad j \in N$$

$$\sum_{j \in N} x_j = p$$

$$x_j, y_{ij} \in \{0,1\}, \quad i,j \in N$$

式中:N——需求点数,$N=1,2,\cdots,n$;

d_i——第 i 个需求点的需求量;

C_j——物流节点位于需求点 j 时的相应容量;

$A(j)$——位于需求点 j 的物流节点所覆盖的所有需求节点的集合;

$B(i)$——可以覆盖需求节点 i 的物流节点的集合;

p——允许建造的物流节点数目;

$$x_j = \begin{cases} 1, & \text{第 } j \text{ 个需求点被选中为物流节点;} \\ 0, & \text{第 } j \text{ 个需求点未被选中为物流节点。} \end{cases}$$

$$y_{ij}=\begin{cases}1, & \text{需求点 } i \text{ 由物流节点 } j \text{ 提供服务;}\\ 0, & \text{其他。}\end{cases}$$

最大覆盖模型可以采用贪婪启发式算法进行求解,该算法首先求出可以作为候选点的集合,并以一个空集作为原始解的集合,然后在候选点集合中选择一个具有最大满足能力的候选点进入原始解集合,作为二次解,如此往复,直到设施数目满足要求。

例:仍以上述配送企业确定配送中心个数为例,假定最多建设配送中心的个数为2。

解:上例中已得出候选地为(A_2,A_4,A_5,A_7)

(1) 初始解为 $S=\varphi$;

(2) 比较 A_2,A_4,A_5,A_7 的服务能力,A_4 的覆盖能力最大为5个企业,因此将 A_4 加入 S,$S=(A_4)$;

(3) 重复(2)除去 A_4 服务的范围,将能覆盖剩下的待服务企业能力最大的候选地加入 S,形成新的解集。本例中除去 A_4 服务的范围,剩下待服务企业为 A_1,A_7,候选地 A_2 可以对 A_1 提供服务,候选地 A_5,A_7 可以为 A_6 提供服务,服务能力相同,因此 $S=(A_4,A_1)$ 或 $S=(A_4,A_5)$ 或 $S=(A_4,A_7)$ 可作为新的解集,两个候选地被选中建设配送中心,满足建设两个配送中心的要求。

显然该解不是最优解,这也是启发式算法的特点。

3.3 货物配装优化

货物配装是物流配送的主要环节,合理组织配装能够降低物流成本,提高配送效率,这是物流企业追求的重要目标之一。下面就以车辆配载和集装箱配载为例来介绍如何进行货物配装的优化。

3.3.1 车辆配载问题介绍

1. 车辆配载注意事项

配送车辆的合理利用,即车辆的配载问题,也是物流优化中一个很重要的部分,往往与车辆配送路线的规划相辅相成,整合在一起共同决定着物流效益的高低,这也是一个极具研究意义的课题。

研究物流配送中的车辆配载问题,即根据配货要求,同时考虑配送货物的质量和体积的差异，以及车辆的载重和容积的限制，重点研究集装化杂/散货在运输工具中的装载问题的模型及其优化方法。首先分析容积、重量等制约因素，建立装载模型，然后根据该目标确立目标函数，找出约束条件，建立规划模型，最后对自动装载计划模型进行优化求解。

在车辆配载时应注意以下几个方面：

（1）为了减少或避免差错，尽量把外观相近、容易混淆的货物分开装载；

（2）重不压轻，大不压小，轻货应放在重货上面，包装强度差的应放在包装强度好的上面；

（3）不将散发臭味的货物与具有吸臭性的食品混装；

（4）尽量不将散发粉尘的货物与清洁货物混装；

（5）切勿将渗水货物与易受潮货物一同存放；

（6）包装不同的货物应分开装载，如板条箱货物不要与纸箱、袋装货物堆放在一起；

（7）具有尖角或其他突出物的货物应和其他货物分开装载或用木板隔离，以免损伤其他货物；

（8）装载易滚动的卷状、桶状货物，要垂直摆放；

（9）货与货之间，货与车辆之间应留有空隙并适当衬垫，防止货损；

（10）装货完毕，应在门端处采取适当的稳固措施，以防开门卸货时，货物倾倒造成货损或人身伤亡；

（11）尽量做到“后送先装”。即同一车中有目的地不同的货物时，要把先到站的货物放在易于装卸的外面和上面，后到站的货物放在里面和下面；

（12）货物放置重心要平衡，以免车辆发生倾覆事件。

2. 现有配载方法及数学模型

（1）原始手工经验配载

在货物比较零散时，许多装车是采用手工完成的，即装车的工人根据自己的经验和直观判断以及一些简单的手工计算进行配载。

例如：需要配送 A、B 两种商品，商品 A 重量为 G_1，单件商品体积为 V_1；商品 B 重量为 G_2，单件体积为 V_2，车辆载重 K 吨，车辆最大容积 V，试计算最佳配载方案。

这里可以通过联立方程组求得合理的配载方案，其中所求得 X、Y 之值即为配装数值。

$$X \times V_1 + Y \times V_2 = V$$

$$X \times G_1 + Y \times G_2 = K$$

由于是按经验进行配载，所以模型只起到计算基本数据的作用，并不能得到配载方案。模型比较初级。

（2）动态规划方法

- 装货问题

设货车的载重量上限为 G，用于运送 n 种不同的物品，物品的重量分别为 W_1，W_2，…，W_n，每一种物品对应于一个价值系数，分别用 P_1，P_2，…，P_n 表示，它表示价值、运费或重量等。设 X_k 表示第 k 种物品的装入数量，装货问题可以表述为：

$$\max f(X) = \sum_{k=1}^{n} P_k X_k$$

$$\text{s.t.} \sum_{k=1}^{n} W_k X_k \leqslant G$$

$$\text{所有 } X_k \geqslant 0$$

可以把装入一件物品作为一个阶段，把装货问题转化为动态规划问题。动态规划问题求解过程是从最后一个阶段开始由后向前推进。由于装入物品的先后次序不影响最优解，所以我们的求解过程可从第一阶段开始，由前向后逐步进行。

第一步，装入第 1 种物品 X_1 件，其最大价值为

$$f_1(W) = \max P_1 X_1$$

其中，$0 \leqslant X_1 \leqslant [G/W_1]$，方括号表示取整数。

第二步，装入第 2 种物品 X_2 件，其最大价值为

$$f_2(W) = \max\{P_2 X_2 + f_1(W - W_2 X_2)\}$$

其中，$0 \leqslant X_2 \leqslant [G/W_2]$。

第三步，装入第 3 种物品 X_3 件，其最大价值为

$$f_3(W) = \max\{P_3 X_3 + f_2(W - W_3 X_3)\}$$

其中，$0 \leqslant X_3 \leqslant [G/W_3]$。

……

第 n 步，装入第 n 种物品 X_n 件，其最大价值为

$$f_n(W) = \max\{P_n X_n + f_{n-1}(W - W_n X_n)\}$$

其中，$0 \leqslant X_n \leqslant [G/W_n]$。

下面举一个简单的例子说明求解步骤，实际应用的情况要比此例复杂很多。

例：载重量为 8 吨的载重汽车，运输 4 种机电产品，其重量分别为 3 吨、3 吨、4 吨、5 吨，求如何配装才能充分利用货车的运载能力。

解:本例中的价值系数即物品重量,如表 3-5 所示。

表 3-5　4 种物品的重量和价值系数

物品号	重量(吨)	价值系数
1	3	3
2	3	3
3	4	4
4	5	5

按上述方法,分成 4 个阶段进行计算,计算结果如表 3-6、表 3-7、表 3-8 和表 3-9 所示。

表 3-6　第一阶段计算表

W	0	1	2	3	4	5	6	7	8
X_1	0	0	0	1	1	1	2	2	2
$f(W)$	0	0	0	3	3	3	6	6	6

表 3-7　第二阶段计算表

W	X_2	$W-W_2X_2$	$P_2X_2+f_1(W-W_2X_2)$	$f_2(W)$
0	0	0	0 + 0 = 0	0
1	0	1	0 + 0 = 0	0
2	0	2	0 + 0 = 0	0
3	0	3	0 + 3 = 3	3
	1	0	3 + 0 = 3	
4	0	4	0 + 3 = 3	3
	1	1	3 + 0 = 3	
5	0	5	0 + 3 = 3	3
	1	2	3 + 0 = 3	
6	0	6	0 + 6 = 6	6
	1	3	3 + 3 = 6	
	2	0	6 + 0 = 6	
7	0	7	0 + 6 = 6	6
	1	4	3 + 3 = 6	
	2	1	6 + 0 = 6	
8	0	8	0 + 6 = 6	6
	1	5	3 + 3 = 6	
	2	2	6 + 0 = 6	

表 3-8　第三阶段计算表

W	X_3	$W-W_3X_3$	$P_3X_3+f_2(W-W_3X_3)$	$f_3(W)$
0	0	0	0+0=0	0
1	0	1	0+0=0	0
2	0	2	0+0=0	0
3	0	3	0+3=3	3
4	0	4	0+3=3	4
	1	0	4+0=4	
5	0	5	0+3=3	4
	1	1	4+0=4	
6	0	6	0+6=6	6
	1	2	4+0=4	
7	0	7	0+6=6	7
	1	3	4+3=7	
8	0	8	0+6=6	8
	1	4	4+3=7	
	2	0	8+0=8	

表 3-9　第四阶段计算表

W	X_4	$W-W_4X_4$	$P_4X_4+f_3(W-W_4X_4)$	$f_4(W)$
8	0	8	0+8=8	8
	1	3	5+3=8	

寻找最优解方案的次序与计算顺序相反，由第四阶段向第一阶段进行。在第四阶段计算表中，载重量最大值 $f_4(W)=8$，对应两组数据，其中，一组中 $X_4=0$，另一组 $X_4=1$。当 $X_4=1$ 时，其他三种装载重量为 3；按相反方向，在第三阶段计算表中，查 $W=3$ 时的装载重量最大值 $f_3(W)=3$，对应 $X_3=0$，查表中第 3 列数字，当 $W=3$，$X_3=0$ 时，其余两类物品装入重量为 3；在第二阶段计算表中，查 $W=3$，$f_2(W)=3$，对应两组数据：$X_2=0$ 或 $X_2=1$，其余量为 3 或 0，即第一种物品装入量为 3 或 0；再查第一阶段计算表，当 $W=3$ 时，对应 $X_1=1$；当 $W=0$ 时，$X_1=0$。因此得到两组最优解：

(1) $X_1=1, X_2=0, X_3=0, X_4=1$

(2) $X_1=0, X_2=1, X_3=0, X_4=1$

装载重量为：$f(X)=1\times3+1\times5=8$

如果在第四阶段计算表中取 $X_4=0$，则余项 $W-W_4X_4=8$；在第三阶段计算表中，查 $W=8$ 一栏，$f_3(W)=8$ 对应 $X_3=2$，因此得到第3组最优解：

(3) $X_1=0, X_2=0, X_3=2, X_4=0$

装载重量为：

$$f(X) = 2 \times 4 = 8$$

这三组解，都使装载重量达到汽车的最大载重量。

- 品种混装问题

物流中心要把各个客户所需的零担货物组成整车，通过铁路运往各地。整装零担车内装有多个客户的货物，要分别在一站或多站卸货。一些外观相近的货物，例如，金属管材、线材，很容易混淆，到站卸货容易造成差错。为了减少或避免这种差错，可以把外观相近、容易混淆的货物分开装卸，尽量不要配装在一个货车内。为了解决这个问题，可以把货物进行分类，按品种、形状、颜色和规格把货物分成若干类，分别称为1类、2类，……，m 类。假设共有 N 件待运货物，其中1类货物有 N_1 件，它们的重量分别为 G_{11}, G_{12}, G_{1N_1}；2类货物有 N_2 件，它们的重量分别为 G_{21}, G_{22}, G_{2N_2}；以此类推。不难看出

$$N = \sum_{n=1}^{m} N_s, \quad s = 1,2,\cdots,m$$

设

$$X_{rs} = \begin{cases} 1, & r\text{类第}s\text{件货物装入} \\ 0, & r\text{类第}s\text{件货物不装入} \end{cases}$$

品种混装要求在同一货车内每类货物至多装入一件，同一客户的多件同类货物可以记作1件。品种混装问题可表示为：

$$\text{Max } G = \sum_{r=1}^{m} \sum_{s=1}^{N_r} G_{rs} X_{rs}$$

$$\begin{cases} \sum_{s=1}^{N_r} X_{rs} \leqslant 1, & \\ & r = 1,2,\cdots,m \\ \sum_{r=1}^{m} \sum_{s=1}^{N_r} G_{rs} X_{rs} \leqslant G_0, & \end{cases}$$

其中 G_0 表示货车的载重量上限。

上述问题是一个整数规划问题。我们可以把 m 类货物看成 m 个阶段，使混装问题化为动态规划问题。下面通过例子说明解法。

例：物流中心货车载重量 $G_0=40$。货物分4类8件，第一类货物有3种，$G_{11}=6, G_{12}=9, G_{13}=5$；第二类货物有2种，$G_{21}=8, G_{22}=9$；第三类货物有1种，$G_{31}$

$=15$；第四类货物有 2 种，$G_{41}=16$，$G_{42}=20$。

该问题可以通过网络图表示，如图 3-4 表示。

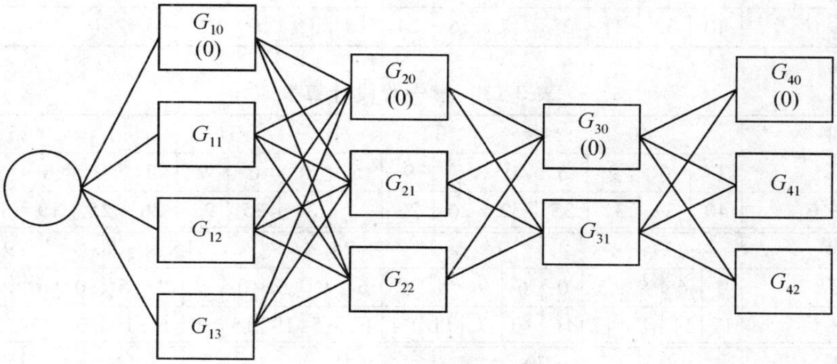

图 3-4　混装问题网络图

在图中同一列的方框表示同一类货物，方框表示货物重量。上述品种混装问题就是在网络中自左向右寻找一条路线，使路线所经过的方框中的重量之和达到极大，但又不超过货车载重量上限，其计算过程如表 3-10 至表 3-13 所示。

寻求最优解的次序与计算顺序相反，要使装载量达到极大，对应的余量应当最小。因此在第一阶段计算表中（表 3-13）中选取余量（$W-G_1$）最小值。从该值出发回溯寻找各阶段对应值，得到问题最优解。本题寻找过程可以表述为：

（1）$G_{12}=9 \rightarrow G_{20}=0 \rightarrow G_{31}=15 \rightarrow G_{41}=16$

（2）$G_{10}=0 \rightarrow G_{22}=9 \rightarrow G_{31}=15 \rightarrow G_{41}=16$

（3）$G_{13}=5 \rightarrow G_{20}=0 \rightarrow G_{31}=15 \rightarrow G_{42}=20$

这就是所求的三组最优解。每组载重量都是 40，达到满载，充分利用了货车的装载能力。

表 3-10　第四阶段计算表

W	40		
G_4	0	16	20
$W-G_4$	40	24	20

表 3-11　第三阶段计算表

W	40		24		20	
G_3	0	15	0	15	0	15
$W-G_3$	40	25	24	9	20	5

表 3-12　第二阶段计算表

W	40			25			24			9			20			5
G_2	0	8	9	0	8	9	0	8	9	0	8	9	0	8	9	0
$W-G_2$	40	32	31	25	17	16	24	16	15	9	1	0	20	12	11	5

表 3-13　第一阶段计算表

W	40				32				31				25			
G_1	0	6	9	5	0	6	9	5	0	6	9	5	0	6	9	5
$W-G_1$	40	34	31	35	32	26	23	27	31	25	22	26	25	19	16	20

W	17				16				24				15				9			
G_1	0	6	9	5	0	6	9	5	0	6	9	5	0	6	9	5	0	6	9	5
$W-G_1$	17	11	8	12	16	10	7	11	24	18	15	19	15	9	6	10	9	3	0	4

W	1	0	20				12				11				5	
G_1	0	0	0	6	9	5	0	6	9	5	0	6	9	5	0	5
$W-G_1$	1	0	20	14	11	15	12	6	3	7	11	5	2	6	5	0

3.3.2　集装箱装载问题介绍

集装箱装载问题(简称 CLP)是一个非常具有实用价值的研究课题,在学术上属于相当复杂的组合最佳化问题,在实务上亦属于物流管理相当重要的课题。20 世纪 80 年代以来,对于 CLP 的研究日益展开,出现了很多启发式算法。1980 年 George 和 Robinson 给出了 CLP 一个非常经典的启发式算法,对此后该问题的研究影响很大。这些算法在不同的角度展现了自己的特点和优点,然而迄今为止,还没有一种算法能在各个方面超越其他方法,所以也吸引很多人对 CLP 进行研究。就国内的研究和应用情况看,我们还处在比较滞后的境地。基于此,分析和比较现有 CLP 的研究方法,探索出一种更有效的方法,对于 CLP 的研究和应用无疑有重要的意义。

1. 集装箱装载问题的概述

所谓集装箱装载问题(container loading problem),是指如何将一些长方体盒子(货物)按某种方式装入集装箱,从而最大限度地提高集装箱的空间使用能力。CLP 是货物运输过程中普遍存在的一个重要也很典型的问题。在装载的稳定性、容积限制、载重限制等约束条件下,使集装箱的空间利用率最大,是这类问题的主要目标。

集装箱装载问题可以划分为不同的分支,Dyckhof 提出将集装箱装载问题分为单集装箱和多集装箱的装载。Bortfeldt 则根据货物的差异，将装载的盒子(货物)分为同类(homogeneous)、弱异类(weakly heterogeneous)和强异类(strongly heterogeneous)。同类是指盒子都相同的情况，弱异类指盒子的种类比较少的情况，而强异类指盒子的种类很多的情况。根据目标函数和约束条件的差异，Psinger 将集装箱装载问题概括为几种变化形式：条状装载(strip packing)，其目标函数为货物装载后占用集装箱的长度为最小；背包形装载(knapsack loading)，其目标函数为集装箱的空间利用率最大；同箱型多箱装载(bin packing)，其目标函数为所用的集装箱数量最少；多箱型多箱装载(multi-container loading)，其目标函数为集装箱的运输成本最小。

2. 集装箱装载问题的数学模型

货物装卸作业时间的长短，取决于货运量、货物摆放位置及装卸人员素质等。在货物量一定的情况下，合理地安排货物位置，将会达到节省时间以提高经济效益的目的。

这里的思路是：配装货物时，要在集装箱宽和高所组成的平面上达到最大化的利用率。因为要使得货物重心平衡，所以在这个二维平面上，以集装箱宽为准线一层一层地在高度上堆放，在堆满一个平面后，在集装箱的长度上前进一个位置，继续以宽为准线在高度上堆放，直至装完同种货物为止。不同种的货物不互相堆叠，以免混淆。货物在层面上放不满的位置及不同货物之间要用衬垫加以分隔。

这里介绍三个模型。

三个模型所使用的公共符号说明如下：

d_0——集装箱宽；

h_0——集装箱高；

l_i——货物箱长；

h_i——货物箱高。

模型一：为货物不能倒放情况下所使用的数学模型

有些货物对装卸要求比较严，不允许倒放货物，在这种要求下建立模型一：

n_1——在集装箱下的宽度上最多能摆放几个箱子；

n_2——在集装箱下的高度上最多能摆放几个箱子。

$$n_1 = \left\lfloor \frac{d_0}{l_i} \right\rfloor$$

$$n_2 = \left\lfloor \frac{h_0}{h_i} \right\rfloor$$

其中⌊ ⌋为下取整符号,即为小于或等于该数值的最大整数。

例:有一个简单装箱问题:$d_0 = 39$ 米,$h_0 = 47$ 米,$i = 1$ 时,$l_1 = 10$ 米,$h_1 = 6$ 米。按模型一进行装配,配装情况如图 3-5 所示。

图 3-5　模型一的装配图

由图 3-5 可以看出:空间利用率比较低。箱子摆放数目为:$n_1 \times n_2 = 3 \times 7 = 21$(个)

模型二:为允许倒放情况下的一个线性型的数学模型

在货物对摆放不是很严格的情况下,为了合理地利用空间,建立模型二:

n_2——在集装箱的高度上最多能摆放几个箱子;

n_3——把箱子倒放后在集装箱的高度上最多能摆放几个箱子;

n_4——如图 3-6 所示位置能摆放的箱子个数;

d'——在集装箱的宽度上摆放完箱子后的剩余长度;

x——在集装箱的宽度上能摆放箱子的个数;

y——在集装箱的宽度上把箱子倒放的情况下摆放箱子的个数;

z——如图 3-6 所示位置能摆放的箱子个数。

$$\min d' = d_0 - (x \times l_i + y \times h_i)$$

$$\text{s.t.} \begin{cases} x \geqslant 0 \\ y \geqslant 0 \end{cases}$$

$$n_2 = \left\lfloor \frac{h_0}{h_i} \right\rfloor, \quad n_3 = \left\lfloor \frac{h_0}{l_i} \right\rfloor$$

$$z = \left\lfloor \frac{d_0 - x \times l_i}{l_i} \right\rfloor, \quad n_4 = \left\lfloor \frac{h_0 - n_3 \times l_i}{h_i} \right\rfloor$$

仍旧利用前面提到的例子,现按模型二进行装配,配装情况如图 3-6 所示。

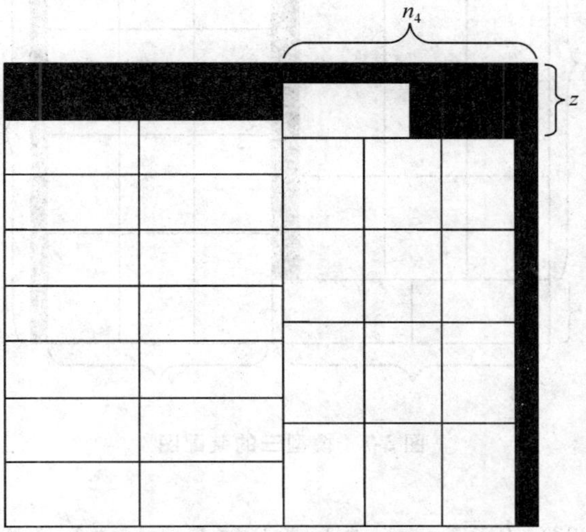

图 3-6　模型二的装配图

由图 3-6 可看出:空间利用率提高了。箱子的摆放数目为:

$$x \times n_2 + y \times n_3 + z \times n_4 = 2 \times 7 + 3 \times 4 + 1 \times 1 = 27(\text{个})$$

模型三:为允许倒放情况下的一个非线性型的数学模型

模型二是线性型的数学模型,在编入算法时易于处理,但从最优角度考虑,并未达到理想状态,因此提出了模型三。模型三是一个非线性模型,基本达到了在集装箱宽和高平面摆放的最优化。

M——在集装箱宽度及高度平面上能摆放箱子的个数;

货物一般放置或倒放在集装箱宽度或高度的平面上,可以产生四种组合方式 $x_k, y_k(k=1,2,3,4)$,如图 3-7 所示。

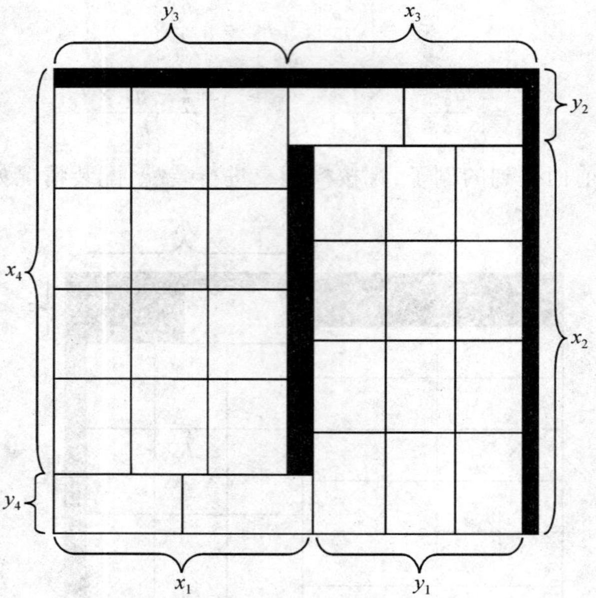

图 3-7　模型三的装配图

$$\max M = x_1 \times y_4 + x_2 \times y_1 + x_3 \times y_2 + x_4 \times y_3$$

$$\text{s.t.} \begin{cases} x_1 \times l_i + y_1 \times h_i \leqslant d_0, \\ x_2 \times l_i + y_2 \times h_i \leqslant h_0, \\ x_3 \times l_i + y_3 \times h_i \leqslant d_0, \\ x_4 \times l_i + y_4 \times h_i \leqslant h_0, \\ x_k \geqslant 0, \\ y_j \geqslant 0, \end{cases} \quad k = 1,2,3,4, \quad j = 1,2,3,4$$

由图 3-7 可看出空间利用基本达到最优化。箱子的摆放数目为:

$x_1 \times y_4 + x_2 \times y_1 + x_3 \times y_2 + x_4 \times y_3 = 2 \times 1 + 4 \times 3 + 2 \times 1 + 4 \times 3 = 28$(个)

3.4　物资调度优化

3.4.1　运输问题的数学模型

运输问题属于线性规划问题的范畴,但是由于其约束方程式的系数矩阵有其特殊结构,因而可以找到一种比单纯形法更简便的求解方法。运输问题的一般提法是这样:某种物资有上千个产地和销地,若已知各个产地的产量、各个销地的销量以及各产地到各销地的单位运价,问应如何组织调运,才能使总运费最省。

将此问题更具体化,假定有 m 个产地,n 个销地。

a_i——第 i 产地的供应量,$i=1,2,\cdots,m$

b_j——第 j 销地的需求量,$j=1,2,\cdots,n$

c_{ij}——从产地 i 到销地 j 的单位运费,$i=1,2,\cdots,m;j=1,2,\cdots,n$

x_{ij}——产地 i 到销地 j 的调运数量

该问题为求解最佳调运方案,即求解所有 x_{ij} 值,使总的运输费用达到最小。决策变量为 x_{ij},其数学模型为:

$$\min f = \sum_{i=1}^{m}\sum_{j=1}^{n} c_{ij}x_{ij}$$

$$\text{s.t.}\begin{cases} \sum_{j=1}^{n} x_{ij} \leqslant a_i & (i=1,2,\cdots,m) \\ \sum_{i=1}^{m} x_{ij} \geqslant b_j & (j=1,2,\cdots,n) \\ x_{ij} \geqslant 0 & (i=1,2,\cdots,m;j=1,2,\cdots,n) \end{cases}$$

根据该问题中总供应量与总需求量之间的关系,可将运输问题分为两类:

- 当 $\sum_{i=1}^{m} a_i = \sum_{j=1}^{n} b_j$ 时,为产销平衡的运输问题;
- 当 $\sum_{i=1}^{m} a_i \neq \sum_{j=1}^{n} b_j$ 时,为产销不平衡的运输问题。

实际上产销不平衡的运输问题可以转换为产销平衡的运输问题。

3.4.2　表上作业法

表上作业法是求解运输问题的一种简便而有效的方法,是单纯形法在求解运输问题时的一种简化方法,其求解工作在运输表上进行,其实质仍是单纯形法,只是其具体计算过程和使用的有关术语有所不同,它是一种迭代法。这一方法的计算步骤可以归纳如下:先按某种规则找出一个初始解(初始调运方案),即在产销平衡表上给出 $m+n+1$ 个数字格;再对现行解作最优性判别,求各非基变量的检验数,即在表上计算空格的检验数,判别是否达到最优解。如果已是最优解,则停止计算,否则转入下一步;若这个解不是最优解,就在运输表上对它进行调整改进，确定换入变量和换出变量，找出新的基可行解（即在表上用闭回路法调整），得出一个新的调运方案；重复再判别，再改进；直到得到运输问题的最优解为止。

1. *初始方案的确定*

这里介绍常用的最小元素法。

这种方法是按运价由小到大的顺序安排运量。

先从各运价中找到最小运价，设为 C_{ij}，然后比较供应量 a_i 和需求量 b_j，如果 $a_i > b_j$，取 $x_{ij} = b_j$，并将供应地 i 的供应量改为 $a_i - b_j$，划去需求地 j，需求满足；如果 $a_i < b_j$，取 $x_{ij} = a_i$，并划去供应地 i，将需求地 j 的需求量改为 $b_j - a_i$；如果 a_i 和 b_j 中有一个为 0，则不分配运量给 x_{ij}。分配完最小运价的运量后，用同样的方法分配运价次小的运量，以此类推，直到所有需求都满足，单位运价表上所有元素都划去为止。以下是用最小元素法确定运输问题的初始可行解的例子。

例：编制被运输商品的产销平衡表和单位运价表如表 3-14 和表 3-15 所示，试用最小元素法求出运输的最优方案。

表 3-14　产销平衡表　　单位：吨

销地 产地	B_1	B_2	B_3	B_4	产量
A_1					7
A_2					4
A_3					9
销量	3	6	5	6	

表 3-15　单位运价表　　单位：元/吨

销地 产地	B_1	B_2	B_3	B_4
A_1	3	11	3	10
A_2	1	9	2	8
A_3	7	4	10	5

第一步，从表 3-15 的单位运价表中找出最小运价为 1，即 A_2 生产的产品首先供应 B_1 的需要。由于 A_2 每天生产 4 吨，B_1 每天需要 3 吨，即 A_2 每天生产的除满足 B_1 全部需求外，还剩余 1 吨。因此在表 3-14(A_2,B_1)的交叉格中填上数字 3，表示 A_2 调运 3 吨给 B_1，再在表 3-15 中将 B_1 这一列运价划去，表示 B_1 的需求已满足，不需要继续调运给它。这样得到的结果如表 3-16 和表 3-17 所示。

表 3-16　产销平衡表　　单位：吨

销地 / 产地	B_1	B_2	B_3	B_4	产量
A_1					7
A_2	3				4
A_3					9
销量	3	6	5	6	

表 3-17　单位运价表　　单位：元/吨

销地 / 产地	B_1	B_2	B_3	B_4
A_1	3	11	3	10
A_2	1	9	2	8
A_3	7	4	10	5

第二步，从表 3-17 未划去的元素中找出最小的运价 2，即 A_2 剩余的产品应供应 B_3。B_3 每天需要 5 吨，A_2 只能供应 1 吨，因此在表 3-17（A_2，B_2）交叉处填写 1，划去表 3-17 中 A_2 这一行运价，表示 A_2 生产的产品已分配完，其结果见表 3-18 和表 3-19 所示。

表 3-18　产销平衡表　　单位：吨

销地 / 产地	B_1	B_2	B_3	B_4	产量
A_1					7
A_2	3		1		4
A_3					9
销量	3	6	5	6	

表 3-19　单位运价表　　单位：元/吨

销地 / 产地	B_1	B_2	B_3	B_4
A_1	3	11	3	10
A_2	1	9	2	8
A_3	7	4	10	5

第三步，再从表 3-19 中未划去的元素中找出最小元素为 3，即 A_1 生产的应优先满足 B_3 需要。A_1 每天生产 7 吨，B_3 尚缺 4 吨。因此在（A_1，B_3）交叉格内填上 4，由于 B_3 的需求已满足，在表 3-19 中划去 B_3 列元素。这样一步步进行下去，一直到单

位运价表上所有元素都划去为止。其详细求解过程如表 3-20 至表 3-25 所示。

表 3-20　产销平衡表　　单位：吨

产地＼销地	B_1	B_2	B_3	B_4	产量
A_1			4		7
A_2	3		1		4
A_3					9
销量	3	6	5	6	

表 3-21　单位运价表　　单位：元/吨

产地＼销地	B_1	B_2	B_3	B_4
A_1	3	11	3	10
A_2	1	9	2	8
A_3	7	4	10	5

表 3-22　产销平衡表　　单位：吨

产地＼销地	B_1	B_2	B_3	B_4	产量
A_1			4		7
A_2	3		1		4
A_3		6			9
销量	3	6	5	6	

表 3-23　单位运价表　　单位：元/吨

产地＼销地	B_1	B_2	B_3	B_4
A_1	3	11	3	10
A_2	1	9	2	8
A_3	7	4	10	5

表 3-24　产销平衡表　　单位：吨

产地＼销地	B_1	B_2	B_3	B_4	产量
A_1			4		7
A_2	3		1		4
A_3		6		3	9
销量	3	6	5	6	

表 3-25　单位运价表　　　单位：元/吨

产地＼销地	B_1	B_2	B_3	B_4
A_1	3	11	3	10
A_2	1	9	2	8
A_3	7	4	10	5

此时，运价表中只剩一个元素 10 未被划去，而对应的运量表中(A_1,B_4)的位置上，无论是行约束还是列约束都只剩下 3 吨（因为是产销平衡的运输问题），在运量表中(A_1,B_4)的位置填上 3，行约束和列约束都满足。这时在产销平衡表上就得到一个调运方案（如表 3-26 所示），即为用最小元素法得到的该运输问题的初始调运方案，这个调运方案的总运费为 86 元（运量表和运价表对应元素相乘，累加求和）。

表 3-26　运量表

产地＼销地	B_1	B_2	B_3	B_4	产量
A_1			4	3	7
A_2	3		1		4
A_3		6		3	9
销量	3	6	5	6	

2. 最优性检验

用最小元素法给出的初始调运方案是一个运输问题的基本可行解，然而还需判断这个调运方案是否是最优方案。初始调运方案中的数格对应基变量，空格对应非基变量，因此，要判断一个调运方案是不是最优方案，首先要计算出方案中每一个空格的检验数，这里介绍两种方法。

(1) 位势法

求行位势和列位势。因为 $x_{ij}>0$，所以对应的对偶约束是紧的，即 $u_i+v_j=c_{ij}$。

下面举例说明如何求行位势和列位势。以最小元素法求运量表 3-27 为例，求位势表，首先将调运方案表 3-27 中的各个调运量换成该格所对应的单位运价（把数格对应的运价填进位势表），令行位势 u_1 为零，由 $u_i+v_j=c_{ij}$求得其他位势值，结果如表 3-27 所示。

表 3-27 位势表

	B_1	B_2	B_3	B_4	u_i
A_1			3	10	0
A_2	1		2		-1
A_3		4		5	-5
v_j	2	9	3	10	

接着用行位势和列位势求检验数,因为:

$$\delta_{ij} = C_{ij} - C_B B^{-1} P_{ij} = C_{ij} - (u_1, \cdots, u_i, \cdots, u_m, \cdots, v_1, \cdots, v_j, \cdots, v_n) P_{ij}$$
$$= C_{ij} - (u_i + v_j)$$

若满足公式:$\delta_{ij} = C_{ij} - (u_i + v_j) \geqslant 0$ 则已获最优;否则,调整。表 3-28 是用位势法求得的该运输问题最小元素法的检验数表。由于检验数中有一个是负数,所以需要调整。

表 3-28 检验数表

	B_1	B_2	B_3	B_4
A_1	1	2	(0)	(0)
A_2	(0)	1	(0)	-1
A_3	10	(0)	12	(0)

(2) 闭回路法

同样,以最小元素法求运量表 3-26,以此为例计算其空格检验数(数个检验数均为 0)。首先将调运方案表 3-26 中的各个调运量换成该格所对应的单位运价,得表 3-29。

表 3-29 闭回路表

销地 产地	B_1	B_2	B_3	B_4
A_1			3	10
A_2	1		2	
A_3		4		5

所谓闭回路法就是对于表 3-29 中的一个空格,找出一条由此空格和一些数格组成的闭回路,在表 3-29 中,(A_1, B_1) 是空格,即 A_1 的物资不供给 B_1。现在我们可以设想一下,如果 A_1 的物资运 1 吨给 B_1,则由于供应平衡,A_1 必须少运 1 吨给 B_3,而 A_2 就必须多运 1 吨给 B_3,且少运 1 吨给 B_1,这样变动的结果,运费

就要增加 1 元,即为:3 - 3 + 2 - 1 = 1。

这个数字 1 就是空格(A_1, B_1)的检验数。它表明:如果 A_1 供应 1 吨给 B_1,运费就得增加 1 元,显然对原方案作这样的调整是不可取的。如此计算出所有空格检验数,如果所有检验数都大于 0,就是说,对所给方案的任何变动都会导致运费的增加,故原方案是最优方案,反之只要有一个检验数小于 0,则沿此空格的闭回路调整方案,就可使运费下降,因而原方案就不是最优方案。

我们用闭回路法算出表 3-29 中所有空格的检验数,如表 3-30 中不带括号的数所示。

由表 3-30 看出,在(A_2, B_4)格检验数为负值,沿其闭回路调整原方案会使总费用下降,故表 3-26 所给的调运方案不是最优方案,需进行调整。

表 3-30　检验数表

	B_1	B_2	B_3	B_4
A_1	1	2	(0)	(0)
A_2	(0)	1	(0)	-1
A_3	10	(0)	12	(0)

3. 方案的调整

(1) 取 $\min\{\delta_{ij} \mid \delta_{ij} < 0\}$ 寻找该运量表中的闭回路,每个空格的闭回路都是唯一的;

(2) 沿闭回路路线进行调整,取调整量 $\theta = \min$ {闭合回路中减顶点运量元素的数值}。

方案的调整步骤如表 3-31、表 3-32 所示。

表 3-31　运量表

销地 产地	B_1	B_2	B_3	B_4	产量
A_1			4 +1	3 -1	7
A_2	3		1 -1	+1	4
A_3		6		3	9
销量	3	6	5	6	

表 3-32　新运量表

产地＼销地	B_1	B_2	B_3	B_4	产量
A_1			5	2	7
A_2	3			1	4
A_3		6		3	9
销量	3	6	5	6	

加顶点 $+\theta$,减顶点 $-\theta$,其余数不变,得新运量表 3-32。重复最优性检验与方案的调整步骤,如表 3-33、表 3-34 所示。

表 3-33　新位势表

	B_1	B_2	B_3	B_4	u_i
A_1			3	10	0
A_2	1			8	-2
A_3		4		5	-5
v_j	3	9	3	10	

表 3-34　新检验数表

	B_1	B_2	B_3	B_4
A_1	(0)	2	(0)	(0)
A_2	(0)	2	1	(0)
A_3	9	(0)	12	(0)

所有检验数 $\delta_{ij} \geqslant 0$ 已获最优解,$x_{13}=5$,$x_{14}=2$,$x_{21}=3$,$x_{24}=1$,$x_{32}=6$,$x_{34}=3$,其余 x_{ij} 都为 0;最少的运费 $f_{\min}=5\times3+2\times10+3\times1+1\times8+4\times6+5\times3=85$。

3.4.3　产销不平衡的运输问题

前面讲的表上作业法的计算与理论,都是以产销平衡 $\sum_{i=1}^{m} a_i = \sum_{j=1}^{n} b_j$ 为前提的。但实际问题中产销往往是不平衡的。为了应用表上作业法计算,就需要把产销不平衡的问题转化为产销平衡的问题。

1. 产量大于销量的运输问题

产大于销 $\left(\sum_{i=1}^{m} a_i > \sum_{j=1}^{n} b_j\right)$ 时,运输问题的数学模型可写成:

$$\min f = \sum_{i=1}^{m} \sum_{j=1}^{n} C_{ij} x_{ij}$$

$$\text{s.t.} \begin{cases} \sum_{j=1}^{n} x_{ij} \leqslant a_i & (i = 1,2,\cdots,m) \\ \sum_{i=1}^{m} x_{ij} = b_j & (j = 1,2,\cdots,n) \\ x_{ij} \geqslant 0 & (i = 1,2,\cdots,m; j = 1,2,\cdots,n) \end{cases}$$

由于总的产量大于销量，就要增加一个虚设的需求地 $n+1$，它的需求量为

$$\sum_{i=1}^{m} a_i - \sum_{j=1}^{n} b_j$$

新增从各供应地到该需求地的运输路线 $(1, n+1), (2, n+1), \cdots, (m, n+1)$，这些运输路线上的运价全部等于 0，这样就将供给大于需求的问题转化为供求平衡的问题。在新的问题中，从供应地 i 到新设的需求地 $n+1$ 的运量，实际上就是存储在供应地 i 没有运出的数量。新得到的供求平衡的运输问题的最优解，实际上就是各供应地存储多少、运出多少、运往何地，使总运价最低，如表 3-35 所示。

表 3-35　产销平衡表

销地 产地	B_1	B_2	…	B_n	B_{n+1}（虚设）	产量
A_1	C_{11}	C_{12}	…	C_{1n}	0	a_1
A_2	C_{21}	C_{22}	…	C_{2n}	0	a_2
⋮	⋮	⋮	⋮	⋮	⋮	⋮
A_m	C_{m1}	C_{m2}	…	C_{mn}	0	a_m
销量	b_1	b_2	…	b_n	b_{n+1}	

其中：

$$b_{n+1} = \sum_{i=1}^{m} a_i - \sum_{j=1}^{n} b_j$$

化为产销平衡问题：

$$\min f = \sum_{i=1}^{m} \sum_{j=1}^{n+1} C_{ij} x_{ij}$$

$$\text{s.t.}\begin{cases}\sum_{j=1}^{n+1} x_{ij} = a_i & (i = 1,2,\cdots,m)\\ \sum_{i=1}^{m} x_{ij} = b_j & (j = 1,2,\cdots,n+1)\\ x_{ij} \geqslant 0 & (i = 1,2,\cdots,m;j = 1,2,\cdots,n+1)\end{cases}$$

其中：$C_{i,n+1}=0(i=1,2,\cdots,m)$。

2. 销量大于产量的运输问题

销大于产时（$\sum_{i=1}^{m} a_i < \sum_{j=1}^{n} b_j$），运输问题的数学模型可写成：

$$\min f = \sum_{i=1}^{m}\sum_{j=1}^{n} C_{ij}x_{ij}$$

$$\text{s.t.}\begin{cases}\sum_{j=1}^{n} x_{ij} = a_i & (i = 1,2,\cdots,m)\\ \sum_{i=1}^{m} x_{ij} \leqslant b_j & (j = 1,2,\cdots,n)\\ x_{ij} \geqslant 0 & (i = 1,2,\cdots,m;j = 1,2,\cdots,n)\end{cases}$$

类似可得下面产销平衡时的数学模型：

$$\min f = \sum_{i=1}^{m+1}\sum_{j=1}^{n} C_{ij}x_{ij}$$

$$\text{s.t.}\begin{cases}\sum_{j=1}^{n} x_{ij} = a_i & (i = 1,2,\cdots,m+1)\\ \sum_{i=1}^{m+1} x_{ij} = b_j & (j = 1,2,\cdots,n)\\ x_{ij} \geqslant 0 & (i = 1,2,\cdots,m+1;j = 1,2,\cdots,n)\end{cases}$$

例：设有三个化肥厂供应四个地区的农用化肥。假定等量的化肥在这些地区使用效果相同，已知各化肥厂年产量、各地区年需要量及从化肥厂到各地区单位化肥的运价表如表 3-36 所示，试决定使总的运费最省的花费调拨方案。

表 3-36　运价表

产地＼销地	B_1	B_2	B_3	B_4	产量(万吨)
A_1	16	13	22	17	50
A_2	14	13	19	15	60
A_3	19	20	23	—	50
最低需求(万吨)	30	70	0	10	
最高需求(万吨)	50	70	30	不限	

解:这是一个产销不平衡的运输问题,总产量为 160 万吨,四个地区的最低需求为 110 万吨,最高需求为无限,根据现有产量,第 B_4 个地区每年最多能分配到 60 万吨($(50+60+50)-(30+70)=60$),这样最高需求为 210 万吨,大于产量,为了求得平衡,在产销平衡表中增加一个假想的化肥厂 D,其年产量为 50 万吨。由于各地区的需要量包含两部分,如需求地 B_1,其中 30 万吨说最低需求,故不能由假想化肥厂 D 供给,令相应运价为 M(任意大正数),而另一部分 20 万吨满足或不满足均可以,因此可以由假想化肥厂 D 供给,按前面讲的,令相应运价为 0。对凡是需求分两种情况的地区,实际上可按照两个地区看待。这样写出这个问题的产销平衡表(表 3-37)和单位运价表(表 3-38)

表 3-37　产销平衡表

产地＼销地	B_1	B_1'	B_2	B_3	B_4	B_4'	产量(万吨)
A_1							50
A_2							60
A_3							50
D							50
销量(万吨)	30	20	70	30	10	50	

表 3-38　单位运价表

产地＼销地	B_1	B_1'	B_2	B_3	B_4	B_4'
A_1	16	16	13	22	17	17
A_2	14	14	13	19	15	15
A_3	19	19	20	23	M	M
D	M	0	M	0	M	0

根据表上作业法计算,可得该问题的最优结果如表 3-39 所示。

表 3-39 最优分配表

产地 \ 销地	B_1	B_1'	B_2	B_3	B_4	B_4'	产量(万吨)
A_1			50				50
A_2			20		10	30	60
A_3	30	20	0				50
D				30		20	50
销量(万吨)	30	20	70	30	10	50	

3.5 配送路线优化

3.5.1 车辆路径问题的概述

1. 问题描述

车辆路径问题(vehicle routing problem,VRP)是运筹学与物流管理决策的一个重要问题。国内外相关领域对VRP问题的研究始于20世纪50年代,在理论研究和实际应用两方面都已取得了非常显著的成果。随着研究的深入发展,如何使研究的理论模型更贴近现实中的运输规划问题开始成为研究者们关注的焦点。

VRP问题为:从配送中心(物流据点)用多辆车向多个需求点(顾客)送货,每个需求点的位置和需求量一定,要求合理安排车辆路线,达到一定的目标(如路程最短、费用最小、时间尽量少、使用车辆数尽量少等),并满足以下条件:

(1) 每条配送路径上各需求点的需求量之和不超过车辆载重量;

(2) 每条配送路径的长度不超过车辆一次配送的最大行驶距离;

(3) 每个需求点必须满足,且只能由一辆车送货;

(4) 每辆车均从中心出发,完成任务后又全部回到中心。

这就是VRP问题的一般描述。

2. 构成要素

车辆路径问题主要包括货物、车辆、物流中心、客户、运输网络、约束条件和目标函数等要素。

(1) 货物

货物是配送的对象。可将每个客户需求(或供应)的货物看成一批货物。每批货物都包括品名、包装、重量、体积、要求送到(或取走)的时间和地点、能否分批配送等属性。

货物的品名和包装，是选用配送车辆的类型以及决定该批货物能否与其他货物装在同一车辆内的依据。例如，一些货物因性质特殊需要使用专用车辆装运；一些货物因性质特殊不能与其他货物装在同一车辆内；一些货物虽然性质特殊，但由于包装条件很好，故也能与其他货物装在同一车辆内。

货物的重量和体积是进行车辆装载决策的依据。当某个客户需求（或供应）货物的重量或体积超过配送车辆的最大装载重量或容积时，则该客户将需要多台车辆进行配送。

货物的送到（或取走）时间和地点是制定车辆的出行时间和配送路线的依据。

允许货物分批配送，是指某个客户需求（或供应）的货物可以用多辆车分批送到（或取走），即使其需求（或供应）量在一辆车的装载量以内。

（2）车辆

车辆是货物的运载工具，其主要属性包括：车辆的类型、装载量、一次配送的最大行驶距离、配送前的停放位置及完成任务后的停放位置等。

车辆的类型有通用车辆和专用车辆之分，通用车辆适于装运大多数普通货物，专用车辆适于装运一些性质特殊的货物。

车辆的装载量是指车辆的最大装载重量和最大装载容积，是进行车辆装载决策的依据。在某配送系统中，车辆的装载量可以相同，也可以不同。

对每辆车一次配送的行驶距离的要求可分为：

- 无距离限制；
- 有距离限制；
- 有距离限制，但可以不遵守，只是不遵守时需另付加班费。

车辆在配送前的停放位置可以在某个停车场、物流中心或客户所在地。

车辆完成配送任务后，对其停放位置的要求可分为以下几种情况：

- 必须返回出发点；
- 必须返回某停车场；
- 可返回任意停车场；
- 可停放在任何停车场、物流中心或客户所在地。

（3）物流中心

也称为物流基地、物流据点，是指进行集货、分货、配货、配装、送货作业的配送中心、仓库、车站、港口等。

在某配送系统中，物流中心的数量可以只有一个，也可以多于一个；物流中心的位置可以是确定的，也可以是不确定的。对于某个物流中心，其供应的货物可能有一种，也可能有多种；其供应的货物数量可能能够满足全部客户的需求，也可能仅能满足部分客户的需求。

（4）客户

也称为用户，包括分仓库、零售商店等。客户的属性包括需求（或供应）货物的数量、时间、次数及满足程度等。

在某个配送系统中，某个客户需求（或供应）货物的数量可能大于车辆的最大装载量，也可能小于车辆的最大装载量，而该系统全部客户的货物需求（或供应）总量可能超过全部车辆的总装载量，也可能低于全部车辆的总装载量。

某客户需求（或供应）货物的时间，是指要求货物送到（或取走）的时间，对配送时间的要求可分为以下几种情况：

- 无时间限制；
- 要求在指定的时间区间（也称为时间窗）内完成运输任务；
- 有时间限制，但可以不遵守，只是不遵守时要给予一定的惩罚。

某客户需求（或供应）货物的次数可能仅有一次，即只需一次配送服务；也可能为多次，即需要多次配送服务。

某客户对需求（或供应）货物的满足程度的要求可分为两种情况：一种是要求全部满足；另一种可以部分满足，但不满足时要受到惩罚。

（5）运输网络

运输网络是由顶点（指物流中心、客户、停车场）、无向边和有向弧组成的。边、弧的属性包括方向、权值和交通流量限制等。

某运输网络中可能仅有无向边，也可能仅有有向弧，还可能既有无向边，又有有向弧。

运输网络中边或弧的权值可以表示距离、时间或费用。边或弧的权值变化分为以下几种情况：

- 固定，即不随时间和车辆的不同而变化；
- 随时间不同而变化；
- 随车辆的不同而变化；
- 既随时间不同而变化，又随车辆不同而变化。对运输网络权值间的关系可以要求其满足三角不等式,即两边之和大于第三边,也可以不加限制。

对运输网络中顶点、边或弧的交通流量要求分为以下几种情况:

- 无流量限制;
- 边、弧限制,即每条边、弧上同时行驶的车辆数有限;
- 顶点限制,即每个顶点上同时装、卸货的车辆数有限;
- 边、弧、顶点都有限制。

(6) 约束条件

物流配送车辆调度问题应满足的约束条件主要包括:

- 满足所有客户对货物品种、规格、数量的要求;
- 满足客户对货物发到时间范围的要求;
- 在允许通行的时间进行配送(如有时规定白天货车不能通行等);
- 车辆在配送过程中的实际载货量不得超过车辆的最大允许装载量;
- 在物流中心现有运力范围内。

(7) 目标函数

对物流配送车辆调度问题,可以只选用一个目标,也可以选用多个目标。经常选用的目标函数主要有:

- 配送总里程最短。配送里程与配送车辆的耗油量、磨损程度以及司机疲劳程度等直接相关,它直接决定运输的成本,对配送业务的经济效益有很大影响。由于配送里程计算简便,因此它是确定配送路线时用得最多的指标。

- 配送车辆的吨位公里数最少。该目标将配送距离与车辆的载重量结合起来考虑,即以所有配送车辆的吨位数(最大载重吨)与其行驶距离的乘积的总和最少为目标。

- 综合费用最低。降低综合费用是实现配送业务经济效益的基本要求。在物流配送中,与取送货有关的费用包括:车辆维护和行驶费用、车队管理费用、货物装卸费用、有关人员工资费用等。

- 准时性最高。由于客户对交货时间有较严格的要求,为提高配送服务质量,有时需要将准时性最高作为确定配送路线的目标。

- 运力利用最合理。该目标要求使用较少的车辆完成配送任务,并使车辆的满载率最高,以充分利用车辆的装载能力。

- 劳动消耗最低。即以司机人数最少、司机工作时间最短为目标。

3. 分类

车辆路径问题(VRP)问题的分类可根据不同性质具体分为以下几类:

(1) 按照运输任务分为纯装问题、纯卸问题以及装卸混合问题;

(2) 按照车辆载货状况分为满载问题和非满载问题,满载问题是指货运量多于一辆车的容量,完成所有任务需要多辆运输车辆;非满载问题是指车的容量大于货运量,一辆车即可满足货运要求;

(3) 按照车辆类型分为单车型问题和多车型问题;

(4) 按照车辆是否返回配送中心车场划分为车辆开放问题和车辆封闭问题,车辆开放问题是指车辆不返回其出发地;车辆封闭问题是指车辆必须返回其发出配送中心车场;

(5) 按照优化的目标可分为单目标优化问题和多目标优化问题;

(6) 按照有无时间要求可分为有时间窗 VRP 问题和无时间窗 VRP 问题。

实际中车辆路径问题可能是以上分类中的一种或几种的综合。

4. 数学模型

$$\min z = \sum_{i}^{l}\sum_{j}^{l}\sum_{k} c_{ij}\cdot x_{ijk}$$

$$\sum_{i} g_i y_{ki} \leqslant q, \qquad \forall k$$

$$\sum_{k} y_{ki} = 1, \qquad i = 1,\cdots,l$$

$$\sum_{i} x_{ijk} = y_{ki}, \qquad i = 0,1,\cdots,l;\ \forall k$$

$$\sum_{j} x_{ijk} = y_{ki}, \qquad j = 0,1,\cdots,l;\ \forall k$$

$$ET_i \leqslant s_i \leqslant LT_i, \quad i = 1,\cdots,l$$

式中,c_{ij}表示从点 i 到点 j 的运输成本,它可以根据优化的目标具体体现为运输距离或运输时间。x_{ijk} 和 y_{ki} 为变量,定义为:

$$y_{ki} = \begin{cases} 1, & \text{点 } i \text{ 的任务由车辆 } k \text{ 完成} \\ 0, & \text{否则} \end{cases}$$

$$x_{ijk} = \begin{cases} 1, & \text{车辆 } k \text{ 从点 } i \text{ 行驶到点 } j \\ 0, & \text{否则} \end{cases}$$

式中,ET_i 和 LT_i 分别为任务 i 允许的最早开始时间和允许的最迟结束时间;g_i 为第 i 点的货运量;q 为运输车辆的额定载重量。

5. 车辆路径问题的求解方法综述

车辆路径问题是组合优化领域中著名的 NP 难题,近二十年来,无论在国内

还是在国外,VRP 问题都是一个非常活跃的研究领域。目前研究该问题有以下几类研究方法:

(1) 运筹学方法

运筹学中的规划方法,包括线性规划、非线性规划、整数规划、动态规划等。作为转化后的一个优化设计问题,应包含设计变量、目标函数、约束条件等。其中设计变量是指在设计过程中进行选择并最终确定的各项独立参数;目标函数指的是在设计中预期要达到的目标;而约束条件则是设计变量取值时的各种限制条件。

运用运筹学的方法,可以把 VRP 问题直接描述成一个数学规划问题,根据其模型的特殊性,应用一定的技术进行划分,进而求解已被广泛研究过的子问题。

(2) 启发式方法

指通过经验法则来求取运输过程满意解的数学方法。启发式方法能同时满足详细描述问题和求解的需要,较运筹学方法更为实用,缺点是难于知道什么时候好的启发式解已经被求得。启发式方法中最具有代表性的就是 Clark 和 Wright 提出的节约法(saving method),许多成功的车辆路径软件就是根据该方法或其他改进方法开发的。Gilliet 和 Mille 提出的扫描法(sweep method),先把节点或弧的需求进行分组或划群,然后对每一组按旅行商(TSP)求解,设计出一种经济的线路。各种启发式方法的主要区别在于收敛的速度和程度不同。

(3) 智能优化算法

智能优化算法是 20 世纪 80 年代初兴起的优化算法,这些算法包括禁忌搜索、模拟退火、遗传算法、人工神经网络等,它们主要用于解决大量的实际问题,目标是求 NP-hard 组合问题的全局最优解。智能优化算法一般具有一定的自组织性和自适应型,在计算方法上,具有并行处理的特性,由此智能优化算法在处理大规模数据上有其独特的优势。同时智能优化算法往往从给定的数据入手,对问题的机理分析并不需要像常规方法那样精确,所以在解决用常规方法难以精确建模的数学问题上,也体现了显著的优越性。

(4) 模拟方法

利用数学公式、逻辑表达式、图标、坐标图形等抽象概念表示实际运输系统内部状态和输入输出的关系,以便通过计算机对模型进行试验,通过试验取得改善运输系统所需的信息。

3.5.2 求解车辆路径问题的运筹学方法

运筹学中的规划方法,包括线性规划、非线性规划、整数规划、动态规划、网络与图论法等方法。

1. 线性规划

线性规划是运筹学中研究较早、发展较快、应用广泛、方法较成熟的一个重要分支,它是辅助人们进行科学管理的一种数学方法。在经济管理、交通运输、工农业生产等经济活动中,提高经济效果是人们不可缺少的要求,而提高经济效果一般通过两种途径:一是技术方面的改进,例如改善生产工艺,使用新设备和新型原材料;二是生产组织与计划的改进,即合理安排人力物力资源。线性规划所研究的是:在一定条件下,合理安排人力物力等资源,使经济效果达到最好。一般地,求线性目标函数在线性约束条件下的最大值或最小值的问题,统称为线性规划问题。满足线性约束条件的解叫做可行解,由所有可行解组成的集合叫做可行域。决策变量、约束条件、目标函数是线性规划的三要素。

2. 非线性规划

具有非线性约束条件或目标函数的数学规划,是运筹学的一个重要分支。非线性规划研究一个 n 元实函数在一组等式或不等式的约束条件下的极值问题,且目标函数和约束条件至少有一个是未知量的非线性函数。一般说来,解非线性规划要比解线性规划问题困难得多。而且,也不像线性规划有单纯形法这一通用方法,非线性规划目前还没有适于各种问题的一般算法,各个方法都有自己特定的适用范围。

3. 整数规划

在线性规划中,一般情况对决策变量只是提出非负的要求,如果进一步要求决策变量是整数(全部变量或部分变量是整数),这样的线性规划就是整数规划。因此,对这类问题的讨论十分重要。整数线性规划有很现实的实际意义,因为在很多线性规划问题中,决策变量往往代表的是人数、机器台数等,这时非整数解显然是不合乎要求的,对于处理这一类要求有整数解的线性规划问题,通常人们首先想到的是先不管整数条件的限制,直接使用单纯形法求解,然后将所得到的非整数解,经四舍五入化为整数。但是这种方法往往是行不通的,这是因为,由于化整所得到的整数解不一定是可行解,有时即使是可行解,也不一定是最优解。为此需要探讨如何解决整数最优解的方法。

整数规划问题一般可以分为以下几类:所有变量都取整数的规划称为纯整数规划,有时,也称为全整数规划;部分变量取整数的规划称为混合整数规划;所有变量都取 0、1 两个值的规划称为 0-1 规划,部分变量取 0、1 两个值的规划称为 0-1 混合规划。

求解整数规划问题常用的方法有分枝定界法和割平面法。

(1) 分枝定界法

分枝定界法可用于解纯整数或混合的整数规划问题,在 20 世纪 60 年代初由 Land Doig 和 Dakin 等人提出。由于这种方法灵活且便于用计算机求解,所以现在它已是解决整数规划问题的重要方法。设有最大化的整数规划问题 A,与它相应的线性规划问题为问题 B,从解问题 B 开始,若其最优解不符合 A 的整数条件,那么 B 的最优目标函数必是 A 的最优目标函数 z^* 的上界,记作 $\bar{z}$;而 A 的任意可行解的目标函数值将是 z^* 的一个下界 $\underline{z}$。分枝定界法就是将 B 的可行域分成子区域的方法,逐渐减小 $\bar{z}$ 和增大 $\underline{z}$,最终求到 z^*。

例:求解 A

$$\max z = 40x_1 + 90x_2 \tag{3-5}$$

$$\begin{cases} 9x_1 + 7x_2 \leqslant 56 & (3\text{-}6) \\ 7x_1 + 20x_2 \leqslant 70 & (3\text{-}7) \\ x_1, x_2 \geqslant 0 & (3\text{-}8) \\ x_1, x_2 \text{ 整数} & (3\text{-}9) \end{cases}$$

先不考虑公式(3-9),即解线性规划(3-5)—(3-8),得最优解

$$x_1 = 4.81, \quad x_2 = 1.82, \quad z_0 = 356$$

可见它不符合整数条件(3-9)。这时 z_0 是问题 A 的最优目标函数值 z^* 的上界,记作 $z_0 = \bar{z}$。而 $x_1 = 0, x_2 = 0$ 显然是问题 A 的一个整数可行解,这时 $z = 0$ 是 z^* 的一个下界,记作 $\underline{z} = 0$,即 $0 \leqslant z^* \leqslant 356$。

分枝定界法的解法,首先注意其中一个非整数变量的解,如 x_1,在问题 B 的解中 $x_1 = 4.81$。于是对原问题增加两个约束条件

$$x_1 \leqslant 4, \quad x_1 \geqslant 5$$

可将原问题分解为两个子问题 B_1 和 B_2,给每枝增加一个约束条件。这并不影响问题 A 的可行域,不考虑整数条件解问题 B_1 和 B_2,称此为第一次迭代。得到最优解为:

问题 B_1:

$$z_1 = 349, \quad x_1 = 4.00, \quad x_2 = 2.10$$

问题 B_2：

$$z_2 = 341, \quad x_1 = 5.00, \quad x_2 = 1.57$$

显然没有得到全部变量是整数的解。因 $z_1 > z_2$，故将 $\bar{z}$ 改为 349，那么必存在最优整数解，得到 z^*，并且

$$0 \leqslant z^* \leqslant 349$$

继续对问题 B_1 和 B_2 进行分解，因 $z_1 > z_2$，故先分解 B_1 为两枝。增加条件 $x_2 \leqslant 2$ 者，称为问题 B_3，增加条件 $x_2 \geqslant 3$ 者称为问题 B_4。再舍去 $x_2 > 2$ 和 $x_2 < 3$ 之间的可行域，再进行第二次迭代。这时问题 B_3 的解已都是整数，它的目标函数值 $z_3 = 340$，可取为 $\underline{z}$，而它大于 $z_4 = 327$，所以再分解 B_4 已无必要。而问题 B_3 的 $z_2 = 341$，所以 z^* 可能在 $340 \leqslant z^* \leqslant 341$ 之间有整数解。于是对 B_2 分解，得问题 B_5，既非整数解，且 $z_5 = 308 < z_3$，问题 B_6 为无可行解。于是可以断定

$$z_3 = \underline{z} = z^* = 340$$

问题 B_3 的解 $x_1 = 4.00$，$x_2 = 2.00$ 为最优整数解。

（2）割平面法

割平面法又称 Gomory 割平面法，它是由 R. E. Gomory 提出来的另一种求解纯整数规划的方法。割平面法的基本思想是：首先放弃变量的整数要求，求得线性规划的最优解。如果最优解恰是一个整数解，则线性规划的最优解就是相应的整数规划的最优解。如果线性规划的最优解不是整数解，则要求构造一个新的约束，对线性规划问题的可行域进行切割，切除已经得到的线性规划的最优解，但保留原可行域中所有的整数解，求解新的线性规划问题，如果最优解仍不是整数解，再增加附加的约束将其切除，但仍保持最初可行域中所有的整数解，如此一直进行，直至得到一个整数的最优解为止。

设：有原问题（P）和松弛问题（P'）：

$$(P)\ \max f = Cx \quad \text{s.t.} \begin{cases} Ax \leqslant b \\ x \geqslant 0,\text{且为整数} \end{cases} \qquad (P')\ \max f = Cx \quad \text{s.t.} \begin{cases} Ax \leqslant b \\ x \geqslant 0 \end{cases}$$

若松弛问题（P'）的最优解不全是整数，即至少有一个 x_i 基变量的值是非整数，在（P'）最优解单纯形表中的第 i 行，可以写为：

$$b_{i0} = x_i + \sum_{j=m+1}^{n} b_{ij} x_j \tag{3-10}$$

令：$b_{i0} = \lfloor b_{i0} \rfloor + f_{i0}$，其中$\lfloor b_{i0} \rfloor$是不超过 b_{i0} 的最大整数部分，$0 < f_{i0} < 1$；

$b_{ij} = \lfloor b_{ij} \rfloor + f_{ij}$，其中$\lfloor b_{i0} \rfloor$是不超过 b_{ij} 的最大整数部分，$0 < f_{i0} < 1$。

由上，重新表达(3-10)为：

$$x_i = \lfloor b_{i0} \rfloor - \sum_{j=m+1}^{n} \lfloor b_{i0} \rfloor x_j + f_{i0} - \sum_{j=m+1}^{n} f_{ij} x_j$$

上式左端若是整数，右端必为整数，可推得：

$f_{i0} - \sum_{j=m+1}^{n} f_{ij} x_j \leqslant f_{i0}$，由于 $0 < f_{i0} < 1$，$\sum_{j=m+1}^{n} f_{ij} x_j \geqslant 0$，则：

$f_{i0} - \sum_{j=m+1}^{n} f_{ij} x_j < 1$，进而推出：$f_{i0} - \sum_{j=m+1}^{n} f_{ij} x_j \leqslant 0$

这是整数规划的必要条件（割去 0 和 1 之间的非整数，并不影响原题的整数解）。

称上述必要条件为 Gomory 约束，可把 Gomory 约束化为等式：

$$-f_{i0} = -\sum_{j=m+1}^{n} f_{ij} x_j + x_{n+1}$$

增加一个约束，称其为割平面方程。只割去一些非整数部分，不影响原问题的整数解。割平面法是历史上最先被证明可以通过有限的步骤收敛的求解整数规划问题的算法，尽管这一算法在求解整数规划问题时很多方面不如分枝定界法，比如它在执行过程中会遇到收敛很慢的情况，但如果将它和分枝定界法结合起来使用，能够收到比较好的效果。割平面法的思想十分具有启发性，有助于找到其他能高效地求解整数规划问题的算法。

4. 动态规划

动态规划是运筹学的一个分支，它是解决多阶段决策过程最优化的一种方法，大约产生于 20 世纪 50 年代。1951 年美国数学家贝尔曼等人根据一类多阶段决策问题的特点，把多阶段决策问题变换为一系列互相联系的单阶段问题，然后逐个加以解决。与此同时，他提出解决这类问题的“最优性原理”，研究了许多实际问题，从而创建了解决最优化问题的一种新方法——动态规划方法。动态规划方法在工程技术、企业管理、工农业生产及军事部门都有广泛的应用。

货郎担问题是动态规划中一种常见的应用模型。货郎担问题是指有一个串村走户的卖货郎，他从某个村庄出发，要通过若干个村庄的每个村庄仅一次，最后仍回到原出发的村庄，问应如何选择行走路线，能使总的行程最短。

现在结合物流配送路线选择问题把该问题一般化。设某配送中心 v_0 负责

向 m 个顾客点 $v_i(i=1,2,\cdots,m)$ 送货,假设配送中心货物存储量等于 m 个顾客货物需求量的总和。确定如何安排配送路线,使送货费用最低。

定义变量如下:

$$X_{ij}=\begin{cases}1, & \text{若弧}(v_i,v_j)\text{在线路上}\\ 0, & \text{否则}\end{cases}$$

则得到以下模型

$$\min z=\sum_{i=0}^{m}\sum_{j=0}^{m}C_{ij}X_{ij}$$

$$\text{s.t.}\begin{cases}\sum\limits_{i=1}^{m}x_{ij}=1, & j=0,1,\cdots,m\\ \sum\limits_{j=0}^{m}x_{ij}=1, & i=0,1,\cdots,m\\ X=(x_{ij})\in R\\ x_{ij}=0\text{ 或 }1\end{cases}$$

其中 C_{ij} 表示顾客 v_i 到顾客 v_j 的运输费用,且 $C_{ij}=M(i=1,2,\cdots,m)$。R 为支路消去约束,即消去构成不完整线路的解,R 通常表示为:

$$R=\left\{(x_{ij})\;\middle|\;\sum_{i\in Q}\sum_{j\notin Q}x_{ij}\geqslant 1,Q\subset\{0,1,2,\cdots,m\}\right\}$$

现在给出求解该问题的动态规划解法。

(1) 设车辆从配送中心 v_0 出发,走到顾客点 v_i,用 N_i 表示从配送中心 v_0 到顾客点 v_i 的中间顾客点集合,即:

$$N_i=\{v_1,v_2,\cdots,v_{i-1},v_{i+1},\cdots,v_m\}$$

用 S 表示到达顾客点 v_i 之前经过的顾客点集合,则有 $S\subseteq N_i$

(2) 以 (v_i,S) 作为状态变量,最优值函数 $f_k(v_i,S)$ 为由配送中心 v_0 出发经过 k 个中间顾客点到达顾客点 v_i 的最低费用,则边界条件为:$f_0(v_i,\phi)=C_{0i}$

(3) 递推关系式为:

$$f_k(v_i,S)=\min_{v_j\in S}\{C_{ji}+f_{k-1}(v_j),S/\{v_j\}\}$$

$$k=0,1,2,\cdots,m-1;i=1,2,\cdots,m;S\subseteq N_i$$

(4) $P_k(v_i,S)$ 为最优决策函数,表示从配送中心 v_0 出发经过 k 个中间顾客点到达顾客点 v_i 的最低费用的路线上紧挨 v_i 顾客点前的那个顾客点。

例:某配送中心 v_0 负责向 3 个顾客点 $v_i(i=1,2,3)$ 送货,其运输费用如表 3-40 所示。问配送中心应如何选择配送路线,才能使配送车辆由配送中心出发到其各顾客点一次且仅一次,再回到配送中心而总的运输费用最低。

表 3-40　配送中心 v_0 向 3 个顾客点 v_i 送货的费用

费用 v_i / v_j	v_0	v_1	v_2	v_3
v_0	0	6	7	8
v_1	9	0	5	6
v_2	7	4	0	7
v_3	8	5	6	0

解：其边界条件为：

$$f_0(v_1,\phi) = 6,\quad f_0(v_2,\phi) = 7,\quad f_0(v_3,\phi) = 8$$

当 $k=1$ 时

$$f_1(v_1,\{v_2\}) = f_0(v_2,\phi) + C_{21} = 7 + 4 = 11$$
$$f_1(v_1,\{v_3\}) = f_0(v_3,\phi) + C_{31} = 8 + 5 = 13$$
$$f_1(v_2,\{v_1\}) = f_0(v_1,\phi) + C_{12} = 6 + 5 = 11$$
$$f_1(v_2,\{v_3\}) = f_0(v_3,\phi) + C_{32} = 8 + 6 = 14$$
$$f_1(v_3,\{v_1\}) = f_0(v_1,\phi) + C_{13} = 6 + 6 = 12$$
$$f_1(v_3,\{v_2\}) = f_0(v_2,\phi) + C_{23} = 7 + 7 = 14$$

当 $k=2$ 时

$$f_2(v_1,\{v_2,v_3\}) = \min\{f_1(v_2,\{v_3\}) + C_{21}, f_1(v_3,\{v_2\}) + C_{31}\} = \min\{14+4, 14+5\} = 18$$

$$P_2(v_1,\{v_2,v_3\}) = v_2$$

$$f_2(v_2,\{v_1,v_3\}) = \min\{f_1(v_3,\{v_1\}) + C_{32}, f_1(v_1,\{v_3\}) + C_{12}\} = \min\{12+6, 13+5\} = 18$$

$P_2(v_2,\{v_1,v_3\}) = v_1$ 或 v_3

$$f_2(v_3,\{v_1,v_2\}) = \min\{f_1(v_1,\{v_2\}) + C_{13}, f_1(v_2,\{v_1\}) + C_{23}\} = \min\{11+6, 11+7\} = 17$$

$$P_2(v_3,\{v_1,v_2\}) = v_1$$

当 $k=3$ 时

$$f_3(v_0,\{v_1,v_2,v_3\}) = \min\{f_2(v_1,\{v_2,v_3\}) + C_{10}, f_2(v_2,\{v_1,v_3\}) + C_{20}, f_2(v_3,\{v_1,v_2\}) + C_{30}\} = \min\{18+9, 18+7, 17+8\} = 25$$

$P_3(v_0,\{v_1,v_2,v_3\}) = v_2$ 或 v_3

由此可知，最低费用的配送路线为 v_0—v_2—v_1—v_3—v_0 或 v_0—v_3—v_1—v_2—v_0 或 v_0—v_1—v_3—v_2—v_0，三条路线的最低费用均为 25。

5. 网络与图论法

图论是应用十分广泛的运筹学分支，它已广泛地应用在物理学、化学、控制论、信息论、科学管理、电子计算机等各个领域。这里将介绍最短路问题以及最小费用最大流问题。

（1）最短路问题

配送问题面临的一个核心难题就是求解最短路径。配送问题可以抽象如下：设有一物流企业需要向 n 个配送节点配送不等的货物 Q_i，已知每个节点路径各自对应的权值，求最优的配送车辆搭配和各自路线最优规划，使在相应的约束条件下（如时间范围内或一次到货等），配送系统的总权值最小。这个问题可以采用图的结构进行描述：图的顶点表示配送中心和配送点，边表示它们之间的线路联系，边赋予相应的权值（表示时间、距离、线路、运况等），这样配送问题就转化为在网络图中求解路线的权值最优，权值可以代表距离、时间、费用或它们之间的综合因子，配送优化问题就要求在开始到终点的所有路径中找出一条总权数为最小的路径。

下面介绍 Dijkstra 算法和 Floyd 算法。

Dijkstra 算法

首先讨论求解单源点的最短路径问题。给定带权值有向图 G 和源点 V，求 V 到图中其余各点的最短路径，如图 3-8 所示的带权有向图 G_5 中从 V_0 到各个顶点之间的最短路径如表 3-41 所示。

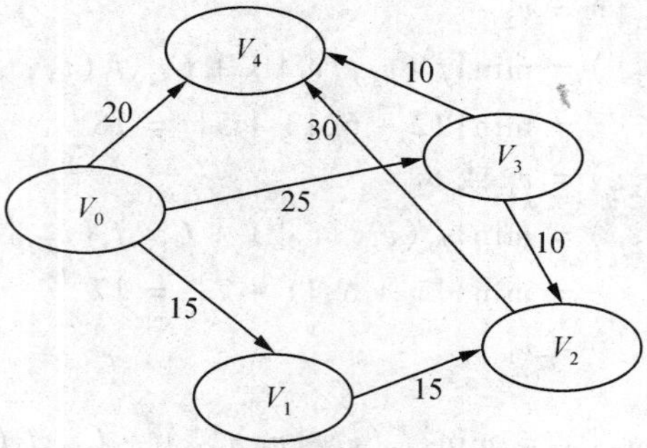

图 3-8 带权有向图

表 3-41 有向图 G_5 中从 V_0 到其他顶点的最短路径

始点	终点	最短路径	路径长度
V_0	V_1	(V_0, V_1)	15
V_0	V_2	(V_0, V_1, V_2)	30
V_0	V_3	(V_0, V_3)	25
V_0	V_4	(V_0, V_4)	20

从图 3-8 可看出从起始点 V_0 到顶点 V_2 有两条路径(V_0,V_3,V_2)和(V_0,V_1,V_2),路径(V_0,V_3,V_2)长度为 35,路径(V_0,V_1,V_2)长度为 30,显然路径(V_0,V_1,V_2)是 V_0 到 V_2 的最短路径。Dijkstra 提出了一个按路径长度递增的次序产生最短路径的算法。首先引入一个中间辅助变量 $D[i]$表示当前源点 V 到每个终点 V_i 的最短路径的长度。$D[i]$的初始值为:如果源点 V 到终点 V_i 之间有直接相连的路径,则 $D[i]$为这条路径的权值,否则,设定 $D[i] = \max$。设 $D[j] = \min\{D[i] \mid V_i \in V\}$,显然 $D[j]$为从源点 V 出发的一条最短路径,下一条最短路径的长度一定是 $D[j] = \min\{D[i] \mid V_i \in V - S\}$,其中:$S$ 为已经求得最短路径的终点集合。经典 Dijkstra 算法如下:

第一步,系统初始化。假设采用带权的邻接矩阵 arcs 表示带权有向图,arcs$[i][j]$表示弧$\langle V_i, V_j\rangle$上的权值。若顶点 V_i 顶点 V_j 不直接相连,则 arcs$[i][j]$给定极大值。S 为已经找到从 V 出发的最短路径的终点的集合,它的初始状态为空集。那么,从 V 出发到图上其余各顶点 V_i 可能达到的最短路径长度的初值为 $D[i]$ = arcs[Locate Vex(G,V)]$[i] \mid v_i \in V$]。

第二步,选择 V_j,使得 $D[j] = \min\{D[i], V_i \in V - S\}$。$V_j$ 就是当前求得的一条从 V 出发的最短路径的终点。令 $S = S \cup \{j\}$。

第三步,修改从 V 出发到集合 V-S 上任意一顶点 V_K 可达到的最短路径长度。如果 $D[j]$ + arcs$[j][k] < D[k]$,则修改 $D[k]$为 $D[k] = D[j]$ + arcs$[j][k]$。

第四步,重复第二步和第三步就可求得 V 到图上其余各个顶点的最短路径。

Floyd 算法

针对求解交通网络中的任意顶点之间的最短路径时,Dijkstra 算法主要是求解单源点的最短路径问题。这里以每个顶点作为源点,重复运行 Dijkstra 算法求解,就可获得每对顶点之间的最短路径。下面引入 Floyd 算法求解每对顶点之间的最短路径。Floyd 算法仍然是从带有权有向图的邻接矩阵出发求解最短路径的,经典 Floyd 算法描述如下。

假设求解从顶点 V_i 到顶点 V_j 的最短路径。如果从 V_i 到 V_j 有弧,则从 V_i 到 V_j 存在一条长度为 arcs$[i][j]$的路径,该路径不一定是最短路径,尚需要进行 n 次试探。首先考虑路径(V_i,V_0,V_j)是否存在(即判断弧(V_i,V_0)和(V_0,V_j)是否存在)。如果存在,则比较(V_i,V_j)和(V_i,V_0,V_j)的路径长短,短者为从 V_i 到 V_j 的中间顶点的序号不大于 0 的最短路径。假如在路径上再增加一个顶点 V_1,也就是说,如果(V_i,…,V_1)和(V_1,…,V_j)分别是当前找到的中间顶点的序号不大于 1 的最短路径。将它和已经能够获得的从 V_i 到 V_j 中间顶点序号不大于 0 的最短路径相比较，从中选择中间顶点的序号不大于 1 的最短路径之后，再次增加一个顶点 V_i，继续试探。以此类推。在一般情况下，若$(V_i,\cdots,V_k)$和$(V_k,\cdots,V_j)$分别是从顶点 V_i 到顶点 V_k 和从顶点 V_k 到顶点 V_j 的中间顶点的序号不大于 $k-1$ 的最短路径，则将$(V_i,\cdots,V_k,\cdots,V_j)$和已经得到的从 V_i 到 V_j 且中间顶点序号不大于 $k-1$ 的最短路径相比较，其长度最短者便是从 V_i 到 V_j 的中间顶点序号不大于 k 的最短路径。这样，在经历 n 次比较后，最后求得 V_i 到 V_j 的最短路径，按照相同的方法可获取所有顶点相互间的最短路径。

显然经典的 Floyd 算法主要针对带权有向图而言，对于无向图，它并没有考虑，其实只需要稍微改进就可以适用于无向图，采取的策略是将邻接矩阵上三角和下三角复制，从而每条边就成为双通的路径，采用原 Floyd 算法就可求解任意顶点间的最短路径。

(2) 最小费用最大流问题

物流路线安排需要考虑的成本约束因素包括以下方面。

• 车辆成本：指车辆进行配送所消耗的汽油及车辆的折扣，该成本主要取决于物流配送车辆行驶距离，配送行驶距离越短，成本越小；

• 人员成本：指车辆驾驶员的工资福利等，一般隐含在指派车辆的数目上；

• 配送延迟成本：指车辆到达客户处的时间超过规定的货物送达时间要求时，需要支付的罚金；

• 运输过程中由于物资消耗带来的成本；

• 库存成本；

• 其他管理费用等固定成本。

这里假定：物流企业已根据客户密度、距离、大小或产品的需求和价值大小等约束条件来量身定做运输网络，即根据不同的客户和产品特征，综合权衡上述因素的影响，运用不同的运输方式和不同的运输网络构建适合自身的运输网络体系。

网络中的链代表不同储存点之间的货物的流动，这些存储点(零售店、仓库、工厂或供货商)就是节点。任意一对节点之间可能有多条链相连，代表不同的运输方式、不同的路线、不同的产品。节点也代表那些库存流动过程中的临时经停点，如货物运达零售店或最终消费者之前短暂停留的仓库。

假定运输网络为网络 $D=(V,A,C)$，v_i 为顶点，v_j 为终点，每一弧$(v_i,v_j)\in A$ 上，除了已给容量 c_{ij} 外，还给了一个单位流量的费用 $b(v_i,v_j)\geqslant 0$(简记为 b_{ij})。

所谓最小费用最大流问题就是要求一个最大流 f,使流的总运输费用

$$b(f) = \sum_{(v_i,v_j) \in A} b_{ij} f_{ij}$$

取极小值。

算法如下:构造一个赋权有向图 $W(f)$,它的顶点是原网络 D 的顶点,而把 D 中的每一条弧(v_i,v_j)变成两个相反方向的弧(v_i,v_j)和弧(v_j,v_i),定义 $W(f)$ 中弧的权 w_{ij}为:

$$w_{ij} = \begin{cases} b_{ij}, & 若 f_{ij} < c_{ij} \\ +\infty, & f_{ij} = c_{ij} \end{cases} \qquad w_{ij} = \begin{cases} -b_{ij}, & 若 f_{ij} > 0 \\ +\infty, & f_{ij} = 0 \end{cases}$$

开始取 $f^{(0)}=0$,一般若在第 $k-1$ 步得到最小费用流 $f^{(k-1)}$,则构造赋权有向图 $W(f^{(k-1)})$,在 $W(f^{(k-1)})$中,寻求从 v_s 到 v_t 的最短路。若不存在最短路(即最短路权是 $+\infty$),则 $f^{(k-1)}$就是最小费用最大流;若存在最短路,则在原网络 D 中得相应的增广链 u,在增广链 u 上对 $f^{(k-1)}$进行调整。调整量为:

$$\theta = \min[\min_{u^+}(c_{ij} - f_{ij}^{(k-1)}),\ \min_{u^-}(f_{ij}^{(k-1)})]$$

令

$$f_{ij}^{(k)} = \begin{cases} f_{ij}^{(k-1)} + \theta, & (v_i,v_j) \in u^+ \\ f_{ij}^{(k-1)} - \theta, & (v_i,v_j) \in u^- \\ f_{ij}^{(k-1)}, & (v_i,v_j) \in u \end{cases}$$

得到新的可行流 $f^{(k)}$,再对 $f^{(k)}$重复上述步骤。

例:某物流企业的运输网络图如图 3-9 所示,弧旁的数字为(b,w),b 表示各种成本加权平均的单位费用,w 表示弧容量,该网络的最小费用最大流的求解过程如图 3-10 所示。

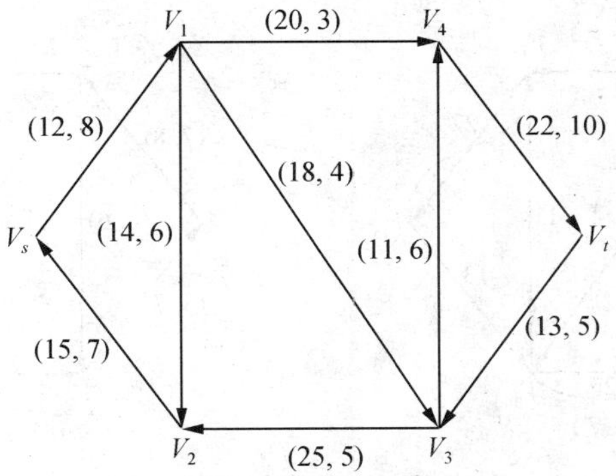

图 3-9　运输网络图

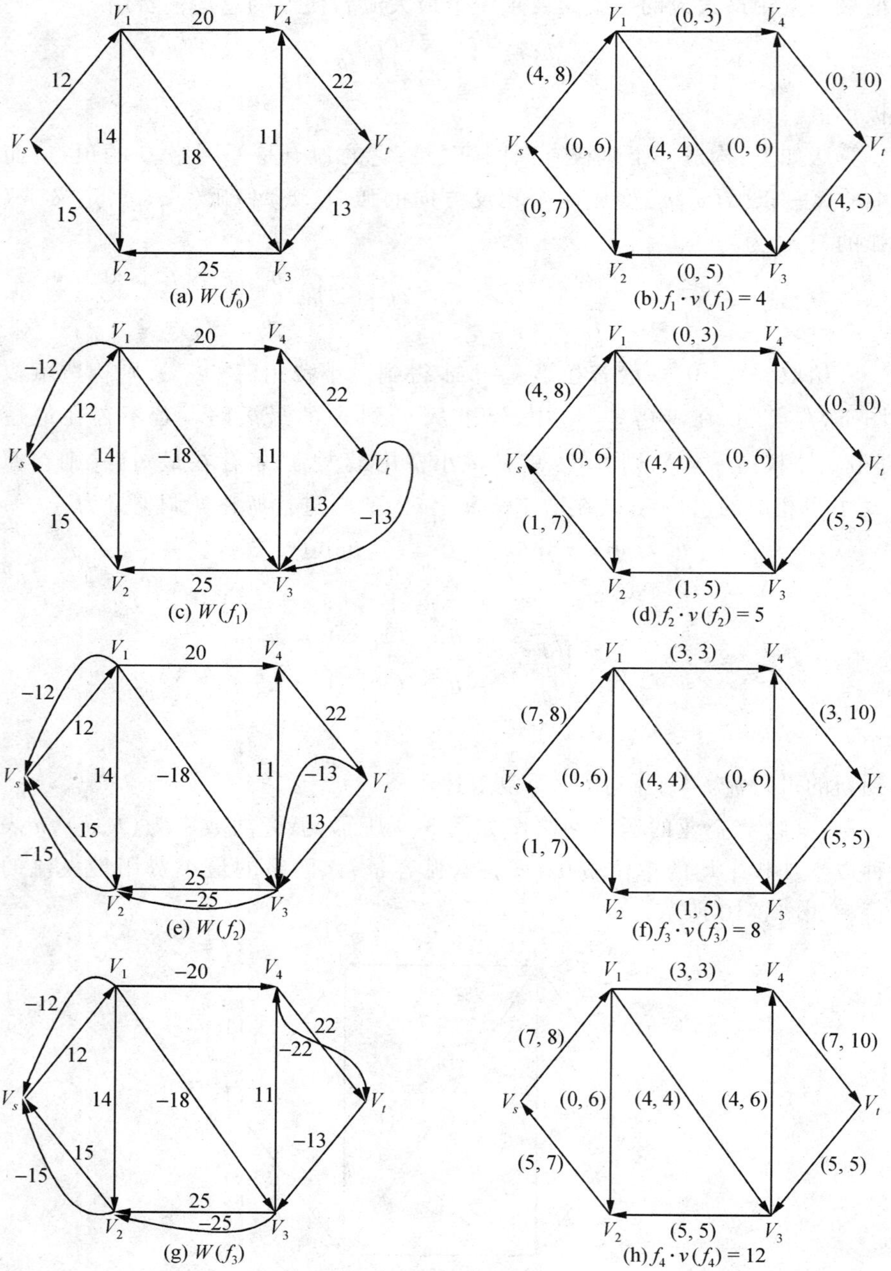
V_1 20 V_4 12 22 V_s 14 18 11 V_t 15 13 V_2 25 V_3
(a) $W(f_0)$
V_1 (0, 3) V_4 (4, 8) (0, 10) V_s (0, 6) (4, 4) (0, 6) V_t (0, 7) (4, 5) V_2 (0, 5) V_3
(b) $f_1 \cdot v(f_1) = 4$
V_1 20 V_4 −12 12 22 V_s 14 −18 11 V_t 15 13 −13 V_2 25 V_3
(c) $W(f_1)$
V_1 (0, 3) V_4 (4, 8) (0, 10) V_s (0, 6) (4, 4) (0, 6) V_t (1, 7) (5, 5) V_2 (1, 5) V_3
(d) $f_2 \cdot v(f_2) = 5$
V_1 20 V_4 −12 12 22 V_s 14 −18 11 −13 V_t 15 13 −15 25 −25 V_2 V_3
(e) $W(f_2)$
V_1 (3, 3) V_4 (7, 8) (3, 10) V_s (0, 6) (4, 4) (0, 6) V_t (1, 7) (5, 5) V_2 (1, 5) V_3
(f) $f_3 \cdot v(f_3) = 8$
V_1 −20 V_4 −12 22 −22 12 V_s 14 −18 11 V_t −13 15 −15 25 −25 V_2 V_3
(g) $W(f_3)$
V_1 (3, 3) V_4 (7, 8) (7, 10) V_s (0, 6) (4, 4) (4, 6) V_t (5, 7) (5, 5) V_2 (5, 5) V_3
(h) $f_4 \cdot v(f_4) = 12$

图 3-10　求解过程

解：最短路径为 V_s—V_1—V_3—V_t，记为增广链 u。图 3-10(b) 为容量图，弧旁数字代表 (f_{ij}, c_{ij})，在 u_0 调整量 $\theta_1 = 4$，得新的可行流，流量 $f_1 = 4$。图 3-10(c) 为赋权有向图，最短路为 V_s—V_2—V_3—V_t，记为增广链 u_1。图 3-10(d) 为容量图，在 u_1 上可增加调整量 $\theta_2 = 1$，得新的可行流，流量 $f_2 = 5$。图 3-10(e) 为赋权有向图，最短路为 V_s—V_1—V_4—V_t，记为增广链 u_2。图 3-10(f) 为容量图，在 u_2 上可增加调整量 $\theta_3 = 3$，得新的可行流，流量 $f_3 = 8$。图 3-10(g) 为赋权有向图，最短路径为 V_s—V_2—V_3—V_4—V_t，记为增广链 u_3。图 3-10(h) 为容量图，在 u_3 上可增加调整量 $\theta_4 = 4$，得新的可行流，流量 $f_4 = 8$。此流量图已为最大流，最小费用最大流的流量为 12，最小总费用 $c(f_4) = 7 \times 12 + 3 \times 20 + 7 \times 22 + 0 \times 14 + 4 \times 18 + 4 \times 11 + 5 \times 15 + 5 \times 25 + 5 \times 13 = 679$。

3.5.3　求解车辆路径问题的启发式算法

1. 节约法

- 基本原理

假如一家配送中心(DC)向两个用户 A、B 运货，配送中心到两客户的最短距离分别是 L_a 和 L_b，A 和 B 间的最短距离为 L_{ab}，A、B 的货物需求量分别是 Q_a 和 Q_b，且 $(Q_a + Q_b)$ 小于运输装载量 Q，如图 3-11 所示，如果配送中心分别送货，那么需要两个车次，总路程为：$L_1 = 2(L_a + L_b)$。

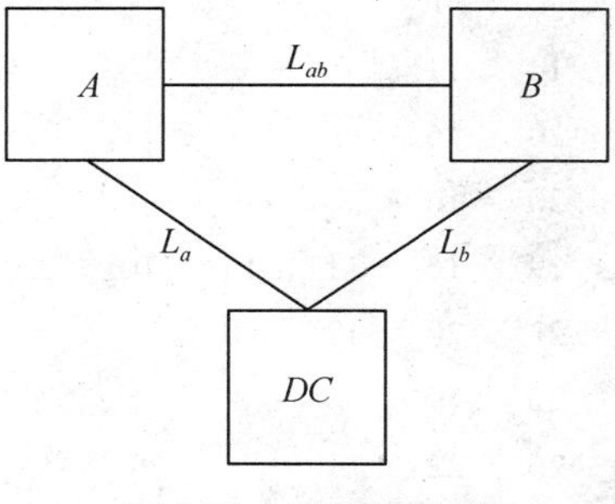

图 3-11　巡回路线图

如果改用一辆车对两客户进行巡回送货，则只需一个车次，行走的总路程为：

$$L_2 = L_a + L_b + L_{ab}$$

有三角形的性质我们知道：

$$L_{ab} < (L_a + L_b)$$

所以第二次的配送方案明显优于第一种,且行走总路程节约:

$$\Delta L = (L_a + L_b) - L_{ab}$$

如果配送中心的供货范围内还存在着3,4,5,…,n个用户,在运载车辆载重和体积都允许的情况下,可将它们按着节约路程的大小依次联入巡回线路,直至满载为止,余下的用户可用同样方法确定巡回路线,另外派车。

• 实例分析

设一配送中心向13个客户配送商品,配送中心及客户间的最短距离如表3-42所示,如果配送的车辆载重为200吨,那么利用节约法求解的配送路线的步骤如下:

第一步,计算配送中心到客户间的最短距离,画出距离表。因为本例已经给出,所以可直接进行第二步。

第二步,根据最短距离表,利用节约法计算出用户间的节约里程,并由大到小排列,编制节约里程顺序表,如表3-43所示。

表3-42 配送中心到客户间的最短距离表

	DC	1	2	3	4	5	6	7	8	9	10	11	12	13
1	12	0												
2	8	9	0											
3	17	8	10	0										
4	15	9	8	4	0									
5	15	17	9	14	11	0								
6	20	23	15	20	16	6	0							
7	17	22	13	20	16	5	4	0						
8	8	17	9	19	16	11	14	10	0					
9	6	18	12	22	20	17	20	16	6	0				
10	16	23	14	22	19	9	8	4	8	14	0			
11	21	28	18	26	22	11	7	6	13	19	5	0		
12	11	22	14	24	21	14	16	12	5	7	9	13	0	
13	15	27	20	30	28	22	23	20	12	9	16	20	8	0
需求量		48	36	43	92	57	16	56	30	57	47	91	55	38

表 3-43　节约里程表

序号	路程	节约里程	序号	路程	节约里程	序号	路程	节约里程
1	6—11	34	11	5—10	22	21	11—13	16
2	6—7	33	12	1—3	21	22	8—10	16
3	71—1	31	13	11—12	19	23	7—12	16
4	10—11	31	14	4—5	19	24	4—7	47
5	7—10	29	15	4—6	19	25	8—11	16
6	5—6	29	16	1—4	18	26	2—3	15
7	3—4	28	17	3—5	18	27	2—4	15
8	6—10	28	18	12—13	18	28	7—8	15
9	5—7	27	19	10—12	18	29	6—12	15
10	5—11	25	20	3 - 6	17	…	…	…

第三步，根据节约里程顺序表和配送中心的约束条件，绘制配送路线。其具体步骤如下：首先选择最节约里程的路段（6—11），然后是（6—7），由于配送路线必须包含 *DC*，且每条循环路线上的客户需求量之和要小于 200 吨，在接下的选择中满足条件的只有路段（11—8），此时载重总量为 193 吨，因为在余下选择中没有满足条件的客户，所以，第一回合的配送路线为（*DC*—7—6—11—8—*DC*）。按此方法类推，其余的配送路线分别是（*DC*—1—3—4—*DC*）、（*DC*—5—10—12—13—*DC*）、（*DC*—2—9—*DC*）。

- 优缺点分析

节约法的确是一种简便、易行的方法，一方面体现出优化运输过程，与一般方法相比缩短了运输路程；另一方面，它也体现了物流配送网络的优势，实现了企业物流活动的整合，而且思路简单清晰、便于执行。正是如此，它在国内外的物流配送中都受到青睐。

节约法也有一些缺点：

第一，利用节约法选择配送路线过于强调节约路程，而时间对配送路线的选择有时更重要。

第二，利用节约法选择配送路线不能对客户的需求进行灵活多变的处理。

2. *扫描法*

Gillett 和 Miller 提出的 Sweep 算法简单实用，即使问题规模很大，也可以通过手工计算得出结果。然而，此种方法没有考虑运输工具的利用率，只是沿仓库任一方向向外画一条直线，沿顺时针或逆时针方向旋转该直线依次与某些站点相交，并判断是否超过车辆的载荷能力，从而确定所需的车数。这里从贪婪思想的观点出发，利用 Sweep 算法思路得出几种可行的装载方案，然后在这些方案中选择比较满意的方案。

(1) 模型的建立与分析

假设车辆的容积和载重都相同，每一集货点所有货物视为一件货物，并且，没有考虑各点之间、各点与仓库的距离，这使得此种算法具有一定的局限性。然而，随着限制条件的增加，如时间窗口、载重量和容积各不相同的车辆、司机途中总驾驶时间的上限要求、不同地区对速度的不同要求、途中的障碍（湖泊、迂回的道路、山脉）、司机的休息时间等都是实际路线设计中需要考虑的因素，它们使寻找行车路线最优解的工作变得越来越困难。

从反映运输工具利用率的角度，可建立如下的模型：

$$f = \frac{\sum_{i=1}^{N}\sum_{j=1}^{M}\left[\alpha(X_{ij}w_j/c) + (1-\alpha)(X_{ij}v_j/v)\right]}{N} \tag{3-11}$$

式中：$X_{ij} \in \{0,1\}$，当 $X_{ij}=1$ 时，表示 j 货物装载在 i 车辆，当 $X_{ij}=0$ 时，表示 j 货物不装载在 i 车辆；N 为使用的卡车数；M 为集货点数；w_j 是第 j 个货物的重量；v_j 是第 j 个货物的体积；c 为卡车的重量限制；v 为卡车的容积限制；$\alpha \in \{0,1\}$，当 $\alpha=1$ 时，表示影响车辆 i 的装载因素为货物的重量，当 $\alpha=0$ 时，表示影响车辆 i 的装载因素为货物的体积。从式(3-11)可知，为了得到一个比较大的 f 值，须减少使用车数 N，或者增加装车的货物数。

装载货物的重量约束和容积约束可以表示为

$$\sum_{i=1}^{M} X_{ij}w_j \leqslant c, \quad i = 1,2,\cdots,N$$

$$\sum_{j=1}^{M} X_{ij}v_j \leqslant v, \quad i = 1,2,\cdots,N$$

装载货物时必须最大限度地利用货车的载重量和容积。将这一约束条件称为满载约束，可以表示为：

$$\forall x_{ij} = 0, \quad 总有\begin{cases} v_j > v - \sum_{j=1}^{M} X_{ij}v_j, \\ w_j > c - \sum_{j=1}^{M} X_{ij}w_j, \end{cases} \quad i = 1,2,\cdots,N$$

(2) 算法

扫描法的基本思路是自仓库起沿任意方向向外画一直线，沿顺时针或逆时针方向旋转该直线直到与某站点相交。如果在某线路上增加该站点，是否会超过车辆的装载能力（重量和体积），如果没有，继续旋转直线，直到与下一个站点相交。再次计算累计货运量是否超过车辆的运载能力。如果超过，就剔除最后的那个站点，并确定路线。随后，从不包含在上一条路线中的站点开始，继续旋转直线以寻找新路线。继续该过程直到所有的站点都被安排到路线中。

这里运用基于贪婪思想的扫描法去解决上述问题，不同于简单的扫描法。其思路是从标号为 j 的站点开始扫描，运用上述扫描法思路得出第一种可行方案，并计算式(3-11)中的 f，这样完成第一次扫描。然后，从标号为 $j+1$ 的站点开始扫描，得出第二种可行方案，计算式(3-11)的 f。重复执行上述步骤直到得出 M 种可行方案。最后比较方案，找出最满意解。它一共有以下几个步骤：

第一，在地图或方格图中确定所有站点（含仓库）的位置并对其用自然数标号。

第二，按照以下步骤取得满意解。

步骤 1　$n:=0; j:=0; i:=1;$

步骤 2　remain_$w[i]:=c$，remain_$v[i]:=v$；

步骤 3　remain_$w[i]=c-w[j]$，remain_$v[i]=v-v[j]$，$j:=j+1$；

步骤 4　如果 remain_$w[i]>=w[j]$ 且 remain_$v[i]>=v[j]$，转步骤 3，否则，$i:=i+1$ 转步骤 2；

步骤 5　如果 $j<M$，则转步骤二，否则计算出 f，$n:=n+1$；

步骤 6　$j:=1$，$i:=1$，count_$w:=w[1]$，count_$v:=v[1]$，$w[j]=w[j+1]$，$v[j]=v[j+1]$，$j:=j+1$；

步骤 7　如果 $j\leqslant M$，转步骤 6，否则 $w[M]=$ count_w，$v[M]=$ count_v；转步骤 2；

步骤 8　如果 $n\geqslant M$ 停止；

步骤 9　进行方案比选。

其中：$w[j]$、$v[j]$ 的含义与 w_j、v_j 的含义相同；

remain_$w[i]$ 表示第 i 车的剩余载重量；

remain_$v[i]$ 表示第 i 车的剩余容积；

count_w、count_v 是中间交换量。

3.5.4 求解车辆路径问题的智能优化算法

1. 智能优化算法概述

(1) 智能优化算法的概念

最优化方法在各种工程系统、经济系统,乃至社会系统中得到了广泛的应用。最优化理论的研究也一直是一个十分活跃的领域,出版了许多最优化理论、方法和应用的著作和译作。但是,传统的最优化方法有较大的局限性,它往往要求目标函数是凸的、高阶连续是可微的,可行域是凸集,而且其处理非确定性信息的能力很差。这些弱点使传统优化方法在复杂系统中的应用受到了限制。

20 世纪 80 年代以来,一些新颖的优化算法,如人工神经网络、混沌、遗传算法、进化规划、模拟退火、禁忌搜索及其混合优化策略等,通过模拟或揭示某些自然现象或过程而得到发展,其思想和内容涉及数学、物理学、生物进化学、人工智能学、神经科学和统计力学等方面,为解决复杂问题提供了新的思路和手段。

这些算法独特的优点和机制,引起了国内外学者的广泛重视并掀起了该领域的研究热潮,目前在诸多领域得到了成功应用。在优化领域,由于这些算法构造的直观性与自然机理,因而通常被称作智能优化算法,或称现代启发式算法。

智能优化算法具有全局的、并行高效的优化性能,鲁棒性、通用性强等优点。它已广泛用于计算机科学、优化调度、运输问题、组合优化、工程优化设计等领域,主要有:模拟退火算法、遗传算法、禁忌搜索算法、蚁群算法、人工神经网络、DNA 计算等。

近年来,智能优化算法发展迅速。这些新的优化方法目前在理论上还远不如传统优化方法完善,往往也不能确保解的最优性,因而常常被视为“只是启发式方法”。但从观念上看,它们突破了传统优化思维的束缚,例如遗传算法模拟生物种群繁殖中的竞争思想,它们不以数学上的精确解为目标的思想等,都是观念上的创新,非常有价值。从实际应用的观点看,这类新算法不要求目标函数和约束的连续性与凸性,甚至连有没有解析表达式都不要求;对计算中数据的不确定性也有很强的适应能力,计算速度快,这些宝贵的优点使这类算法在很短的时间内就得到了广泛应用,展示出方兴未艾的强劲发展势头。

(2) 智能优化算法的研究意义

智能优化从 20 世纪 80 年代初兴起至今发展迅速,其中以神经网络、遗传算法等为代表的人工智能和软计算方法在智能优化中得到了广泛的应用和关注。智能优化对求解问题不一定渴求最优解,强调“满意解”作为评价准则,具有计算步骤简单易于实现、不需高深和复杂理论知识、减小运算量、节约开支和时间以及求解搜索规则体现智能特点的优点,为许多工业、商业、工程和管理等方面的问题提供了有效解决方法,研究具有重要的意义。

2. 遗传算法

(1) 自然进化与遗传算法

从 20 世纪 40 年代开始,生物模拟就成为计算科学的一个组成部分,如早期的自动机理论就是假设机器是由类似于神经元的基本元素组成的。这些年来,诸如机器能否思维、基于原则的专家系统是否能胜任人类的工作,以及神经网络可否使机器具有看和听的能力等有关生物类比的问题已成为人工智能关注的焦点。

关于进化理论有一些一般特征:

第一,进化过程是发生在染色体上而不是发生在它们所编码的生物体上。

第二,自然选择把染色体以及由它们所译成的结构的表现联系在一起。那些适应性好的个体的染色体经常比差的个体的染色体有更多的繁殖机会。

第三,繁殖过程是进化发生的那一刻。变异可以使生物体子代的染色体不同于他们父代的染色体。通过结合两个父代染色体中的物质,重组过程可以在子带中产生有很大差异的染色体。

第四,生物进化没有记忆。有关产生个体的信息包含在个体所携带的染色体的集合以及染色体编码的结构中,这些个体会很好地适应它们的环境。

自然进化的这些特征引起了美国密歇根大学的 John Holland 的极大兴趣。他发现学习不仅可以通过单个生物体的适应,而且通过一个种群的许多代的进化适应也能发生。相类似的,在机器学习的研究中,为获得一个好的学习算法,仅靠单个策略的建立和改进是不够的,还要依赖于一个包含很多候选策略的群体的繁殖。他的研究想法起源于遗传进化,Holland 就将这个研究领域取名为遗传算法。

Holland 创建的遗传算法是一种概率搜索算法,他是利用某种编码技术作用于称为染色体的二进制数串,其基本思想是模拟由这些串组成的群体的进化过程。遗传算法通过有组织地也是随机地信息交换来重新结合那些适应性好的串,在每一代中,利用上一代串结构中适应性好的位和段来生成一个新的串的群体;作为额外增添,偶尔也要在串结构中尝试用新的位和段来代替原来的部分。遗传算法是一种随机算法,但它不是简单的随机走动,它可以有效地利用已有的信息来搜寻那些有希望改善解质量的串。类似于自然进化,遗传算法通过作用于染色体上的基因,寻找好的染色体来解决问题。与自然界相似,遗传算法对求解问题的本身一无所知,它所需要的仅是对算法所产生的每个染色体进行评价,并基于适应值来选择染色体,使适应性好的染色体比适应性差的染色体有更多的繁殖机会。

遗传算法利用简单的编码技术和繁殖机制来表现复杂的现象,从而解决非常困难的问题,特别是由于它不受搜索空间限制性假设的约束,不必要求诸如连续性、导数存在和单峰等假设,以及其固有的并行性,遗传算法目前已经在最优化、机器学习和并行处理等领域得到了越来越广泛的应用。

(2) 基本遗传算法的描述

基本遗传算法只使用选择算子、交叉算子和变异算子这三种遗传算子,其遗传进化操作简单,容易理解,是其他遗传算法的雏形和基础。

构成基本遗传算法的要素主要有:染色体编码、个体适应度评价、遗传算子(选择算子、交叉算子、变异算子)以及遗传参数设置等。

第一,染色体编码方法。在实现对一个问题用遗传算法进行求解之前,我们必须先对问题的解空间进行编码,以便使得它能够由遗产算法进行操作。最为常用的编码方法是二进制编码。使用固定长度的二进制符号来表示群体中的个体,其等位基因由二值符号集{0,1}组成。对于解空间中的变量是离散变量的情况,对每个变量直接用相应位数的二进制进行编码即可。而对那些连续变量,需要先对连续变量离散化,再进行编码。用二进制表示方法的一个主要原因是它在理论上比较容易分析。初始群体中各个个体的基因值可用均匀分布的随机数来生成。

第二,适应度函数。在遗传算法中,模拟自然选择的过程主要通过评估函数和适应度函数来实现。前者是用来评估一个染色体优劣的绝对值,而后者是用来评估一个染色体相对于整个群体优劣的相对值。然而,在遗传算法当中,评估函数和适应度函数的计算与应用是比较相近的。

第三，遗传算子。基本遗传算法包括下述三种遗传算子，下面分别作初步介绍：

- 选择算子

按照某种策略从父代中挑选个体进入中间群体，如使用比例选择。

- 交叉算子

随机地从中间群体中抽取两个个体，并按照某种交叉策略使两个个体交换部分染色体码串，从而形成两个新的个体。如使用单点交叉。

- 变异算子

通常按照一定的概率，改变染色体中某些基因的值。

第四，基本遗传算法的运行参数。基本遗传算法有下述 4 个运行参数需要提前设定：

- N：群体大小，即群体中所含个体的数量，一般取 20—100；
- T：遗传算法的终止进化代数，一般取 100—500；
- P_e：交叉概率，一般取 0.4—0.99；
- P_m：变异概率，一般取 0.0001—0.1。

需要说明的是，以上 4 个运行参数对遗传算法的求解结果和求解效率都有一定的影响，但目前尚无合理设置它们的理论依据。在遗传算法的合理应用中，往往需要经过多次运算后才能确定出这些参数合理的取值大小和取值范围。

（3）基本遗传算法的一般框架

运用基本遗传算法进行问题求解的过程如下：

第一，编码。GA 在进行搜索之前先将解空间的可行解数据表示成遗传空间的基因型串结构数据，这些串结构数据的不同组合便构成了不同的可行解。

第二，初始群体的生成。随机产生 N 个初始串结构数据，每个串结构数据成为一个个体，N 个个体构成一个群体。GA 以这 N 个串结构数据作为初始点开始迭代。

第三，适应性值评估检测。适应性函数表明个体或解的优劣性。不同的问题，适应性函数的定义方式也不同。

第四，选择。选择的目的是为了从当前群体中选优良的个体，使它们有机会作为父代为下一代繁殖子孙。遗传算法通过选择过程体现这一思想，进行选择的原则是适应性强的个体为下一代贡献一个或多个后代的概率大。选择实现了达尔文的适者生存原则。

第五，交叉。交叉操作是遗传算法中最主要的遗传操作，通过交叉操作可以得到新一代个体，新个体组合继承了其父辈个体的特征。交叉体现了信息交换的思想。

第六，变异。变异首先在群体中随机选择一个个体，对于选中的个体以一定的概率随机地改变串结构数据中某个串位的值。同生物界一样，GA 中变异发生的概率很低，通常取值在 0.001—0.1。变异为新个体的产生提供了机会。基本遗传算法如图 3-12 所示。

基本遗传算法可定义一个八元组：

$$SGA = (C, E, P_0, M, \Phi, \Gamma, \Psi, T)$$

式中各元素的意义为：

C——个体的编码方法；

E——个体适应度评价函数；

P_0——初始群体；

M——群体大小；

Φ——选择算子；

Γ——交叉算子；

Ψ——变异算子；

T——遗传运算终止条件。

一般情况下，可以将遗传算法的执行分为两个阶段。它从当前群体开始，然后通过选择生成中间群体，之后在中间群体上进行重组与变异从而形成下一代新的群体。这一过程可以用以下算法描述。

基本遗产算法的一般步骤：

第一，随机生成初始群体；

第二，是否满足停止条件？如果满足则转到步骤八；

第三，否则，计算当前群体每个个体的适应度函数；

第四，根据当前群体的每个个体的适应度函数进行选择生成中间群体；

第五，以概率 P_0 选择两个个体进行染色体交换，产生新的个体替换老的个体，插入群体中；

第六，以概率 p_m 选择某一个染色体的某一位进行改变，产生新的个体替换

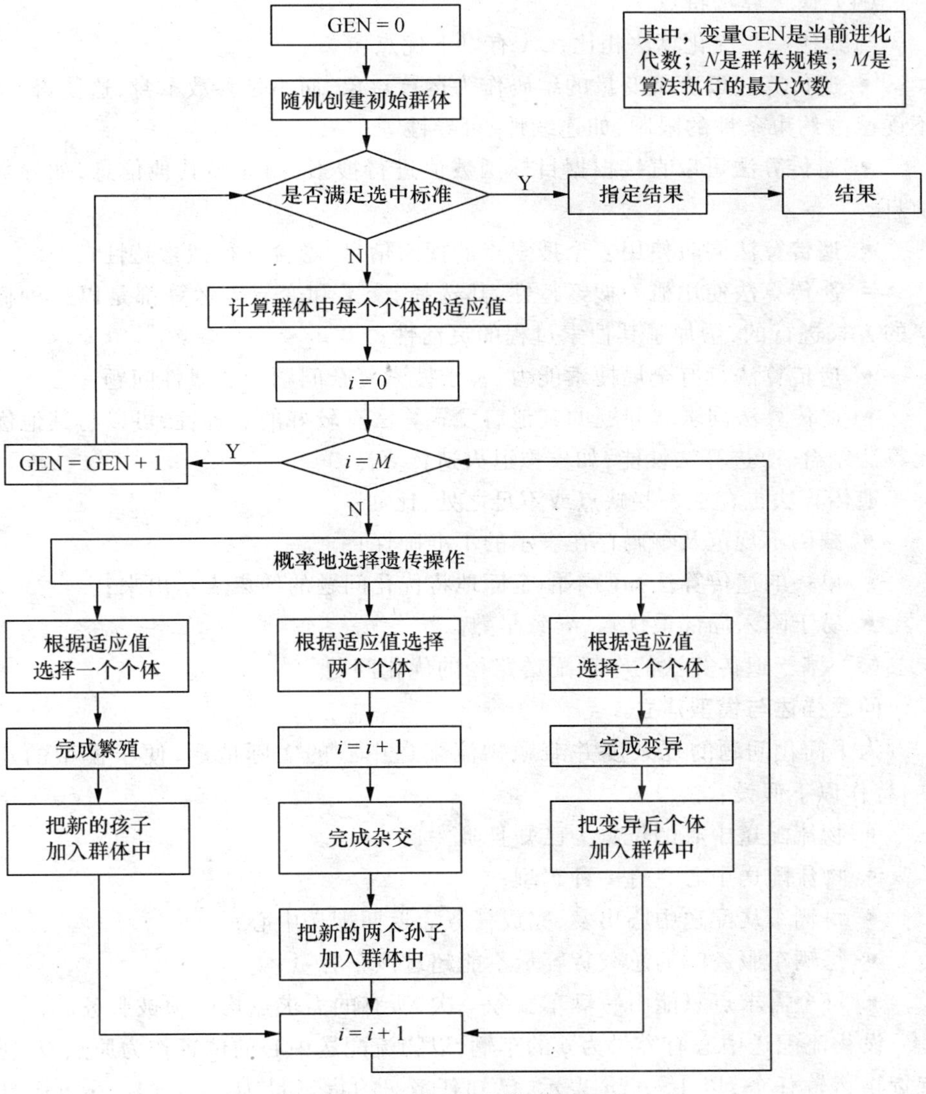

图 3-12　基本遗传算法流程图

老的个体；

第七，转到步骤二；

第八，终止。

(4) 遗传算法特点

与其他一些优化算法相比,GA 有以下优点:

- 遗传算法以决策变量的编码作为运算对象,而不是参数本身,这使得 GA 不受函数约束条件的限制,如连续性、可导性等;
- 遗传算法可以直接根据目标函数值进行搜索,而无须其他信息,如导数信息;
- 遗传算法同时使用多个搜索点的搜索信息,隐含并行搜索特性;
- 遗传算法使用概率搜索特性,其选择、交叉和变异等运算都是以一种概率的方式进行的,增加了其搜索过程的灵活性;
- 遗传算法具有全局搜索能力,善于搜索复杂问题和非线性问题;
- 遗传算法同求解问题的其他启发式算法有较好的兼容性,可以与其他优化算法结合,改进算法性能,如模拟退火遗传算法。

遗传算法也存在一些缺点或不足之处,比如:

- 编码不规范及编码存在表示的不准确性;
- 单一的遗传算法编码不能全面地将优化问题的约束表示出来;
- 易于陷入局部最优点,导致早熟。

(5) 基于遗传算法的车辆配送路径的优化问题

问题描述与模型建立

为了简化问题的复杂度并兼顾物流配送中心的实际情形,便于模型的建立,特作以下假设:

- 物流配送中心的位置为已知且唯一;
- 物流配送中心只有一种车型;
- 每辆车从配送中心出发,完成任务后返回配送中心;
- 每辆车服务时的总载货容量不能超过该车容量;
- 每个需求点只能由一辆车服务一次,所有的需求点均必须被服务。

设物流配送中心有容量为 q 的车辆,以物流配送中心的位置作为原点 O,现有货物运输任务,以 $1,\cdots,n$ 表示,已知任务 i 的货运量为 $g_i(i=1,\cdots,n)$,且 $0\leqslant g_i\leqslant q$,求以总费用最小化为目标的车辆行驶路线。

如此,共有 m 辆车,完成 l 项任务,为完成任务而需要的车辆数 m 由下式确定:

$$m = \left[\sum_{i=1}^{l} g_i/\alpha q\right] + 1$$

式中 α 是对装车复杂性及约束多少的估计，一般装车越复杂，约束越多，α 应越小，表示一辆车所能容纳的货物量越少。实际运作中，可通过人机对话调整 α 的大小来调整解。

为构造模型方便，任务和配送中心均以点 $i(i=0,1,\cdots,n)$ 来表示。

首先定义变量：

$$X_{ijk}=\begin{cases}1, & \text{车辆 } k \text{ 由需求点 } i \text{ 驶向点 } j \\ 0, & \text{否则}\end{cases}$$

$$Y_{ki}=\begin{cases}1, & \text{需求点 } i \text{ 的任务由车辆 } k \text{ 完成} \\ 0, & \text{否则}\end{cases}$$

车辆优化调度模型可表述为：

$$\min z = \sum_{i}^{l}\sum_{j}^{l}\sum_{k}^{m} c_{ij}x_{ijk}$$

$$\sum_{i} g_i y_{ki} \leqslant q, \quad k = 1,2,\cdots,m \tag{3-12}$$

$$\sum_{k} y_{ki} = 1, \quad i = 1,2,\cdots,l \tag{3-13}$$

$$\sum_{j} x_{ijk} = y_{ki}, \quad i = 0,1,\cdots,l;k = 1,2,\cdots,m \tag{3-14}$$

$$\sum_{i} x_{ijk} = y_{ki}, \quad j = 0,1,\cdots,l;k = 1,2,\cdots,m \tag{3-15}$$

$$X = (x_{ijk}) \in S \tag{3-16}$$

$$x_{ijk} = 0 \text{ 或 } 1, \quad i,j = 0,1,\cdots,l;k = 1,2,\cdots,m \tag{3-17}$$

$$y_{ki} = 0 \text{ 或 } 1, \quad i,j = 0,1,\cdots,l;k = 1,2,\cdots,m \tag{3-18}$$

模型中，决策变量 x_{ijk} 表示车辆 k 是否从需求点 i 行驶到点 j，若是则为 1，否则为 0；y_{ki} 表示点 i 的任务是否由车辆 k 完成，是则为 1，否则为 0。参数 c_{ij} 表示从点 i 到 j 的费用，Z 为总配送费用，目标函数使总费用最小。约束(3-12)是车辆的容量限制；约束(3-13)是每个顾客只有一辆车为其服务；约束(3-14)和 (3-15)表示两个变量之间的关系；约束(3-16)为支路消去约束，能够避免出现与车场相分离的线路；约束(3-17)和(3-18)为变量的取值约束。

模型求解及算法设计

本模型属于 NP 难题。正因为遗传算法具有独特的优点，所以被认为是解决 NP 难题的一个可行的途径。由于遗传算法并不是全局收敛的，因此必须精心设计遗传算法的染色体结构、适应度函数、初始群体、遗传算子和控制参数，使算法能以较大的概率获得全局最优解。下面设计了遗传算法用于求解模型：

第一，染色体的结构设计。采用自然编码，即序数编码，设计成长度为 $l+m$ 的染色体（$i_{11},i_{12},\cdots,i_{1s},0,i_{21},\cdots,i_{2t},0,\cdots,0,i_{m1},\cdots,i_{mw}$）。这样的染色体可解释为车辆从车场0出发，经过货栈 $i_{11},i_{12},\cdots,i_{1s}$ 后，到车场0，形成子路径1；然后又从车场0出发，经过以前未访问的货栈 $i_{21},\cdots,i_{2t}$ 后，返回车场0，形成子路径2；如此往复，直到所有 l 个货栈全部被访问为止。

如染色体01203450表示一条路线从车场出发，经配送点1和2后回到车场；另一条路线为车辆依次经过配送点3、4、5后返回车场。

这种染色体结构子路径内部是有序的，在子路径内部相互交换位置，会使目标函数值改变；而子路径之间是无序的，若子路径之间相互交换位置，不会改变目标函数的值。

第二，适应度函数设计。适应度函数同目标函数有关，要求非负，通过变换目标函数得到适应度函数：$f_k = bz'/Z_k$。

其中，b 为常数，Z' 为初始群体中最好的染色体运输成本，Z_k 为当前染色体对应的运输成本。

对于非满载 VRP，先将（3-12）式中第一个约束式（容量约束式）变为目标函数的一部分：$\min z = \sum_{i=0}^{l}\sum_{j=0}^{l}\sum_{k=1}^{m} c_{ij}x_{ijk} + M\sum_{k=1}^{m}\max\left(\sum_{i=1}^{l} g_i y_{ik} - q, 0\right)$。其中 $M\sum_{k=1}^{m}\max\left(\sum_{i=1}^{l} g_i y_{ik} - q, 0\right)$ 表示若违反容量约束处以的惩罚值。为严格满足容量约束，应有 $M\to\infty$。因考虑计算机处理的不便，M 可取一个适当大的正数。

第三，初始群体的产生方法。随机产生 l 个城市的一个全排列。如 $i_1,i_2,\cdots,i_l$，随机选择一个插入点，将0插入。如此继续，直到将 m 个0全部插入染色体为止。这样就构成了一条初始染色体，长度为 $l+m$。

第四，遗传算子的确定。这里选用了最佳保留的轮盘赌复制法和基于序的变异算子，进行染色体的复制，并设计了最大保留交叉，来保证群体的多样性。其操作过程为：如果染色体交叉点处的两个基因都为0，直接进行顺序交叉运算；如果染色体交叉点处的基因不全为0，则将交叉点左移或右移，直到左右两个交叉点处的基因都为0，再进行顺序交叉运算。

第五，控制参数和算法的终止条件的设定。

• 控制参数包括交叉率 P_c 和变异率 P_m，在计算过程中采用自适应参数策略调整。以 $f_{\max}$ 表示某一代群体中最优染色体的适应度，$\bar{f}$ 表示群体的平均适应度，f 为变异染色体的适应度，f' 为两个交叉染色体中适应度较大的一个，得到：

$$P_c = \begin{cases} k_1(f_{\max} - f')/(f_{\max} - \bar{f}), & f' \geqslant \bar{f} \\ k_2, & f' < \bar{f} \end{cases}$$

$$P_m = \begin{cases} k_3(f_{\max} - f)/(f_{\max} - \bar{f}), & f \geqslant \bar{f} \\ k_4, & f < \bar{f} \end{cases}$$

• 终止条件。给定 4 个条件，只要满足其中之一就终止算法。

条件一，当某代群体适应度的方差小于规定的值时；

条件二，当某代群体适应度的均值与最佳适应度的比值大于某值时；

条件三，当最佳染色体保持的代数达到一定的代数时；

条件四，迭代次数达到规定的值时。

第六，算法步骤描述。

Step1：构造合适的染色体结构；

Step2：设置 P_c，P_m；

Step3：gen：=0，随机产生初始群体 $p(0)$，群体中包括 n 个染色体，每个染色体表示一个行车路线；

Step4：i：=1；

Step5：计算群体 $p(\text{gen})$ 中第 i 个染色体的适应度；

Step6：计算终止条件；

Step7：若满足算法终止条件则终止，否则转 Step8；

Step8：i：$=i+1$；

Step9：若 $i \leqslant n$，回到 Step5，否则转 Step10；

Step10：根据复制算法复制下一代染色体；

Step11：进行交叉、变异计算；

Step12：gen：=gen+1；

Step13：若满足算法终止条件，则终止，否则转 Step4。

实验分析

对 7 个需求点、1 个配送中心和 3 辆车的配送系统的车辆路径进行优化实验计算。0 表示配送中心,各货栈的货运量 g_i 在(0,1)内随机产生,车场与各顾客之间的距离及货运量数据如表 3-44 所示。

表 3-44　车场与各顾客之间的距离及货运量

j \ i	0	1	2	3	4	5	6	7
0	0	7	43	56	65	75	13	14
1	7	0	37	30	63	72	18	20
2	43	37	0	13	34	45	43	19
3	56	50	13	0	28	39	55	61
4	65	63	34	28	0	11	59	65
5	75	72	45	39	11	0	67	73
6	13	18	43	55	59	67	0	6
7	14	20	49	61	65	73	6	0
货运量 g_i		0.89	0.14	0.28	0.33	0.21	0.41	0.57

这里将各点之间的距离作为费用,即 $c_{ij}=d_{ij}(i,j=0,1,2,\cdots,7)$。

选取规模 n 为 20,算法参数 $\varepsilon=20,\lambda=0.95,X=5,Y=50$,取交叉率,变异率,应用遗传算法求解,获得最优解 217.8,对应染色体 02345010760,表示线路为:

子线路 1:0→2→3→4→5→0

子线路 2:0→1→0

子线路 3:0→7→6→0

经过以上计算,虽然不能确定通过遗传算法得到的解极为全局最优解,但至少可以保证它们是全局满意解,对解决其他类型的 VRP 优化问题,遗传算法也是一种优良的算法。

3. 模拟退火算法

(1) 模拟退火算法的原理

模拟退火算法也是局部搜索算法的扩展。它与局部搜索算法的不同之处在于:它是以一定的概率选择邻域中目标函数值差的状态。

退火是一种物理过程,一种金属物体在加热至一定的温度后,它的所有分子在其状态空间中自由运动。随着温度的下降,这些分子逐渐停留在不同的状态;在温度最低时,分子重新以一定的结构排列。统计力学的研究表明,在同一个温度,分子停留在能量小的状态的概率比停留在能量大的状态的概率要大。当温度相当高时,每个状态的概率基本相同,都接近平均值。当温度趋向 0 时,分子停留在最低能量状态的概率趋向于1。

模拟退火算法是一种基于上述退火原理建立的随机搜索算法。组合优化问题与金属物体的退火过程可进行如下类比：组合优化问题的解类似于金属物体的状态，组合优化问题的最优解类似于金属物体能量最低的状态，组合优化问题的费用函数类似于金属物体的能量。

为了克服局部搜索算法极易陷入局部最优解的缺点，模拟退火算法使用基于概率的双方向随机搜索技术：当基于邻域的一次操作使当前解的质量提高时，模拟退火算法接受这个被改进的解作为新的当前解；在相反的情况下，算法以一定的概率 $\exp(-\Delta c/T)$ 接受相对于当前解来说质量较差的解作为新的当前解，其中 Δc 为邻域操作前后解的评价值的差，T 为退火过程的控制参数（即温度）。模拟退火算法已在理论上被证明是一种以概率1收敛于全局最优解的全局优化算法。

（2）模拟退火算法的实现步骤

模拟退火算法的实现步骤为（以目标函数求最小为例）：

第一步，选定一个初始解 x_0；令当前解 $x_i = x_0$；当前迭代步数 $k = 0$；当前温度 $t_k = t_{\max}$；

第二步，若该温度达到内循环停止条件，则转第三步；否则，从邻域 $N(x_i)$ 中随机选一个邻居 x_j，计算 $\Delta f_{ij} = f(x_j) - f(x_i)$，若 $\Delta f_{ij} \leqslant 0$，则 $x_i = x_j$，否则若 $\exp(-\Delta f_{ij}/t_k) > \mathrm{random}(0,1)$（表示一个0到1之间的均匀随机数），则 $x_i = x_j$，重复第二步；

第三步，$k = k+1$，$t_{k+1} = d(t_k)$（表示温度下降的函数），若满足终止条件，转第四步；否则，转第二步；

第四步，输出计算结果，停止。

在上述模拟退火算法中，包含一个内循环和外循环。内循环为第二步，它表示在同一个温度 t_k 时在一些状态随机搜索。外循环主要包括第三步的温度下降变化 $t_{k+1} = d(t_k)$，迭代步数的增加 $k = k+1$ 和停止条件等。

（3）模拟退火算法的设计

模拟退火算法作为局部搜索算法的扩展，在求解组合优化问题时，仍然涉及解的表示、解的评价、邻域选点规则及算法终止准则等要素。除此之外，该算法还涉及初始温度的选取、温度下降的规则、每一温度的迭代步长和停止规则等要素。

第一，初始温度的选取

初始温度值的设置是影响模拟退火算法全局搜索性能的重要因素之一。初始温度高，则算法搜索到全局最优解的可能性大，但因此要花费大量的计算时间；反之，则可节约计算时间，但全局搜索性能可能受到影响。实际应用过程中，初始温度一般需要依据实验结果进行若干次调整。

从理论上说，初始温度 t_0 应保证平稳分布中每一状态的概率相等，即满足：

$$\exp(-\Delta f_{ij}/t_0) \approx 1$$

据此可以很容易地得到初始温度的一个估计值，即：

$$t_0 = K\delta \tag{3-19}$$

在式(3-19)中，K 为充分大的正数，实际计算中可取 $K=10,20,100\cdots$ 等实验值；$\delta=\max\{f(j)\mid j\in D\}-\min\{f(j)\mid j\in D\}$，实际计算中，对 δ 的值可以简单地加以估计。

第二，温度下降方法的确定

温度管理也是模拟退火算法难以处理的问题之一。在邻域搜索过程中，当解的质量变差的概率呈 Boltzmann 分布时，S. Geman 和 D. Geman 从理论上证明了采用(3-20)式所示的对数降温方式可使模拟退火算法收敛于全局最优解。

$$t(k) = k/\log(1+k) \tag{3-20}$$

式中：K 为正的常数，k 为降温次数。

在邻域搜索过程中，当解的质量变差的概率呈 Cahchy 分布时，H. Szu 和 R. Hartley 从理论上证明按(3-21)式所示的降温方式可使模拟退火算法收敛于全局最优解。

$$t(k) = K/(1+k) \tag{3-21}$$

式中：K 为正的常数，k 为降温次数。

实际应用中，为了简化计算，常采用如下简单直观的温度下降方法：

- $t_{k+1}=a\cdot t_k Z$，其中 $k\geqslant 0$，$0<a<1$，a 越接近于1，温度下降得越慢。这种方法简单易行，用得也最多。采用该方法时，每一步温度以相同的比率下降。

- $t_k=t_0\cdot(T-k)/T$，其中 t_0 为起始温度，T 为温度下降的总次数。这一温度下降方法的优点是易于操作而且可以简单地控制温度下降的总次数。采用该方法时，每一步温度下降的长度相等。

第三，每一温度迭代长度的确定

模拟退火算法的全局搜索性能也与每一温度的迭代长度密切相关。一般来说,同一温度下的“充分”搜索(退火)是相当必要的,但这需要付出计算时间增加的代价。实际应用中,要针对具体问题的性质设置合理的迭代长度。确定迭代长度的常用方法有:

- 固定长度

这是一种最简单的方法,在每一温度迭代相同的步数,步数的选取与问题的规模有关,通常采用与邻域大小直接相关的规则。

- 由接受和拒绝的概率来控制迭代步数

当温度很高时,每一个状态被接受的概率基本相同,而且几乎所有的状态都被接受。此时,在同一温度应使迭代的步数尽量小。当温度渐渐变低时,越来越多的状态被拒绝。如果在此温度的迭代长度太少,则可能造成过早地陷入局部最优状态。比较合理的方法是随着温度的下降,将同一温度的迭代步长增加。实现上述思想的一种方法是给定一个充分大的步长 U 和一个接受次数指标 R,当接受次数等于 R 时,在此温度不再迭代而使温度下降,否则,一直迭代到上限步数。实现的第二种方法是给定一个接受比率指标 R,迭代步长上限 U 和下限 L,每一温度至少迭代 L 步,且记录同一温度的迭代总次数和被接受的次数,当迭代超过 L 步时,若接受次数同总次数的比率不小于 R,在该温度不再迭代而开始温度下降,否则,一直迭代到上限步数。同理,也可以用拒绝次数为指标得到控制迭代步长的规则。

第四,终止准则

模拟退火算法从初始温度开始,通过在每一温度的迭代和温度的下降,最后达到终止准则而停止。尽管有些终止准则有一定的理论指导,但大多数情况下均采用以下比较简单直观的终止准则:

- 零度法

模拟退火算法的最终温度为零,因而最为简单的终止准则是:给定一个比较小的正数 e,当温度 $t_k \leqslant e$ 时,算法停止,这时表示已经达到最低温度。

- 循环总数控制法

该终止准则是指总的温度下降次数为一定值 T,当温度迭代次数达到 T 时,停止运算。

- 基于不改进规则的控制法

该终止准则是指在一个温度和给定的迭代次数内没有改进当前的局部最优解,则停止计算。模拟退火算法的一个基本思想是跳出局部最优解。直观的结论是如果在较高的温度没能跳出局部最优解，则在低的温度跳出局部最优解的可能性也比较小，由此产生上述停止规则。

- 接受概率控制法

该方法给定一个比较小的数 $x_f > 0$，除当前局部最优解外，其他状态的接受概率都小于 x_f 时，停止计算。

4. 禁忌搜索算法

(1) 禁忌搜索算法的原理

禁忌搜索算法是解决组合优化问题的另一种优化方法。该算法是局部搜索算法的推广，其特点是采用禁忌技术，即用一个禁忌表记录下已经到达过的局部最优点，在下一次搜索中，利用禁忌表中的信息不再或有选择地搜索这些点，以此来跳出局部最优点。

在禁忌搜索算法中，首先按照随机方法产生一个初始解作为当前解，然后在当前解的邻域中搜索若干个解，取其中的最好解作为新的当前解。为了避免陷入局部最优解，这种优化方法在一定程度上允许解的质量变差。另外，为了避免对已搜索过的局部最优解的重复，禁忌搜索算法使用禁忌表记录已搜索的局部最优解的历史信息，这可在一定程度上使搜索过程避开局部极值点，从而开辟新的搜索区域。

(2) 禁忌搜索算法的实现步骤

用禁忌搜索算法求解组合优化问题时，其实现步骤为（以目标函数求最小为例）：

第一步，选定一个初始解 x^{now}；令禁忌表 $H = \Phi$；

第二步，若满足终止准则，转第四步；否则，在 x^{now} 的邻域 $N(x^{now})$ 中选出满足禁忌要求的候选集 Can-$N(x^{now})$，转第三步；

第三步，在 Can-$N(x^{now})$ 中选一个评价值最好的解 x^{best}，令 $x^{now} = x^{best}$，更新禁忌表 H，转第二步；

第四步，输出计算结果，停止。

禁忌搜索算法的第二步中，x^{now} 的邻域 $N(x^{now})$ 中满足禁忌要求的解包括两类，一类是那些没有被禁忌的解，另一类是可以被解除禁忌的解。

(3) 禁忌搜索算法的设计

禁忌搜索算法作为局部搜索算法的扩展，在求解组合优化问题时，涉及解的表示、解的评价、邻域选点方法及算法终止准则等要素。除此之外，该算法还涉及禁忌对象的确定、禁忌长度的确定、候选集的确定等要素。

采用禁忌搜索算法求解物流配送车辆调度问题时，其解的表示方法可采用客户和虚拟物流中心共同排列、客户直接排列或车辆和客户对应排列等解的表示方法及相应的解的评价方法；邻域选点方法仍可采用换位法、逆转法或插入法等。下面仅对禁忌搜索算法的其他几个要素进行设计。

- 禁忌对象的确定

禁忌对象是指禁忌表中被禁的那些变化元素。由于解状态的变化可分为解的简单变化、解向量分量的变化和目标值变化三种情况，则在确定禁忌对象时也有对解的简单变化进行禁忌、对解的分量变化进行禁忌及对解的目标值变化进行禁忌三种情况。

一般来说，对解的简单变化进行禁忌比对解的分量变化进行禁忌和对解的目标值变化进行禁忌的受禁范围要小，因此可能造成计算时间的增加，但其优点是提供了较大的搜索范围。

根据物流配送车辆调度问题的特点，可采用对解的简单变化进行禁忌的方法。现举例说明之：当解从 x 变化到 y 时，y 可能是局部最优解，为了避开局部最优解，禁忌 y 这一解再度出现，可采用如下禁忌规则：当 y 的邻域中有比它更优的解时，选择更优的解；当 y 为 $N(y)$ 的局部最优解时，不再选 y，而选比 y 稍差的解。

- 禁忌长度的确定

禁忌长度是指被禁对象不允许被选取的迭代步数，一般是给被禁忌对象 x 一个数 l（称为禁忌长度），要求对象 x 在 l 步迭代内被禁，在禁忌表中采用 $\text{Tabu}(x)=1$ 记忆，每迭代一步，该项指标做运算 $\text{Tabu}(x)=l-1$，直到 $\text{Tabu}(x)=0$ 时解禁。关于禁忌长度 l 的选取，可归纳为以下几种情况：

第一，l 为常数，可取 $l=10$，$l=\sqrt{n}$（n 为邻域中邻居的总个数）。这种规则容易在算法中实现。

第二，$l\in[l_{\min},l_{\max}]$。此时，l 是可以变化的数，其变化的依据是被禁对象的目标函数值和邻域的结构。$l_{\min}$，$l_{\max}$ 是需要确定的数，确定 $l_{\min}$，$l_{\max}$ 的常用方法是根据问题的规模 N，限定变化区间 $[a\sqrt{n},b\sqrt{n}]$ $(0<a<b)$；也可以用邻域中邻居的个数 n 确定变化区间 $[a\sqrt{n},b\sqrt{n}]$ $(0<a<b)$。

禁忌长度的选取同实际问题和算法设计者的经验有紧密联系，同时它也会影响计算的复杂性，过短会造成循环的出现，过长又会造成计算时间的增加。

• 候选集合的确定

候选集合由邻域中的邻居组成,常规的方法是从邻域中选择若干个目标函数值或评价值最佳的邻居。

由于上述常规方法的计算量太大,一般不在邻域的所有邻居中选择,而是在邻域中的一部分邻居中选择若干个目标值或评价值最佳的解;也可以采用随机选取的方法实现部分邻居的选取。

• 终止准则

利用禁忌搜索算法求解物流配送车辆调度问题时,算法的终止准则可采用迭代一定步数终止的准则、频率控制准则、目标值变化控制准则等。除以上准则外,还可采用下述的目标值偏离程度终止准则:记一个问题目标函数值的下界为 Z,目标值为 $f(x)$,对给定的充分小的正数 e,当 $f(x)-Z\leqslant e$ 时,终止计算,这表示目前计算得到的解与最优解已经非常接近。

5. 人工神经网络

(1) 人工神经网络概述

人工神经网络是模仿生物神经网络的一种经验模型。生物神经元受到传入的刺激,其反应又从输出端传到相连的其他神经元,输入和输出之间的变换关系一般是非线性的。神经网络是由若干简单(通常是自适应的)元件及其层次组织,以大规模并行连接方式构造而成的网络,按照生物神经网络类似的方式处理输入的信息。模仿生物神经网络而建立的人工神经网络,对输入信号有功能强大的反应和处理能力。

若干神经元连接成网络,其中的一个神经元可以接受多个输入信号,按照一定的规则转换为输出信号。由于神经网络中神经元间复杂的连接关系和各神经元传递信号的非线性方式,输入和输出信号之间可以构建出各种各样的关系,因此可以用来作为黑箱模型,表达那些用机理模型还无法精确描述,但输入和输出之间确实有客观的、确定性的或模糊性的规律。因此,人工神经网络作为经验模型的一种,在生产实践、研究和开发中得到了越来越多的用途。

(2) 人工神经网络的结构

第一,神经元及其特性。连接机制结构的基本处理单元与神经生理学类比往往称为神经元。每个构造起网络的神经元模型模拟一个生物神经元,如图 3-13 所示。该神经元单元由多个输入 x_i, $i=1,2,\cdots,n$ 和一个输出 y 组成。它们之间的状态由输入信号的权和表示，而输出为：

$$y_j(t) = f\left(\sum_{i=1}^{n} w_{ij}x_i - \theta_j\right) \tag{3-22}$$

式(3-22)中：θ_j 为神经单元的偏置，w_{ij}为连接权系数，n 为输入信号数目，y_j 为神经元输出，t 为时间，$f(\,)$为输出变换函数，有时叫做激励函数。

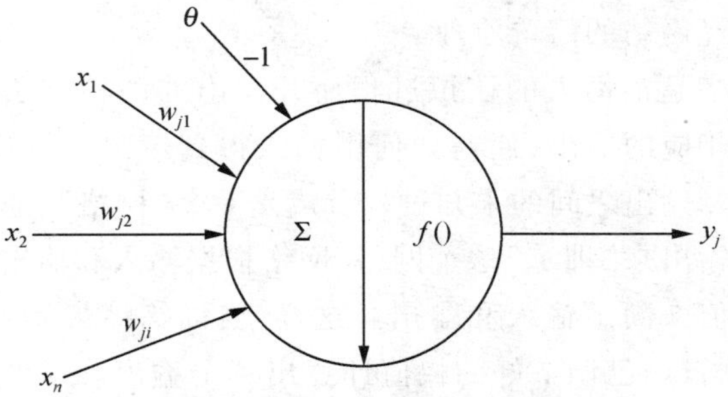

图 3-13　神经元模型

第二，人工神经网络的基本特征和结构。人脑内含有极其庞大的神经元，它们联合组成神经网络并执行高级的问题求解智能活动。

人工神经网络由神经元模型组成，这种由许多神经元组成的信息处理网络具有并行分布结构。每个神经元单一输出，并且能够与其他神经元连接；存在许多输出连接方法，每种连接方法对应一个连接权系数。严格地说，人工神经网络是一种具有下列特性的有向图：

- 对于每个节点 i 存在一个状态变量 x_i；
- 从节点 j 至节点 i，存在一个连接权系数 w_{ij}；
- 对于每个节点 i，定义一个变换函数 $f_i(x_i, w_{ij})$，$i \neq j$；对于最一般的情况，此函数取 $f_i\left(\sum_j w_{ij}x_i - \theta_i\right)$ 形式。

人工神经网络的结构基本上分为两类，即递归(反馈)网络和前馈网络，简介如下：

- 递归网络

在递归网络中，多个神经元互联以组织一个互联神经网络，有些神经元的输出被反馈至同层或前层神经元。因此，信号能够从正向和反向流通。Hopfield 网络、Elmman 网络和 Jordan 网络是递归网络中具有代表性的例子。递归网络又叫做反馈网络。

• 前馈网络

前馈网络具有递阶分层结构,由一些同层神经元间不存在互联的层组成。从输入层到输出层的信号通过单向连接流通;神经元从一层连接至下一层,不存在同层神经元间的连接。前馈网络的例子有多层感知器、学习矢量量化网络、小脑模型连接控制网络和数据处理方法网络等。

(3) 人工神经网络的简单原理

人工神经网络是根据人的认识过程而开发出的一种算法。假如我们现在只有一些输入和相应的输出,而对如何由输入得到输出的机理并不清楚,那么我们可以把输入和输出之间的未知过程看成是一个"网络",通过不断给这个网络输入和相应的输出来"训练"这个网络,网络根据输入和输出不断地调节自己各节点之间的权值来满足输入和输出。这样,当训练结束后,我们给定一个输入,网络便会根据自己已调节好的权值计算出一个输出。这就是神经网络的简单原理。

(4) 神经网络算法

人们经常采用 Hopfield 网络和自组织特征映射神经网络来解决车辆的优化调度问题。在 Hopfield 网络,系统能够从初始状态,经过一系列的状态转移而逐渐收敛于平衡状态,此平衡状态是局部极小点。采用神经网络来求解车辆路径问题时,一般按下列步骤进行:

第一,产生邻接矩阵。将车辆的源点、所经过的各个汇点和停点抽象成网络的节点,它们之间的有向路径抽象成网络的边,由此构成一个有向图 $G=(N,L,D)$,其中 N 表示节点数,L 表示边数,D 为 $N\times N$ 矩阵,称为邻接矩阵。如果两个节点间存在路径,则邻接矩阵相应元素的值为路径的长度;如果两个节点间不存在路径,则邻接矩阵相应元素的值为∞。

第二,约束的处理。对于车辆路径中的约束,将其作为神经网络的一个能量项来处理,将其施加一个惩罚项后加入网络的能量方程式中,这样随着网络的收敛,约束的能量也逐渐趋于稳态,使约束得到体现。

第三,神经网络计算。设邻接矩阵中的每个元素对应着一个神经元,定义位于位置(x,i)的神经元输出为 V_{xi}。首先确定网络的能量函数,该能量函数包括网络的输出能量函数和各个约束转化的能量函数:

$$E = E_5 + E_1 + E_2 + E_3 + E_4 \tag{3-23}$$

上式中,E_5 为距离最短目标,E_1 为有效路径约束,E_2 为输入输出路径的约束,E_3

为网络收敛约束，E_4 为规定的起点终点约束。

进而确定神经元的传递函数和状态转移方程，经过网络的反复演化，直至收敛。当网络经过演化最终收敛时，可形成一个由 0 和 1 组成的换位阵，阵中的 1 所在位置即表示所经过的节点，这些节点间的距离之和即为最短距离。

第四，调度方案的形成。根据换位阵所形成的最短距离，来最终确定车辆路径的方案。

3.6　物流配送系统模拟仿真优化

3.6.1　物流配送系统仿真简介

1. 系统仿真的概念及在物流配送系统中的应用

系统仿真就是对真实系统的模仿。这种模仿是对现实系统某一层次抽象属性的模拟。因此，概括和抽象现实系统某一层次的属性及其相互关系就显得非常重要，这一过程称为建模。人们利用这种模型进行试验，从中得出所需要的信息，然后进一步认识、分析和理解现实世界某一层次的规律，从而进行判断、决策和处理；人们还可以投入实物系统中，直接参与对象之间的相互作用。

系统仿真的研究经历了不同的发展时期，科学技术每前进一步都会给仿真技术的研究注入新的内容。随着计算机科学技术的高速发展，系统仿真技术和计算机技术紧密地融合在一起。目前，系统仿真技术已广泛地应用于航天、航空、电力、化工、交通、军事、经济、医学、建筑、制造、流通等领域的研究、设计、训练和开发。

在物流配送领域里，如何合理地调用运输工具，规划运输路线不是一件轻而易举的事，这其中会有很多的解决策略。通过建立运输系统模型并动态运行此模型，运行状态、道路堵塞情况、物料供应情况等都会以动画的方式生动地呈现出来。仿真结果还提供各种数据，包括车辆的运行时间、利用率等。通过对运输调度过程的仿真，调度人员对所执行的调度策略进行检验和评价，就可以采取比较合理的调度策略。

2. 物流配送系统仿真的类型

物流配送系统仿真类型大体上可以分为两类：

(1) 连续系统模型

连续系统的状态在时间上是平滑变化的。为了反映连续系统的特征,仿真模型建立了一组由状态变量组成的状态方程,它们可以是代数方程、微分方程、函数方程、差分方程等。这些方程描述了各项状态变量与主要自变量——仿真时间的关系。在此基础上,按一定的规则将仿真时间一步一步向前推移,对方程组进行求解与评价,计算和记录各个状态变量在各个时间点的具体数值。通过连续系统的仿真模型,对系统状态在整个时间序列中的连续性变化进行动态描写。

(2) 离散系统模型

离散系统的状态变量仅在离散时间点上有跳跃变化。

离散型仿真方法分为以事件为基础、以活动为基础、以过程为基础的仿真方法。以事件为基础的仿真模型建模是通过定义系统在事件发生时间的变化来实现的。以活动为基础的仿真模型建模描述系统的实体所进行的活动,以及预先设置导致活动开始或结束的条件。这种仿真模型适用于活动延续时间不定,并且由满足一定条件的系统状态而决定的情况。以过程为基础的仿真模型建模综合了以事件为基础的仿真和以活动为基础的仿真两者的特点,描述了作为仿真对象的实体在仿真时间内经历的过程。

3. 物流配送系统的仿真步骤

物流配送系统仿真的步骤如图3-14所示,它给出了一般情况下的仿真步骤以及各步骤之间的关系。事实上,仿真过程也不是一个严格的有顺序的过程,它不一定按图中的顺序进行,可能在任一步骤中,根据仿真试验情况而转向任一其他步骤。

3.6.2 常用仿真工具与软件介绍

1. Matlab/Simulink 软件简介

Matlab是由美国MathWorks公司开发的集数值计算、符号计算和图形可视化三大基本功能于一体的、功能强大的、操作简单的数学应用软件。

(1) Matlab的基本组成

Matlab主要由Matlab主程序、Simulink动态系统仿真和Matlab工具箱三大部分组成。其中Matlab主程序包括Matlab语言、工作环境、句柄图形、数学函数库和应用程序接口五个部分;Simulink是用于动态系统仿真的交互式系统,允许

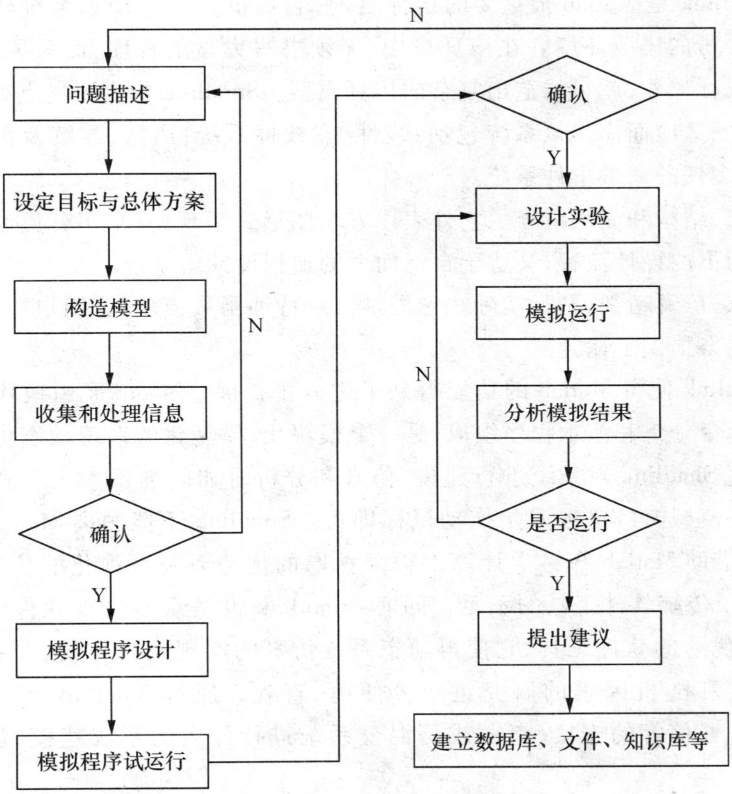

图 3-14　仿真的一般步骤

用户在屏幕上绘制框图来模拟一个系统,并能动态地控制该系统,目前的 Simulink 可以处理线性、非线性、连续、离散、多变量及多系统;工具箱实际就是用 Matlab 基本语句编写的各种子程序集和函数库,用于解决某一方面的特定问题或实现某一类的新算法,它是开放性的,可以应用也可以根据自己的需要进行扩展。

(2) Simulink 介绍及建模方法

Simulink 环境是用于 Matlab 下建立系统框图和仿真的环境。Simulink 可以通过图形的方式来描述各种各样的微分方程,从而求解相应的微分方程。此外,它提供了各种可用于控制系统仿真的模块,支持一般的控制系统仿真;提供了各种工程应用中可能使用的模块,如电机系统、机构系统、通信系统等的模块集,直接进行建模与仿真研究。

Simulink 是 Matlab 最重要的组件之一，它提供了一个动态系统建模、仿真和综合分析的集成环境。在该环境中，无须书写大量的程序，而只要通过简单直观的鼠标操作，就可构造出复杂的仿真模型。Simulink 的主要优点如下：

第一，适应面广。该系统包括：线性、非线性系统；离散、连续及混合系统；单任务、多任务离散事件系统。

第二，结构和流程清晰。它外表以方块图形式呈现，且采用分层结构，既适于自上而下的设计流程，又适于自下而上的逆程设计。

第三，仿真精细、贴近实际。它提供大量特种函数模块，为用户摆脱理想化假设的无奈提供了途径。

Simulink 使得 Matlab 的功能得到了进一步扩展。Simulink 由模块库、模型构造及指令分析和演示程序组成，是一个模块化、模型化的系统动态仿真环境。用户应用 Simulink 对系统进行建模、仿真和分析时如同堆积木一样简单方便，只需要在模型窗口单击或是拖动鼠标即可。Simulink 不能脱离 Matlab 而独立运行，它借助 Matlab 在科学计算上得天独厚的优势以及可视化的仿真模型窗口，弥补了传统软件工具的不足。同时，Simulink 也是众多仿真软件中功能最强大、最优秀的软件工具，它使得动态系统仿真的实现相当方便，对系统的非线性因素和随机因素的研究也十分便捷、直观。通过 Simulink 还可以对电气、机械、通信等的连接、离散或是混合系统进行深入的系统建模、仿真与分析研究。

Simulink 建模的步骤如下：

第一，开始准备。要按 Simulink 格式输入一个系统模型，则应该首先启动 Simulink 程序。我们可以在 Matlab 命令窗口的提示符下键入 Simulink 命令来启动 Simulink 程序，这时会将 Simulink 模型的模块窗口显示出来，同时还会自动打开一个空白的模型编辑窗口来建立新的系统模型。

第二，画出系统的各个模块。打开相应的子模块库，选择所需要的模块，拖动到模型编辑窗口的合适位置。

第三，给出各个模块的参数。各个模块中已给出默认的模型参数，要修改模块默认的参数，则需用鼠标双击该模块图标，这样就会出现相应的对话框，进一步提示用户如何修改模块的参数。

第四，画出连接线。当所有的模块都画出来之后，则可以接着画模块间必要的连线，构成完整的系统。模块间的连线很简单，只需用鼠标点按开始模块的输出端再拖动鼠标,到终止模块的输入端释放鼠标键,则会自动地在两个模块间画出带箭头的连线。

第五,指定输入和输出端子。在 Simulink 下允许两类输入输出的信号,若用户提取系统的线性模型,则需要打开 Simulink 模块库中的"connection"(连接模块库)图标,从中选取相应的输入输出端子,若只想对系统进行仿真分析,则需从"source"(输入源模块库)图标中选取输入信号端子,从"sink"(输出源模块库)图标中选取输出端子即可。

(3) Matlab 软件的功能和特点

概括地讲,整个 Matlab 系统由两部分组成,即 Matlab 内核及辅助的工具箱,两者的调用构成了 Matlab 的强大功能。Matlab 语言是以数组为基本数据单位,包括控制流语句、函数、数据结构及面向对象等特点的高级语言。Matlab 具有以下主要特点:

第一,运算符和库函数极其丰富,语言简洁,编程效率高。Matlab 除了提供和 C 语言一样的运算符号外,还提供广泛的矩阵和向量运算符。利用其运算符号和库函数可使其程序相当简短,两三行语句就可实现几十行甚至几百行 C 语言的程序功能。

第二,既具有结构化的控制语句,又具有面向对象的编程特性。

第三,图像功能强大。它既包括对二维和三维数据可视化、图像处理、动画制作等高层次的绘图命令,也包括可以修改图形及编制完整图形界面的、低层次的绘图命令。

第四,功能强大的工具箱。工具箱可分为两类:功能性工具箱和学科性工具箱。功能性工具箱主要用来扩充其符号计算功能、图示建模仿真功能、文字处理功能以及与硬件实时交互的功能。而学科性工具箱则有较强的专业性,用于解决特定的问题,如优化工具箱、统计工具箱、控制工具箱、小波工具箱、图像处理工具箱、通信工具箱等。

第五,易于扩充。除内部函数外,所有 Matlab 的核心文件和工具箱文件都是可读可改的源文件,用户可修改源文件和加入自己的文件,它们可以与库函数一样被调用。

2. AutoMod 软件简介

(1) AutoMod 简介

AutoMod 是目前市面上比较成熟的三维物流仿真软件,它主要包括三大模块:AutoMod、AutoStat 和 AutoView。

AutoMod 模块提供给用户一系列的物流系统模块来模拟现实世界中的物流自动化系统,主要包括输送机模块、自动存取系统、基于路径的移动设备、起重机模块等。

AutoStat 模块为仿真项目提供增强的统计分析工具,由用户定义测量和试验的标准,自动在 AutoMod 的模型上执行统计分析。主要特点是:基于发展策略运算法则的最优化分析,用户为得到更好的模型来定义输出审核,多 CPU 并行计算等。

AutoView 可以允许用户通过 AutoMod 模型定义场景和摄像机的移动,产生高质量的 AVI 格式的动画。用户可以缩放或者平移视图,或使摄像机跟踪一个物体的移动,如叉车或托盘的运动。AutoView 可以提供动态的场景描述和灵活的显示方式。

除了上述三个主要模块,AutoMod 还有很多扩展模块用于动画、陈述、分析与交流,主要有:

- Kinematics 模块(机器人与自动设备)

Kinematics 模块可以模拟机器人和其他自动设备,还可以将它们整合成一个 AutoMod 模块。Kinematics 可以模拟机器人与其他含有旋转轴与传动轴的运动装置。有了 Kinematics 模块,用户就可以为立式与剪式叉车、专业机器人、传送带插入器/抽出器或任何其他设备建模。

- AutoView 模块(展示图形与动画)

AutoView 可以生成快速、流畅与专业的 AutoView 模型动画。使用 AutoView 就像导演一部电影,用户可使用 AutoView 所生成的动画来创建脚本。AutoView 的摄像头可以让用户对模型进行放大,在模型中"穿行",从一个场景转到另一个场景,或者在时空中来回穿梭。摄像头也可以安装在模型中的移动物体上,比如叉车或者货盘。AVI 标准的电影格式使用单帧捕获的方式制作,这样,最大的模型也可以在动画中流畅地显示。

- AutoStat 模块(执行分析与优化)

AutoStat TM 模块能在仿真项目的实验阶段提供增强的统计分析功能。通过点选 Windows 界面,AutoStat 很容易确定需要做的实验,并执行必要操作。AutoStat 能分析所有的模型结果,提供容易阅读的表格或者导入电子表格,同时提供描述性的统计数字,比如取样平均值。AutoStat 提供前期决策、单一或对比信赖区间、因素/响应分析与实验设计。AutoStat 基于演变战略的优化功能会帮助人们从多种可能的收入因素组合中找到最佳的解决方案。

- Model Communication 模块(交换系统数据)

Model Communication 模块可以让信息在模块与控制系统之间、多个模型之间,以及模块与其他应用之间进行传输。仿真模块与物料传输控制系统之间的通信让用户可以在控制系统实施前对其设计进行测试。使用仿真情境比现场实地试运行过程中的系统测试要快并且节省成本。Model Communication 模块也可以让用户独立地建造两个或多个模型,并且在仿真过程中容易在模型之间发送和接收数据。多个模型可以单独运行或者它们可以共享信息形成一个完整的系统,使用多处理器硬件或者一个网络中的多台机器来并行模拟。最后,Model Communication 模块使模型与第三步应用程序(比如电子表格或者 VB 程序)之间的通信变得容易。

(2) AutoMod 软件的功能和特点

AutoMod 建立搬运机器设备等对象物体,对各个作业流程都要建立过程语言,通过编程序才能做出作业流程。全部配置结束后,由编译源程序来执行模型。作为物流仿真器,为多数用户所采用,其功能十分强大,如果灵活使用的话,能够实现相当高难度的仿真。AutoMod 的独特功能有:

- 3D 虚拟现实动画

AutoMod 提供比例真实的 3D 虚拟现实动画,使仿真模型易于理解,这对新理念或新方法的交流具有极高的价值。当经营场所的方方面面都以 3D 动画模型来观看时,管理层、生产部与工程部之间的交流就会大大改善。在模型运行时,项目团队可以从任何角度以任何比例对模型进行检查。AutoMod 包含与 CAD 一样的功能,可以精确地确定制造、原料处理与传输系统的实际布局。AutoMod 拥有强大的图形界面,可以精确地获取 3D 图像中距离与大小上的约束条件。

- 互动建模

AutoMod 是基于进程交互仿真策略的软件。在 AutoMod 所建立的仿真模型系统中,流动实体是模型的主要成分,整个系统的运行是靠流动实体驱动的。系统将流动实体所发生的事件及活动按时间顺序进行列表组合,形成相对每个流动实体的进程,当一个流动实体进入某个进程时,系统试图将该进程执行下去,直到进程结束,或者进程被时间延迟或者被其他条件阻止中断。系统对不同类型的进程规定了不同的优先级，以使得当不同进程在时间上处于同时并发时，系统能够按照确定的次序分别执行这些进程。

• 原料运送模板

AutoMod 提供给用户一套物料搬运系统模板，AutoMod 将其定义为几种不同的子系统，用户可以方便地引入模型中，使得很多部分可以自动建立起来，用户只需要修改图形并输入参数来完成对模型的建模定义，大大加快了建模速度。此外，AutoMod 提供了专门的子系统模块，Tanks（容器）和 Pipes（管道），可对流体和散货物料的存储和流动进行仿真，从而可以处理具有连续生产过程特性的系统的建模与仿真。

• 易于理解的语言

AutoMod 自动输出统计报告与图表。这些信息提供了方方面面的系统信息，比如设备利用率、库存水平与部件在某设施中的总时间。可以用表格或者内置业务图形的方式来查看统计报告，图表有利于增强对系统的理解，以便更好地展示效果。

3.7 北京顺鑫首联生鲜配送中心案例

3.7.1 北京顺鑫首联生鲜配送中心案例介绍

北京顺鑫首联绿色物流有限公司是北京地区重要的连锁商业企业及生鲜供应商。该项目是结合顺鑫农业现有种植、养殖、加工基础，利用规模化、产业化生产优势，在农产品绿色物流基地内扩建生鲜食品加工、检测、配送中心，提高农产品绿色物流配送及加工能力，同时在基地内建设信息管理中心计算机网络系统。位于北京顺义区高丽营镇金马工业园区，一期工程占地面积 190 亩，总投资 2.1 亿元，销售商品以食品为主。

首联集团有超市连锁门店 73 个，每天购货达 23 万人次，服务对象近 50 万户家庭。面对供应面广、品种多、数量大的生鲜产品供配货需求，顺鑫首联建造了顺义配送中心，承担了全部销售商品的配送任务。

在规划这座顺义配送中心时，他们认为，首先应该提升生鲜产品加工和配送的能力，根据商品多品种、小批量、多批次要货的特点，及时将所需的生鲜产品，按所需数量、指定时间、送到门店和客户的手里，以提高销售额，削减商场库存，提高商店作业效率，减小流通过程的物流成本，增强企业的竞争力。

1. 多功能的供货枢纽

（1）根据物流集约化原则，顺鑫首联在规划配送中心时，同时强化供货枢纽的战略功能。

- 商品出货单位要小，以满足商场越来越强烈的拆零要求；
- 将原来由商场承担的工作量大、耗时多的贴标签、改包装等流通加工作业，放到配送中心完成，以满足小型超市商场运营的需要；
- 扩大库存商品的品种，以强化配送中心的供货能力，降低商品的缺货率；特别是采用了 POS 系统联网的 EOS 电子订货系统，来处理连锁店的订货，并根据库存信息，预测总订货量，向供应商发出订货单；
- 扩大分拣功能，根据对中转型商品的集约化作业，改善零售店收货和搬运作业；
- 除一部分特殊商品（如日配品）外，畅销商品全部由配送中心供货，以更好地完成配送计划；
- 满足无店铺定点销售物流的需求；
- 开发支撑配送中心高效运转的信息处理系统。

（2）抑制物流成本。配送中心拥有不少先进的物流设备和设施，为了保证正常运转，必须做好日常的维修保养工作，以降低物流成本，包括加强人事管理、配送中心运营费用的预算和外托合同企业（如运输公司）的联系等。

（3）提升生鲜产品的竞争力。针对国内超市生鲜食品经营额的不断提升，客户日益对加工食品的品质需求增加，生鲜食品目前已成为国内各家超市经营的重中之重，由于自建了畜产品和水产品的屠宰加工线，大大降低了成本，增强了产品品质；在其生鲜配送加工中心由于具备了众多的加工设备，开发了大量受客户欢迎的新品种产品，大大提升了门店的销售额和竞争力。

（4）增强配送中心的应变能力。由于配送中心的物流量随经营规模的发展而不断扩大，必须确保在一段较长的时间内能满足企业发展的需要。配送中心的设计，以 10 年的周、日处理量的变化，作为最大值、平均值，故具有满足此后数年的处理能力。另外，要做到今后有扩建的余地。

2. 现代化的物流设施

配送中心现浇钢筋混凝土结构的建筑物，柱网尺寸为 12 米 ×9 米，底层高 7.5 米，二层高 6 米；屋盖为钢结构，桁架梁、金属瓦楞屋面。

建筑物底层为分拣系统及发货场地、站台、储存货架及拣货作业场。上下两层站台总长 280 米，拥有停靠车位 120 个（其中收货 60 个、发货 60 个）。

3. 合理的物流流程及运作配送中心

根据经营商品进销的不同情况和商品 ABC 分析，将物流分成 3 条通道：

- 路线 1（库存型物流）

指进销频繁的商品，整批采购、保管，经过拣选、配货、分拣、配送到门店和无店铺销售的送货点。

- 路线 2（中转型物流）

通过计算机联机系统和商品信息订购的商品，整批采购，不经存储，通过配送中心进行拣选、组配和分拣，再配送到销售门店和无店铺销售点。

- 路线 3（直送型物流）

商品从供货单位，不经过配送中心，直接被送往销售店。

4. 顺义配送中心的作业

(1) 收货

供货商将商品送至配送中心二楼收货站台，人工卸车，包装均为同一规格系列的纸箱。整批商品由人工堆码托盘、叉车搬运；路线 2 上的商品由人工卸至辊道输送机，进行验收，再经合流后送入 3 条主输送带。

(2) 储存、搬运

大部分商品储存在 2 楼，路线 1 上的整批商品以托盘为储存单元，由叉车送入普通货架；需要开箱拆零的单元，由叉车送入普通货架；需要开箱拆零的商品，再从储存货架上取出，搬入轻型重力式货架进行人工拣选。

普通货架和轻型重力式货架相对平行设置，货架分上下两层，每层 3 格，高 4.5 米。货架的走道中间设置以胶带输送机为主体的传送搬运系统，总长 5 200 米。进销频繁的商品则以托盘为单元，存放在底层站台的货场。配送中心全部储存容量为 2 800 托盘、19 万箱。

(3) 拣选

顺义配送中心在建设过程中针对综合超市销售量大、利润薄的特点，认为对于批量零星而进出频繁的商品，不宜采用立体仓库、巷道拣选机的方式，故配送中心决定采用适合自己经济能力的普通货架、人工拣选的方式，以适应多种销售形式。

整箱销售的商品，以托盘为单位，货架存放。发货时由工人按订货单从货架搬入两侧的输送带传送系统。

路线 2 的商品属中转商品，在配送中心内进行的是越库配送。收获后暂存辊道输送机上，经人工粘贴发货条形码后，直接送主输送带，进入分拣系统。

开箱拆零商品，以纸箱为单元，存放在轻型重力式货架上。发货时由人工开箱拆零拣货，另行组配拼箱，送入传送系统，拼箱用的空纸箱则利用回收的旧纸箱，由悬吊式链条输送机（置于胶带输送机的上空）传送。对于特别零星的商品，则采用计算机控制的数字显示拣选系统。

（4）分拣系统

全部发运商品的纸箱上均被粘贴印有条形码的发运标签（内容包括：销售店名称、商品名称、数量等），该标签由计算机打印。这些商品从各条拣选渠道汇集到 3 条主输送带，从二楼传入底楼，最后合流至分拣系统。

（5）配送

首先介绍笼车的概念，笼车的设计以大空间及可折叠收藏为考虑重点，故笼车高度一般高于 1.45 米。它利用向上延伸的空间，最大地使用置物空间。其使用场合大都为配送出货前的集货以及随车全程运送，故采用高强度焊接架构，表面经热浸镀锌处理再粉体涂装，以延长使用寿命。为了让流程作业明了，一般均附有标示位置以供使用者标示用。

从分拣道口的斜滑道滑下的商品，由人工装入笼车等集装单元化运载工具并送至发货站台待运。而后，商品按编排的配送路线，分别装入各辆厢式卡车，配送到各超市连锁店。笼车回空时可折叠起来，节省车容。

由于采用了笼车，大大减少了中间的装卸环节，有效改善了从配送中心的储存货架，一直到商场里的商品陈列货架为止的整个物流过程的装卸搬运作业，加快了运输车辆的周转。配送中心的卡车，只需一名司机，兼做装卸工，便可完成全部装卸搬运作业，非常经济实用。

顺义配送中心建成后，充分发挥了促进和扩大商品流通的作用。它配合零售店，辅助供应工作，提供各种服务，如拆零发货、代贴价格标签、采用计算机联网订货、记账结算等。

由于采用了计算机库存管理，大大降低了缺货率，缩短了要货期；加快了发货，原来每周订货两次，现在做到当天订货，当天或隔天即可送到零售门店，大大压缩了商场的库存，加速了商品的周转，给企业带来了可观的经济效益。

3.7.2 北京顺鑫首联生鲜配送中心案例分析

首先,顺义配送中心有明确的战略定位:多功能的供货枢纽。在这里主要的一点是,北京顺鑫首联在规划顺义配送中心时,就考虑了未来一段较长的时间能否满足企业发展的需要。其次,配送中心选址明确,除了考虑配送中心调运商品的便利性以外,还考虑了交通的便利性,以及大量车辆对环境的影响。再次,顺义配送中心物流流程清晰明了,配送中心根据经营商品进销的不同情况和商品ABC分析,合理划分了三条路线。最后,顺义配送中心使用了现代化的信息处理技术,采用计算机联网订货、记账结算,并采用计算机进行库存管理,大大降低了缺货率,缩短了要货期,并加快了发货速度。

顺鑫农业作为一个生产与批发企业,和现代化的零售企业首联集团的结合,对于我们探讨适合我国国情的连锁配送中心的规划和发展有着重要的借鉴作用,可以利用传统企业的资源和渠道优势相互结合,盘活资源,加快发展适应百姓生活需求的连锁商业。

国外连锁经营业成长发展的经验表明,首先要有较好的物流基础,要兴建一定规模水平的配送中心,才能发展正常的连锁业。然而我国发展连锁业之初,没有把配送中心的建设作为基础,导致配送中心的发展滞后,严重制约了我国连锁经营业的发展。配送中心的建设,要从我国的具体国情和连锁经营业发展现状出发。

1. 应提高对连锁经营与配送中心的认识

配送中心建设过程中出现种种问题的原因,首先在于对连锁经营概念的认识不清。连锁经营是一种规范化的集约经营,它通过核心企业或总部的领导管理,采取共同方针统购分销,取得规模效益,它的突出优势就在于集中进货。我国现在大多数连锁店,都只是在统一店牌标志、店铺设计、商品陈列和促销上下工夫,而现在许多企业仍然停留在依托供应商配货的层面上,对怎样组织有效的物流活动,降低成本,采用第三方物流等问题不够重视,导致现在的连锁店只是一种形式上的连锁,没有充分发挥规模经营。其次在于对配送中心这一现代物流形式在功能、设施设备及管理、技术等方面的科技含量认识不足。不少配送中心业主受传统"购销调存"观念的束缚,认为配送中心的功能就是"大采购、小批发",就是"送货上门",忽视了对现代先进技术与管理的投入,只热衷于门店的收入。目前,国内很多正在兴起的物流和配送中心的基本状况是:利用政府发展物流行业的契机,以优惠条件大量圈地,修建外围仓库,引进供应商,实现零库存和高效配送,其实无非是把供应商的库房办在自家门口。从根本上说,这是由于观念落后,认识不够所致。因此,当前最紧迫的任务是加强对配送中心理论的研究,充分理解配送中心在连锁经营中的作用,特别要加强对管理人员和工作人员进行配送理论教育,扩大配送理论的普及程度,从而提高他们对配送中心重要性的认识。

2. 对配送中心规模的决策

当连锁经营发展到一定规模时,就有必要建立配送中心,对配送中心规模进行科学的决策可以避免不必要的浪费,使资源得到最大利用。配送中心的规模包括三层含义:一是与店铺规模相适应的总规模,即要总量为多少平方米的配送中心;二是建立几个配送中心,即这些配送中心的布局;三是每个配送中心的规模。

(1) 对配送中心总规模的决策

一个连锁企业的配送中心总规模多大,主要取决于两个因素:店铺经营总规模与商品周转速度。

- 店铺经营总规模与配送中心规模的关系

店铺经营总规模主要是指商品经营总量。商品经营量越大,所需配送中心的规模也就越大。商品经营量与店铺面积有着正比例关系。因此,连锁店铺总面积与配送中心规模有着密切联系。

- 商品周转速度与配送中心规模的关系

商品周转速度直接影响商品在配送中心停留的时间。速度慢,意味着占据配送中心空间的时间长,需要配送中心的规模就大;反之,则需要相对小的配送中心。同时,从厂商直接送达店铺的商品多,配送中心仓库的面积就可以相对小些。具体方法为:根据商品流转速度推算出平均配送量,这个配送量既包括平均吨公里数,也包括平均储存量。前者决定运输规模,后者决定仓储规模。平均吨公里数可以通过总的吨公里数除以365天求得;平均储存量可以通过总商品储存量除以商品平均周转次数求得。这样,配送中心需多少运输车辆、需多大仓储空间就一清二楚,客观上也就决定了配送中心的规模。

(2) 配送中心的数量取决于经营商品的类别和连锁店铺的分布状态。由此,确定配送中心数量的方法也有两种:商品功能法和适当比例法。

- 商品功能法

商品功能法是按商品类别设立配送中心。这种方法有利于根据商品的属性安排储存和运输。国内外集团公司一般采用此法,例如重庆商社公司,分别建立了食品中心、电器和建材中心、化工中心等。当然,这种方法要有一定前提,即各分店不能分布太散,否则就体现不出效益。

- 适当比例法

适当比例法是按连锁店铺分布状态或空间特征设立配送中心。这种方法有利于配送距离及效益达到理想状态。以国外某超市连锁集团为例,其超市的分布状况是北部58家、中部23家、南部11家。配送中心分布与其相适应,北部、中部、南部各设立一个配送中心。这样,各个区域由一个配送中心负责送货,提高了配送效率。当然在实际操作中,许多连锁企业是综合运用上述两种方法进行配送中心设置的。目前我国某些大型百货商店四面开花式地建立分店,分散于各个区域,配送效果很难体现。因此,配送中心要求连锁店铺分布相对集中,而一个配送中心要有一定规模,能够满足几家店铺需要。

(3) 因地制宜建立适度规模的配送中心

当连锁经营企业决定建立配送中心,并对规模有了一定的定位以后,如何建立配送中心,使配送资源不闲置,同时又不重复配置的问题就摆到了连锁经营企业的面前。我国应根据现有生产力水平,发展有中国特色的配送中心:

- 实力强大的连锁企业应自建配送中心

建立配送中心初期投入资金比较大,但其有利于协调各连锁店铺的关系,保持经营特色,从长远利益和企业战略角度考虑,连锁企业应该自建配送中心。

- 建立联合型的配送中心

联合型的配送中心可以分为两种类型:一种是由一家或多家连锁企业与物流企业联合,分别承担不同功能,共同实现配送中心任务;另一种是连锁企业和生产企业进行联合,这样做可以节省连锁企业本身的人力、物力,提高配送效率。

- 建立改造型配送中心

充分利用原有批发企业、商业储运企业的场地、设备和赊销渠道优势,进行技术改造和管理创新,使之转化为现代化的配送中心,这一点正是符合我国当前国情的做法。据不完全统计,我国仓库建筑面积为3.9亿平方米,冷藏库520余万吨,货场2.2亿平方米。这些设施大多处于闲置状态,对这些设施投入少量资金,就可将其转化为现代化的配送中心。

- 建立第三方配送中心

在这种情况下,连锁店本身并不经营配送业务,配送业务由某供应商或配送中心代理完成。我国的有些连锁企业由于自身力量较弱，由它们建立配送中心，配置资源闲置与重复配置矛盾突出。大多数连锁企业都有自己的车辆、仓库，而自有车辆实载率仅为25%，严重影响了连锁企业效益的提高。因此，国家鼓励经营规模较小的连锁企业代理配送，并提出“十一五”期间要逐步扩大代理配送制度范围。这样，不仅可以避免由于连锁规模较小而导致的收益不抵建设费用的问题，而且有利于提高配送效率。目前，在国外第三方物流已成为重要的力量，已占据市场的较大份额，对中小型企业和部分商品具有绝对的优势。

本章小结

物流配送优化问题是近年来研究的一个热点问题，优化配送方案可以降低企业配送的成本，提升为客户服务的水平以及增加企业的经济效益。本章就详细介绍了该问题，首先介绍了物流配送优化的基本概念；然后重点从物流配送网络布局、货物装载、物资调运、配送路线等方面详细介绍如何进行配送方案的优化；接着简要介绍了物流配送系统的仿真优化，并介绍了几个常用的仿真软件；最后用一个案例来说明配送优化在实际中的应用。

思考题

1. 配送优化指的是什么？
2. 如何优化物流配送网络的布局？
3. 货物配载的方法有哪些？
4. 运输问题指的是什么？
5. 如何优化物流配送路线？
6. 物流配送系统的仿真步骤是怎样的？

参考文献

1. 白世贞：《物流运筹学》，中国物资出版社，2006 年版。
2. 李云清：《物流系统规划》，同济大学出版社，2004 年版。
3. 程国全、王转、鲍新中：《现代物流网络与设施》，首都经济贸易大学出版社，2004 年版。
4. 彭扬、伍蓓：《物流系统优化与仿真》，中国物资出版社，2007 年版。

5. 牛玉玲、范玉姝、徐尔："条式配装集装箱的方法初探",《物流技术》,2004年第5期。

6. 姜福川、吕传红："基于节约法在优化配送路线的研究",《辽宁工程技术大学学报》,2003年第5期。

7. 丁源、李引珍："物流配送(集货)中运输车辆优化的Greedy Sweep算法",《兰州交通大学学报》,2004年第6期。

8. 周程："物流配送路径优化策略研究",《武汉理工大学学报》,2005年第5期。

9. 王素云、李军："基于遗传算法的物流配送车辆优化调度",《商场现代化》,2006年总第481期。

第 4 章
配 送 中 心

教学目的

- 配送中心的定义、作用、功能和类型；
- 配送中心的作业流程；
- 业务流程重组理论；
- 配送中心的选址方法；
- 配送中心的设施设备；
- 配送中心的装卸搬运系统。

在本章的学习中，使读者首先理解配送中心是专门从事货物配送活动的流通企业，经营规模较大；其次，重点掌握配送中心设施和工艺结构是根据配送活动的特点、要求专门设计和设置的，故专业化、现代化程度高，设施和设备比较齐全，货物配送能力强，不仅可以远距离配送，还可以进行多品种货物配送；不仅可以配送工业企业的原材料，还可以承担向批发商进行补充性货物配送。这种配送中心是工业发达国家货物配送的主要形式，是配送未来的发展方向。

引导案例

沃尔玛配送中心

沃尔玛诞生于 1945 年的美国。在它创立之初，由于地处偏僻小镇，几乎没有哪个分销商愿意为它送货，于是不得不自己向制造商订货，然后再联系货车送货，效率非常低。在这种情况下，沃尔玛的创始人山姆·沃尔顿决定建立自己的配送组织。1970 年，沃尔玛的第一家配送中心在美国阿肯色州的一个小城市本顿维尔建立，这个配送中心给 4 个州的 32 个商场供货，集中处理公司所销商品的 40%。

沃尔玛配送中心的运作流程是：供应商将商品的价格标签和UPC条形码（统一产品码）贴好，运到沃尔玛的配送中心；配送中心根据每个商店的需要，对商品就地筛选，重新打包，从“配区”运到“送区”。

由于沃尔玛的商店众多，每个商店的需求各不相同，这个商店也许需要这样一些种类的商品，那个商店有可能需要另外一些种类的商品，沃尔玛的配送中心根据商店的需要，把产品分类放入不同的箱子当中。这样，员工就可以在传送带上取到自己所负责的商店所需的商品。那么在传送的时候，他们怎么知道应该取哪个箱子呢？传送带上有一些信号灯，有红的、绿的，还有黄的，员工可以根据信号灯的提示来确定箱子应被送往的商店。这样，所有的商店都可以在各自所属的箱子中拿到需要的商品。

在配送中心内，货物成箱地被送上激光制导的传送带，在传送过程中，激光扫描货箱上的条形码，全速运行时，只见纸箱、木箱在传送带上飞驰，红色的激光四处闪射，将货物送到正确的卡车上，传送带每天能处理20万箱货物，配送的准确率超过99%。

20世纪80年代初，沃尔玛配送中心的电子数据交换系统已经逐渐成熟。到了20世纪90年代初，它购买了一颗专用卫星，用来传送公司的数据及其信息。这种以卫星技术为基础的数据交换系统的配送中心，实现了自己与供应商及各个店面的有效连接，沃尔玛总部及配送中心任何时间都可以知道，每一个商店现在有多少存货，有多少货物正在运输过程中，有多少货物存放在配送中心等；同时还可以了解某种货品上周卖了多少，去年卖了多少，并能够预测将来能卖多少。沃尔玛的供应商也可以利用这个系统直接了解自己昨天、今天、上周、上个月和去年的销售情况，并根据这些信息安排组织生产，保证产品的市场供应，同时使库存降到最低限度。

由于沃尔玛采用了这项先进技术，配送成本只占其销售额的3%，其竞争对手的配送成本则占到销售额的5%，仅此一项，沃尔玛每年就可以比竞争对手节省近8亿美元的商品配送成本。20世纪80年代后期，沃尔玛从下订单到货物到达各个店面需要30天，现在由于采用了这项先进技术，这个时间只需要2—3天，大大提高了物流的速度和效益。

从配送中心的设计看，沃尔玛的每个配送中心都非常大，平均占地面积大约有11万平方米，相当于23个足球场。一个配送中心负责一定区域内多家商场的送货，从配送中心到各家商场的路程一般不会太远，以保证送货的及时性。配送中心一般不设在城市里，而是在郊区，这样有利于降低用地成本。

沃尔玛的配送中心虽然面积很大，但它只有一层，之所以这样设计，主要是考虑货物流通的顺畅性。有了这样的设计，沃尔玛就能让产品从一个门进，从另一个门出。如果产品不在同一层就会出现许多障碍，如电梯或其他物体的阻碍，产品流通就无法顺利进行。

沃尔玛配送中心的一端是装货月台，可供 30 辆卡车同时装货，另一端是卸货月台，可同时停放 135 辆大卡车。每个配送中心有 600—800 名员工，24 小时连续作业；每天有 160 辆货车开来卸货，150 辆车装好货物开出。

在沃尔玛的配送中心，大多数商品停留的时间不会超过 48 小时，但某些产品也有一定数量的库存，这些产品包括化妆品、软饮料、尿布等各种日用品，配送中心根据这些商品库存量的多少进行自动补货。到现在，沃尔玛在美国已有 30 多家配送中心，分别给美国 18 个州的 3 000 多家商场供货。

沃尔玛的供应商可以把产品直接送到众多的商店中，也可以把产品集中送到配送中心，相比较，显然集中送到配送中心可以使供应商节省很多钱。所以在沃尔玛销售的商品中，有 87% 左右是经过配送中心的，而沃尔玛的竞争对手仅能达到 50% 的水平。由于配送中心能降低物流成本 50% 左右，使得沃尔玛能比其他零售商向顾客提供更廉价的商品，这正是沃尔玛迅速成长的关键所在，也正是我们本章要研究配送中心问题的目的。

4.1　配送中心概述

配送中心为了能更好地做送货的编组准备，必然需要采取零星集货、批量进货等种种资源搜集工作和对货物的分整、配备等工作，因此也具有集货中心、分货中心的职能。为了更有效地、更高水平地配送商品，配送中心往往还有比较强的流通加工能力。此外，配送中心还必须执行货物配备后的送达到户的使命，这是和分货中心只管分货不管运达的重要不同之处。由此可见，如果说集货中心、分货中心、加工中心的职能还是较为单一的话，那么，配送中心的功能则较全面、完整，也可以说，配送中心实际上是集货中心、分货中心、加工中心功能之综合，并有了配与送的更高水平。

4.1.1　配送中心简介

配送中心的形成及发展是有其历史原因的，日本经济新闻社的《输送的知识》一书,将此说成是物流系统化和大规模化的必然结果,“变革中的配送中心”一文中这样讲:“由于用户在货物处理的内容上、在时间上和服务水平上都提出了更高的要求,为了顺利地满足用户的这些要求,就必须引进先进的分拣设施和配送设备,否则就建立不了正确、迅速、安全、廉价的作业体制。因此,在运输业界,大部分企业都建造了正式的配送中心。”可见,配送中心的建设是基于物流合理化和发展市场两个需要。

配送中心是物流领域中社会分工、专业分工进一步细化之后产生的。在新型配送中心没有建立起来之前,配送中心现在承担的有些职能是在转运型节点中完成的,以后,一部分这类职能单位向纯粹的转运站发展以衔接不同的运输方式和不同规模的运输,一部分则增强了“送”的职能,而后又向更高级的“配”的方向发展。

1. 配送中心的定义

作为物流运动枢纽的配送中心,要发挥其集中供货的作用,首先必须采取各种方式(如零星集货、批量进货)去组织货源,其次必须按照用户的要求及时分拣(分装)和配备各种货物。为了更好地满足客户需要及提高配送水平,配送中心还必须有比较强的加工能力以开展各种形式的流通加工。从这个意义上讲,配送中心实际上是将集货中心、分货中心和流通加工中心合为一体的现代化物流基地,也是能够发挥多种功能作用的物流组织。

现代的物流中心与普通的仓库和传统的批发、储运企业相比,已经存在质的不同。仓库仅仅是储藏商品,而配送中心决不是被动地接受委托存放商品,它还起到集配作用,具有多样化的功能。和传统的批发、储运企业相比,配送中心在服务内容上由商流、物流分离发展到商流、物流、信息流有机结合,在流通环节上由经过多个流通环节发展到由一个中心完成流通全过程,在经销方式上由层层买断发展到代理制,在供商关系上由临时的、随机的关系发展到长期、固定的关系,这些特点在社会化的共同配送中心上表现得尤为突出。

综上所述,我们将配送中心定义为:“配送中心是从事货物配备(集货、加工、分货、拣选、配货)和组织对用户的送货,以高水平实现销售或供应的现代流通设施。配送中心是一种末端物流的节点设施,通过有效地组织配货和送货,使资源的最终端配置得以完成。”

这个定义的要点有:

(1) 配送中心的“货物配备”工作全部由配送中心完成,是其主要的、独特的工作。

(2) 配送中心有的是完全承担送货,有的是利用社会运输企业完成送货。从我国国情来看,在开展配送的初期,用户自提的可能性不小,所以,对于送货而言,配送中心主要是组织者而不是承担者。

(3) 定义中强调了配送活动和销售或供应等经营活动的结合,是经营的一种手段,以此排除了配送只是单纯的物流活动的看法。

(4) 定义中强调了配送中心的"现代流通设施",着意于和以前的诸如商场、贸易中心、仓库等流通设施的区别。在这个流通设施中以现代装备和工艺为基础,不但处理商流而且处理物流,是兼有商流、物流全功能的流通设施。

2. 配送中心的形成与发展

追溯历史,很多学者认为配送中心是在仓库基础上发展起来的。仓库的功能,几千年都是作为保管物品的设施,我国近年出版的《现代汉语词典》,仍把仓库解释成"储藏粮食和其他物资的建筑物",完全是一种静态的功能。有些专业词典多少做了些动态的解释,例如《中国物资管理词典》把仓库解释成"专门集中贮存各种物资的建筑物和场所;专门从事物资收发保管活动的单位和企业",从收、发两方面赋予了仓库一定的动态功能。但是,这些定义完全没有包含配送的本质内涵,所以,有不少学者把配送中心直接解释成仓库显然是不妥当的。

在社会不断的发展过程中,由于经济的发展,生产总量的逐渐扩大,仓库功能也在不断地演进和分化。在我国,早在闻名于世的中华大运河进行自南向北的粮食漕运时期,就已经出现了以转运职能为主的仓库设施,明代出现了有别于传统的以储存、储备为主要功能的新型仓库,并且冠以所谓"转搬仓"之名,其主要职能已经从"保管"转变为"转运"。在新中国建立以后,服务于计划经济的分配体制,我国出现了大量以衔接流通为职能的"中转仓库"。中转仓库的进一步发展和这种仓库业务能力的增强,出现了相当规模、相当数量的"储运仓库"。

在国外,仓库的专业分工,形成了仓库的两大类型:一类是以长期贮藏为主要功能的"保管仓库";另一类是以货物的流转为主要功能的"流通仓库"。

流通仓库以保管期短、货物出入库频率高为主要特征,这和我国的中转仓库有类似之处,这一功能与传统仓库相比,有很大区别。货物在流通仓库中处于经常运动的状态,停留时间较短,进出库频率较高。流通仓库的进一步发展,使仓库和联结仓库的流通渠道形成了一个整体,起到了对整个物流渠道的调节作用。为了和仓库进行区别,越来越多的人便称之为物流中心或流通中心。

现代社会中产业的复杂性、需求的多样性和经济总量的空前庞大,决定了作为生产过程延续的流通的复杂性及多样性。这种状况又决定了流通中心的复杂性及多样性,流通中心各有侧重的职能,再加上各个领域、各个行业自己的习惯用语和相互之间的用语不规范,也就决定了出现各种各样的叫法,如集运中心、配送中心、存货中心、物流据点、物流基地、物流团地等。20 世纪 70 年代石油危机之后,为了挖掘物流过程中的经济潜力,物流过程出现了细分,再加上市场经济体制造就的普遍的买方市场环境,以服务来争夺用户的竞争的结果,企业出现了"营销重心下移"、"贴近顾客"的营销战略,贴近顾客一端的所谓"末端物流"受到了空前的重视,配送中心就是为了适应这种新的经济环境,在仓库不断进化和演变过程中出现的创新的物流设施。

4.1.2 配送中心的作用

在现代物流活动中,配送中心的作用可以归纳为以下几个方面:

1. 使供货适应市场需求变化

各种商品的市场需求,在时间、季节、需求量上都存在大量随机性,而现代化生产、加工无法完全在工厂、车间来满足和适应这种情况,必须依靠配送中心来调节、适应生产与消费之间的矛盾与变化。

2. 经济高效地组织储运

从工厂到销售市场之间需要复杂的储运环节,要依靠多种交通、运输、库存手段才能解决传统的以产品或部门为单位的储运体系明显存在的不经济和低效率的问题。故建立区域、城市的配送中心,能批量进发货物,能组织成组、成批、成列直达运输和集中储运,有利于降低物流系统成本,提高物流系统效率。

3. 提供优质的保管、包装、加工、配送、信息服务

现代物流活动中由于物资物理、化学性质的复杂多样化,交通运输的多方式、长距离、长时间、多起终点,地理与气候的多样性,对保管、保障、加工、配送信息提出了很高的要求,只有集中建立配送中心,才可能提供更加专业化、更加优质的服务。

4. 促进地区经济的快速增长

配送中心和交通运输设施一样,是经济发展的保障,是吸引投资的环境条件之一,也是拉动经济增长的内部因素,配送中心的建设可从多方面带动经济的健康发展。

5. 连锁店的经营活动所必需的

它可以帮助连锁店实现配送作业的经济规模，使流通费用降低；减少分店库存，加快商品周转，促进业务的发展和扩散。批发仓库通常需要零售商亲自上门采购，而配送中心解除了分店的后顾之忧，使其专心于店铺销售额和利润的增长，不断开发外部市场，拓展业务。此外，还加强了连锁店和供方的关系。

4.1.3 配送中心的功能

配送中心是专业从事货物配送活动的物流场所或经济组织，它是集加工、理货、送货等多种职能于一体的物流节点，也可以说，配送中心是集货中心、分货中心、加工中心功能的总和。因此，配送中心具有以下功能：

1. 存储功能

配送中心的服务对象是生产企业和商业网点，如连锁店和超市，其主要职能就是按照用户的要求及时将各种配好的货物送到用户手中，满足生产的需要和消费的需要。为了顺利有序地完成向用户配送商品(或货物)的任务，更好地发挥保障生产和消费需要的作用，通常，配送中心都建有现代化的仓储设施，如仓库、堆场等，储存一定量的商品，形成对配送的资源保证。某些区域性大型配送中心和开展"代理交货"配送业务的配送中心，不但要在配送业务的过程中储存货物，而且它所储存的货物数量更大，品种更多。

2. 分拣功能

作为物流节点的配送中心，其客户是为数众多的企业或零售商，在这些众多的客户中，彼此之间存在着很大差别，他们不仅各自经营性质、产品性质不同，而且经营规模和经营管理水平不一样。面对这样一个复杂的用户群，为满足不同用户的不同需求，有效地组织配送活动，配送中心必须采取适当的方式对组织来的货物进行分拣，然后按配送计划组织配送和分装，强大的分拣能力是配送中心实现按客户要求组织送货的基础，也是配送中心发挥其分拣中心作用的保证，分拣功能是配送中心重要功能之一。

3. 集散功能

在一个大的物流系统中，配送中心凭借其特殊的地位和其拥有的各种先进设备、完善的物流管理系统能够实现将分散在各个生产企业的产品集中在一起，通过分拣、配货、装配等环节向多家用户进行发送。同时，配送中心也可以把各个用户所需要的多种货物有效地组合或装配在一起，形成经济、合理的批量，来实现高效率、低成本的商品流通。另外，配送中心在建设选址时也充分考虑了其集散功能，一般选择商品流通发达、交通较为便利的中心城市或地区，以便充分发挥配送中心作为货物或商品集散地的功能，如中海北方物流有限公司按照统一标准在东北各主要城市设立了六个二级配送中心，形成了以大连为基地，辐射东北三省的梯次仓储配送格局。配送中心集散功能如图 4-1 所示。图 4-2 是中海北方物流有限公司的配送中心网络布局。

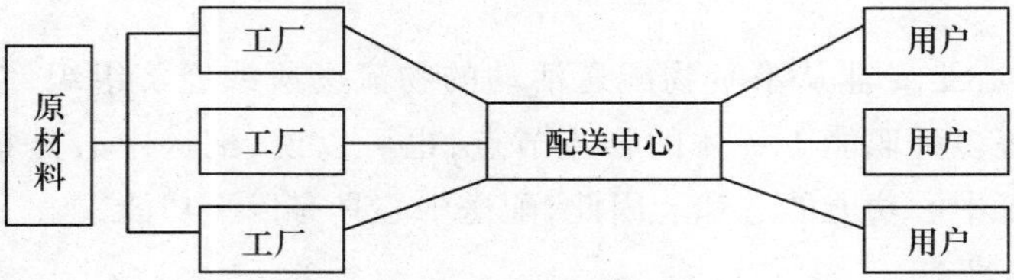

图 4-1　配送中心集散示意图

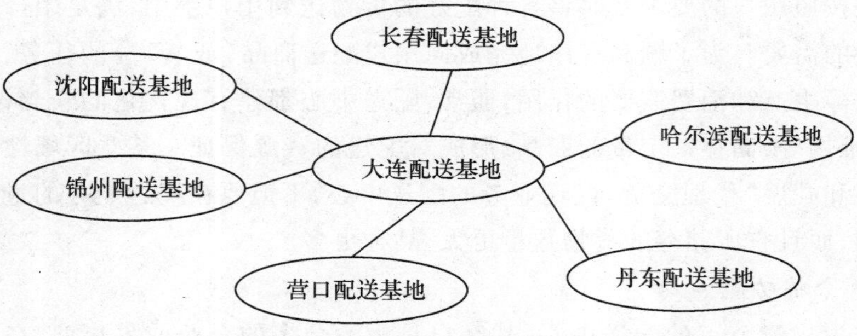

图 4-2　中海北方物流有限公司配送中心网络

4. 衔接功能

通过开展货物配送活动，配送中心能把各种生产资料和生活资料直接送到用户手中，可以起到连接生产功能，这是配送中心衔接供需两个市场的一种表现。另外，通过发货和储存，配送中心又起到了调节市场需求、平衡供求关系的作用。现代化的配送中心如同一个“蓄水池”，不断进货、送货，快速的周转有效地解决了产销不平衡，缓解了供需矛盾，在产、销之间建立了一个缓冲平台，这是配送中心衔接供需两个市场的另一个表现。可以说，现代化的配送中心通过储存和发散货物功能的发挥，体现了其衔接生产与消费、供应与需求的功能，使供需双方实现了无缝连接。

5．流通加工功能

配送加工虽然很普通，但往往起到重要作用，主要是可以大大提高客户的满意度。国内外许多配送中心都很重视提升自己的配送加工能力，通过按客户的要求开展配送加工可以使配送的效率和满意程度提高，配送加工有别于一般的流通加工，它一般取决于客户的要求，销售型配送中心有时也根据市场需求进行简单的配送加工。

6．信息处理功能

配送中心连接着物流干线和配送，直接面对着产品的供需双方，因而不仅是实物的连接，更重要的是信息的传递和处理，包括在配送中心的信息生成和交换。

4.1.4　配送中心的类型

配送中心是专门从事货物配送活动的经济实体。随着市场经济的不断发展，随着商品流通规模的日益扩大，配送中心的数量也在不断增加。对配送中心的适当划分，是深化和细化认识配送中心的必然。在众多的配送组织中，由于各自的服务对象、组织形式和服务功能不尽一致，因而，从理论上可以把配送中心分成若干类型。

1．已在实际运转中的配送中心类型

物流配送业在诞生几十年后获得了飞速的发展，由于不同的环境和需求，形成了多种形态的配送中心。我国专家学者在考察了国外物流配送业的现状后，将国外盛行的配送中心归纳为9类。

(1) 专业配送中心：专业配送中心大体上有两个含义，一是配送对象、配送技术是属于某一专业范畴，在某一专业范畴有一定的综合性，综合这一专业的多种物资进行配送，例如多数制造业的销售配送中心，我国目前在石家庄、上海等地建的配送中心大多采用这一形式。专业配送中心第二个含义是指以配送为专业化职能，基本不从事经营的服务型配送中心。

(2) 柔性配送中心：这种配送中心不向固定化、专业化方向发展，而向能随时变化，对用户要求有很强适应性，不固定供需关系，不断发展配送用户和改变配送用户的方向发展。

(3) 供应配送中心：专门为某个或某些用户(例如联营商店、联合公司)组织供应的配送中心。例如，为大型连锁超级市场组织供应的配送中心；代替零件加工厂送货的零件配送中心，使零件加工厂对装配厂的供应合理化；我国上海地区六家造船厂的配送钢板中心,也属于供应型配送中心。

(4) 销售配送中心:比较起来看,国外和我国的发展趋向,都向以销售配送中心为主的方向发展,即形成以销售经营为目的,以配送为手段的配送中心。销售配送中心又有三种不同的类型:第一种是生产企业为本身产品直接销售给消费者的配送中心,在国外,这种类型的配送中心很多;第二种是流通企业作为本身经营的一种方式,建立配送中心以扩大销售,我国目前拟建的配送中心大多属于这种类型,国外的例证也很多;第三种,是流通企业和生产企业联合的协作型配送中心。

(5) 城市配送中心:以城市范围为配送范围的配送中心,由于城市范围一般处于汽车运输的经济里程,这种配送中心可直接配送到最终用户,且采用汽车进行配送。所以,这种配送中心往往和零售经营相结合。由于运距短,反应能力强,因而从事多品种、少批量、多用户的配送较有优势。我国已建的"北京食品配送中心"就属于这种类型。

(6) 区域配送中心:以较强的辐射能力和库存准备,向省(州)际、全国乃至国际范围的用户配送的配送中心。这种配送中心配送规模较大,一般而言,用户也较大,配送批量也较大,而且,往往是配送给下一级的城市配送中心,也配送给营业所、商店、批发商和企业用户,虽然也从事零星的配送,但不是主体形式。这种类型的配送中心在国外十分普遍,美国马特公司的配送中心,"蒙克斯帕配送中心"等就属于这种类型。

(7) 储存型配送中心:有很强储存功能的配送中心,一般来讲,在买方市场下,企业成品销售需要有较大库存支持,其配送中心可能有较强储存功能;在卖方市场下,企业原材料、零部件供应需要有较大库存支持,这种供应配送中心也有较强的储存功能。大范围配送的配送中心,需要有较大库存,也可能是储存型配送中心。瑞士 GIBA-GEIGY 公司的配送中心拥有世界上规模居于前列的储存库,可储存 4 万个托盘;美国赫马克配送中心拥有一个有 163 000 个货位的储存区,可见存储能力之大。我国目前拟建的配送中心,大都采用集中库存形式,库存量较大,多为储存型。

(8) 流通型配送中心:基本上没有长期储存功能,仅以暂存或随进随出方式进行配货、送货的配送中心。这种配送中心的典型方式是,大量货物整进并按一定批量零出,采用大型分货机,进货时直接进入分货机传送带,分送到各用户货位或直接分送到配送汽车上,货物在配送中心里仅做少许停滞。前面介绍的阪神配送中心，中心内只有暂存，大量储存则依靠一个大型补给仓库。

（9）加工配送中心：许多材料都指出配送中心的加工职能，但是加工配送中心的实例，目前见到的不多。我国上海市和其他城市已开展的配煤配送，配送点中进行了配煤加工，上海六家造船厂联建的船板处理配送中心，原物资部北京剪板厂都属于这一类型的配送中心。

2．按照配送中心承担的流通职能分类

（1）供应配送中心。供应型配送中心的主要特点是：供应的用户有限并且稳定，用户的配送要求范围也比较确定，属于企业型用户。因此，配送中心集中库存的品种比较固定，配送中心的进货渠道也比较稳固，同时可以采用效率比较高的分货式工艺。

（2）销售配送中心。销售型配送中心的用户一般是不确定的，而且用户的数量很大，每一个用户购买的数量又较少，属于消费者型用户。这种配送中心很难像供应型配送中心一样，实行计划配送，计划性较差。销售型配送中心集中库存的库存结构也比较复杂，一般采用拣选式配送工艺。销售型配送中心往往采用共同配送方法才能够取得比较好的经营效果。

3．按照配送领域的广泛程度分类

（1）城市配送中心。城市配送中心一般采用“日配”方式，在网络经济时代，为了配合和执行电子商务的配送，也有采取“时配”方式。

（2）区域配送中心。一般而言，区域型配送中心的区域范围是有限的，往往是采用“日配”和“隔日配”可以覆盖的地区，进行分层次的分销和配送，而不由一个配送中心做大范围的覆盖。

4．按照配送中心的内部特性分类

按照内部特性，配送中心可分为储存型配送中心、流通型配送中心、加工配送中心。美国福莱明公司的食品配送中心是典型的储存型配送中心。它的主要任务是接受美国独立杂货商联盟加州总部的委托业务，为该联盟在该地区的 350 家加盟店负责商品配送；沃尔玛商品公司的配送中心是典型的零售型配送中心，是沃尔玛公司独资建立、专为本公司的连锁店按时提供商品、确保各店稳定经营的设施；而加工配送中心具有加工职能，根据用户的需要或者市场竞争的需要，对配送物进行加工之后进行配送的配送中心。在这种配送中心内，有分装、包装、初级加工、集中下料、组装产品等加工活动。在工业、建筑领域，混凝土搅拌的配送中心就是属于这种类型的配送中心；世界著名连锁服务店肯德基和麦当劳的配送中心也是属于这种类型的配送中心。

4.2 配送中心的作业流程

为了更好地理解本节的内容,我们先介绍几个名词:

- 流程:是指为完成某一目标而进行的一系列逻辑相关活动的有序集合;是工作的做法或工作的结构,或是事物发展的逻辑状况,包含了事情进行的始末、事情发展变化的经过,它由活动、逻辑关系、承担者、实现方式等要素构成。
- 活动:流程由一系列的活动组成。
- 逻辑关系:这些不同的活动为了完成流程而采取的连接方式。
- 承担者:是活动的责任人和操作者。
- 实现方式:是活动承担者完成活动所采取的具体技术和工具。

配送中心的作业流程,本质上属于物流作业流程。物流作业流程具有如下特点:

- 与顾客紧密接触。物流作业流程大部分活动都要与顾客接触,有的部分接触,有的完全接触,物流行业的服务性特点决定了物流作业流程与顾客的高接触性。
- 不可预见性。物流作业流程的输出绝大多数是一种服务,不可预见,只能由顾客经历和体验。
- 复杂性。物流作业流程要受到其他要素的影响和制约,物流作业流程一般具有多层次、多活动的特点,协调和管理的难度大。

不同类型的配送中心,其作业流程长短不一、内容各异,但作为一个整体,又是统一的、一致的。关于配送中心的作业流程,可以从一般的作业流程和特殊的作业流程两个方面进行论述。

4.2.1 一般作业流程

配送功能决定了配送的基本作业,配送的基本作业是配送功能的实现,只有进行规范的配送,才能更好地实施配送。下面我们分别介绍配送的功能要素、一般作业总体流程和具体作业环节。

1. 功能要素

(1) 备货。是配送的准备工作或基础工作,备货工作包括筹集货源、订货或购货、集货、进货及有关的质量检查、结算、交接等。配送的优势之一，就是可以集中用户的需求进行一定规模的备货。备货是决定配送成败的初期工作，如果备货成本太高，会大大降低配送的效益。

(2) 储存。配送中的储存有储备及暂存两种形态。

配送储备是按一定时期的配送经营要求，形成的对配送的资源保证。这种类型的储备数量较大，储备结构也较完善，视货源及到货情况，可以有计划地确定周转储备及保险储备结构及数量。配送的储备保证有时在配送中心附近单独设库解决。

另一种储存形态是暂存，是具体执行日配送时，按分拣配货要求，在理货场地所做的少量储存准备。由于总体储存效益取决于储存总量，所以，这部分暂存数量只会对工作方便与否造成影响，而不会影响储存的总效益，因而在数量上控制并不严格。

还有另一种形式的暂存，即是分拣、配货之后，形成的发送货载的暂存，这个暂存主要是调节配货与送货的节奏，暂存时间不长。

(3) 分拣及配货。它是配送不同于其他物流形式的有特点的功能要素，也是配送成败的一项重要支持性工作。分拣及配货是完善送货、支持送货的准备性工作，是不同配送企业在送货时进行竞争和提高自身经济效益的必然延伸，所以，也可以说是送货向高级形式发展的必然要求。有了分拣及配货就会大大提高送货服务水平，所以，分拣及配货是决定整个配送系统水平的关键要素。

(4) 配装。在单个用户配送数量不能达到车辆的有效载运负荷时，就存在如何集中不同用户的配送货物，进行搭配装载以充分利用运能、运力的问题，这就需要配装。

配装和一般送货不同之处在于，通过配装送货可以大大提高送货水平及降低送货成本，所以，配装也是配送系统中有现代特点的功能要素，也是现代配送不同于以往送货的重要区别之处。

(5) 配送运输。配送运输属于运输中的末端运输、支线运输，和一般运输形态的主要区别在于：配送运输是较短距离、较小规模、额度较高的运输形式，一般使用汽车做运输工具。

配送运输与干线运输的另一个区别是，配送运输的路线选择问题是一般干线运输所没有的，干线运输的干线是唯一的运输线，而配送运输由于配送用户多，一般城市交通路线又较复杂，如何组合成最佳路线，如何使配装和路线有效搭配等,是配送运输的特点,也是难度较大的工作。

(6) 送达服务。配好的货运输到用户还不算配送工作的完结,这是因为送达货和用户接货往往还会出现不协调,使配送前功尽弃。因此,要圆满地实现运到之货的移交,有效地、方便地处理相关手续并完成结算,还应讲究卸货地点、卸货方式等。送达服务也是配送独具的特殊性。

(7) 配送加工。在配送中,配送加工这一功能要素不具有普遍性,但是往往是有重要作用的功能要素。主要原因是通过配送加工,可以大大提高用户的满意程度。

配送加工是流通加工的一种,但配送加工有它不同于一般流通加工的特点,即配送加工一般只取决于用户要求,其加工的目的较为单一。

2. 一般作业总体流程

配送中心的一般作业流程基本上是这样一种运动过程:订单→进货→存储→分拣→配货、配装→送货,它是配送中心的典型流程,主要特点是有较大的储存场所,理货、分类、配货、装配的功能要求较强。配送中心一般作业流程图如图 4-3 所示。

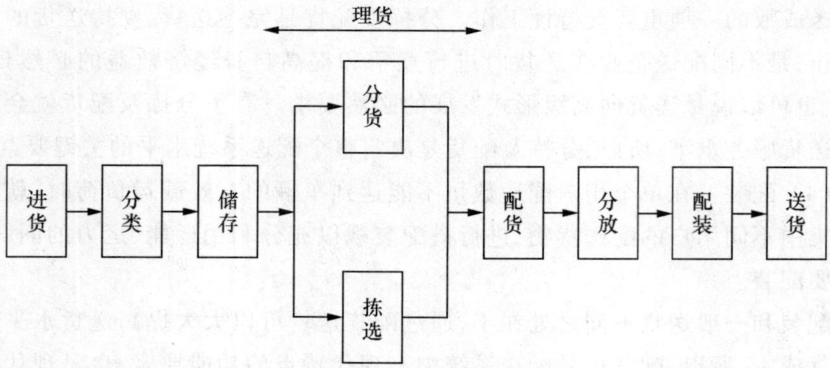

图 4-3 配送中心一般作业流程图

其程序和具体内容如下所述:

(1) 接受并汇总订单。无论从事何种货物配送活动,配送中心都有明确的服务对象。即无论何种类型的配送中心,其经营活动都是有目的的经济活动。因此,在未曾进行实质性的配送活动之前,都有专门的机构以各种方式收取客户的订货通知单并加以汇总。按照惯例,接受配送服务的各个客户一般都要在规定的时间以前将订货单发给配送中心,以此来确定所要配送货物的种类、规格、数量和配送时间等。

收取和汇总客户的订单是配送中心组织和调度诸如进货、理货、送货等活动的重要依据，是配送中心作业流程的开端。

（2）进货。配送中心的进货流程包括以下几种作业：

• 订货。配送中心收到和汇总客户的订单后，首先要确定配送货物的种类和数量，然后要查询本系统现有库存商品中有无所需的现货。如有现货，则转入拣选流程；如果没有，或虽有现货但数量不足，则要及时向供应商发出订单，进行订货。有时配送中心也根据各客户需求情况、商品销售情况以及与供货商签订的协议，提前订货，以备发货、接货。通常，在商品资源宽裕的情况下，配送中心向供应商发出订单之后，供应商会根据订单的要求很快组织供货，配送中心的有关人员接到货物以后，需要在送货单上签收，继而对货物进行检验。

• 验收。采取一定的手段对接收的货物进行检验。若与订货合同要求相符，则很快转入下一道工序；若不符合合同要求，配送中心将详细记载差错情况，并且拒收货物。按照规定，质量不合格的商品将由供应商处理。

• 分拣。对于生产商送交来的商品，经过有关部门验收之后，配送中心的工作人员随即要按照类别、品种将其分门别类地存放到指定的场地，或直接进行下一步操作——加工和选拣。

• 存储。为了保证配送活动正常进行，也为了享受价格上的优惠待遇，有些配送中心常常大批量进货，继而将货物暂时存储起来。由此，在进货流程中就增加了一项存储作业。

（3）理货和配货。为了顺利有序地出货，以及为了便于向众多的客户发送商品，配送中心一般都要对组织进来的各种货物进行整理，并依据顾客要求进行组合。从地位和作用上说，理货和配货是整个作业流程的关键环节，同时，它也是配送运动的实质性内容。

从理货、配货流程的作业内容来看，它是由以下几项作业构成的，即加工作业→拣选作业→包装作业→组合或配装作业。具体情况概述如下：

• 加工作业。在配送中心所进行的加工作业中，有的属于初级加工活动（如长材、大材改制成短材、小材等），有的系辅助性加工，也有的属于深加工活动。加工作业属于增值性经济活动，它完善了配送中心的服务功能。

• 拣选作业。有人把这项工作称为“出货的第一个环节”。实际上，它应当属于理货、配货范围。拣选作业就是配送中心的工作人员根据要货通知单，从储存的货物中拣出客户所要商品的一种活动。具体的做法是"以摘取的方式拣选商品",即工作人员推着集货箱在排列整齐的仓库货架间巡回走动,按照配货单上所填的品种、数量、规格,挑选商品并放入集货箱内。目前,随着配送货物数量的不断增加和配送范围的日益扩大,以及配送节奏的明显加快,许多大型的配送中心已经配置了自动化的分拣设备,开始应用自动化拣选货物。

• 包装作业。配送中心将客户所需要的货物拣选出来以后,为了便于运输和识别各个客户的货物,有时要对配备好的货物重新进行包装,并在包装物上印上标签。这样,在拣选作业之后,常常进行包装作业。

• 配装作业。为了充分利用载货车辆的容积和提高运输效率,配送中心常常把同一条送货路线上不同客户的货物组织起来,装配在同一辆载货车上,于是,在理货和配货流程中还需完成组配或配装作业。

(4) 出货流程。这是配送中心的末端作业,也是整个配送流程中的一个重要环节,包括装车和送货两项经济活动。

• 装车。配送中心的装车作业有两种表现形式:其一是使用机械装卸货物;其二是利用人力装车。通常批量较大的较重商品都被放在托盘上进行装车。有些散装货物,或用吊车装车,或用传送设备装车。因各配送中心普遍推行混载送货方式,对装车作业有几点要求:其一,按送货点的先后顺序组织装车,先到的要放在混载货体的上面或外面,后到的要放在其下边或里面;其二,要做到"轻者在上,重者在下"、"重不压轻"。

• 送货。在一般情况下,配送中心都使用自备的车辆进行送货作业,有时它也借助于社会上专业运输组织的力量,联合进行送货作业。此外,适应不同客户的需要,配送中心在进行送货作业时,常常做出多种安排,有时是按照固定时间、固定路线为固定客户送货;有时也不受时间、路线的限制,机动灵活地进行送货作业。

3. 具体作业环节

(1) 订单处理作业。配送中心的交易起始于客户的咨询,而后由订单的接收业务部门查询出货日的存货状况、装卸货能力、流通加工负荷、包装能力、配送负荷等来答复客户,而当无法按订单依客户要求交货时,由业务部加以协调。由于配送中心一般均非随货收取货款,而是于一段时间后予以结账,因此在订单资料处理的同时,业务人员须依据公司对该客户的资信状况,核查是否已超出其授信额度。在特定时段,业务人员尚需统计该时段的订货数量,并予以调货、安排出货程序及数量,退货资料也该在此阶段予以处理。另外,业务部门还要制定报表计算方式,做报表历史资料管理,预计客户订购最小批量、订货方式或订购结账截止日。

(2) 采购作业。交易订单接受之后,配送中心要向供货厂商或制造厂商订购商品,采购作业的内容包含商品数量统计、对供货厂商查询交易条件,而后依据所订购的数量及供货厂商所提供的较经济的订购批量,提出采购单,最后进行入库进货的跟踪运作。

(3) 进货入库作业。当采购单开出之后,在采购人员进货入库跟踪催促的同时,进货入库管理员即可依据采购单上的预定入库日期,做入库作业排程、入库站台排程;而后在商品入库当日,做入库资料核查、入库品检查,核查入库货品是否与采购单内容一致,当品项或数量不符时即做适当的修正或处理,并将入库资料登录建档。对于由客户处退回的商品,亦应当经过退货品检验、分类处理,登录入库。

(4) 库存管理作业。库存管理作业,包含仓库区的管理及库存数量控制。仓库区的管理包括:货物在仓库区域内的摆放方式、区域大小、区域分布等规划,货物进出仓库的控制遵循先进先出或后进先出等原则,进出货方式的制定(包括:货物所用的搬运工具、搬运方式,仓储区储位的调整及变动)。库存数量的控制则依照一般货品出库数量、入库时间等来制定采购数量及采购时点,并做采购时点预警系统。制定库存盘点方法,在一定期间印制盘点清册,并据此内容清查库存数、修正库存账册并制作盘亏报表。仓库区的管理还包括容器的使用与容器的保管维修。

(5) 补货及拣货作业。由客户订单资料的统计,即可知道货品真正的需求量;而于出库日,当库存数量足以供应出货需求量时,即可依据需求数印制出库拣货单及各项拣货指示,做拣货区域的规划布置、工具的选用及人员调派。出货拣取不光要注意拣取作业,更应注意货架上商品的补充,以使拣货作业流畅而不至于缺货。

(6) 流通加工作业。商品由配送中心送出之前,可于配送中心做流通加工处理。在配送中心的各项作业中,以流通加工最易提高货品的附加值,其中流通加工作业包含商品的分类、过磅、拆箱重包装、贴标签及商品的组合包装。而欲达到完善的流通加工,必须进行包装材料及容器的管理、组合包装规则的制定、流通加工包装工具的选用、流通加工作业的排程、作业人员的调派等工作。

(7) 出货作业处理。完成货品的拣取及流通加工作业之后,即可执行商品的出货作业。出货作业的主要内容包括:依据客户订单资料印制出货单据,制定出货流程,印制出货批次报表、出货商品的地址标签、出货核检表。由排程人员决定出货方式、选用集货工具、调派集货人员,并决定运送车辆的大小与数量;由仓库管理人员或出货管理人员决定出货区域的规划布置及出货商品的摆放方式。

(8) 配送作业。配送商品的实体作业包含将货品装车并实施配送,而完成这些作业需事先规划配送区域的划分或配送路线的安排,由配送路径选用的先后次序来决定商品装车的顺序,并在商品的配送途中做商品的追踪及控制、配送途中意外状况的处理。

(9) 会计作业。商品出库后,销售部门可依据出货资料制作应收账单,并将账单转入会计部门作为收款凭据。商品入库后,由收货部门制作入库商品统计表以作为供货厂商稽核之用,并由会计部门制作各项财务报表以供制定营运政策及营运管理方法时参考。

(10) 营运管理及绩效管理作业。除了上述实体作业之外,良好的运作更要基于较高层次的管理者通过各种考核评估来完成配送中心的效率管理,并制定良好的营运决策方针。而营运管理和绩效管理可以通过各个工作人员或中级管理阶层提供各种资讯与报表来反映,包含出货销售的统计资料、客户对配送服务的反映报告、配送商品次数及所用时间的报告、配送商品的失误率、仓库缺货率分析、库存损失率报告、机器设备损坏及维修报告、燃料耗材等使用量分析、外雇人员、机器和设备的成本分析、退货商品统计报表、作业人力的使用率分析等。

4.2.2 特殊作业流程

配送中心的类型不同,担负的流通职责不同,其流程也有所不同。在规划配送中心的作业流程时,除应考虑其完成任务的基本职能外,还需考虑配送中心的位置规模、接收对象及作业内容、商品的特性等条件。

配送中心的作业流程规划决定了配送中心作业的详细、具体要求,如确定装卸搬运容器尺寸形状、装卸搬运的机器和设备规格、特殊车辆的规格、配送中心内部作业、场所的详细配置等,这些是建立配送中心的重要步骤。

所谓的特殊作业流程,是指某一类配送中心进行配送作业时所经过的程序，其中包括不设储存库的配送工艺流程、带有加工工序的配送工艺流程以及分货型配送中心流程。

1．不设储存的作业流程

在流通实践中，有的配送中心主要从事配货和送货活动，本身没有储存场地，而尽量利用设立在其他地方的"公共仓库"来补充货物。因此在其配送作业流程中，没有储存工序。但为了保证配货、送货活动的顺利开展，有时配送中心暂时设一存储区。实际上，在这类配送中心内部，货物暂存和配货作业是同时进行的。在实际生活中，配送生鲜食品的配送中心通常都按照这样的作业流程开展业务活动。其作业流程如图 4-4 所示。

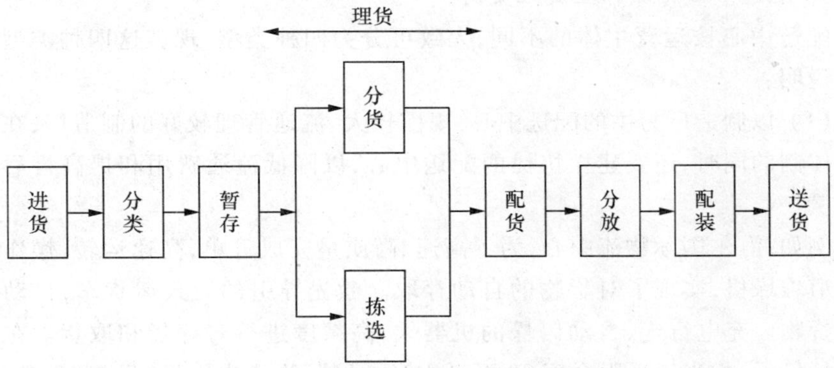

图 4-4　不带储存库的配送中心作业流程

2．加工转换型配送中心作业流程

加工型配送中心多以加工产品为主，因此，在其配送作业流程中储存作业和加工作业居主导地位。

加工型配送中心的作业流程的特点是：进货是大批量、单品种（或少品种）的产品，因而分类的工作不重或基本上无须分类存放。储存后进行加工，与生产企业按标准、系列加工不同，加工一般是按用户要求。因此加工后产品便直接按用户分放、配货。所以这种类型的配送中心有时不单设分货、配货或拣选环节。配送中心中加工部分及加工后分放部分占较多位置。其作业流程如图 4-5 所示。

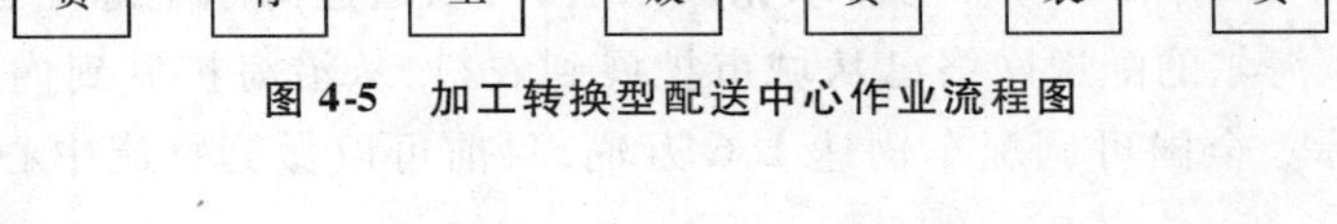

图 4-5　加工转换型配送中心作业流程图

3. 分货型配送中心的作业流程

分货型配送中心是以中转货物为其主要职能的配送组织。在一般情况下,这类配送中心在配送货物之前都先要按照要求把单品种、大批量的货物分堆,然后再将分好的货物分别配送到客户指定的接货地点。其作业流程比较简单,无须拣选、配货、配装的作业程序。其作业流程如图 4-6 所示。

图 4-6　分货型配送中心作业流程图

4. 配送中心特殊作业流程案例

配送中心按运营主体的不同,大致可分为四种类型,现就这四种类型分别举例说明:

(1) 以制造厂为主的配送中心:规模较大、流通管理较好的制造厂,在建立销售体制的同时,还要建立快捷的配送中心,以降低流通费用和提高售后服务的质量。

例如:海尔国际物流中心,为了高速、高质量完成订单,高速运转、操作简单的巷道堆垛机,实现了对货物的自动存取。激光导引的无人运货车,自动完成装卸货物。充电行走、自动码垛的机器人,高精度进行着存货和取货。在这个投资近亿元,相当于平面仓库 30 万平方米的国际物流中心里,只有 19 名员工,其中叉车工仅 9 位,其效率之高让人叹服,海尔物流提高了海尔的运作速度。海尔物流的 JIT 实现了同步流程,由于物流技术和计算机信息管理的支持,海尔物流通过 3 个 JIT,即 JIT 采购、JIT 配送和 JIT 分拨物流来实现同步流程。目前通过海尔的 BBP 采购平台,所有的供应商均在网上接受订单,使下达订单的周期从原来的 7 天以上缩短为 1 小时内,而且准确率达 100%。除下达订单外,供应商还能通过网上查询库存、配额、价格等信息,及时补货,实现 JIT 采购。为实现"以时间消灭空间"的物流管理目的,海尔从最基本的物流容器单元化、集装化、标准化、通用化到物料搬运机械化开始实施,逐步深入到对车间工位的五定送料管理系统、日清管理系统进行全面改革,加快了库存资金的周转速度,库存资金周转天数由原来的 30 天以上减少到 12 天,实现 JIT 过站式物流管理。生产部门按照 B2B、B2C 订单的需求完成以后,可以通过海尔全球配送网络送达用户手中。海尔的配送网络已从城市扩展到农村,从沿海扩展到内地,从国内扩展到国际。全国可调配车辆达 1.6 万辆,目前可以做到物流中心城市 6—8

小时配送到位，区域配送24小时到位，全国主干线分拨配送平均4.5天，形成全国最大的分拨物流体系。

（2）以大型经销商为主的配送中心：一般是按行业或商品类别的不同，把相关制造厂的商品集中起来，然后，向下位配送中心或零售店、连锁店等进行配送。对于不具备建立独自配送中心的制造厂或本身不能备齐各种商品的零售商或零售店，往往采用这种办法。

例如：保加利亚索菲服装配送中心，配送中心由样品陈列室、批发洽谈室和保管多家服装制造厂的各种服装的高层自动化仓库等组成，客户在陈列室看样品，在洽谈室进行商务谈判后，配送中心就负责准时地把所需服装送达客户，集贸易和配送于一体。

又如：上海百大配送有限公司，是上市公司昆百大控股的云南百大投资有限公司在物流配送业投资的一个全国性的配送网络，经过五年的运作，已建成包括上海、北京、南京和昆明四城市四种商业模式的从事第三方物流末端服务的专业配送有限公司。

（3）以零售业为主体的配送中心：它是为专业商品为主的零售店、超级市场、百货商店、家用电器商场、建材商场、粮油食品商店、宾馆饭店等服务的。随着城市的增多和大型化，随着人民生活水平的提高，第三产业日趋发达。但城市的商店或服务企业，一般不设仓库和运输设备，因此这类配送中心的发展更为迫切和迅速。

例如：北京食品配送中心，它储存各种各样的冷冻食品，如各种鱼、虾、肉类等，每天接受各大宾馆、饭店的订货，并准时迅速配送、送达。

又如：华联超市股份有限公司，公司拥有连锁店800家（其中直营店170家，加盟店630余家），网店遍布上海市各区县、辐射江苏、浙江等。连锁超市是以连锁制为轴心，以广大的门店网络为市场依托，以规模化采购、收货、流通加工、保管和集约化的配送体制为利润源。

（4）以公路服务业为主题的配送中心：如各主要城市的中心邮局和港湾、铁路、公路各枢纽，十分需要将到达的货物迅速地配送给用户。

例如：各主要城市中心邮局的配送中心，必须将随机、无序收集到的包裹、邮件，通过高速分拣装置进行按目的地不同的分拣，并按航班、车次进行配送。相反，从国内外到达的包裹、邮件，也要通过高速分拣装置进行按城市街区不同的分拣，并向收件人配送。

又如:各铁路货场、公路货场,过去,往往是等待用户自行提取。如果根据路程的方向和远近进行拣选和分类,将若干用户的货物,使用一辆卡车,一次分别送达用户,这将降低货场场地仓库面积,提高车辆装载率,降低物流费用。

4.2.3 业务流程重组理论

1. 业务流程重组理论的产生与发展

西方世界的经济增长速度在第二次世界大战之后不断放慢。大致说来,20世纪60年代约下降至5%;70年代约为3.6%;80年代约为2.8%;90年代进一步降为2%。在短短20年间就丧失了近60%的增长势头。而与此同时,全球的生产力在迅速提高,科学技术的发展也日新月异,经济体系已由工业经济逐步转向以信息和知识为基础的服务经济。全球经济日趋一体化,市场竞争越来越激烈,如此等等,都迫使企业从根本上重新思考自己的业务流程。

20世纪60年代以来,在日本兴起了一种被称为"改善(kaizen)"的管理哲学,结果带来了日本工业的巨大复苏。"改善"的原意是每个人总在不断地改进着每一件事。在西方,日本的改善文化逐渐演化成了TQM(全面质量管理)和ISO 9000运动。到了80年代,许多大公司,特别是欧美一些大公司开始认识到这种连续的改善对企业适应新的环境变化是远远不够的。同时,信息技术的发展也为彻底的改善提供了有利条件。90年代初,美国的M. Hammer博士提出了企业流程再造(business process reengineering,BPR)的概念。自此以后,BPR为管理学界和实业界所推崇,被奉为"现代管理的一场革命"。

一些世界级的大公司如福特汽车、柯达、IBM等纷纷报道了BPR所带来的巨大的成效。据报道,BPR一般在1—2年内取得回报,平均降低成本48%,降低次品率60%,缩短时间80%。显然,BPR在管理学上的价值几乎与泰勒的工业工程原理旗鼓相当,必将对世界经济和人类社会的发展产生巨大的影响和深远的意义。

现在的企业管理结构和运营机制及其背后的理念和原则是在19世纪设计出来的,在20世纪运行得不错,它是工业社会,尤其是最早工业社会的产物。不管人们是否情愿正视,显然它已越来越不适应信息社会的需要。现在已进入21世纪,当前企业所面临的挑战呼唤着管理上的根本性变革。

企业流程再造也称企业业务流程重组,是90年代初兴起于美国的最新管理思想。随后，在以美国公司为首的西方各国公司开始了 BPR 改革的热潮。

BPR 是近年国外管理界在 TQM（全面质量管理）、JIT（准时生产）、WORKFLOW（工作流管理）、WORKTEAM（团队管理）、标杆管理等一系列管理理论与实践全面展开并获得成功的基础上产生的，是西方发达国家在 20 世纪末，对已运行了 100 多年的专业分工细化及组织分层制的一次反思及大幅度改进。BPR 主要是对企业僵化、官僚主义的革命。

专业制分工及组织分层制是西方工业国家取得大规模工业化成功的前提，在托福勒的《第三次浪潮》一书中，对“大就是好”的大规模生产时代，进行了最详尽的描述，并预言其时代的终结。但十多年过去了，大企业并未消失，而是采用了 BPR 及其他先进思想使自己获得了新生。

BPR 理论 1995 年左右进入中国，引起我国企业界和管理理论界的高度重视。目前，BPR 在我国的影响力正逐渐扩大。据了解，我国一些企业开始与管理咨询机构或高校合作，尝试使用 BPR 改进企业管理。目前上海复旦大学的 BPR 理论研究较为深入。

2. 业务流程重组理论的定义

信息系统的规划与组织变革密切相关，组织为了适应不断变化的环境，寻求新的发展，引进新产品、新技术，或者拓展新市场等，都需要进行变革。业务流程重组（业务再造）作为一种新的组织变革理念，对信息系统规划产生了非常重要的影响。本节重点阐述了信息系统的规划与业务流程重组之间的关系、业务流程重组的概念和内涵，以及如何将业务流程重组和信息系统规划结合起来。

业务流程重组就是重新设计和安排企业的整个生产、服务和经营过程，使之合理化。通过对组织原来生产经营过程的各个方面、每个环节进行全面的调查研究和细致分析，对其中不合理、不必要的环节进行彻底的变革。在具体实施过程中，可以按以下程序进行：

第一步，对原有流程进行全面的功能和效率分析，发现其存在的问题。根据企业现行的业务流程，绘制细致、明晰的业务流程图，并从以下方面分析现行业务流程的问题：

- 寻找现有流程中增加管理成本的主要原因，找出组织结构设计不合理的环节，分析现存业务流程的功能、制约因素以及表现的关键问题；
- 根据市场、技术变化的特点及企业的现实情况，分清问题的轻重缓急，找出业务流程再造的切入点；

- 根据市场的发展趋势以及客户对产品、服务需求的变化，对业务流程中的关键环节以及各环节的重要性重新定位和排序。

第二步，设计新的流程改进方案，并进行评估。在设计新的流程改进方案时，要对流程进行简化和优化，可以考虑以下几方面：

- 将现在的多项业务或工作组合，合并为一；
- 业务流程的各个步骤按其自然顺序进行；
- 权力下放，压缩管理层次，给予员工参与决策的权力；
- 为同一种工作流程设置若干种进行方式；
- 工作应当超越组织的界限，在最适当的场所进行；
- 变事后管理为事前管理，尽量减少检查、控制、调整等管理工作；
- 尽量改串行工程为并行工程。

对于提出的多个业务流程改进方案，还要从成本、效益、技术条件和风险程度等方面进行评估，选取可行性强的方案。

第三步，制订与业务流程改进方案相配套的组织结构、人力资源配置和业务规范等方面的改进规划，形成系统的业务流程重组方案。

企业业务流程的实施是以相应组织结构、人力资源配置方式、业务规范、沟通渠道甚至企业文化作为保证的，所以，只有以流程改进为核心形成系统的业务流程重组方案，才能达到预期的目的。

组织结构与文化的变革包括：

- 组建自主的、多功能化的工作小组；
- 引入项目小组的工作方式；
- 改革生产管理者和监督人的角色；
- 缩小组织各单元的规模；
- 引入质量小组的方式；
- 精简某些管理层；
- 员工持股计划；
- 与业绩挂钩的弹性的薪资制度；
- 基于企业价值观和态度的培训，加强全面质量管理的责任感；
- 弘扬团队精神；
- 重新确立公司目标，完善使命宣言。

第四步，组织实施与持续改善。

实施业务流程重组方案，必然会触及原有的利益格局。因此，必须精心组织，谨慎推进，要克服阻力，在组织内达成共识，才能保证业务流程重组的顺利进行。

BPR实现的两个“利器”是信息技术和再造。BPR之所以作用巨大，一个手段是在于充分发挥了信息技术的潜能，即利用信息技术改变业务的流程，简化业务流程。另一个手段就是变革组织结构，实现组织精简，效率提高。没有信息技术的深入应用，没有变革组织，严格地说不能算是实现了BPR。

3. 业务流程重组理论的类型

根据流程范围和重组特征，可将BPR分为以下三种类型：

(1) 功能内的BPR

通常是指对职能内部的流程进行重组。在旧体制下，各职能管理机构重叠、中间层次多，而这些中间管理层一般只执行一些非创造性的统计、汇总、填表等工作，计算机完全可以取代这些业务而将中间层取消，使每项职能从头至尾只有一个职能机构管理，做到机构不重叠、业务不重复。例如物资管理由分层管理改为集中管理，取消二级仓库；财务核算系统将原始数据输入计算机，全部核算工作由计算机完成，变多级核算为一级核算等。

宝钢实行的纵向结构集中管理就是功能内BPR的一种体现。按纵向划分，宝钢有总厂、二级厂、分厂、车间、作业区五个层次。在深化改革中，宝钢将专业管理集中到总厂，二级厂及以下层次取消全部职能机构，使职能机构扁平化，做到集中决策、统一经营，增强了企业的应变能力。

(2) 功能间的BPR

功能间的BPR是指在企业范围内，跨越多个职能部门边界的业务流程重组。例如北京第一机床厂进行的新产品开发机构重组，以开发某一新产品为目标，组织集设计、工艺、生产、供应、检验人员为一体的承包组，打破部门的界限，实行团队管理，以及将设计、工艺、生产制造并行交叉的作业管理等。这种组织结构灵活机动，适应性强，将各部门人员组织在一起，使许多工作可平行处理，从而可大幅度地缩短新产品的开发周期。

又如宝钢的管理体制在横向组织结构方面实行一贯管理的原则。所谓一贯管理，就是在横向组织方面适当简化专业分工，实行结构综合化。凡是能由一个部门或一个人管理的业务，就不设多个部门或多个人去管；在管理方式上实现各种物流、业务流自始至终连贯起来的全过程管理，克服传统管理中存在的机构设置分工过细及业务分段管理的情况。

(3) 组织间的 BPR

组织间的 BPR 是指发生在两个以上企业之间的业务重组，如通用汽车公司(GM)与 SATURN 轿车配件供应商之间的购销协作关系就是组织间 BPR 的典型例子。GM 公司采用共享数据库、电子数据交换(electronic data interchange, EDI)等信息技术，将公司的经营活动与配件供应商的经营活动连接起来。配件供应商通过 GM 的数据库了解其生产进度，拟定自己的生产计划、采购计划和发货计划，同时通过计算机将发货信息传给 GM 公司。GM 的收货员在扫描条形码确认收到货物的同时，通过 EDI 自动向供应商付款。这样，使 GM 与其零部件供应商的运转像一个公司似的，实现了对整个供应链的有效管理，缩短了生产周期、销售周期和订货周期，减少了非生产性成本，简化了工作流程。这类企业资源计划(enterprise resource planning, ERP)是目前业务流程重组的最高层次，也是重组的最终目标。

由以上三种类型的业务流程重组可以看出，各种重组过程都需要数据库、计算机网络等信息技术的支持。ERP 的核心管理思想是实现对整个供应链的有效管理，与 ERP 相适应而发展起来的组织间的 BPR 创造了全部 BPR 的概念，是全球经济一体化和 Internet 广泛应用环境下的 BPR 模式。

4. 业务流程重组理论的原则

BPR 是对现行业务运行方式的再思考和再设计，应遵循以下基本原则：

(1) 以企业目标为导向调整组织结构

在传统管理模式下，劳动分工使各部门具有特定的职能，同一时间只能由一个部门完成某项业务的一部分。而 BPR 打破了职能部门的界限，由一个人或一个工作组来完成业务的所有步骤。随着市场竞争的加剧，企业需要通过重组为顾客提供更好的服务，并将 BPR 作为发展业务和拓宽市场的机会。

(2) 让执行工作者有决策的权力

在 ERP 系统的支持下，让执行者有工作上所需的决策权，可消除信息传输过程中的延时和误差，并对执行者有激励作用。

(3) 取得高层领导的参与和支持

高层领导持续性的参与和明确的支持能明显提高 BPR 成功的概率。因为 BPR 是一项跨功能的工程，是改变企业模式和人的思维方式的变革，必然对员工和他们的工作产生较大影响。特别是BPR常常伴随着权力和利益的转移,有时会引起一些人,尤其是中层领导的抵制,如果没有高层管理者的明确支持,则很难推行。

(4) 选择适当的流程进行重组

在一般情况下,企业有许多不同的业务部门,一次性重组所有业务会导致其超出企业的承受能力。所以,在实施BPR之前,要选择好重组的对象。应该选择那些可能获得阶段性收益或者是对实现企业战略目标有重要影响的关键流程作为重组对象,使企业尽早地看到成果,在企业中营造乐观、积极参与变革的气氛,减少人们的恐惧心理,以促进BPR在企业中的推广。

(5) 建立通畅的交流渠道

从企业决定实施BPR开始,企业管理层与职工之间就要不断进行交流。要向职工宣传BPR带来的机会,如实说明BPR对组织机构和工作方式的影响,特别是对他们自身岗位的影响及企业所采取的相应解决措施,尽量取得职工的理解与支持。如果隐瞒可能存在的威胁,有可能引起企业内部动荡不安,从而使可能的威胁成为现实。

BPR思想是一种着眼于长远和全局,突出发展与合作的变革理念。归纳起来有如下原则:

- 组织结构应该以产出为中心,而不是以任务为中心。这条原则是说应该由一个人或一个小组来完成流程中的所有步骤。围绕目标或产出而不是单个任务来设计人员的工作。

- 让那些需要得到流程产出的人自己执行流程。过去由于专业化精密分工,企业的各个专业化部门只做一项工作,同时又是其他部门的顾客。例如会计部就只做会计工作,如果该部门需要一些新铅笔就只能求助于采购部,于是采购部需要寻找供货商,讨价还价,发出订单,验收货物然后付款,最后会计部才能得到所需的铅笔。这一流程的确能完成工作,并且对于采购贵重货物的确能显示出专业化采购优势,但是对于铅笔这类廉价的非战略性物品,这一流程就显得笨拙而缓慢了,并且用以采购的各项间接费用往往会超过所购产品的成本。

- 将各地分散的资源视为一体。集权和分权的矛盾是长期困扰企业的问题。集权的优势在于规模效益,而缺点是缺乏灵活性。分权,即将人、设备、资金等资源分散开来,能够满足更大范围的服务,但却随之带来冗员、官僚主义和丧失规模效益的后果。有了数据库、远程通信网络以及标准处理系统,人们不再为"鱼和熊掌不可兼得"而伤透脑筋,企业完全可以在保持灵活服务的同时,获得规模效益。总公司与各制造单位使用一个共同的采购软件系统,各部门依然是订自己的货,但必须使用标准采购系统。总部据此掌握全公司的需求状况,并派出采购部与供应商谈判,签订总合同。在执行合同时,各单位根据数据库,向供应商发出各自订单。

- 将并行工作联系起来,而不是仅仅联系它们的产出。存在着两种形式的并行,一种是各独立单位从事相同的工作;另一种是各独立单位从事不同的工作,而这些工作最终必须组合到一起。新产品的开发就属于后一种的典型。并行的好处在于将研究开发工作分割成一个个任务,同时进行,可以缩短开发周期。但是传统的并行流程缺乏各部门间的协作,因此,在组装和测试阶段往往就会暴露出各种问题,从而延误了新产品的上市。现在配合各项信息技术,如网络通信、共享数据库和远程会议,企业可以协调并行的各独立团体的活动,而不是在最后才进行简单的组合,这样可以缩短产品开发周期,减少不必要的浪费。

- 使决策点位于工作执行的地方,在业务流程中建立控制程序。在大多数企业中,执行者、监控者和决策者是严格分开的。这是基于一种传统的假设,即认为一线工人既没有时间也没有意愿去监控流程,同时他们也没有足够的知识和眼界去做出决策。这种假设就构成了整个金字塔式管理结构的基础。而今,信息技术能够捕捉和处理信息,专家系统又拓展了人们的知识,于是一线工作者可以自行决策,在流程中建立控制,这就为压缩管理层次和实现扁平组织提供了技术支持。而一旦员工成为自我管理自我决策者的时候,金字塔式组织结构以及伴随着它的效率低下和官僚主义,也都会消失。

- 从信息来源地一次性地获取信息。在信息难以传递的时代,人们往往会重复采集信息。但是,由于不同人、不同部门和组织对于信息有各自的要求和格式,不可避免地造成企业业务延迟、输入错误和额外费用。然而今天,当我们采集一条信息之后,可以将它储存于在线数据库中,与所有需要的人实现共享。

5. 进行业务流程重组的意义

(1) 业务流程重组价值分析

- 决策与执行体系的效率提升。在信息缺乏的环境中,决策点往往需要上升到企业的上层才能进行,无法制定规则使决策变得高效。在信息量足够的情况下,便能制定出更细腻的业务规则,使决策点降低,反应速度更快。比如,如果不能从信息管理系统中获知产品的库存情况或成本状况,业务员便不能及时确认准确的交货期并与客户谈判,决策需要在请示掌握成本的经理后才能做出,而在成本信息可以共享的情况下,业务员便能根据公司规定的利润期望,及时与客户达成协议。

所以业务流程重组的一个重要目标便应该是能提供进行决策的科学性和效率,通过建立信息管理系统,实现信息共享、在线分析等目标,能为决策提供更有价值的信息。

信息传递往往是执行体系中非常费时的环节,简单的对比手工填写领料单与电脑打印领料单就可以清楚地看到,时间可以节省几十倍。在对比自动货仓中存取货的过程,在几千种货物上千立方米的自动仓库中也不过十来秒钟就能完成,而人工处理可能需要十几甚至二十分钟。

业务流程重组需要研究企业执行体系中下达指令的过程、进行作业分析和物流线路分析、进行生产设备或生产线的效率分析,通过加快指令下达速度、进行作业调整等手段来提升执行效率。对于人员来讲,还需要考虑到适当人选、足够的培训和激励因素等。

在企业的业务流程中,执行效率的提升也是业务流程重组所需要关注的重要目标。执行由决策指令的下达开始,经过业务流程重组特别是在企业信息系统的支持下,下达指令的过程可以是无纸化的、跨越时空的,这方面效率的提升是显而易见的。

- 作业过程的优化效果。业务流程重组的重要作用是对企业决策体系和执行体系的调整,是企业管理方面所做的变革,这些变革必然会为企业经营带来各种影响,但如果简单地把业务流程重组与企业经营效果挂钩,可能会夸大业务流程重组的作用,也不能正确分析业务流程重组的价值。

面向过程的评价体系,对于业务流程重组更有实际的操作意义,特别值得从企业决策和执行效率两方面对业务流程重组的价值进行评判,可以建立的评判标准包括决策环节是否减少,决策时间是否缩短,决策成本是否降低,并把这些因素加以量化比较,评判业务流程重组的价值也就有依据了。

把业务流程重组的评判建立在面向过程的思想上,所设计的评价体系便能准确细腻地抓住问题的本质,形成可操作的调整指标,不断完善业务流程重组的变革过程,使企业能持续地从业务流程重组中获得收益。

我们探讨过采用面向过程的评价体系来评价业务流程重组的价值,还可以从另外一个角度来研究业务流程重组对企业的贡献,我们同样可以为企业分析业务流程链上各个单元的运作成本及对企业经营所作出的贡献,形成按照流程价值链的评价方法。

这种分析方法,不仅关注到工作单元本身,也涉及相关工作单元,以及流程链上所有单元对企业的综合贡献。发现工作价值本身也是对员工作业的重要激励因素,按照价值链的观念把业务流程重组看成是工作价值的创造过程,对于成功实施业务流程重组有重要的意义。

- 业务流程重组带来的变革机会

业务流程重组为企业带来的变革机会包括:

第一,能转变价值观念:在业务流程重组的过程中,实地研究企业作业流程所形成的价值量是极为重要的分析手段。在以部门为核心的流程方案中,强调的是部门的职能,而现代理论指引下的业务流程重组强调的作业流程所形成的价值链,目标是提升整个流程的价值量。

第二,能形成新兴业务中心:在传统的管理中,强调职能化的部门设置,一切以企业自身为核心,而业务流程重组则更加注重观察来自客户和竞争因素方面的问题,引领企业从项目中心向产品中心转变,从产品中心向客户中心转变,从销售中心向服务中心转变。

第三,能提升作业效率:通过业务流程重组对企业的决策体系和执行体系进行调整,可以降低决策层次,提高决策效率。流程的改变会提高信息流和物流的运转水平,使企业的执行力变得更强。

业务流重组的进行必然要调整员工在企业的决策体系和执行体系中的作用,形成决策权的重新分配,员工所承担的执行任务也会因此而发生改变。面对变化,人们都会有不同的反应,对变化所带来的负面反应也是自然存在的。

在导入 ERP 这样大的管理系统或进行 BPR 这种大的管理变革时,员工的对抗、不解是实施失败的重要因素。对员工进行充分的培训,使从高层、中层到基层的员工都能清楚理解业务流程重组的意义,知道如何按新的流程工作,是推行业务流程重组所必须高度重视的沟通管理。

业务流程重组的根本目标是使企业资源得到更合理配置,提升企业的工作效率,使客户更能感受到企业的关怀,并愿意成为忠诚的客户。业务流程重组在为每个员工创造新的发展机会，通过调整自我，便能发挥更大的作用，这种进步的的机会是业务流程重组所特有的，需要好好把握。

（2）业务流程重组对企业管理各方面的意义

- 对组织机构的影响：BPR 对企业的冲击是巨大的，现代企业的职能部门数量及级别会大大压缩，企业的组织机构不再是“多级管理”，而是呈现“扁平化”趋势。以专业技术组织的职能部门仍将存在，但部门之间的“边界”大大淡化。部门经理权力有限，一般只是制定战略、培训及管理人员，员工直接服务对象是顾客，而不是“上司”。

- 流程团队（team）在企业中重要地位的体现：按照一定的流程组成的 team 活跃在企业经济活动中，team 可以是临时的，也可以是永久的。一个 team 可以跨越许多专业部门，如在一个计算机公司内，为了一个项目，可以由市场部、销售部、技术部、维修部、财务部等多部门的人共同组成一个临时的 team。这样，企业以一个整体共同面向用户，避免了在销售时，同一公司的不同部门络绎不绝地出现在同一个用户面前，而在系统维护时，用户则不知道去找谁的局面。在一个商场，可以对某类商品的进货，由商品部、采购部、财务部、小组、库房等组成一个永久的 team，用以提高商品进货的效率、商品的适销度。

- 对人事管理及考核、薪酬制度的冲击：由于采用“流程”为工作重点，对以官本位为基础的专业职能及人事管理体制，产生了极其猛烈甚至是残酷无情的冲击，分析并量化工作流程将是一项复杂且崭新的挑战，对各级管理人员的评定将不再是各种行政级别，整个流程的执行结果将是人员的考核、薪酬评定的标准。

- 对员工的积极要求：在运作中，员工将分为具有领导及沟通能力的“流程领导者”和各类应用专家，每个人都可以根据自身特点选择自己的发展方向，只要认真努力，自然会拥有名义及地位。如在微软公司的项目组中，一个级别较低的 PM（项目经理）可以领导一个技术级别等同于比尔·盖茨的技术专家。在此情况下，每个人追求的将不再是各级“经理”或“处长”等，而是各种“专家”。

- 对企业管理方式的冲击：国内有些企业有个误区，提起加强管理，就是制定出数大本《XX 企业管理制度汇编》，然后监督执行。但我们同样可以看到，许多管理制度健全并严格执行的国有企业仍然被市场无情地抛弃，这就是只重局部管理、不看整体流程所造成的，可以称之为见木不见林。我们可以在事后埋怨体制,但事实上,整体流程僵化的绳索往往是我们自己套在脖子上的。

综上所述,BPR对企业的改造是全面的、彻底的,大部分的现行体制将被打破、重组。我们的企业能够直面这样的现实吗?无论如何,只有重视顾客、关心流程、运行效率高的企业,才能生存在今后的市场中。

4.2.4 业务流程重组实例

本节以能兴电力安装公司为例,介绍配送中心存储业务流程重组。

1. 背景分析

能兴电力安装公司是一个有关电力设备的安装公司,它与供电局挂钩在南海市内,只要安装电力设备,就必须通过该公司。其配送中心的主要任务是储存、保管、分发该公司的电力安装设备。

该配送中心曾存在很多问题,如出入库流程不完善,单据混乱,监管体制欠缺,管理不力,人员散漫等。由于配送中心管理的混乱,使得配送中心的效率很低,对其员工绩效的评价难以开展,提高了配送中心的成本。而施工队也对配送中心充满了不满情绪,由于配送中心送货的效率低下,施工队的用料不能得到及时补充,直接影响了工程的进度,最终引起客户的不满和抱怨。而且,广东省的电力系统已经准备放开,实行竞争体制,由此,能兴电力安装公司就会面临激烈的竞争和严重的客户流失,从而影响整个公司的效益。因此,对该公司的配送中心进行流程重组势在必行。

2. 对配送中心进行业务流程重组的目标

(1) 改善整个配送中心的服务。

- 如果有相似的任务、作业,则将它们合并起来;
- 明确每个人、每个步骤和流程的职能;
- 重新设计和转变工作模式。

(2) 尽量减少主管的意识。

(3) 采取有效的措施和方法去交换有用的信息和数据。

(4) 消除上述不良现象。

3. 进行业务流程重组的方法和步骤

很多企业业务流程重组失败的原因,使它们没有完整的计划和正确的方法去指引和控制改造的过程。有的人总是以“我认为应该怎么样”去行事,对流程的改造以主观意识为基础，而不是以事实为基础；有的人甚至过分地在乎很多小问题，而忽略了那些真正重要的问题。为了避免这些失败，正确、系统的方法和步骤是必需的。

正确的方法必须是以事实为基础的，也就是说对流程的改造应该建立在对系统的观察和一定量的数据收集上，这样就能在分析后把重点放在主要的问题上，然后消除那些无效的流程和步骤。换句话说，一个标准的方法是要能确定那些要被改造的、被减少的流程和步骤，使现有的流程得到明显的改善。

Harbour 提出的 7 步流程改造法是现行使用的标准方法之一，它能保证在业务流程重组中坚守其准则和要求。这 7 个步骤如下：

(1) 界定流程的范围；

(2) 观察流程的各个步骤；

(3) 收集与流程有关的数据；

(4) 分析收集到的资料；

(5) 明确要进行改造的流程；

(6) 对现有流程进行改造；

(7) 实行改造和对其进行控制。

在此，对能兴电力安装公司配送中心的业务流程重组采用系统化改造，也就是辨析理解现有流程，创建提供所需产出的新流程。

4. 对配送中心原流程进行重组

(1) 界定流程的范围

这一步主要是分清“流入”和“流出”流程，也就是明确流程是从哪里开始和在哪里结束。配送中心存储流程可按此分为物料的“出库”和“入库”，再细分一点，可分为“发货”、“退货”和“入库”三个流程。在此，把每个流程所需要的时间作为评定流程效率的一个尺度，因为根据每个步骤所用时间的长短，可以计算出整个流程所需的时间，也就是其周期和效率等评价指标。

(2) 观察流程的各个步骤

在界定完流程的范围后，很重要的就是观察流程的每个步骤，取得并记录每个步骤的信息。有的步骤可能是操作，有的却可能是检查等。图 4-7 为原配送中心的整体流程图。

把图 4-7 中的“中心管理”模块分解，得到详细的入库流程，如图 4-8 所示。

该流程中存在的问题有:送货单只有两联,第一联由供应商留底,第二联交配送中心保管核对,再由配送中心定期连同发票一起交给财务部,这样一来,配送中心并没有送货单存根。在验收这一环节,配送中心管理员只对货物的数量或重量做检查,而质量或包装却不检查;对于特殊的货物,如电表箱等则先由验表室验完后再运到配送中心来保管。这样很不利于配送中心对货物的管理,影响了货物的入库效率。而且,由于配送中心没有专门的文员,其入库单的录入经常拖很久,因此配送中心不能按时、及时地把入库单和发票上交财务部,致使财务部不能及时地向供应商付款,有时甚至要供应商的工作人员来催,不利于公司对供应商的管理。

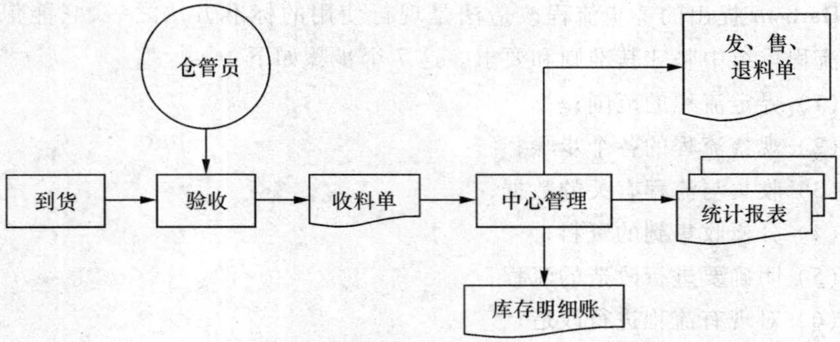

图 4-7　原配送中心储存管理流程图

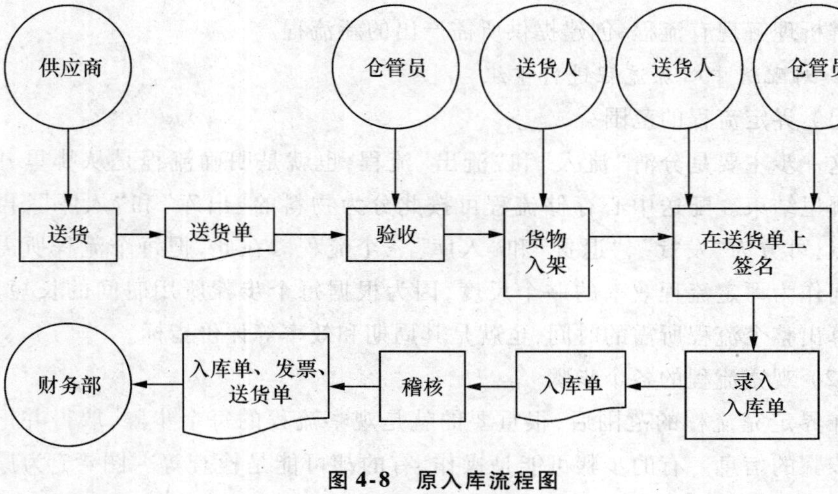

图 4-8　原入库流程图

另外,重组前的发货流程如图 4-9 所示。

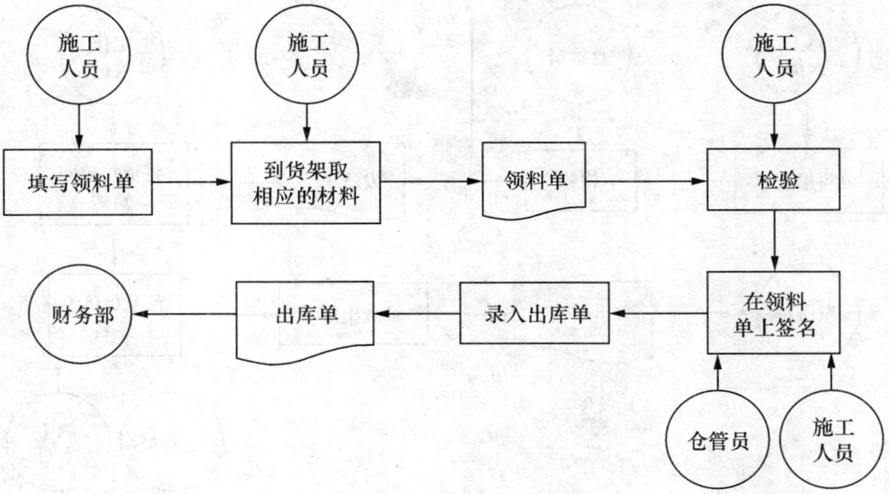

图 4-9　原领料流程图

在该流程中存在的问题有:货物的提取为遵循先进先出的原则,这样就造成了配送中心里一些旧的或过时的货物积压、堆放。它们已失去了使用价值,但丢弃掉又很可惜,这样不但造成公司的直接损失,而且还增加了配送中心的存储压力。

由于票据流的混乱,有的货物虽已入库,但并未能及时录入入库单,这时却又已经出库,而出库单已录入,就会出现在很多时候账实不符,甚至有些货物出现“负库存”的现象,从而造成管理系统的混乱。

最后,重组前的退货流程如图 4-10 所示。

其中存在的问题有:退货单的填写并不规范,施工队人员很多时候会在发货单上改动发货的数量,这样会造成单据的混乱,给对账造成了很多困难。对于退货,配送中心管理员一般不加以检验,而有很多时候退货都是已经使用过的或是不能使用的,但配送中心却把它们在出库单上冲销,也就是说当它们是新的,这无形中就对公司造成了损失。

(3) 收集与流程有关的数据

经过了前两步工作,就要收集一定量的相关数据,以便支持对流程观察的结果。绘制“流程分析工表”是一个很好分析数据的方法,流程分析工表是按照美国机械工程师学会(American Society of Mechanical Engineers, ASME)标准来制作的,这种工作表对于展示细节的低层流程图很有帮助。

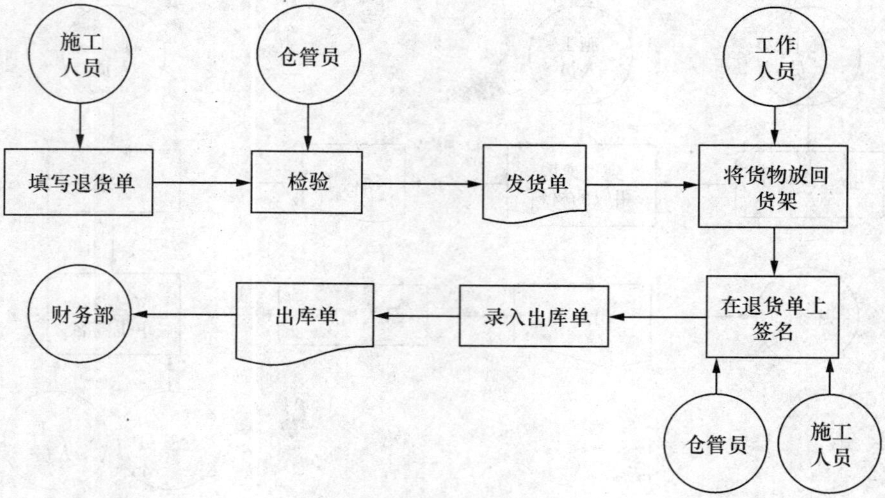

图 4-10 原退货流程图

在此,对配送中心的"发货"流程图进行分析,则发货流程的流程分析工作表如表4-1、数据统计表如表 4-2 所示(假设所发的材料分别为位于两个库房的货物)。

表 4-1 "发货"的流程分析工作表

序号	步骤	状态	时间(分钟)
1	填写发货单	○	2
2	找货物摆放的位置	○	1.5+1.5
3	把货物拿到验收地	→	2+2
4	验收	□	3+3
5	签名	○	1
6	发货单等待录入	D	3天以上
7	录入出库单	○	4
8	把单据送往财务部	→	5

表中符号说明:○操作;□检查;→输送;D耽搁;▽存储。

表 4-2　“发货”的流程数据统计表

步骤	状态	共几步	时间(分钟)
操作	○	4	10
检查	□	1	6
输送	→	2	9
耽搁	D	1	3 天以上
存储	▽	0	0
合计			3 天又 25 分钟

表中符号说明:○操作;□检查;→输送;D 耽搁;▽存储。

(4) 分析收集到的资料

收集的数据应该在归总以后才能用来分析,也就是说需要弄清楚这些数据分别表示什么、意味着什么和它们的重要性。

(5) 明确需要进行改造的流程

由于业务流程重组的目的就是消除和尽量减少无效的步骤,所以改造的对象应包括部分或全部不必要的转换、延迟等步骤。在确定要改造的地方时,应带着以下几个问题:每个步骤的目的和功效分别是什么,它能否给整个流程带来直接的价值,是否可以部分或全部减少或消除该步骤,如此等等。

很明显,在“发货”流程中可以看出,“找货物摆放的位置”、“验收”、“等待录入出库单”等步骤应该改进或尽量减少时间或删除。在现有流程的“找货物摆放的位置”这一步中,如果用条形码进行计算机管理,这些时间就可以省略,以提高效率。在“验收”这一步骤中,由于配送中心管理员分别管理不同的库房,如果所领的一批货物中分别是由两个或两个以上的管理员来管理,货物则要等候几个管理人员检查完后才能出库,时间较长;而“等待录入出库单”这一步中,消耗的时间就更多了,若配送中心由专员来管理数据,就可以大大缩短单据等待的时间。

(6) 对现有流程进行改造

为了消除现有流程中的弊端,可以用以下几种方法,如删除非增值步骤、尽量减少第一步所消耗的时间、简化或合并某些流程、把直线型流程改为平行型流程、消除迟延的步骤等。重组后的入库流程如图 4-11 所示,发货、退货流程如图 4-12 所示,重组后的“发货”流程分析工作表如表 4-3 所示,数据统计表如表 4-4 所示。

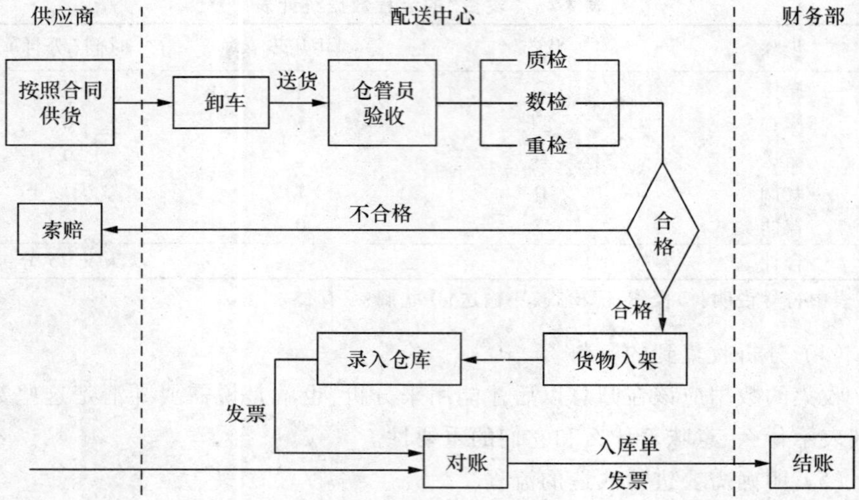

图 4-11　重组的入库流程图

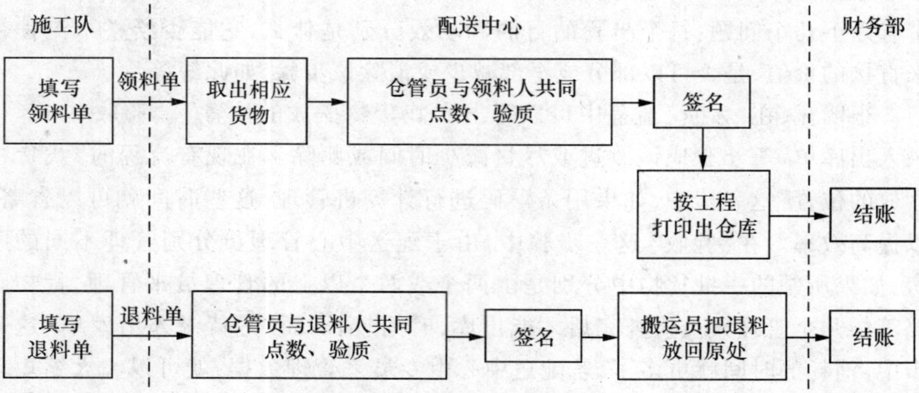

图 4-12　发货、退货流程图

表 4-3　重组后“发货”的流程分析工作表

序号	步骤	状态	时间(分钟)
1	填写发货单	○	2
2	把货物拿到验收地	→	2.5
3	验收	□	3
4	签名	○	1
5	发货单等待录入	D	5
6	录入出库单	○	3
7	把单据送往财务部	→	5

表中符号说明:○操作;□检查;→输送;D 耽搁;▽存储。

表 4-4　重组后"发货"的流程数据统计表

步骤	状态	共几步	时间(分钟)
操作	○	3	8
检查	□	1	3
输送	→	2	7.5
耽搁	D	1	5
存储	▽	0	0
总计			23.5

表中符号说明:○操作;□检查;→输送;D 耽搁;▽存储。

(7) 实行改造和对其进行控制

这一步其实是看重组后的流程是否能运行,根据改造的流程执行情况,对其进行修正和改善等工作,以使流程全面达到改造的预定目标。

(8) 重组后的结果

- 可以从重组前后"发货"的流程分析工作表和"发货"的流程数据统计表的结果中看出,发货流程中的一些无效步骤和多余步骤被删掉或修改,使两个发货流程所需的时间(也就是其周期)大大缩短,从原来的"3 天又 25 分钟"变成"23.5 分钟",提高了效率。
- 重组后该配送中心原来存在的很多不良现象,如出入库流程不完善、单据混乱、监督体制欠缺、管理不力、人员散漫等,都能得以改善或消除。
- 配送中心要使用条码技术,进行计算机管理,这样能提高货物出入库的效率,提高顾客的满意度。
- 配送中心管理员对货物的检查不单只检查其数量,而且还要对其质量、重量、包装、保质期等问题进行检查,按比例抽查,防止散漏、破损,严把质量关。
- 建立完善的管理体制和对员工的考评制度。

对能兴电力安装公司配送中心的流程重组后,使其流程明晰,提高了货物出入库的效率和客户的满意程度,增加了整个安装公司的效益。

4.3　配送中心的选址

配送中心选址,是指在一个具有若干供应网点及若干需求网点的经济区域内,选一个地址设置配送中心的规划过程。较佳的配送中心选址方案是使商品通过配送中心的汇集、中转、分发，直至输送到需求网点的全过程的效益最好。通常，配送中心拥有众多建筑物、构筑物以及固定机械设备，如果选址不当，将产生极大的负面影响并付出长远代价。因而，在配送中心的选址规划中，应对配送中心的选址原则、影响因素等进行综合分析，并提出缜密的决策建议。

4.3.1　配送中心选址概述

随着国民经济的发展，社会物流量不断增长，要求有相应的配送中心及网点与之相适应。进行配送中心的建设，必须有一个整体规划，就是从空间和时间上，对配送中心的新建、改建和扩建进行全面系统的规划。规划的合理与否，对配送中心的设计、施工与应用，对其作业质量、安全、作业效率和保证供应，对节省投资和运营费用等，都会产生直接和深远的影响。

1. 配送中心选址的原则

配送中心的选址过程应同时遵守适应性原则、协调性原则、经济性原则和战略性原则。

(1) 适应性原则。配送中心的选址须与国家以及省市的经济发展方针、政策相适应，与我国物流资源分布和需求分布相适应，与国民经济和社会发展相适应。

(2) 协调性原则。配送中心的选址应将国家的物流网络作为一个大系统来考虑，使配送中心的设施设备，在地域分布、物流作业生产力、技术水平等方面互相协调。

(3) 经济性原则。配送中心发展过程中，有关选址的费用，主要包括建设费用及物流费用(经营费用)两部分。配送中心的选址定在市区、近郊区或远郊区，其未来物流活动辅助设施的建设规模及建设费用，以及运费等物流费用是不同的，选址时应以总费用最低作为配送中心选址的经济性原则。

(4) 战略性原则。配送中心的选址，应具有战略眼光。一是要考虑全局，二是要考虑长远。局部要服从全局，目前利益要服从长远利益，既要考虑目前的实际需要，又要考虑日后发展的可能。

2. 配送中心选址的影响因素分析

现代物流学原理已经证明，在城市现代物流体系规划过程中，配送中心的选址主要应考虑以下因素：

（1）自然环境因素

● 气象条件。配送中心选址过程中，主要考虑的气象条件有温度、风力、降水量、无霜期、冻土深度、年平均蒸发量等指标。如选址时要避开风口，因为在风口建设会加速露天堆放商品的老化。

● 地质条件。配送中心是大量商品的集结地。某些容重很大的建筑材料堆码起来会对地面造成很大压力。如果配送中心地面以下存在着淤泥层、流沙层、松土层等不良地质条件，会在受压地段造成沉陷、翻浆等严重后果，为此，土壤承载力要高。

● 水文条件。配送中心选址需远离容易泛滥的河川流域与上溢地下水的区域。要认真考察近年的水文资料，地下水位不能过高，洪泛区、内涝区、故河道、干河滩等区域绝对禁止使用。

● 地形条件。配送中心应地势高亢、地形平坦，且应具有适当的面积与外形。若选在完全平坦的地形上是最理想的；其次选择稍有坡度或起伏的地方；对于山区陡坡地区则应该完全避开；在外形上可选长方形，不宜选择狭长或不规则形状。

（2）经营环境因素

● 经营环境。配送中心所在地区的优惠物流产业政策对物流企业的经济效益将产生重要影响；数量充足和素质较高的劳动力条件也是配送中心选址考虑的因素之一。

● 商品特性。经营不同类型商品的配送中心最好能分别布局在不同地域。如生产型配送中心的选址应与产业结构、产品结构、工业布局紧密结合进行考虑。

● 物流费用。物流费用是配送中心选址的重要考虑因素之一。大多数配送中心选择接近物流服务需求地，例如接近大型工业、商业区，以便缩短运距，降低运费等物流费用。

● 服务水平。服务水平是配送中心选址的考虑因素。由于现代物流过程中能否实现准时运送是服务水平高低的重要指标，因此，在配送中心选址时，应保证客户可在任何时候向配送中心提出物流需求，都能获得快速满意的服务。

经营环境因素的权重系数一般是0.3—0.5，是进行配送中心选址时应考虑的主要因素。

(3) 基础设施状况

• 交通条件。配送中心必须具备方便的交通运输条件。最好靠近交通枢纽进行布局,如紧临港口、交通主干道枢纽、铁路编组站或机场,有两种以上运输方式相连接。

• 公共设施状况。配送中心的所在地,要求城市的道路、通信等公共设施齐备,有充足的供电、水、热、燃气的能力,且场区周围要有污水、固体废物处理能力。

(4) 其他因素

• 国土资源利用。配送中心的规划应贯彻节约用地、充分利用国土资源的原则。配送中心一般占地面积较大,周围还需留有足够的发展空间,为此地价的高低对布局规划有重要影响。此外,配送中心的布局还要兼顾区域与城市规划用地的其他要素。

• 环境保护要求。配送中心的选址需要考虑保护自然环境与人文环境等因素,尽可能降低对城市生活的干扰。对于大型转运枢纽,应适当设置在远离市中心区的地方,使得大城市交通环境状况能够得到改善,城市的生态建设得以维持和增进。

• 周边状况。由于配送中心是火灾重点防护单位,不宜设在易散发火种的工业设施(如木材加工、冶金企业)附近,也不宜选择居民住宅区附近。

4.3.2 配送中心选址的基本条件与所需数据

配送中心选址问题,除了要了解选址原则、选址的影响因素外,我们还应掌握选址的基本条件。

1. 选址的基本条件

配送中心选址时,事先要明确建立配送中心的必要性、目的及方针,明确研究的范围。根据下面所论述的条件,可以大大缩小选址的范围。

(1) 需要条件。它包括作为配送中心的服务对象——顾客的现在分布情况及未来分布情况的预测、货物作业量的增长率及配送区域的范围。

(2) 运输条件。配送中心应靠近铁路货运站、港口和公共卡车终点站等运输据点,同时也应靠近运输业者的办公地点。

(3) 配送服务的条件。向顾客报告到货时间、发送频度、根据供货时间计算的从顾客到配送中心的距离和服务范围。

（4）用地条件。要考虑是利用配送中心现有的土地还是重新取得地皮。如果重新取得地皮，那么，就需要考虑地价及地价允许范围内的用地分布情况。

（5）法制条件。根据指定用地区域等法律规定，有哪些地区不允许建设仓库和配送中心。

（6）管理与情报职能条件。配送中心是否要求靠近本公司的营业、管理和计算机等部门。

（7）流通职能条件。商流职能与物流职能是否要分开？配送中心是否也附有流通加工的职能？如果需要，从保证职工人数和通勤的方便出发，要不要限定配送中心的选址范围？

（8）其他条件。不同的物流类别，有不同的特殊需要。如为了保持货物质量的冷冻、保温设施、防止公害设施或危险品保管设施等，对选址都有特殊要求，是否有能满足这种条件的地区？

配送中心的设计者，对上述各项条件必须进行充分详尽的研究。在某些条件下，设施的规模和选址决定不下来，就得不出最终结论。但是，配送中心的地点，一定要选择得令人满意。这就要把各种条件排列对比，描绘在地图上，经过反复研究，再圈定地址的范围和候选地址。

2. 配送中心选址所需数据

配送中心选择地址的方法，一般是通过成本计算。也就是将运输费用、配送费用及物流设施费用模型化，采用约束条件及目标函数建立数学公式，从中寻求费用最小的方案。但是，采用这种选择方法，寻求最优的选址解时，必须对业务量和生产成本进行正确的分析和判断。

（1）掌握业务量

配送中心选址时，应掌握的业务量包括如下内容：

- 工厂至配送中心之间的运输量；
- 向顾客配送的货物数量；
- 配送中心保管的数量；
- 配送路线别的业务量。

由于这些数量，在不同时期、不同周、不同月、不同季节等期间内均有种种波动，因此，要对所采用的数据进行研究。另外，除了对现状的各项数值进行分析外，还必须确定设施使用后的预测数值。

(2) 掌握费用

配送中心选址时应掌握的费用如下:

- 工厂至配送中心之间的运输费;
- 配送中心至顾客间的配送费;
- 与设施、土地有关的费用及人工费、业务费等。

由于前两项费用,随着业务量和运送距离的变化而变动,所以,必须对每一吨公里的费用进行分析。最后一项包括可变费用和固定费用,最好根据可变费用和固定费用之和进行成本分析。

(3) 其他

用缩尺地图表示顾客的位置、现有设施的配置方位及工厂的位置,并整理各候选地址的配送路线及距离等资料。对必备的车辆数、作业人员数、装卸方式、装卸机械费用等要与成本分析结合起来确定。

3. 配送中心选址时的注意事项

大中城市的配送中心应采用集中与分散相结合的方式选址。在中小城镇中,因配送中心的数目有限且不宜过于分散,故宜选择独立地段;在河道(江)较多的城镇,商品集散大多利用水运,配送中心可选择沿河(江)地段。应当引起注意的是,城镇要防止将那些占地面积较大的综合性配送中心放在城镇中心地带,带来交通不便等诸多因素。下面分别简要分析各类配送中心在选址时的注意事项:

(1) 不同类型配送中心选址时的注意事项

- 转运型配送中心

转运型配送中心大多经营倒装、转载或短期储存的周转类商品,大都使用多式联运方式,因此一般应设置在城市边缘地区交通便利的地段,以方便转运和减少短途运输。

- 储备型配送中心

储备型配送中心主要经营国家或所在地区的中、长期储备物品,一般应设置在城镇边缘或城市郊区的独立地段,且具备直接而方便的水陆运输条件。

- 综合型配送中心

这类配送中心经营的商品种类繁多,根据商品类别和物流量选择在不同的地段。例如与居民生活关系密切的生活型配送中心,若物流量不大又没有环境污染问题,可选择接近服务对象的地段,但应具备方便的交通运输条件。

(2) 经营不同商品的配送中心选址时的注意事项

经营不同商品的配送中心对选址的要求不同，应分别加以注意，以下分析了冷藏品、蔬菜、建筑材料、危险品等配送中心的特殊选址要求。

- 果蔬食品配送中心

果蔬食品配送中心应选择入城干道处，以免运输距离拉得过长，商品损耗过大。

- 冷藏品配送中心

冷藏品配送中心往往选择屠宰场、加工厂、毛皮处理厂等附近。因为有些冷藏品配送中心会产生特殊气味、污水、污物，而且设备及运输噪声较大，对所在地环境会造成一定影响，故多选择城郊。

- 建筑材料配送中心

通常建筑材料配送中心的物流量大、占地多，有严格的防火等安全要求，应选择城市边缘对外交通运输干线附近。

- 燃料及易燃材料配送中心

石油、煤炭及其他易燃物品配送中心应满足防火要求，选择城郊的独立地段。在气候干燥、风速较大的城镇，还必须选择大风季节的下风位或侧风位。特别是油品配送中心选址应远离居住区和其他重要设施，最好选在城镇外围的地形低洼处。

4.3.3　配送中心选址的方法和程序

在本小节我们将讨论配送中心选址的方法、选址的程序和选址应注意的问题。

1. 配送中心选址的方法

配送中心的选址应综合运用定性和定量分析相结合的方法，在全面考虑选址影响因素的基础上，粗选出若干个可选的地点，进一步借助比较法、专家评价法、模糊综合评价等数学方法量化比较，最终得出较优的方案。

选择地址的方法可分为单一配送中心的选址和多个配送中心有机配合使用时多个地址的选择方法。两种方法略有不同。而在制订基本计划时，若尚未确定配送中心是采用单一设施或配置多个设施时，可以用单一选址方法和多址选址方法对其分别计算，进行全部费用比较，选取最优方案。

关于单一选址方法和多址选址方法的定量方法，我们将在 4.5 节中详细讨论。

2. 配送中心选址的程序和步骤

在进行配送中心选址时,其程序可以按照图 4-13 所示进行。下面我们就具体的几个选址步骤进行简单的说明。

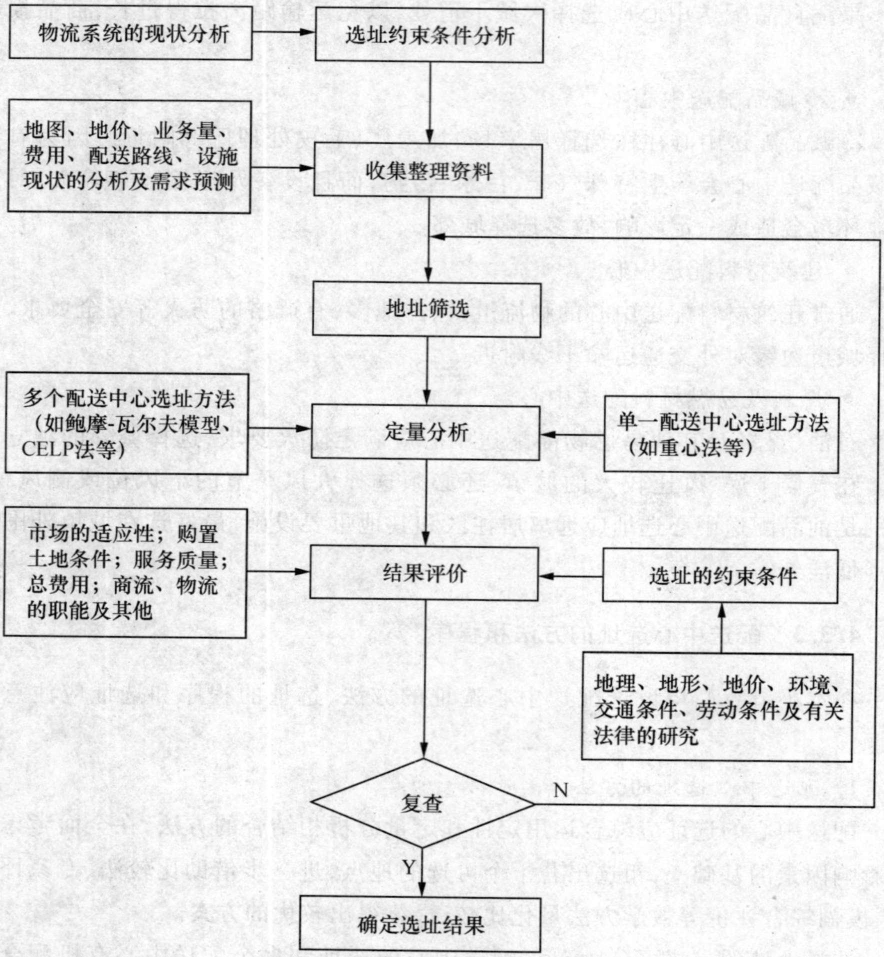

图 4-13　配送中心的选址程序

(1) 选址约束条件分析

选址时,首先要明确建立配送中心的必要性、目的和意义,然后根据物流系统的现状进行分析,制订物流系统的基本计划,明确所需要了解的基本条件,以大大缩小选址的范围。

(2) 搜集整理资料

选择地址的方法,一般是通过成本计算,也就是将运输费用、配送费用及物流设施费用模型化,采用约束条件及目标函数建立数学公式,从中寻求费用最小的方案。但是,采用这种选择方法,寻求最优的选址解时,必须对业务量和生产成本进行正确的分析和判断。

(3) 地址筛选

在对所取得的上述资料进行充分的整理和分析、考虑各种因素的影响并对需求进行预测后,就可以初步确定选址范围,即确定初始候选地点。

(4) 定量分析

针对不同情况选用不同的模型进行计算,得出结果。如对多个配送中心选址时,可采用奎汉·哈姆勃兹模型、鲍摩-瓦尔夫模型、CELP 法等;如果是对单一配送中心进行选址,就可采用重心法等。

(5) 结果评价

结合市场适应性、购置土地条件、服务质量等,对计算所得结果进行评价,看其是否具有现实意义及可行性。

(6) 复查

分析其他影响因素对计算结果的相对影响程度,分别赋予它们一定的权重,采用加权法对计算结果进行复查。如果复查通过,则原计算结果即为最终结果;如果复查发现原计算结果不适用,则返回第三步继续计算,直至得到最终结果为止。

(7) 确定选址结果

在用加权法复查通过后,则计算所得的结果即可作为最终的计算结果。但是所得解不一定为最优解,可能只是符合条件的满意解。

3. 配送中心选址方案的经济论证

配送中心的建设,特别是大型配送中心的建设,需要较大规模的投资,在选址方案确定之后,还需要对方案进行经济论证。配送中心选址的经济论证主要从以下两个方面论证:

（1）投资额的确定

配送中心的主要投资领域有以下几个方面：

• 预备性投资

配送中心是占地较大的项目，它和仓库的不同之处在于，配送中心应处于与用户接近的最优位置，因此在基本建设主体投资之前，需有征地、拆迁、市政、交通等预备性的投资，这是一笔颇大的投资，尤其在一些准黄金地域，这项投资可超过总投资额的50%。

• 直接投资

用于配送中心项目主体的投资，如配送中心各主要建筑物建设、货架、叉车、分拣设备的购置及安装费，信息系统的购置安装费，配送中心自有车辆的购置费等。

• 相关投资

不同地区与基本建设及未来经济活动有关的项目，诸如燃料、水、电、环境保护等，都需要一定的投资。在有些地区，相关投资可能很大，如果只考虑直接投资而忽视相关投资，投资的估计可能发生偏差。

• 运营费用

不同配送中心选址，也取决于配送产品、配送方式和用户状况。这些因素会造成运营费用较大的差别，在布局时必须重视这些投资因素。有时候建设费用虽低，但运营费用高，在投资中如果不考虑运营费用，则投资效果往往会判断不准。

（2）投资效果分析和确定

配送中心的选址必须在准确掌握投资额度之后，确认其投资效果，而且以投资效果来做最后决策。投资效果问题，归根结底是对投资效益的估算。配送中心和一般生产企业的区别很大，它没有一定数量、一定质量、一定价格的产品，因而收益的计量性模糊，灰色因素较大。此外，在经营活动中，人的因素等不确定因素很多。所以在计算效益时需要对用户、市场占有率等若干方面做不同层次的估计，分别组成不同方案进行比较。

4.4 配送中心选址的定量方法

配送中心是现代物流系统的重要组成部分，它是以组织配送型销售和供应，执行实物配送为主要职能的流通型节点。为了降低流通成本，提高流通效率，科学地建立配送中心，是市场竞争的必然结果。配送中心的分布，对现代物流活动有很大的影响，配送中心合理的选址能够减少货物运输费用，从而大幅度地降低运营成本。为了实现配送中心的合理分布，必须规划配送中心的布局，也就是要根据物流现状和预期发展，在特定条件下确定配送中心的地址。

4.4.1　单一配送中心的选址

单一配送中心是最简单的配送中心，对众多配送点只设置一个配送中心组织货物配送。对单一配送中心进行选址，重心法是一种有效的选址方法。

1. 重心法

(1) 重心法模型：

如图 4-14 所示，设有 n 个零售店，它们各自的坐标是(x_i, y_i)($i=1,2,3,\cdots,n$)，配送中心的坐标是(x_0, y_0)，有

$$H = \sum_{j=1}^{n} C_j \tag{4-1}$$

式中 H 为从配送中心到各零售店的总发送费用；

C_j 为从配送中心到各零售店的发送费。而 C_j 又可以用下式来表示

$$C_j = h_j w_j d_j \tag{4-2}$$

式中 h_j 为从配送中心到零售店 j 的发送费率（即单位吨公里的发送费）；

w_j 为从配送中心向零售店 j 的发送量；

d_j 为从配送中心到零售店 j 的距离。

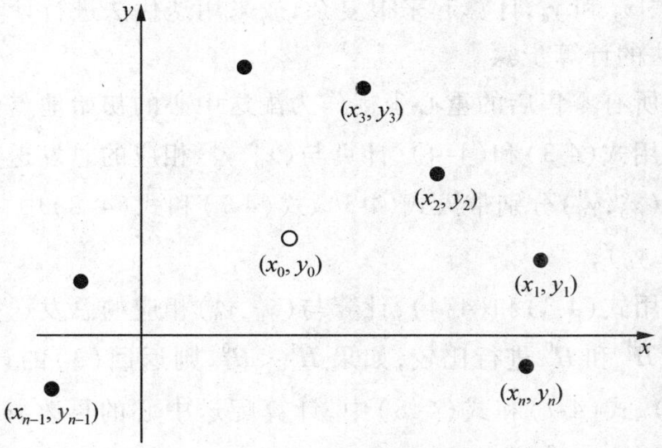

图 4-14　配送中心和零售店的坐标

d_j 也可以写成如下形式

$$d_j = [(x_0 - x_j)^2 + (y_0 - y_j)^2]^{1/2} \tag{4-3}$$

把式(4-2)代入式(4-1)中,得到

$$H = \sum_{j=1}^{n} h_j w_j d_j \tag{4-4}$$

从式(4-3)和(4-4),可求出使 H 为最小的 x_0、y_0

解决这个问题的方法是运用下面的计算公式,令

$$\frac{\partial H}{\partial x_0} = \sum_{j=1}^{n} h_j w_j (x_0 - x_j)/d_j = 0 \tag{4-5}$$

$$\frac{\partial H}{\partial y_0} = \sum_{j=1}^{n} h_j w_j (y_0 - y_j)/d_j = 0 \tag{4-6}$$

从式(4-5)和式(4-6)中可分别求得最适合的 x_0^* 和 y_0^*,即

$$x_0^* = \frac{\sum_{j=1}^{n} h_j w_j x_j / d_j}{\sum_{j=1}^{n} h_j w_j / d_j} \tag{4-7}$$

$$y_0^* = \frac{\sum_{j=1}^{n} h_j w_j y_j / d_j}{\sum_{j=1}^{n} h_j w_j / d_j} \tag{4-8}$$

因式(4-7)和式(4-8)右边还含有 d_j,即还含有要求的未知数 x_0、y_0,而要从两式的右边完全消去 x_0 和 y_0,计算起来很复杂,故采用迭代法进行计算。

(2) 迭代法的计算步骤

第 1 步,以所有零售店的重心坐标作为配送中心的初始地点(x_0^0, y_0^0);

第 2 步,利用式(4-3)和(4-4),计算与(x_0^0, y_0^0)相应的总发送费 H^0;

第 3 步,把(x_0^0, y_0^0)分别带入式(4-3)、式(4-7)和式(4-8)中,计算配送中心的改善地点(x_0^1, y_0^1);

第 4 步,利用式(4-3)和(4-4),计算与(x_0^1, y_0^1)相应的总发送费 H^1;

第 5 步,把 H^1 和 H^0 进行比较,如果 $H^1 < H^0$,则返回(3)的计算,再把(x_0^0, y_0^0)代入式(4-3)、式(4-7)和式(4-8)中,计算配送中心的再改善地点(x_0^2, y_0^2)。如果 $H^1 \geqslant H^0$,则说明(x_0^0, y_0^0)就是最优解。

这样反复计算下去,直至 $H^{k+1} \geqslant H^k$,求出最优解(x_0^k, y_0^k)为止。

由上述分析可知,应用迭代法的关键是给出配送中心的初始地点(x_0^0,y_0^0)。一般的做法是将各零售店之间的重心点作为初始地点(故叫重心法),也可采用任选初始地点的方法,还可以根据各零售店的位置和商品需要量的分布情况选取初始地点。初始地点的选取方法可以不同。

(3) 重心法模型的优缺点

求解配送中心最佳地址的模型有离散型和连续型两种。重心法模型是连续型模型,相对于离散型模型来说,其配送中心地点的选择是不加特定限制的,有自由选择的长处。可是从另一个方面来看,重心法模型的自由度过多也是一个缺点,因为由迭代法计算求得的最佳地点实际上往往很难找到,有的地点很可能在河流湖泊上或街道中间等。此外,迭代计算非常复杂,这也是连续型模型的缺点之一。

2. 数值分析法

数值分析法是由坐标和费用函数求出由配送中心至顾客之间配送费用最小地点的方法。(在此不作详细公式推导。)

4.4.2　多个配送中心的选址

1. 奎汉・哈姆勃兹(Kuehn-Hamburger)模型

奎汉・哈姆勃兹模型是多个配送中心地址选定的典型方法。本方法是一种启发式的方法。所谓"启发式法"就是逐次求近似解的方法,即简单地先求出初次解,然后经过反复计算修改这个解,使之逐步达到近似最佳解的方法。奎汉・哈姆勃兹模型,是按下列公式确定它的目标函数和约束条件的。

$$f(x) = \sum_{hijk}(A_{hij} + B_{hjk})X_{hijk} + \sum_{j}F_jZ_j + \sum_{hj}S_{hj}\left(\sum_{ik}X_{hijk}\right) + \sum_{hk}D_{hk}(T_{hk})$$

$$\sum_{ij}X_{hijk} = Q_{hk}$$

$$\sum_{jk}X_{hijk} \leqslant Y_{hi}$$

$$I_j\left(\sum_{hjk}X_{hijk}\right) \leqslant W_j$$

其中:h——产品$(1,\cdots,p)$;

i——工厂$(1,\cdots,q)$;

j——仓库$(1,\cdots,r)$;

k——顾客$(1,\cdots,s)$;

A_{hij}——从工厂(i)到仓库(j)运输产品(h)的单位运输费；

B_{hjk}——从仓库(j)到顾客(k)之间配送产品(h)时的单位运输费；

X_{hijk}——从工厂(i)经过仓库(j)向顾客(k)运输产品(h)的数量；

F_j——在仓库(j)期间的平均固定管理费；

Z_j——当 $\sum_{hik} X_{hijk} > 0$ 时取1,否则取0；

$S_{hj}\left(\sum_{ih} X_{hijk}\right)$——在仓库($j$)中,为保管产品($h$)而产生的部分可变费用(管理费、保管费、税金以及投资的利息等)；

$D_{hk}(T_{hk})$——向顾客(k)配送产品(h)时,因为延误时间(T)而支付的损失费；

Q_{hk}——顾客(k)需要的产品(h)数量；

W_j——仓库(j)的能力；

Y_{hi}——生产产品(h)的工厂(i)的能力；

$I_j \sum_{hjk} X_{hijk}$——各工厂经由仓库(j)向所有顾客配送产品的最大库存定额；

这是用上述各项条件,按图4-15的流程图求得算术解的方法。

2. 鲍摩-瓦尔夫(Baumol-Wolfe)模型

(1) 鲍摩-瓦尔夫模型的建立

图4-16所示的是从几个工厂经过几个配送中心,向用户输送货物。对此问题,一般只考虑运费最小时配送中心的选址问题。

这里所要考虑的问题是:各个工厂向哪些配送中心运输多少商品？各个配送中心向哪些用户发送多少商品？

规划的总费用应包括以下内容:

c_{ki}——从工厂 k 到配送中心 i,每单位运量的运输费；

h_{ij}——从配送中心 i 向用户 j 发送单位运量的发送费；

c_{ijk}——从工厂 k 通过配送中心 i 向用户 j 发送单位运量的运费,即 $c_{ijk} = c_{ki} + h_{ij}$；

X_{ijk}——从工厂 k 通过配送中心 i 向用户 j 运送的运量；

W_i——通过配送中心 i 的运量,即 $W_i = \sum_{jk} X_{ijk}$；

v_i——配送中心 i 的单位运量的可变费用；

F_i——配送中心 i 的固定费用(与其规定无关的固定费用)。

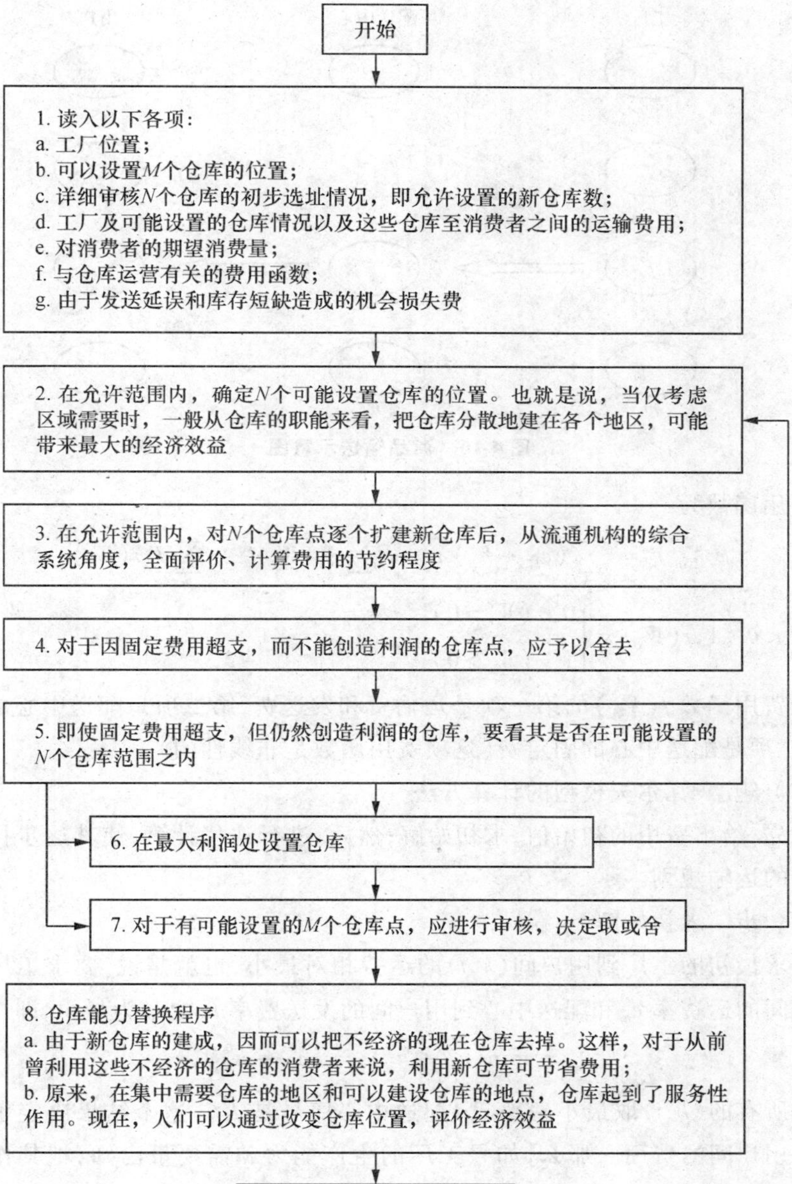
开始
1. 读入以下各项：
a. 工厂位置；
b. 可以设置M个仓库的位置；
c. 详细审核N个仓库的初步选址情况，即允许设置的新仓库数；
d. 工厂及可能设置的仓库情况以及这些仓库至消费者之间的运输费用；
e. 对消费者的期望消费量；
f. 与仓库运营有关的费用函数；
g. 由于发送延误和库存短缺造成的机会损失费
2. 在允许范围内，确定N个可能设置仓库的位置。也就是说，当仅考虑区域需要时，一般从仓库的职能来看，把仓库分散地建在各个地区，可能带来最大的经济效益
3. 在允许范围内，对N个仓库点逐个扩建新仓库后，从流通机构的综合系统角度，全面评价、计算费用的节约程度
4. 对于因固定费用超支，而不能创造利润的仓库点，应予以舍去
5. 即使固定费用超支，但仍然创造利润的仓库，要看其是否在可能设置的N个仓库范围之内
6. 在最大利润处设置仓库
7. 对于有可能设置的M个仓库点，应进行审核，决定取或舍
8. 仓库能力替换程序
a. 由于新仓库的建成，因而可以把不经济的现在仓库去掉。这样，对于从前曾利用这些不经济的仓库的消费者来说，利用新仓库可节省费用；
b. 原来，在集中需要仓库的地区和可以建设仓库的地点，仓库起到了服务性作用。现在，人们可以通过改变仓库位置，评价经济效益
停机

图 4-15　“启发式法”程序

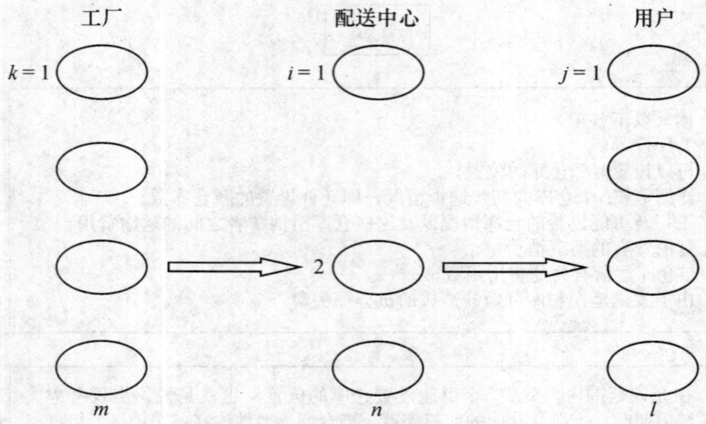

图 4-16　商品输送示意图

故总费用函数为

$$f(X_{ijk}) = \sum_{ijk}(c_{kj} + h_{ij})X_{ijk} + \sum_{i}v_i(W_i)^{\theta} + \sum_{i}F_i r(W_i) \qquad (4\text{-}9)$$

式中，$0 < \theta < 1$，$r(W_i) = \begin{cases} 0 & (W_i = 0) \\ 1 & (W_i > 0) \end{cases}$

总费用函数 $f(X_{ijk})$ 的第一项是运输费和发送费，第二项是配送中心的可变费，第三项是配送中心的固定费（这项费用函数是非线性的）。

(2) 鲍摩-瓦尔夫模型的计算方法

首先，给出费用的初始值，求初始解；然后，进行迭代计算，使其逐步接近费用最小的运输规划。

第一步　求初始解

要求最初的工厂到用户间 (k,j) 的运费相对最小，也就是说，要求工厂到配送中心间的运费率 c_{kj} 和配送中心到用户间的发送费率 h_{ij} 之和为最小，即

$$c_{kj}^0 = \min_i(c_{ki} + h_{ij}) = (c_{ki}^0 + h_{ij}^0) \qquad (4\text{-}10)$$

设所有的 (k,j) 取最小费率 c_{kj}^0，配送中心序号是 I_{kj}^0。这个结果决定了所有工厂到用户间的费用。那么，如果工厂的生产能力和需要量已知，把其作为约束条件来求解运输型问题，使费用函数 $\sum c_{ki}^0 X_{kj}$ 为最小时，$\{X_{kj}^0\}$ 就为初始解。

第二步　求二次解

根据初始解，配送中心的通过量可按下式计算

$$W_i^0 = \sum \{所有的\ k,j,如\ I_{kj}^0 = i\} X_{kj}^0 \tag{4-11}$$

从通过量反过来计算配送中心的可变费用

$$c_{kj}^n = \min_i [c_{ki} + h_{ki} + v_i \theta(W_i^{n-1})]^{\theta-1} \tag{4-12}$$

这是费用函数式(4-9)关于 X_{ijk} 的偏微分。在这个阶段中,对于所有的(k,j)取下式

$$c_{kj}^2 = \min_i [c_{ki} + h_{ki} + v_i \theta(W_i^0)]^{\theta-1} \tag{4-13}$$

式中,c_{kj}^2的配送中心序号为 I_{kj}^2。再次以这一成本为基础,求解运输型问题,求得使用费用函数 $\sum_{kj} c_{ki}^2 X_{kj}$ 为最小时,$\{X_{kj}^2\}$就成为二次解。

第三步　求出 n 次解

设$(n-1)$次解为$\{X_{kj}^{n-1}\}$,则配送中心的通过量为

$$W_i^{n-1} = \sum \{所有的\ k,j,如\ I_{kj}^{n-1} = i\} X_{kj}^{n-1}$$

式中,I_{kj}^{n-1}是由$(n-1)$次解得到的所使用配送中心的序号。

$(n-1)$次解可使配送中心通过量反映到可变费用上,因此求 n 次解,就可得到配送中心的新的通过量。

第四步　求最优解

把$(n-1)$次解的配送中心的通过量 W_i^{n-1} 和 n 次解的配送中心通过量 W_i^n 进行比较,如果完全相等,就停止计算;如果不等,再反复继续计算。也就是说,当 $W_i^{n-1} = W_i^n$ 时,X_{kj}^n为最优解。

(3) 鲍摩-瓦尔夫模型的优缺点

这个模型具有一些优点,但也有些问题,使用时应加以注意。

模型的优点

- 计算比较简单;
- 能评价流通过程的总费用(运费、保管费和发送费之和);
- 能求解配送中心的通过量,即决定配送中心规模的目标;
- 根据配送中心可变费用的特点,可以采用大批量进货的方式。

模型的缺点

- 由于采用的是逐次逼近法,所以,不能保证必然会得到最优解。此外,由于选择备选地点的方法不同,有时求出的最优解中可能出现配送中心数目较多的情况。也就是说,还可能有配送中心数更少、总费用更小的解存在。因此,必须仔细研究所求得的解是否为最优解。

- 配送中心的固定费用没在所得的解中反映出来。

3. CFLP 模型

CFLP(capacitated facility location problem)方法是针对网点规模有限的情况提出的。这种方法只需要运用运输规划求解,使计算工作大为简化。

CFLP 的基本思想是:首先假定网点布局方案已经确定,即给出一组初始网点设置地址。根据初始方案按运输规划模型求出各初始网点的供货范围,然后在各供货范围内分别移动网点到其他备选地址上,以使各供货范围内的总成本下降,找到各供货范围内总成本最小的新网点设置地址,再将新网点设置地址代替初始方案,重复上述过程直至各供货范围内总成本不能再下降时为止。

为简单起见,以如图 4-17 所示的物流网络结构为对象来介绍 CFLP 方法的处理过程。

图 4-17 的物流网络没有反映出网点的进货关系,即不考虑网点的进货成本。显而易见,当商品资源点距离布局网点的计划区域足够远时,这样处理问题是可以理解的。因为这时计划区内各网点从资源点进货的进货成本之差异相对于进货成本本身是微不足道的,因而可以忽略。这样,各网点的进货成本均相等,所以在讨论网点布局时可不考虑。换句话说,进货成本与网点布局方案无关。

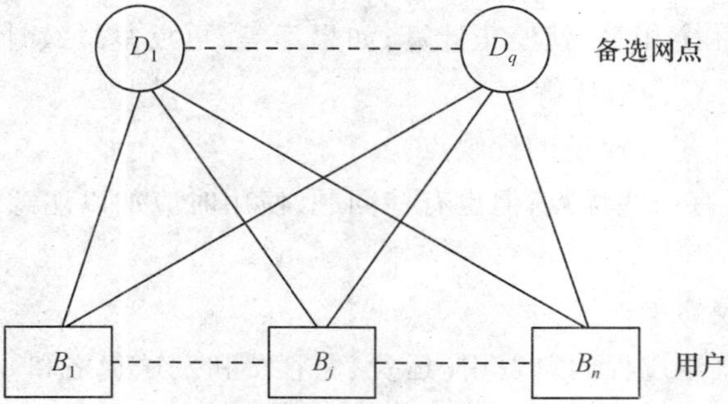

图 4-17　网络结构图

当然,如果资源点并不是远离计划区域,那就必须考虑进货成本。在此情况下,只需将方法中的运输规划模型换成转运模型即可。下面先介绍 CFLP 法的基本步骤,然后举例说明。

假定某计划区域内网点备选地址已确定,需从这些被选地址中选取 q 个设置网点。

第一步，给出网点地址初始方案

通过定性分析，根据备选网点的中转能力和商品需求的分布情况，恰当地选择 q 个点作为设置网点的初始方案。初始方案选择得是否恰当，将直接影响整个计算过程的收敛速度。

第二步，确定各网点的供货范围

用解运输问题的方法确定暂定物流网点的供货范围。

设暂定物流网点为 $D_k(k=1,2,\cdots,q)$，其最大可能设置的规模为 d_k。如果有 n 个需求用户，各用户的需求量为 $b_j(j=1,2,\cdots,n)$。以运输成本 F' 最低为目标，即可构成运输规划模型：

$$\begin{cases} \min F' = \sum_{k=1}^{q}\sum_{j=1}^{n} C_{kj}X_{kj} \\ \sum_{j=1}^{n} X_{kj} \leqslant d_k \\ \sum_{k=1}^{q} X_{kj} \geqslant b_j \\ X_{kj} \geqslant 0 \end{cases} \tag{4-14}$$

其中：$k=1,2,\cdots,q;j=1,2,\cdots,n$

解出运输问题，即可求得各暂定网点的供货范围（子区域）。

如果考虑网点的进货成本，公式(4-14)则应为转运问题模型。求解转运模型，除了得到网点的供货范围外，同时还确定了网点与资源点之间的供货关系。

为叙述的方便，又用 $I_k(k=1,2,\cdots,q)$ 和 J_k 分别表示各供货子区域内的网点备选地址和用户集合。

求解出的运输问题的结果可能出现一个用户同属于不同的子区域，但对整个问题的解决并无影响，因为只需在不同子区域的用户集合中重复考虑即可。

第三步，寻求网点地址的新方案

在各供货子区域内，移动网点到其他备选地址上，并按以下费用函数计算子区域内的区域总费用：

$$F_{ki} = \sum_{j \in Jk} C_{ij}X_{ij} + f_{ki}, \quad k = 1,2,\cdots,q, \ i \in I_k$$

式中：f_{ki} 为网点设置成本。

在此基础上找出各供货范围内使区域总费用最小的网点设置点，即满足：

$$F_k = \min_{i \in J_k}\{F_{ki}\}, \quad k = 1,2,\cdots,q$$

的网点地址 D_k，对所有 q 个子区域可得到新的网点位置设置方案 $\{D_k^q\} = 1$。

第四步，新旧方案对比

为便于区别，引进迭代次数的上角标 n，$n = 0$ 为初始方案。

对于 $\{D_k^1\}$ 和 $\{D_k^0\}$ 新旧两个方案，分析不等式：

$$\sum_{k=1}^{q} F_k^1 \leqslant \sum_{k=1}^{q} F_k^0 \tag{4-15}$$

如果 $\{D_k^1\}$ 和 $\{D_k^0\}$ 完全相同，公式(4-15)必有等式成立，说明已获得最终解，$\{D_k^1\}$ 即是满意的网点布局地址。否则，将新方案代替旧方案，重复步骤二至四，直至 $\{D_k^n\}$ 和 $\{D_k^{n-1}\}$ 完全相同时为止。

按以上步骤求得的最终解，虽然在理论上没有证明是最优解，但从公式(4-15)可以看出，系统的总费用为：

$$F = \sum_{k=1}^{q} F_k^n$$

它对 $\{D_k^n\}_{k=1}^{q}$ 是单调下降的，因此，我们可以相信所得到的解是令人满意的。

4.5 配送中心的设施设备

配送中心的设施与设备是保证配送中心正常运作的必要条件，设施与设备规划是配送中心规划中的重要工作，涉及建筑模式、空间布局、设备安置等多方面的问题。本节将分别对配送中心的设施、设备以及一些公用设施的规划进行论述。

4.5.1 配送中心设施与设备规划

1. 配送中心的设施规划

配送中心按功能可分为进货区、存储区、分拣区及其他功能区，在预定的空间内合理地布置各个功能块的相对位置是非常重要的。

(1) 合理布置的目的

- 有效地利用空间、设备、人员和能源；
- 最大限度地减少物料搬运；
- 简化作业流程；
- 缩短生产周期；

● 力求投资最低；

● 为员工提供方便、舒适、安全和卫生的工作环境。

（2）设施规划的原则

配送中心是大批物资集散的场所，物料搬运是最重要的活动，合理地进行设施规划，其经济效果将更为显著。设施规划的原则如下：

● 根据系统的概念，运用系统分析的方法，求得整体优化，同时也要把定性分析、定量分析和个人经验结合起来。

● 以流动的观点作为设施规划的出发点，并贯穿在设施规划的始终，因为企业的有效运行依赖于人流、物流、信息流的合理化。

● 先从宏观（整体方案）到微观（每个部门、库房、车间），再从微观到宏观。例如，布置设计要先进行总体布置，在进行详细布置；而详细布置方案又要反馈到总体布置方案中去评价，再加以修正，甚至从头做起。

● 减少和消除不必要的作业流程，这是提高企业生产效率和减少消耗的最有效方法之一。只有在时间上缩短作业周期，空间上减少面积，物料上减少停留、搬运和库存，才能保证投入的资金最少、生产成本最低。

● 重视人的因素。作业地点的规划，实际是人-机环境的综合，要考虑创造一个良好、舒适的工作环境。

2. 配送中心建设中对原有设施与设备的利用

（1）配送中心对仓库职能的要求

物流企业的原有设施中，仓库以其庞大的规模和资产比率，实际上已成为主体形式。因此，充分利用好现有的仓库及其内部设施，可基本解决原有设施再利用及优化资本结构的问题。

仓库最原始的功能是保存货物的使用价值，使其不受或尽可能少受损害。仓库业出现后，使得仓库在很长的历史阶段内都以此功能发挥作用。然而，随着生产力的高度发展，社会分工的超复杂化、社会协作的超严密化，使得仓库原有的功能已不能满足现代流通的需要。

在许多经济发达的国家，仓库已经成为配送中心。现代物流中，仓库的作用已由存储、保管和保护商品的使用价值，转变为商品流转中心，向着集散商品、加速商品流通的方向发展。这一转变包括：商品由静态存储变为动态存储，仓库业由储备型变为流通型。仓库业服务由被动服务变为主动服务，仓库业的仓储技术从传统型变为现代型，仓库业工作者的知识水平从低层化变为高层化。

我国仓库业因长期以来经济体制不完善、设备陈旧、流通加工能力差等问题，进一步发展受到了阻碍。针对这些情况，仓库业者应认清形势，立足现实，努力实践，总结经验，逐步提高。

（2）配送中心建设中对原有储运设施的利用

在储运仓库向配送中心的转变过程中，除新增设施外，原有设施的改造利用是一个重要问题。应根据所在企业的具体情况，充分利用现有的人力、场地、设备，组织开展套裁、剪切、改包装、初加工等业务，为进一步开展配送创造条件。

对仓库建筑物来说，没有太多的特殊要求，可以在适当的内部改造的基础上，充分加以利用。例如，为适合配送要求，在库房地面硬化的基础上，可以铺设走形导轨和牵引索道，以安装活动货架和轨道搬运车；对原有库房、场地进行重新划分，确定加工区、理货区、配货区；建立高层货架，提高空间利用率。

现有仓库的机械设备大都简单、陈旧，但仍有部分具有可利用价值。对仍有利用价值者，可以通过增加附属器具、改良作业条件等途径，提高作业能力和范围。例如，为叉车配置多种叉具，以便叉取不同外形的货物；改固定货架为活动货架；改普通货架为重力货架；增加起重机吊索种类；配置尺寸适宜的托盘和集装器具；对输送机进行改造，增加拣选装置，形成自动化或半自动化分拣。

从储运仓库到配送中心的转变，对原有设施的改造和利用是一方面，更主要的在于完善经营体制、改变管理思想、应用现代技术。只有这样，才能实现真正意义上的配送业务。

3. 配送中心建设中的设施改造

（1）设施改造的意义

第一，设施改造是我国经济建设的主要方针之一，同时也是加速国民经济现代化的基本途径。发展国民经济，不能单靠扩大基本建设规模，而是要充分发挥现有企业的作用，挖掘现有企业的潜力，逐步由以外延为主转向以内涵为主。这是我国社会主义建设的方针所决定的，同时也是我国目前物资仓库现状所要求的。随着国民经济的发展，物资流通量不断增长，物资储存业务逐年增加，要求扩大仓储能力，改善仓储条件。因此，在当地新建一些仓库、更新一些设备是必要的，但更重要的是对现有仓储设施进行挖掘、革新、改造。

第二，设施改造可以使现有的仓储设施适应国民经济的发展。我国现有的物资仓储设施，与国民经济的发展很不适应。仓储建筑标准低、条件差，一部分是 20 世纪 50 年代建成的，还有相当一部分是新中国成立前建造的老库。这些仓库大都是砖木结构,跨度小、净空低、门窗小,无固定装卸搬运设备,物资保管条件和作业条件都比较差。20 世纪 60 年代、70 年代以及 80 年代新建的一些仓库,虽然大都采用了钢筋混凝土框架结构,跨度大、净空高,有的安装了桥吊,但在保管条件上仍然不太好。近几年新建的一些楼库,装卸搬运机械化的问题没有得到很好解决,运用效果也并不理想。再从仓储设备来看,数量不足,不能满足需要,现有设备中相当一部分陈旧落后,超期服役,质量低、性能差、耗能多、效率低。长此下去,直接影响物资仓库的现代化。

第三,进行设施改造也是资金限制的要求。由于固定资产投资的限制,特别是基本建设由拨款改为贷款以后,不可能新建更多的仓库和增加很多新型设备,主要应对现有仓储设施进行技术改造,不断提高技术水平。

(2) 仓库技术改造的原则

第一,仓库的技术改造要有统一的规划。对于配送中心的建设来说,进行技术改造,必须经过周密、深入的调查,掌握大量的资料,通过分析研究、制定出近期和长期规划,明确任务和要达到的目标,分阶段逐步实施,使企业技术改造有目的、有计划、有步骤地进行,由易到难,由简到繁,由低级到高级,由点到面;决不能轻率地盲目进行,头痛医头,脚痛医脚,拆东补西,零打碎敲,浪费人力物力,形不成综合作业能力。

第二,仓库的技术改造应尽量采用新技术。当今世界科学技术飞速发展,技术老化周期愈来愈短,一些先进技术,过几年之后就可能成为落后技术,不搞技术进步,企业就没有前途。当然,采用新技术要从实际出发,要根据实际和可能,经过充分的技术论证后做出正确的决策。

第三,仓库的技术改造必须以提高经济效果为出发点。我国正在进行经济体制改革,扩大了企业的自主权,加强了经济核算,对如何提高经济效益比较重视。仓库物资的技术改造,应少花钱多办事,投入少见效快,经济效益明显。当然还要处理好微观经济效益和宏观经济效益之间的关系,处理好近期经济效益和远期经济效益之间的关系。

第四,仓库的技术改造要充分重视人的作用。对技术改造应有一个全面的理解,不仅包括改造库房、革新设备、改进技术、改革作业规程等,而且还应包括培训技术和管理人才、提高职工技术业务素质等内容。人是生产三要素中最积极、最活跃的因素,任何先进的设备都要人去运用和维修,任何先进的技术也都需要人去掌握。因此在仓库技术改造过程中必须充分重视人的作用,不能只见物不见人，或者只在物质基础上下工夫，而忽视对各种人员的培养和提高。

(3) 仓库技术改造的技术政策

技术政策是技术改造的依据，不同的部门在不同的时期应有不同的技术政策。就物资仓库而言，近期内的技术政策是：

- 老库的技术改造，应以改善保管条件、扩大储存能力和提高作业效率为主攻方向；
- 仓库作业应以实现机械化为主要目标，个别仓库可进行自动化试点；
- 注重现有设备的成龙配套，改善薄弱环节，提高综合作业能力；
- 重点引进现代电子技术和信息技术，广泛采用电子计算机；
- 仓储设施和技术作业过程实行标准化。

(4) 仓库技术改造的内容

仓库技术改造的内容，主要取决于技术改造的目的。仓库技术改造的总目标是多、快、好、省地完成物资仓储任务。具体地说，主要包括：扩大仓库规模，增加存储能力；提高库房标准，改善保管条件；挖掘设备潜力，提高机械化水平；提高作业效率，改善作业质量；改进信息处理，提高经济效益等。

根据我国实际情况，仓库技术改造的内容有以下几个方面：

第一，是对现有库房的技术改造。为了改善旧库的保管条件，可浇筑水泥混凝土地坪(原来为土或砖地)，加厚或新砌库墙，更换屋顶，加装库内顶棚，改造门窗，增设取暖、通风等附属装置等。为了扩大仓库的存储能力，可拆除隔墙、仓库办公室外迁、采用高层料架、使用巷道堆垛机、设置架上平台等。为了加速物资的收发，提高机械化作业水平，可在库内安装桥式或龙门式起重机、扩大库门使装卸运输设备进库作业、加宽站台供叉车运行等。

第二，更新或改造陈旧设备。这主要涉及四个方面的内容：① 仓库装卸搬运设备占重要地位，应逐步把性能差、耗能高、效率低、故障多的老设备淘汰掉或加以改造，选用性能好、耗能少、安全可靠、效率高的新型设备。要使各种装卸搬运设备成龙配套，以保证作业的连续性。② 物资储存设备直接关系着物资保管质量、作业效率和仓库利用率。要改木制料架为钢制料架，改固定料架为组合料架，改低层料架为中层或高层料架，改通用料架为专用料架，大力推广料仓和托盘。③ 物资仓库检斤作业量相当繁重，目前主要使用机械式台秤，费工费时效率低。今后应积极推广电子秤，逐步以电子秤取代机械秤。首先选用结构比较简单的静态电子秤，然后进一步试用动态电子秤。对检斤作业量大的仓库,还可以采用地衡。④ 仓库的运输工具主要是汽车。对现有汽车必须更新改造,选用技术性能先进、耗油少的车型,同时应改装或增加一些专用车辆,如水泥罐车、油罐车、集装箱车、长车身车等。

第三,应用电子与信息技术。物资仓库的技术作业过程是物流和信息流的综合,而信息流是否准确、及时、畅通,直接影响仓库各方面的工作。采用计算机技术,对大量信息进行收集、整理、存储、加工、传输、编辑和转换,具有重要意义。在物资仓库除采用计算机外,还应根据需要与可能,安装自动监测和报警系统、自动控湿控温系统等。

4.5.2　配送中心的作业设施

1. 配送中心的建筑

配送中心的设施包括多种建筑物,但主要的建筑还是仓库或加工中心。所以,这里所谈的建筑主要针对仓库或加工中心而言。具体说来,主要包括层数、材料、形状及土地、规模等问题。

(1) 层数

一般有单层与多层两种选择。比较而言,单层建筑占地面积大、造价昂贵,每立方米储存费用较多,但空间较大,照明成本低,水平运作,搬运费较少;而多层建筑,占地少,造价便宜,但空间小,照明成本高,立体运作,搬运费较高。具体情况还需根据实际情况进行综合评析。

(2) 材料

必须选用防火、防潮、防晒性能好的材料,一般为钢筋水泥式建筑。目前,很多连锁企业在此项花费上较为"经济",这是一种值得注意的不良倾向,其根源在于侥幸心理作祟。

(3) 形状

一般有长方形和正方形两种选择。长方形建筑,储存空间较大,容易接受光线,通风设备能够更有效地发挥作用,建筑支柱少,可增加存货面积,同时有利于进行扩充;正方形建筑,其特征与长方形的相反。专家们更倾向于选择长方形建筑。

(4) 土地、建筑物及设备

有购买和租赁两种方式。购买花费投资大,需要不停地进行维修。租赁投资较小,不必担心维护,租费也可以在所得税中扣除。从目前情况看,租赁已成为一种国际流行的趋势。但是,由于目前我国的租赁市场,尤其是配送中心所需设备方面的租赁市场尚欠发达,因而制约了企业选择租赁的形式。

(5) 规模

配送中心的规模包括三层含义:一是与店铺规模相适应的总规模,即需要总量为多少平方米的配送中心;二是建立几个配送中心,即这些配送中心的布局;三是每个配送中心的规模。因此,配送中心的规模决策包含这三个层次的决策。

另外,配送中心的主要功能是为连锁企业的各个店铺提供商品配送服务,因而,服务能力是衡量配送中心总规模是否适当的一个指标。配送中心总规模与服务能力呈正相关关系,即配送中心总规模越大,配送服务能力就越强,反之亦然。

但是同时也要进行“成本-收益”分析。一般来说,配送规模与单位配送成本之间的关系,在开始的某一时段内,随着配送规模的不断扩大,配送成本随之不断降低,其原因在于规模经济;当配送规模达到一定之后再进一步扩大的话,配送成本则开始随之上升,因为此时规模不经济开始发生作用。

经分析可以得知,服务能力和单位配送成本下降阶段的交点仅是配送中心的最小规模,此时进一步扩大规模有助于获得规模经济,理论上的最佳配送中心规模应是在服务能力和单位配送成本上升阶段的交点上,此时若再进一步扩大规模则可能引起规模不经济。过分强调配送服务能力而不注意单位配送成本,认为配送中心规模越大越好的思想是不正确的;相反,过分偏重单位配送成本的降低,而忽略配送服务能力的思想也是不可取的。

2. 自动化仓库

自动化仓库主要有以下几种类型:

(1) 单元式自动化仓库

标准化仓库的规模一般高度在10米以下,存放的单元直交流整流器具有走行速度70米/分、升降速度10米/分、货叉速度30米/分的高速使用功能。电器控制装置使用可编程控制器(programmable controller,PC),可以按自动、半自动、手动运行。所用的操作方法非常简单,只要将卡插入操作盘内,可以由女性来操作,并且具有电脑库存管理机所具有的库存管理、货位管理、查询、生成账单等选择功能。利用托盘,可以自由地存放箱装、灌装、散装、袋装等物品;作为周边机械,可以设置自动调芯固定台、手推车、电动台车、链条或轨道输送机等。

为了易于检修,驱动部的安全盖采用可拆装方式,走行、升降电机设置在侧支架的下部。

具有代表性的控制方式是在堆垛机本体上装置卡式阅读器,将出、入库卡插入其中,按下键后,堆垛机就会自动运行,利用这个卡,设置空货位及库存卡箱各一个,自动运行完成后,已出库的卡放在空货位卡箱内、已入库的卡放在库存卡箱内进行保管,使库存管理一目了然。控制方式的使用说明在表4-5中列出。堆垛机的使用方法如表4-6中所示,一般以走行速度30—60米/分、升降速度7—10米/分、货叉速度15米/分左右作为标准。如此标准化的自动仓库,为尽量适应各种条件,实际上在选择周边设备、控制方式时,多数情况有必要进行补充设计。作为选择基准,首先要对所使用的托盘与货架的构造、堆垛机的叉部、出入库设备的适应性做调查,进行探讨以求得解决。单元式自动仓库价格低廉,适用范围广,也可以考虑单独使用。因为它适用于大型计算机综合无人化在线管理系统,所以近年来的需要显著增加。

表4-5　控制方式

控制方式	机旁卡片	
	远距方式	
作业方式	单循环、复合循环	
设定方式	卡片	
地址捡出方式	绝对方式	

表4-6　堆垛机标准

		走行	升降	叉具
额定速度（米/分）	50 Hz	35/11	8.4/4.2	18
	60 Hz	29/9	7.0/3.5	15
制动器	圆盘制动器			
走行供电	绝缘电缆			
电源	AC220/200 V 60/50 Hz 3相			

（2）楼式自动化仓库

这种方式按自动仓库的工程特征项中所叙述的顺序进行选择,目标是构建最合适的系统。系统规模越大,设计会变得越经济。一般要进行具体分析,针对每个物件进行系统设计。关于建筑方法的说明,如按其标准方法可能会出现不能建设的情况,因此有必要与各制造商的专业技术人员进行商讨,将建筑基准法相关的规定与制度考虑进去。

3. 配送中心的核心——分拣系统

分拣系统是配送中心的核心设施;先进的分拣系统,一般都是自动分拣系统。

（1）自动分拣系统作业描述

自动分拣系统(automated sorting system),是第二次世界大战后在美国、日本的配送中心广泛采用的一种分拣系统,目前已经成为发达国家大中型物流中心不可缺少的一部分。该系统的作业过程可以简单描述如下:物流中心每天接收成百上千家供应商或货主通过各种运输工具送来的成千上万种商品,在最短的时间内将这些商品卸下并按商品品种、货主、储位或发送地点进行快速准确的分类,将这些商品运送到指定地点(如指定的货架、加工区域、出货站台等),同时,当供应商或货主通知物流中心按配送指示发货时,自动分拣系统在最短时间内从庞大的高层货架存储系统中准确找到要出库商品的所在位置,并按所需数量出库,然后将从不同储位上取出的不同数量的商品,按配送地点的不同运送到不同的理货区域或配送站台集中,以便装车配送。

(2) 自动分拣系统的主要特点

• 能连续、大批量地分拣货物。由于采用大生产中使用的流水线自动作业方式,自动分拣系统不受气候、时间、人的体力等限制,可以连续运行100个小时以上,同时由于自动分拣系统单位时间分拣件数多,因此其分拣能力是人工分拣系统的数倍,每小时可分拣7 000件包装商品,如用人工则每小时只能分拣150件左右,同时分拣人员也不能在这种劳动强度下连续工作8小时。

• 分拣误差率极低。自动分拣系统的分拣误差率大小主要取决于所输入分拣信息的准确性,准确程度又取决于分拣信息的输入机制。如果采用人工键盘或语音识别方式输入,则误差率在3%以上;如采用条形码扫描输入,除非条形码的印刷本身有差错,否则不会出错。因此,目前自动分拣系统主要采用条形码技术来识别货物。

• 分拣系统基本是无人化的。国外建立自动分拣系统的目的之一就是为了减少人员的使用,减轻员工的劳动强度,提高人员的使用效率,因此自动分拣系统能最大限度地减少人员的使用,基本做到无人化。分拣作业本身并不需要使用人员,人员的使用仅局限于以下工作:送货车辆抵达自动分拣线的进货端时,由人工接货;由人工控制分拣系统的运行;分拣线末端由人工将分拣出来的货物进行集载、装车;自动分拣系统的经营、管理与维护。

(3) 自动分拣系统的组成

• 自动分拣系统一般由控制装置、分类装置、输送装置及分拣道口组成。控制装置的作用是识别、接收和处理分拣信号,根据分拣信号的要求指示分类装置,按商品品种、商品送达地点或货主的类别对商品进行自动分类。这些分拣需求可以通过不同方式(如条形码扫描、色码扫描、键盘输入、重量检测、语音识别、高度检测及形状识别等),输入到分拣控制系统中去,分拣控制系统根据对这些分拣信号的判断,决定某一种商品该进入哪一个分拣道口。

- 分类装置的作用是根据控制装置发出的分拣指示,当具有相同分拣信号的商品经过该装置时,分类装置使控制装置改变在输送上的运行方向,进入其他输送机或进入分拣道口。分类装置的种类很多,一般有推出式、浮出式、倾斜式和分支式几种,不同的装置对分拣货物的包装材料、包装重量、包装物底面的平滑程度等有不完全相同的要求。

- 输送装置的主要组成部分是传送带或输送机,其主要作用是使待分拣商品鱼贯通过控制装置、分类装置。在输送装置的两侧,一般要连接若干分拣道口,使分好类的商品滑下主输送机(或主传送带),以便进行后续作业。

- 分拣道口是已经分拣商品脱离主输送机(或主输送带)进入集货区域的通道,一般由钢带、皮带、滚筒等组成滑道,使商品从主输送装置滑向集货站台,在那里的工作人员将该道口的所有商品集中后,或是入库储存,或是组配装车并进行配送作业。

以上 4 部分装置通过计算机网络连接在一起,配合人工控制及相应的人工处理环节,构成一个完整的自动分拣系统。

(4) 自动分拣系统的适用条件

第二次世界大战后,自动分拣系统逐渐开始在西方发达国家投入使用,成为发达国家先进的物流中心、配送中心或流通中心所必需的设施条件之一。但因其要求使用者必须具备一定的技术经济条件,因此,在发达国家,物流中心、配送中心或流通中心未采用自动分拣系统的情况也很普遍。在引进和建设自动分拣系统时,一定要考虑以下两个条件:

第一,一次性投资巨大,自动分拣系统本身需要建设至少 40—50 米或是 150—200 米的机械传输线,还有配套的机电一体化控制系统、计算机网络及通信系统等。这一系统不仅占地面积大,起码 2 万平方米以上,而且一般自动分拣系统都建在自动主体仓库中,而要建三四层楼高的立体仓库,库内需要配备各种自动化的搬运设施,这项投资相当于建立一个现代化工厂所需要的硬件投资。这种巨额的先期投入要花 10—20 年才能收回,如果没有可靠的货源作保证,则只有可能由大型生产企业或大型专业物流公司投资,小企业无力进行此项投资。

第二,对商品外包装要求高,自动分拣机只适于分拣底部平坦且具有刚性包装规则的商品。袋装商品、包装底部柔软且凹凸不平的商品,包装容易变形、易破损、超长、超薄、超重、超高、不能颠覆的商品,不能使用普通的自动分拣机进行分拣。为了使大部分商品都能用机械进行自动分拣,可以采取两条措施:一是推行标准化包装,使大部分商品的包装符合国家标准;二是根据所分拣的大部分商品的统一的包装特性,定制特定的分拣机。但要让所有商品的供应商都执行国家的包装标准是很困难的,定制特定的分拣机又会使硬件成本上升,并且越是特别其通用性就越差。因此公司要根据经营商品的包装情况来确定是否建或建什么样的自动分拣系统。

4.5.3 配送中心内部布局

1. 配送中心的内部结构

配送中心的种类很多,其规模大小各异,然而,无论是哪一种类型的配送中心,其内部结构基本上都是相同的。也就是说,各种配送中心都是由指挥系统、管理系统和各种作业区组成的。现以一般性的配送中心为例,分别叙述各个系统的性质和职能。

(1) 指挥和管理系统(管理机构)

指挥和管理系统是配送中心的中枢神经。其职能是:对外负责收集和汇总各种信息(包括用户订货或要货信息),并做出相应的决策;对内负责协调、组织各种活动,指挥调度各类人员,共同完成配送任务。就其位置而言,有的集中设在某一区域(管理区)内,有的则分布在各个作业区,由一个调度中心统一进行协调。

(2) 作业区

由于配送中心的类型不同,作业区的构成及其面积大小也不尽相同。一般的配送中心,其作用区包括以下几个部分:

- 接货区

在这个作业区内,工作人员必须完成接收货物的任务和货物入库、拣选之前的准备工作(如卸货、检验、分拣等工作)。因货物在接货区停留的时间不太长,并且处于流动状态,故接货区的面积相对来说都不太大。它的主要设施有:铁路(或公路)专用线、卸货站台和验货场区。

- 储存区

在这个作业区里,存储或分类存储经过检验后的货物。由于所进货物需要在这个区域内停留一段时间,并且要占据一定的位置,因此相对而言,储存区所占的面积比较大。这个作业区大体上要占整个作业区面积的一半左右，个别配送中心（如煤炭、水泥配送中心）的储存区面积甚至要占配送中心总面积的一半以上。储存区是存储货物的场所，在这个区域内一般都建有专用仓库（包括现代化的立体仓库），并且配置着各种设备，其中包括各种货架、叉车和吊车等起重设备。从位置上看，储存区多设在紧靠接货站台的地方，也有的设在加工区的后面（如荷兰 Nedlloyd 集团所属的“国际配送中心”）。

- 理货区

理货区是配送中心的工作人员进行拣货和配货作业的场所，其面积大小因配送中心的类型不同而异。一般说来，拣选货和配货工作量比较大的配送中心（或者说，向多家用户配送多种商品且按照少批量、多批次方式配送商品的配送中心）其理货区的面积都比较大；反之，拣选及配货任务不太大的配送中心，其理货区所占的面积也不大。与其他作业区一样，在理货区内也配置着许多专用设备和设施，其中包括手推卸货车、重力式货架和回转式货架、升降机、传送装置、自动分拣设施等。包括拣选、配货在内的理货作业区是配送中心作业流程中的一项重要作业（有人称它为“核心工艺”），其效率高低不仅直接影响下道工序的正常操作，而且直接影响整个配送活动的运行质量及其效益。因此，可以说理货区是配送中心的重点作业区。

- 配装区

由于种种原因，有些分拣出来并配备好的货物不能立即装车发送，而是需要集中在某一场所等待统一发运，这种放置和处理待发送货物的场地就是配装区。在配装区内，配送中心的工作人员要进行配装作业，即根据每个货主的货物数量进行分房、配车和选择装运方式（单独装运或混载同运）。因在配装区内货物转瞬即出，停留的时间不长，所以，货位所占的面积不大。相对而言，配装区的面积要比储存区小得多。需要指出的是，有一些配送中心，其配装区是和理货区或发货区合在一起的，因此，配装作业常常融合于其他相关的作业中。此外，因配装作业的主要内容是分放货物、组织货物和安排车辆等，所以在这个作业区内除了配置计算工具（微机）和小型装卸机械、运输工具以外，没有什么特殊的大型专用设备。

- 发货区

发货区是工作人员将组配好的货物装车外运的作业区域。从布局和结构上看,发货区和进货区类似,也是由运输货物的线路和接靠载货车辆的站台、场地等组成的。所不同的是,发货区位于整个作业区的末端,而进货区位于首端。

- 加工区

有很多从事加工作业的配送中心,在结构上除了设置一般性的作业区以外,还设有配送货加工区。在这个区域内,配备加工设备(如剪床、锯床、打包机、配备生产线等)。因加工工艺有别,各个(加工型)配送中心的加工区所配置的设备也不完全相同。和储存区一样,加工区所占的面积也比较大,尤其是煤炭、水泥、木材等生产资料加工区,所占面积更大。

典型的配送中心的功能分区图如图 4-18 所示。

<table>
<tr><td>退货处理区</td><td>废弃物处理区</td><td colspan="2">设备存放及简易维护区</td></tr>
<tr><td rowspan="2">进货区</td><td rowspan="2">理货区</td><td colspan="2">储存区</td></tr>
<tr><td>加工区</td><td>废弃物处理区</td></tr>
<tr><td rowspan="2">管理区</td><td>分拣配货区</td><td colspan="2" rowspan="2">管理区</td></tr>
<tr><td>发货区</td></tr>
</table>

图 4-18　配送中心的功能分区示意图

2. 配送中心内保管场所的分配

所谓保管场所的分配,是指在库区内为每一种库存物资分配适当的储存保管地点。一般应包括保管区的划分,库房、料棚、料场的分配,确定存入同一库房的物资品种等。合理分配保管场所的目的在于做到:物得其所,库尽其用,地尽其力。

(1) 保管区的划分

在规模比较大的综合材料场或仓库,储存的物资品种多、数量大,为了便于管理,可按照仓库建筑的布局和储存物资的类别,划分若干储存保管区。划分储存保管区的方法有:

- 按照物资的理化性质分区,它是将库存物资按其理化性质分成若干大类,对每一类物资划定一个储存保管区,如金属材料、非金属材料、机电产品等。这种划分储存保管区的方法,有利于针对某一类物资的特性,采取相应的保管措施,便于对某一类物资进行集中统一管理。

- 按物资的使用方向分区,它是按照物资的使用方向和用途,将物资分成若干大类,如铁路材料场可将修车用料、建筑工程用料、通信信号用料等每类物资,划定一定的储存保管区。这种分区方法,便于对基层用料单位配送,用料单位来材料场领料时也比较方便。其缺点是,用于同一方向的物资品种繁多、性质各异,要求不同的保管条件,给保管带来一定的困难。

• 混合分区,即将上述两种方法结合起来运用,有的按物资的性质,有的按物资的使用方向。

各种分区方法各有优缺点。通常情况下,铁路材料场多采用混合分区法。通用物资按理性化性质划区(如金属材料、非金属材料),专用物资按使用方向分类划区(如机车车辆配件、通信信号材料等)。为了业务管理上的方便,材料场对物资的分类划区应与铁路物资目录的分类相一致。

(2) 库房、料棚、料场的分配

材料场划定保管区之后,就要对本保管区的仓储设施进行统一的规划和使用,对本保管区的库房、料棚、料场安排各自的用场,即把本类物资合理地分配到库房、料棚或料场。分配得是否合理,对提高保管质量、便利仓库作业、降低保管费用有直接影响,可以说它是搞好物资保管的基础。

具体到某种物资应储存在什么地方,应综合考虑各方面的因素,如物资的理化性质、加工程度、自身价值、用途和作用、批量大小、单位重量和体积等。其中物资的理化性质是划分保管场所的主要依据。此外,物资在库保管时间的长短、仓库所在地的地理气候条件、储存物资的季节等,也是必须考虑的因素。大体可作如下安排:

• 凡经风吹、日晒、雨淋和温湿度变化对其无显著影响的物资,均可存放在露天料场,如生铁锭块、毛坯、钢轨、大型钢材、铸铁管、原木、大型粗制配件等。

• 凡受日晒雨淋易变质损坏而温湿度的变化对其影响不大的物资,可存入料棚保管,如中型钢材、钢轨配件、优质木材、耐火砖、电缆等。

• 凡受雨雪侵袭、风吹日晒及湿度的影响而易造成损害的物资,应存入普通库房,如小型钢材、优质钢材、金属制品、有色金属材料、车辆配件、水泥、化工原料、机械设备等。

• 凡受风吹日晒雨淋和温湿度变化的影响容易损坏的物资,应存入专用库房。这主要是各种危险品,如汽油、炸药、压缩气体、毒性物品、腐蚀性物品、放射性物品等。

(3) 对楼库各层的使用分配

楼库多为三至五层。各层的保管条件和作业条件不同,应合理分配各层用途。

● 楼库的最低层。地坪承受能力强，净空比较高，两侧和两段均可设库门和站台，收发作业方便；但地坪易返潮，易受库边道路灰尘的影响。因此应存放大批量、单位重量大、体积大、收发作业频繁、要求一般保管条件的物资，如金属材料、金属制品等。

● 楼库的中间层。楼板承载力比较差，净空比较低，增了垂直方向的搬运，只能从竖井升降机或电梯收发物资，作业不方便；但楼板比较干燥，采光通风良好，受外界温湿度的影响小，保管条件比较好。所以适合存放体积较小、重量较轻、要求保管条件比较高的物资，如电工器材、仪器仪表等。

● 楼库的最顶层。除具有与中间层相同的条件外，还有对保管和作业不利的方面。因为屋面直接受日光照射，受温度的影响比较大，而且收发作业更加不方便。因此适合存放和收发作业不太频繁、要求一般保管条件的轻体物资，如纤维制品、塑料制品等。

（4）确定存入同一库房的物资品种

对存入同一库房的物资，应考虑彼此间的互容性。凡两种物资互相之间不发生或很少发生不良影响的，称两者之间具有互容性。如金属材料、金属制品、金属零配件、机械设备等，彼此之间不发生影响，允许存入同一库房。但也有些物资之间，因某种原因不宜混存，一般有以下几方面的情况：

● 相互之间会发生影响的物资。如粉尘材料同精密仪器仪表、腐蚀性物品同各种易被腐蚀的物资、大部分化工危险品（如炸药与起爆器材、易燃品与自燃物、易燃气体与助燃气体等）。

● 要求不同保管条件的物资。如怕潮湿与干燥的物资、怕高温（或低温）与一般物资，由于彼此要求不同的保管条件，不可能在同一库房同时得到满足，所以不宜存入同一库。

● 要求不同作业手段的物资。如体积大小相差悬殊、单位重量相差很大、要求不同的装卸搬运手段的物资，若存入同一库房会给收发作业带来困难，而且影响仓库的有效利用。另外，大型笨重物资最好存放在有起重设备的大型库房。

3. 保管场所的布置

物资保管场所的布置，是将各种物资合理地布置到库房、料棚或料场的平面和空间。其布置应满足下列要求：最大限度地提高保管场所的平面利用率；有利于提高物资保管质量；符合技术作业过程的要求，便于日常查点和收发；便于机械化作业等。

物资保管场所的布置，分为平面布置和竖向布置。

(1) 保管场所的平面布置，是对库房、料棚、料场内的料垛、料架、通道、垛间距、收发料区等进行合理的划分，正确处理它们在平面上相互的位置关系。

保管场所平面的利用，以库房为例，其内墙线所包围的面积（如有立柱，应减去立柱所占的面积）为可使用面积，库内料架和料垛所占的面积为保管面积，其他则为非保管面积。应尽量扩大保管面积，缩小非保管面积。

非保管面积，包括通道、墙间距、收发料区、仓库人员办公地点等。

保管场所的平面布置有多种形式，可分为：垂直式布置、横列式布置、纵列式布置、纵横式布置和倾斜式布置。其中，垂直式布置，是指料架或料垛的排列与库墙和通道互相垂直。横列式布置，是指料架或料垛的长度与库房的长度方向互相垂直（与库房的宽度方向平行）。这种布置方式的主要优点是：主通道长且宽，副通道整齐美观，对物资的查点、存取方便；通风和自然采光良好；便于机械化作业；其主要缺点是：主通道占用面积多，仓库面积利用率受到影响。纵列式布置，是指料架或料垛的长度与库房的长度方向平行（与库房的宽度方向垂直）。这种布置方式的优缺点与横列式正好相反，其优点主要是仓库平面利用率比较高；其缺点是存取物资不便、对通风采光不利。纵横式布置，是指在同一保管场所，横列式布置和纵列式布置兼而有之，它是两种方式的结合，兼有两种方式的特点。倾斜式布置，是指料架或料垛与主通道之间不是互相垂直成 90°角，而是成 60°、45°或 30°锐角，这种布置方式又分为料垛倾斜和通道倾斜两种情况。料垛倾斜式，是指料垛的布置与库墙和通道之间成一锐角。这种布置方式的最大优点是便于叉车配合托盘进行作业，能缩小叉车的回转角度，提高装卸搬运效率；而最大的缺点是造成不少死角，仓库面积不能被充分利用。通道倾斜式，是指料垛与库墙之间仍垂直布置，而通道与料垛和库墙之间成锐角，这种布置方式的优点是避免了死角，能充分利用仓库面积，而且同样便于物资搬运，提高作业效率。

综上所述，倾斜式布置方式，只能在一定的条件下方可采用，有很大的局限性，它只适用于品种单一、批量大、用托盘单元装载、就地码垛、使用叉车搬运的物资，在一般的综合仓库不宜采用。从铁路材料厂、库来看，主要采用垂直式布置，而且以横列式布置为主。究竟选用哪种布置方式最有利，要视具体情况而定。要根据库房面积的大小、库房的长宽比、料架的规格尺寸、物资的堆码方式、收发作业的方式和机械化程度等综合考虑,提出最佳布置方案。

(2)保管场所的竖向布置

保管场所的竖向布置,是库存物资在仓库立体空间上的布置,其目的在于充分有效地利用仓库空间,便于收发和提高保管质量。竖向布置可采取下列方式:

- 就地堆垛:借助于物品的外部轮廓或包装进行码垛;
- 使用料架:将物品直接或装入料箱、托盘后存入料架;
- 托盘、集装箱堆码:将物品装入集装箱或码放在托盘上,然后把集装箱或托盘进行堆码;
- 空中悬挂:将某些物品悬挂在库墙或库房的上部结构上;
- 采用架上平台:在料架上方铺设一层承载板,构成二层平台,可直接堆放物品或摆放料架。

保管场所的竖向布置潜力很大,在不增加库房面积的情况下,物资的存放向高度方向发展,向空间要货位,可扩大储存能力,节约建筑投资。

4.5.4 配送中心的作业设备

配送中心的作业设备主要包括“硬件”设备与“软件”设备。硬件设备主要是指储存设备和运输设备,具体包括板台、滑台、手推车、拖车、叉车、牵引车、输送机、升降机、货架、桥板等。物流自动化与现代化的发展,对配送中心的设备要求也越来越高。但就我国目前的连锁企业状况而言,由于起点较低,实力有限,所以在配送中心设备的配备上宜采取“实用主义”原则,不应过分追求“高、精、尖”。

1. 软硬件设备系统的规划与设计

这是一个专业性很强、涉及面很广的问题,难以具体论述。

一般来说,软硬件设备系统的水平常常被看成是物流中心先进性的标志。因而为了追求先进性,就要配备高度机械化、自动化的设备,这给投资方面带来很大的负担。但是,欧洲物流界对先进性的定义有不同的理解。他们认为:“先进性”就是合理配备,能以较简单的设备、较少的投资,实现预定的功能,也就是强调先进的思想、先进的方法;从功能方面来看,设备的机械化、自动化程度不是衡量先进性的最主要因素。”

根据我国的实际状况,对于配送中心的建设,比较一致的认识是贯彻软件先行、硬件适度的原则。也就是说,计算机管理信息系统、管理与控制软件的开发,要瞄准国际先进水平;而机械设备等硬件设施则要根据我国资金不足、人工费用便宜、空间利用要求不严格等特点,在满足作业要求的前提下,更多地选用一般机械化、半机械化的装备。例如仓库机械化,可以使用叉车或者与货架相配合的高位叉车;在作业面积受到限制、一般仓库不能满足使用要求的情况下,也可以考虑建设高架自动仓库。

2. 主要设备

本节以自动化仓库为例,说明配送中心的主要设备。

(1) 货架

理想的存储是根本不存在的,因为在实际过程中很难达到。但是,库存总量应当尽量保持在最小状态。在一定的面积内建造一座仓库,为了提高货物的存放数量,采用堆垛方式无疑比平铺在地面要优越得多。由于货物堆积起来,出库时若需从底部或里面取出货物,必然要花费很多的时间和劳动移开上部或外部的货物,即做到“先入先出”是很困难的。但若将不同的货物均存放在标准托盘(或货箱)里,然后将其存放到立体的货架上,就解决了这些困难。将不同的物品都放在货架上,货架越高,所占用的存储面积越少;同时,对货架的要求也越高。

① 货架的形式

- 悬臂货架:多用于存储长料,如金属棒、管等。
- 流动货架:货物从货架的一端进入,在重力作用下可从另一端去处。它有时适合于存储数量多、品种少、移动快的物品,如存储某些电子器件等的立体仓库。
- 货格式货架:这种货架最常见,在我国也比较多,多用于容量较大的仓库,如以集装箱为单位存储的立体仓库。
- 水平或垂直旋转式货架:是一种旋转或循环的存储装置,适合于存储体积小、品种多、重量轻的物品。
- 悬挂输送存储:它们多安放于车间的工作区或设备上方,由人工根据需要随时取下或放上货物,整个存储系统在不断低速运动。
- 被动辊式货架:适用于重量和体积比较大的物品存储时采用。在这种货架的单元货格中有很多无动力的辊子,利用存储设备(通常是大型巷道式堆垛机)的动力驱动这些辊子,从而将大型货物存入或取出。机场货运物品的处理多采用这种形式的货架。

还有许多其他形式的货架，在此不一一介绍。

② 货架的材料

高层货架是立体仓库的主要构筑物，一般用钢材或钢筋混凝土制作。钢货架的优点是：构件尺寸小，仓库空间利用率高，制作方便，安装建设周期短。而且随着高度的增加，钢货架比钢筋混凝土货架的优越性更明显。因此，目前国内外大多数立体仓库都采用钢货架。钢筋混凝土货架的突出优点是防火性能好，抗腐蚀能力强，维护保养简单。

货架的高度是关系到自动化仓库系统全局性的参数。钢结构货架的成本随其高度的增加而迅速增加，尤其是当货架高度超过20米以上时，其成本将急剧上升，同时堆垛机等设备结构费用也随之增长。当库容量一定时，仓库基础费用、运行导轨投资则随货架高度的增高而下降。货架可由冷轧型钢、热轧角钢、工字钢焊接成"货架片"，然后组成立体的货架。为此，要从基础设计、货架截面选型以及支撑系统布置等方面，采取措施，加以保证。

③ 货架的尺寸

通常货架高度在50—80米之间。恰当地确定货格净空尺寸，是立体仓库设计中一项极为重要的内容。对于给定尺寸的货物单元，货格尺寸取决于单元四周需留出的空隙大小，同时在一定程度上也受到货架结构造型的影响。这项尺寸之所以重要，是因为它直接影响着仓库面积和空间利用率。由于影响因素很多，所以确定这项尺寸比较复杂。

"牛腿"是货架上的一个重要结构。货箱或托盘支架在牛腿上。取货时堆垛机货叉从牛腿下往上升，托起货箱后货叉取走货箱。存货时，货叉支托着货箱从牛腿上方向下降，当其低于牛腿高度时货物就支托在牛腿上了。

④ 货架的刚度和精度

作为一种承重结构，货架必须具有足够的强度和稳定性，在正常工作条件下和在特殊的非工作条件下都不至于被破坏。同时，作为一种设备，高层货架还必须具有一定的精度和在最大工作载荷下的有限弱性变形。对于自动和半自动控制的立体仓库，货架精度更是仓库成败的决定因素之一。

自动和半自动控制的立体仓库对货架的精度要求是相当高的，包括货架片的垂直度、牛腿的位置精度和水平度等。为了达到设计的要求，有必要对所设计的货架进行力学计算。目前货架设计常采用刚度假设，即认为地基在货架和货物作用下不会产生弹性变形。此种处理使设计计算大为简化,但与实际结构的力学特性相差甚远。弹性基础梁的假设可用于货架设计:将钢筋混凝土层视为弹性基础梁或板,其下的土层视为等效弹簧,这样可同时考虑上层与混凝土的影响,较好地反映实际情况。

(2) 货箱与托盘

我们把一个标准的货物或容器称作单元负载,货物的载体可以是托盘、托板、滑板、专用集装箱、专用堆放架、硬纸板箱等。

货箱与托盘,其基本功能是装物料,同时还应便于叉车和堆垛机的叉取和存放。托盘多为钢制、木制或塑料制成;托板一般由金属制成;滑板是由波状纤维或塑料制成,可将单元货物拉到滑板上;专用集装箱多由钢板制成,可做多次周转;专用盛放架由钢板或木料制成,可盛放专用件或特殊形状的物品;硬纸板箱盛放相对密度较小的物品;盛放洗衣机或电冰箱一类的物品可利用其自身的包装箱。

从实际经验得出,货箱尺寸是货架设计的基础数据。货物(载荷)引起货箱的挠度应小于一定的尺度,否则会影响装取货物。

(3) 巷道式堆垛机

搬运设备是配送中心仓库中的重要设备,它们一般是由电力来驱动的,通过自动或手动控制,把货物从一处搬到另一处。设备形式可以是单轨的、双轨的、地面的、空中的、一维运行(水平直线运行或垂直直线运行)、二维运行、三维运行等。典型设备有升降梯、搬运车、巷道式堆垛机、无轨叉车和转臂起重机等。

巷道式堆垛机是立体仓库中最重要的运输设备,是随着立体仓库的出现而发展起来的专用起重机。它的主要用途是在高层货架的巷道内来回穿梭运行,将位于巷道口的货物存入货格;或者相反,取出货格内的货物运送到巷道口。这种使用工艺,对巷道式堆垛机在结构和性能方面提出了一系列严格的要求。

堆垛机的额定载重量一般为几十公斤到几吨,其中0.5吨的使用最多。它的行走速度一般为4—120米/分钟,提升速度一般为3—30米/分钟。

有轨巷道堆垛起重机通常称为堆垛机,它是由叉车、桥式堆垛机演变而来的。桥式堆垛机由于桥架笨重,因而运行速度受到很大的限制,仅适用于出/入库频率不高或存放长形原材料和笨重货物的仓库。其优点在于可以方便地为多个巷道服务,目前的自动化仓库系统中应用最广的是巷道式堆垛机。

巷道式堆垛机由运行机构、起升机构、装有存取货机构的载货台、机架(车身)和电气设备五部分组成。

第一部分为机架。堆垛机的机架由立柱、上横梁和下横梁组成一个框架,整机结构高而窄。机架可以分为单立柱和双立柱两种类型。双立柱结构的轨架由两根立柱和上、下横梁组成一个长方形的框架,这种结构强度和刚性都比较好,适用于起重量较大或起升高度比较高的场合。单立柱式堆垛机机架只有一根立柱和一根下横梁,整机重量比较轻,制造工时和材料消耗少,结构更加紧凑且外形美观;堆垛机运动时,司机的视野比较开阔,但刚性稍差。由于载货台与货物对单立柱的偏心作用,以及行走、制动和加速减速的水平惯性力的作用,对立柱会产生动、静刚度方面的影响,当载货台处于立柱最高位置时,挠度和振幅达到最大值。这在设计时需要加以计算。

堆垛机的机架沿天轨运行。为防止框架倾倒,上梁上装有导引轮。

第二部分为运行机构。在堆垛机的下横梁上,装有运行驱动机构和在轨道上运行的车轮。按运行机构所处位置不同,可以分为地面驱动式、顶部驱动式和中部驱动式等几种,其中,地面运行式使用最广泛。这种方式一般用两个或四个承重轮,沿铺设在地面上的轨道运行。在堆垛机顶部,有两组水平轮沿天轨(在堆垛机上方辅助其运行的轨道)导向。如果堆垛机车轮与金属结构通过垂直小轴铰接,堆垛机就可以走弯道,从一个巷道转移到另一个巷道去工作。顶部驱动式堆垛机又可分为支承式和悬挂式两种,前者支承在天轨上运行,堆垛机底部有两组水平导向轮;后者则悬挂在位于巷道上方的支撑梁上运行。

第三部分为起升机构。堆垛机的起升机构由电动机、制动机、减速机、卷筒或链轮以及柔性件组成,常用的柔性件有钢丝绳和起重链等。卷扬机通过钢丝绳牵引载荷台作升降运动。除了一般的齿轮减速机外,由于需要较大的减速比,因而也经常见到使用涡轮涡杆减速机和行星齿轮减速机。在堆垛机上,为了尽量使起升机构尺寸紧凑,常使用带制动的电机。

起升机构的工作速度一般在 12—30 米/分,最高可达 48 米/分。不管先用多大的工作速度,都备有低速挡,主要用于平稳停准和取出货物时的“微升降”作业。

在堆垛机的起重、行走和伸叉(叉取货物)三种驱动中,起重的功率最大。

第四部分为载货台及存取货机构。载货台是货物单元的承载装置。对于需要搬运整个货物单元的堆垛机,载货台由货台本体和取货装置构成;对于只需要从货格拣选一部分货物的拣选式堆垛机，载货台上不设存取货装置，只有平台供放置盛货容器之用。

存取货装置是堆垛机的特殊工作机构。取货的那部分结构必须根据货物外形特点设计，最常见的是一副伸缩货叉，也可以是一块可伸缩的取货板或者别的结构形式。

伸叉机构装在载货台上，载货台在辊轮的支撑下沿立柱上的轨道作垂直方向的运动(起重)，垂直于起重—行走平面的方向为伸叉的方向。近代堆垛机的操作平台设在底座上，工人在此处可进行手动或半自动操作。

从机构设计的角度，伸缩货叉设计具有典型性。货叉完全伸出后，其长度约为原来长度的两倍以上。当主动齿轮顺时针转动时，中叉向左运动；在链条的牵引下，上叉也向左运动，达到向左伸叉的目的；当主动齿轮逆时针转动时，则向右伸叉。

第五部分为电气设备。主要包括电力拖动、控制、检测和安全保护。在电力拖动方面，目前国内用得较多的是交流变频调速、交流变级调速和可控硅直流调速，涡流调速已很少采用。对堆垛机的控制，一般采用可编程序控制器、单片机、库板机和计算机等。堆垛机必须具有自动认址、货位虚实检测及其他检测的功能。电力拖动系统要同时满足快速、平稳和准确三个方面的要求。

堆垛机的结构设计除须满足强度要求外，还须具有足够的刚性，并且满足精度要求。

第六部分为安全保护装置。堆垛机是一种起重机械，它要在又高又窄的巷道内高速运行。为了保证人身及设备的安全，堆垛机必须配备有完善的硬件及软件的安全保护装置，并在电气控制上采取一系列连锁和保护措施。除了一般起重机常备的安全保护措施(如各机构的终端限位和缓冲、电机过热和过电流保护、控制电路的零位保护等)外，还应根据实际需要，增设各种保护。主要的安全保护装置有以下几种。

- 终端限位保护：在行走、升降和伸缩的终端都设有限位保护。
- 连锁保护：行走与升降时，货叉伸缩驱动电路切断；相反，货叉伸缩时，行走与升降电路切断，行走与升降运动可同时进行。
- 正位检测控制：只有当堆垛机在垂直和水平方向停准时，货叉才能伸缩，即货叉运动是条件控制，以认址装置监测到确已停准的信息为货叉运动的必要条件。

• 载货台断绳保护:当钢丝绳断开时,弹簧通过边杆机构凸轮卡在导轨上阻止载货台坠落;正常工作时,提杆平衡载荷的重量,弹簧处于压缩状态,凸轮与导轨分离。

• 断电保护:载货台升降过程中若断电,则采用机械式制动装置使其停止,不致坠落。

(4) 其他机械设备

除上述几种常用到的机械设备外,还有其他一些重要的设备。

输送设备是立体仓库中的辅助设备,具有把各物流站衔接起来的作用。输送机有辊式、链式、轮式、皮带式、滑板式、悬挂式等多种形式,运输车有自动导引有轨小车及其他地面运输车。

此外,有的自动化仓库使用工业车等设备,并与铁路运输、船运、空运相衔接,直接接收各地的货物,或把货物发往各地。

常用的工业车由机械铲车、人工叉车、工业链式车、室内吊车、平板运输车和专用工业车。

(5) 电气与电子设备

自动化仓库中的电气与电子设备主要指检测装置、信息识别装置、控制装置、通信设备、监控调度设备、计算机管理设备以及大屏幕显示、图像监视等设备。

• 检测装置

为了实现对自动化仓库中各种作业设备的控制,并保证系统安全可靠地运行,系统必须具有多种检测手段来检测各种物理参数和相应的化学参数。

对货物的外观检测及称重、对机械设备及货物运行位置和方向的检测、对运行设备状态的检测、对系统参数的检测和对设备故障情况的检测都是极为重要的。通过对这些监测数据的判断、处理,为系统决策提供最佳依据,使系统处于理想的工作状态。

• 信息识别

信息识别设备是自动化仓库中必不可少的,它完成对货物品名、类别、货号、数量、等级、目的地、生产厂甚至货位地址的识别。在自动化仓库中,为了完成物流信息的采集,通常采用条形码、磁条、光学字符和射频等识别技术。条形码识别技术在自动化仓库中的应用最普遍。

• 控制装置

控制系统是自动化仓库运行成功的关键。没有好的控制,系统运行的成本就会很高,且效率很低。为了实现自动运转,自动化仓库内所用的各种存取设备和输送设备本身必须配备各种控制装置。这些控制装置种类较多,从普通开关到继电器,到微处理器、单片机和可编程序控制器(PLC),它们根据各自的特定功能,都能完成一定的控制任务。如巷道式堆垛机的控制要求,就包括了位置控制、速度控制、货叉控制以及方向控制等。

• 监控及调度

监控系统是自动化仓库的信息枢纽,在整个系统中起着举足轻重的作用,它负责协调系统中各个部分的运行。有的自动化仓库系统使用了很多运行设备,各设备的运行任务、运行路径、运行方向都需要由监控系统来统一调度,按照指挥系统的命令进行货物搬运活动。通过监控系统的监视画面,可以直观地看到各设备的运行情况。

• 计算机管理

计算机管理系统(主机系统)是自动化仓库的指挥中心,相当于人的大脑,它指挥着仓库中各设备的运行,主要完成整个仓库的账目管理和作业管理,并且负担与上级系统的通信和企业信息管理系统的部分任务。一般的自动化仓库管理系统多采用微型计算机为主的系统,而比较大的仓库管理系统也可以采用中型计算机。随着科学技术的飞速发展,微型计算机的功能越来越强,运算速度越来越快,它在这一领域日益发挥着更重要的作用。

• 数据通信

自动化立体仓库是一个复杂的自动化系统,它由众多子系统组成。在自动化仓库中,为了完成规定的任务,各系统之间、各设备之间要进行大量的信息交换。例如,自动化仓库中的主机与监控系统、监控系统与控制系统之间的通信,以及仓库管理机通过厂级计算机网络与其他信息系统的通信。信息传递的媒介有电缆、滑触线、远红外光、光纤和电磁波等。

• 大屏幕显示

自动化仓库中的各种显示设备,是为了人们操作方便、易于观察设备情况而设置的。在操作现场,操作人员可以通过显示设备的指示,进行各种搬运、拣选。在中控室或机房,人们可以通过屏幕或模拟屏的显示,观察现场的操作及设备状况。

• 图像监视设备

工业电视监测系统是通过高分辨率、低照度的变焦摄像装置,对自动化仓库中人身及设备安全进行观察、对主要操作点进行集中监视的现代化装置，是提高企业管理水平、创造无人化作业环境的重要手段。

此外，还有一些特殊要求的自动化仓库，比如，储存冷冻食品的立体仓库，需要对仓库中的环境温度进行检测和控制；储存感光材料的立体仓库，需要使整个仓库内部完全黑暗，以免感光材料失效而造成产品报废；储存某些药品的立体仓库，对仓库的温度、气压等均有一定要求，因此需要特殊处理。

4.5.5 配送中心的公用设施

在进行配送中心规划的时候，除了要规划配送中心的作业设施与设备外，还需要对配送中心的公用设施进行规划。一般来讲，配送中心的公用设施包括给排水设施、电力设施、供热与燃气设施以及绿化设施等。对公用设施进行规划，除了要考虑配送中心的实际需求外，还要与配送中心所在地的市政工程规划相一致。

1. 给水与排水设施

(1) 给水设施

给水设施负责对配送中心生产、生活、消防等所需用水进行供给，包括原水的取集、处理以及成品水输配等各项工程设施。配送中心给水设施的规划，应根据配送中心的用水需求和给水工程设计规范，对给水水源的位置、水量、水质及给水工程设施建设的技术经济条件等进行综合评价，并对不同水源方案进行比较，做出方案选择。同时，给水设施规划要考虑所在区域的给水系统整体规划，应尽量合理利用城市已建成的给水工程设施。给水设施不应设置在易发生滑坡、泥石流、塌陷等不良地质条件的地区及洪水淹没和内涝低洼地区，地表水取水构筑物应设置在河岸及河床稳定的地段，工程设施的防洪及排涝等级不应低于所在城市设防的相应等级。配送中心输配管线在道路中的埋设位置，应符合现行国家标准《城市工程管线综合规划规范》的规定。

(2) 排水设施

排水设施负责收集、输送、处理和排放配送中心的污水(生活污水、生产废水)和雨水。污水和雨水的收集、输送、处理和排放等工程设施以一定方式组成，用不同管渠分别收集和输送污水和雨水；为使污水排入某一水体或达到再次使用的水质要求，还需要进行净化。根据水资源的供需平衡分析，应提出保持平衡的对策，包括合理确定产业规模和结构，并应提出水资源保护的措施；而对于配送中心,应更注重考虑水污染的防治,避免它的建设对所在地的环境造成不必要的污染。

在进行排水管道工程时,应严格遵守中华人民共和国国家标准(GB50268-97)《给水排水管道工程及验收规范》,施工单位在施工前首先应熟悉设计文件和施工图,深入理解设计意图及要求,在施工中应按图精心施工,尤其管道的位置及高程是由设计单位经过水力计算,并考虑与其他专业管道平行或交叉要求等因素确定的,施工时应满足设计及使用要求。施工单位在因设计错误、材料代用、施工条件及有关合理化建议等需要变更设计时,应按有关规定程序办理。如果局部变更且不影响工程预算的,由施工单位与设计单位进行洽商,并做出洽商记录;如重大变更,还需建设单位的同意,并由设计单位提出正式的变更设计文件。排水管道工程的管材、管道附件等材料,应符合国家现行的有关产品标准的规定,并应具有出厂合格证,具体施工时应遵守国家和地方有关安全、劳动保护、放火、防爆、环境和文物保护等方面的规定。

排水管道工程应经过竣工验收合格后,方可投入使用;隐蔽工程应经过中间验收合格后,方可进行下一工序施工。排水管道工程竣工验收后,建设单位应将有关设计、施工及验收的文件和技术资料立卷归档。

2. 电力设施

电力设施由供电电源、输配电网等组成,应遵循中华人民共和国国家标准(GB50293-1999)《城市电力规划规范》进行规划。在配送中心规划过程中,要求配送中心的电力设施应符合所在城市和地区的电力系统规划;应充分考虑电力设施运行噪声、电磁干扰及废水、废气、废渣“三废”排放对周围环境的干扰和影响,并应按国家环境保护方面的法律、法规有关规定,提出切实可行的防治措施;电力设施应切实贯彻“安全第一、预防为主、防消结合”的方针,满足防火、防剥、防洪、抗震等安全设防要求;电力系统应从所在城市全局出发,充分考虑社会、经济、环境的综合效应;电力系统应与道路交通、绿化以及供水、排水、供热、燃气、邮电通信等市政公用工程相协调。

为配送中心新建或改建的供电设施的建设标准、结构选型,应与城市现代化整体水平相适应;供电设施的规划选址、选路径,应充分考虑城市人口、建筑物密度、用地紧张以及城市用电量大、负荷密度高、电能质量和供电安全可靠性要求高的特点与要求;新建的供电设施,应根据其所处地段的地形、地貌条件和环境要求,选择与周围环境、景观相协调的结构形式与建筑外形。

为实现配送中心的各项功能,保证物流作业正常(冷库储存、机电设备的运行等),避免或减少不必要的损失,供电系统的设计显得尤为重要。电力设施必须严格按照中华人民共和国国家标准(GB50052-95)《供配电系统设计规范》设计和施工,应注意以下几点:

(1) 电力负荷应根据对供电可靠性的要求、中断供电所造成损失或影响的程度进行综合确定:配送中心内的冷库、机电设备、通信设施等的中断供电将造成较大损失,属于一、二级负荷;配送中心的其他设施设备属于三级负荷。

(2) 应急电源与正常电源之间必须采取防止并列运行的措施。

(3) 供配电系统的设计,除一级负荷中特别重要的负荷外,不应按一个电源系统检修或故障的同时另一电源又发生故障的情况进行设计。

(4) 配送中心的供电电压应根据用电容量、用电设备特性、供电距离、供电线路的回路数、当地公共电网现状及其发展规划等因素,经技术经济比较后确定。

3. 供热与燃气设施

(1) 供热设施

集中供热设施利用集中热源,通过供热管网设施等,向热能用户供应生产或生活用热能,包括集中热源、供热管网等设施和热能用户使用设施。供热设施在建设时应符合中华人民共和国行业标准(GJJ/T88-2000/J25-2000)《城镇供热系统安全运行技术规程》,同时还应符合国家有关强制性标准的规定。

供热设施的热源应符合:

- 新装或移装的锅炉必须向当地主管部门登记,经检查合格获得使用登记证后方可投入运行;
- 重新启用的锅炉必须按国家现行标准《热水锅炉安全技术监察规程》或《蒸汽锅炉安全技术监察规程》要求进行定期检验,办理换证手续后方可投入运行;
- 热源的操作人员必须具有主管部门颁发的操作证;
- 热源使用的锅炉应采用低硫煤,排放指标应符合国家标准(GB13271)《锅炉大气污染无排放标准》的规定。

供热设施的热力网运行管理部门应设热力网平面图、热力网运行水压图、供热调节曲线图表。热力网运行人员必须经过安全技术培训,经考核合格方可独立上岗。他们应熟悉管辖范围内管道的分布情况、主要设备和附件的现场位置，掌握各种管道、设备及附件等的作用、性能、构造及操作方法。

供热设施的泵站与热力站要求基本同上，也要具备设备布置平面图等图纸，管理人员也要经过培训考核。此外，供热设施的泵站与热力站的管道应涂有符合规定的颜色和标志，并标明供热介质的流动方向，安全保护装置要求更加灵敏、可靠。

供热设施的用热单位应向供热单位提供供热负荷、用热性质、用热方式及用热参数，提供热平面图、系统图、用热户供热平面位置图。供热单位应根据用热户的不同用热需求，适时进行调解，以满足用热户的不同需要；用热单位应按供热单位的运行方案、调节方案、事故处理方案、停运方案及管辖范围，进行管理和局部调节；未经供热单位同意，用热户不得私接供热管道和私自扩大供热负荷，热水取暖用户严禁从供热设施中取用热水，用热户不得擅自停热。

（2）燃气设施

燃气供应是公用事业中一项重要设施，燃气化是我国实现现代化不可缺少的一个方面。燃气系统供应配送中心作燃料使用的天然气、人工煤气和液化石油气等气体能源，由燃气供应源、燃气输配设施和用户使用设施组成。

配送中心在燃气供应源选择时，应考虑以下几项原则：

- 必须根据国家有关政策，结合本地区燃料资源情况，通过技术经济比较来确定气源选择方案；
- 应充分利用外部气源，当选择自建气源时，必须落实原料供应和产品销售等问题；
- 根据气源规模、制气方式、负荷分布等情况，在可能的条件下，力争安排两个以上的气源。

配送中心在燃气输配设施设计时，应考虑以下几项原则：

- 燃气干线管路位置应尽量靠近大型用户；
- 一般避开主要交通干道和繁华街道，以免给施工和运行管理带来困难；
- 管线不准铺设在建筑物下面，不准与其他管线平行或上下重叠；
- 配送中心应向供气单位提供燃气负荷、用燃气性质、用燃气方式及必要的用燃气参数，提供供气平面图、系统图和用户工期平面位置图。供气单位应根据配送中心的用气需求，适时进行调解，以满足配送中心的需要；配送中心应按供气单位的运行方案、调节方案、事故处理方案、停运方案及管辖范围，进行管理和局部调节；未经燃气供应单位及公安消防部门的同意，未由这些相关部门进行施工监督和验收,配送中心不得私接供气管道、私自扩大供气负荷和擅自启用未经批准的燃气输配设施。

4.6 配送中心的装卸搬运系统

装卸搬运功能包括对输送、保管、包装、流通加工等物流活动进行衔接的活动,以及在保管等活动中为进行检验、维护、保养所进行的装卸活动。装卸搬运是物流过程中的“节”,是对运输、储存、配送、包装、流通加工等活动进行联结的中间环节。若没有装卸搬运,物流过程就会中断,无论是宏观物流还是微观物流都将不复存在。装卸搬运在物流过程中频频发生,占有相当大的比重,而且是一项十分艰苦而又繁重的工作。为了提高装卸作业效率,降低劳动强度,发展装卸搬运机械化、自动化、连续化势在必行。

装卸搬运在整个宏观物流中虽然只是“节”,然而从局部、微观的角度来研究它时,它本身却又是一个令人不可忽视的系统。科学、合理地组织装卸搬运系统,可以减少作业环节与装机容量,优化工艺线路,以达到与先进的技术装备配套。通过装卸搬运机械化的实施,既可降低装卸搬运成本,节约费用,又可降低工人作业强度,保证装卸搬运质量。

4.6.1 装卸搬运概述

1. 配送中心装卸搬运的含义

在同一地域范围内(如车站范围、工厂范围、仓库内部等)以改变“物”的存放、支撑状态的活动称为装卸,以改变“物”的空间位置的活动称为搬运,两者全称为装卸搬运。有时候或在特定场合,单称“装卸”或单称“搬运”也包含了“装卸搬运”的完整含义。

在中华人民共和国国家标准物流术语中,将搬运定义为:在同一场所内,对物品进行水平移动为主的物流作业;将装卸定义为:物品在指定地点以人力或机械装入运输设备或卸下;将单元装卸定义为:用托盘、容器或包装物将小件或散装物品集成一定质量或体积的组合件,以便利用机械进行作业的装卸方式。

在习惯使用中,物流领域(如铁路运输)常将装卸搬运这一整体活动称作“货物装卸”;在生产领域中,常将这一整体活动称作“物料搬运”。实际上,活动内容都是一样的,只是领域不同而已。

在实际操作中,装卸与搬运是密不可分的,两者是伴随在一起发生的。因此,在物流科学中并不过分强调两者差别而是作为一种活动来对待。

搬运的“运”与运输的“运”是不同的,搬运是在同一地域的小范围内发生的,而运输则是在较大范围内发生的,两者是量变到质变的关系,中间并无一个绝对的界限。

2. 配送中心装卸搬运特点

(1) 装卸搬运是附属性、伴生性的活动。装卸搬运是物流每一项活动开始及结束时必然发生的活动,因而有时常被人忽视,有时被看做其他操作的不可缺少的组成部分。例如,一般而言的“汽车运输”,就实际包含了相随的装卸搬运,仓库中泛指的保管活动,也含有装卸搬运活动。

(2) 装卸搬运是支持、保障性活动。装卸搬运的附属性不能理解成被动的,实际上,装卸搬运对其他物流活动有一定决定性。装卸搬运会影响其他物流活动的质量和速度,例如,装车不当,会引起运输过程中的损失;卸放不当,会引起货物转换成下一步运动的困难。许多物流活动在有效的装卸搬运支持下,才能实现高水平。

(3) 装卸搬运是衔接性的活动。在任何其他物流活动互相过渡时,都是以装卸搬运来衔接,因而,装卸搬运往往成为整个物流的“瓶颈”,是物流各功能之间能否形成有机联系和紧密衔接的关键,而这又是一个系统的关键。建立一个有效的物流系统,关键看这一衔接是否有效。比较先进的系统物流方式——联合运输方式就是着力解决这种衔接而实现的。

3. 配送中心装卸搬运分类

(1) 按装卸搬运施行的物流设施、设备对象分类

依此可分为仓库装卸、铁路装卸、港口装卸、汽车装卸、飞机装卸等。

- 仓库装卸配合出库、入库、维护保养等活动进行,并且以堆垛、上架、取货等操作为主。
- 铁路装卸是对火车车皮的装进及卸出,特点是一次作业就实现一车皮的装进或卸出,很少有像仓库装卸时出现的整装零卸或零装整卸的情况。
- 港口装卸包括码头前沿的装船,也包括后方的支持性装卸搬运,有的港口装卸还采用小船在码头与大船之间“过驳”的办法,因而其装卸的流程较为复杂,往往经过几次的装卸及搬运作业才能最后实现船与陆地之间货物过渡的目的。

• 汽车装卸一般一次装卸批量不大，由于汽车的灵活性，可以少或根本减去搬运活动，而直接、单纯利用装卸作业达到车与物流设施之间货物过渡的目的。

(2) 按装卸搬运的机械及机械作业方式分类

依此可分成使用吊车的“吊上吊下”方式，使用叉车的“叉上叉下”方式，使用半挂车或叉车的“滚上滚下”方式、“移上移下”方式及散装方式等。

• “吊上吊下”方式。采用各种起重机械从货物上部起吊，依靠起吊装置的垂直移动实现装卸，并在吊车运行的范围内或回转的范围内实现搬运或依靠搬运车辆实现小搬运。由于吊起及放下属于垂直运动，这种装卸方式属垂直装卸。

• 叉上叉下方式。采用叉车从货物底部托起货物，并依靠叉车的运动进行货物位移，搬运完全靠叉车本身，货物可不经中途落地直接放置到目的处。这种方式垂直运动不大而主要是水平运动，属水平装卸方式。

• 滚上滚下方式。主要指港口装卸的一种水平装卸方式。利用叉车或半挂车、汽车承载货物，连同车辆一起开上船，到达目的地后再从船上开下，称“滚上滚下”方式。利用叉车的滚上滚下方式，在船上卸货后，叉车必须离船，利用半挂车、平车或汽车，则托车将半挂车、平车拖拉至船上后，托车开下离船而载货车辆连同货物一起运到目的地，再原车开下或拖车上船拖拉半挂车、平车开下。滚上滚下方式需要有专门的船舶，对码头也有不同要求，这种专门的船舶称为“滚装船”。

• 移上移下方式。是在两车之间（如火车及汽车）进行靠接，然后利用各种方式，不使货物垂直运动，而靠水平移动从一个车辆上推移到另一车辆上，称移上移下方式。移上移下方式需要使两种车辆水平靠接，因此，对站台或车辆货台需进行改变，并配合移动工具实现这种装卸。

• 散装散卸方式。对散装物进行装卸一般从装点直到卸点，中间不再落地，这是集装卸与搬运于一体的装卸方式。

(3) 按被装物的主要运动形式分类

依此可分垂直装卸、水平装卸两种形式。

(4) 按装卸搬运对象分类

依此可分成散装货物装卸、单件货物装卸、集装货物装卸等。

(5) 按装卸搬运的作业特点分类

依此可分成连续装卸与间歇装卸两类。

● 连续装卸主要是同种大批量散装或小件杂货通过连续输送机械,连续不断地进行作业,中间无停顿,货间无间隔。在装卸量较大、装卸对象固定、货物对象不易形成大包装的情况下适用采取这一方式。

● 间歇装卸有较强的机动性,装卸地点可在较大范围内变动,主要适用于货流不固定的各种货物,尤其适于包装货物、大件货物,散粒货物也可采取此种方式。

4. 配送中心装卸搬运方法

(1) 单件装卸。单件装卸指的是非集装按件计的货物逐个进行装卸操作的作业方法。单件作业对机械、装备、装卸条件要求不高,因而机动性较强,可在很广泛的地域内进行而不受固定设施、设备的地域局限。单件作业可采取人力装卸、半机械化装卸及机械化装卸。由于逐件处理,装卸速度慢,且装卸要逐件接触货体,因而容易出现货损,反复作业次数多,也容易出现货差。单件作业的装卸对象主要是包装杂货,多种类、少批量货物及单件大型、笨重货物。

(2) 集装作业。集装作业是对集装货载进行装卸搬运的作业方法。每装卸一次是一个经组合之后的集货货载,在装卸时对集装体逐个进行装卸操作的作业方法,和单件装卸主要异同在于,都是按件处理,但集装作业“件”的单位大大高于单件作业每件的大小。集装作业由于集装单元较大,不能进行人力手工装卸,虽然在不得已时,可以用简单机械偶尔解决一次装卸,但对大量集装货载而言,只能采用机械进行装卸,同时也必须在有条件的场所进行这种作业,不但受装卸机具的限制,也受集装货载存放条件的限制,因而机动性较差。集装作业一次作业装卸量大,装卸速度快,且在装卸时并不逐个接触货体,而仅对集装体进行作业,因而货损较小,货差也小。集装作业的对象范围较广,一般除特大、重、长的货物和粉、粒、液、气状货物外,都可进行集装。粉、粒、液、气状货物经一定包装后,也可集合成大的集装货载;特大、重、长的货物,经适当分解处置后,也可采用集装方式进行装卸。集装作业有以下几种方法:

● 托盘装卸。利用叉车对托盘货载进行装卸,属于“叉上叉下”方式。由于叉车本身有行走机构,所以,在装卸同时可以完成小搬运,而无须落地过渡,因而有水平装卸的特点。托盘装卸常需叉车与其他设备、工具配合,以有效完成全部装卸过程。例如叉上之后,由于叉的前伸距离有限,有时需要利用托盘搬运车或托盘移动器来解决托盘水平短距离移动。由于叉车叉的升高有限,有时又需与升降机、电梯、巷道起重机等设备配套,以解决托盘垂直位移的问题。

• 集装箱装卸。集装箱装卸主要用岗口岸壁吊车、龙门吊车、桁车等各种垂直起吊设备进行“吊上吊下”式的装卸，同时，各种吊车还都可以做短距离水平运动，因此可以同时完成小范围的搬运。如需有一定距离的搬运，则还需与搬运车相配合。小型集装箱也可以和托盘一样采用叉车进行装卸。港口装卸利用叉车或半挂车，可以进行“滚上滚下”方式装卸。

• 货捆装卸。主要采用各种类型起重机进行装卸，货捆的捆具可与吊具、索具有效配套进行“吊上吊下”式装卸。短尺寸货捆还可采用一般叉车装卸，长尺寸货捆还可采用侧式叉车进行装卸。货捆装卸适于长尺寸货物、块条状货物、强度较高无须保护的货物。

• 集装网、袋装卸。主要采用各种类型吊车进行“吊上吊下”作业，也可与各种搬运车配合进行吊车所不能及的搬运。货捆装卸与集装网袋装卸有一个共同的突出优点，即货捆的捆具及集装袋、集装网本身重量轻，又可折叠，因而无效装卸少，装卸作业效率高，且相对货物而言，货捆具与集装网袋成本较低，装卸后又易返运，因而在装卸上有优势。

• 挂车装卸。利用挂车的可行走机构，连同车上组合成的货载一起拖运到火车车皮上或船上的装卸方式。属于水平装卸，是所谓“滚上滚下”的装卸方式。

其他集装装卸方式还有滑板装卸、无托盘集装装卸、集装罐装卸等。

(3) 散装作业。散装作业指对大批量粉状、粒状货物进行无包装散装、散卸的装卸方法。装卸可连续进行，也可采取简短的装卸方式。但是，都需采用机械化设施、设备。在特定情况下，且批量不大时，也可采用人力装卸。散装作业方法主要有以下几种：

• 气力输送装卸。主要设备是管道及气力输送设备，以气流运动裹携粉状、粒状物沿管道运动而达到装、搬、卸之目的，也可采用负压抽取办法，使散货沿管道运动。管道装卸密封性好，装卸能力高，容易实现机械化、自动化。

• 重力装卸。利用散货本身重量进行装卸方法，这种方法必须与其他方法配合，首先将散货提升到一定高度，具有一定优势之后，才能利用本身重力进行下一步装卸。

• 机械装卸。利用能承载粉粒货物的各种机械进行装卸，有两种主要方式：一种方式是用吊车、叉车改换不同机具或用专用装卸机，进行抓、铲、舀等形式作业，完成装卸及一定的搬运作业；另一种方式用皮带、刮板等各种输送设备，进行一定距离的搬运卸货作业，并与其他设备配合实现装货。

5. 装卸搬运设备与设施

在配送中心中，对于货物的处理，如果作业量大、品种显著增多，作业方面要求的速度化、小批量化、多频率化等就会被迫降低。对于装卸搬运合理化，这种情况越来越成为重要的问题。装卸搬运机械因涉及分拣、分类，所以在此先分析与货物装车有关的设备。装卸搬运活动的种类很多，在不同领域为配合不同活动所进行的装卸搬运工作，设备的选用有较大区别，分述如下：

(1) 在物流设施内的装卸搬运活动及设备配置

在物流设施内的装卸搬运活动是很频繁的，一般而言，物流设施都有特定的用途，如铁道站、场、机场、港口、转运站、配送中心等，这些有特定用途的物流设施都是根据处理货物种类、方式，根据物流设施与物流线的衔接运输方式设计和建造专用的物流设施，如立体或平面仓库、高站台、低站台、铁道专用线及站台、汽车站台等；同时，在特定的物流设施中，往往配置最理想的专用物流设备。这样一来，在这一特定物流设施中，便可以进行专业化的装卸搬运，形成一个完善的装卸搬运工艺，使这种特定物流设施有很高的工作效率和很完善的机械配置。

如果不是专业化的物流设施而是一般通用的物流设施，如物流现代化发展进程中出现的综合转运站，在其中要从事多种货物的多种物流活动，这种物流设施在各个局部也是只适应某些物流操作的专业化的设施，只不过这种设施的专业领域很广，适应能力很强而已。

所以，物流设施中的装卸设施和机具的特点是：有按设计建成的专用性很强的设施和专用装卸搬运设备。如果这种设施移做他用，则因设施设备不配套而有较大困难。

对于卡车站台，在物流设施内，不同领域所选用卡车站台有别。处理多品种、少批量、多次数的货物一般采用高站台的设计，即站台高度与汽车货台高度相同，站台平面与配送处理场连成一体，配送处理之货物可以方便地水平装入车内；处理少品种、大批量的货物，一般采用低站台，即站台面和地平面等高。车货台高度有利于铲斗车、叉车、吊车进行装卸。

而对于火车站台，一般散杂货及包装货装卸，采用高站台，站台与车厢底板同高，各种作业车辆、小型叉车及人力可方便地从站台进出车厢从事装卸作业；集装箱、托盘等大型货体，采用吊车或大型叉车作业，一般采用和地面平的低站台。

物流设施内的高站台和低站台适于配合的装卸方法、装卸机械及适合的对象货物见表4-7。

表4-7　候选地的服务范围

场所		装卸方法	装卸机组	对象货物
物流设施内	高站台	人力装卸	—	少量货物
		利用搬运装卸机器装卸	手推车、手车、搬运车、手推平板车、电动平板车、带轮的箱式托盘	一般货物托盘货物
		输送机装卸	动力式输送机	箱装货物、瓦楞纸箱
	低站台	叉车装卸	叉车+侧面开门的车身	托盘货物
			叉车+托盘等带移动装置的车体	
		输送机装卸	动力式输送机	箱装货物、瓦楞纸箱
物流设施外		人力装卸	（和重力式输送机并用）	一般杂货
		机械装卸（利用卡车上装设的装卸机械）	卡车携带小型吊车	机械类托盘货物建筑材料
			自动升降板装置	桶罐、储气罐小型搬运车或带轮箱式托盘货物和手推平板车的组合

（2）在物流设施外的装卸搬运活动及设备

在物流设施外的装卸是经常遇到的，例如许多用户没有专门物流设施，如家庭、商店、一般工厂等，因此，不可能有专门的设施和专用装卸机具，在这种情况下，装卸方式有三种：

- 人力装卸，人力配合移动机具搬运；
- 随车的装卸工具装卸；
- 租用装卸机械装卸。

一般而言，这个领域装卸是成本较高、装卸水平较低的，在物流过程中是制约物流总水平提高的领域。

第一种方式，除去全部利用人力外，还可采用手动叉车、移动式输送机、升降台车和手推车等机具配合。第二种方式，主要有三种装置，一种是车载小型卡车吊，可有效完成设施外装卸；一种是车尾部升降板。第三种方式，自动翻卸、自动收集垃圾、自动吸排污物、带锟道输送带等专用车辆，到目的地后可完成一部分装卸搬运的操作。

至于租用装卸机械的办法,也是常用办法,尤其是不经常发生的重型货物装卸,则需要租用专用吊车,这会造成装卸费用的大幅度上升,是设施外装卸很难克服的缺点。

4.6.2　搬运的活性理论

装卸搬运活性的含义是,从物的静止状态转变为装卸搬运运动状态的难易程度。如果很容易转变为下一步的装卸搬运而不需要做过多装卸搬运前的准备工作,活性就高;如果难于转变为下一步的装卸搬运,则活性低。

1. 装卸搬运流程

装卸搬运流程详见表 4-8 和图 4-19。

表 4-8　流程表

本表所列单元与最终单元的关系

本表所列单元	大小或重量	表列单元数/最终单元数
瓶	4 oz	1/1
纸箱(空)	4 lb	1/12
托盘(空)	386 lb	1/192
纸箱(实)	11 lb	1/12
托盘(实)	434 lb	1/192

厂名:海波药物公司　　项目: 68-29

制表人: IS　　参加人:

日期: 9 月 1 日　　第 1 页　共 2 页

起点　进厂

终点　发运

☐ 现有的　☒ 建议的(方案代号 A)

方案摘要:叉车和托盘。从进厂直到成品库及发运。

本表所列流程:片剂装瓶和装箱从空瓶进厂直至成品发运。

单元时间的最终单元数量

生产线速度　48 瓶/分

本表所列单元和每次荷载的单元数	作业符号	作业摘要	荷载的重量(lb)	每小时次数	距离(ft)	备注
1. 纸箱(空)1	1	在载重卡车上	4			
2. 纸箱(空)1	1	装到托盘上	4	ⓐ		@每托盘 0.25 人一小时
3. 托盘(空)1	1	至验收站	386	15	50	D　10001b　4×4W

注:1 ft(英尺) = 0.3048 m(米);

1 lb(磅) = 0.453592 kg(千克:公斤)。

（续表）

本表所列单元和每次荷载的单元数	作业符号	作业摘要	荷载的重量(lb)	每小时次数	距离(ft)	备注
4. 托盘(空)1	2	在验收站				
5. 托盘(空)1	1	验收及过磅	386			
6. 托盘(空)1	3	在验收站				
7. 托盘(空)1	2	至装箱材料库	386	15	50	D 4×4W
8. 托盘(空)1	1	在装箱材料库储存				
9. 托盘(空)1	3	至装瓶及装箱	386	15	360	D 4×4W
10. 瓶 12	2	瓶从纸箱取出，至装瓶生产线	4oz	ⓑ		ⓑ生产线速度为每分钟 4 纸箱
11. 瓶—	2	把药片装瓶		ⓑ		
12. 瓶—	3	装入纸箱		ⓑ		
13. 纸箱(实)1	3	装到托盘上	11	ⓑ		
14. 托盘(实)1	4	至成品库	924	15	420	D 4×4W
15. 托盘(实)1	2	在成品库贮存				
		“空”——未装成品 “实”——装有成品		共计	880	

2. 搬运活性概念

装卸活性是搬运装卸专用术语，是指货物的存放状态对装卸搬运作用的方便(或难易)程度，称为货物的“活性”，也称装卸活性。活性可用“活性指数”进行定量的衡量。例如，工厂的物料处于散放状态的活性指数为 0，集装、支垫、装载和在传送设备上移动的物料，其活性指数分别为 1、2、3、4。在货场装卸搬运过程中，下一步工序比上一步的活性指数高，因而下一步比上一步工序更便于作业时，称为“活化”。装卸搬运的工序、工步应设计得使货物的活性指数逐步提高，则称“步步活化”。通过合理设计工序、工步，以做到步步活化作业的同时，还要采取相应措施和方法尽量节省劳力，降低能耗。这些方法和措施的实

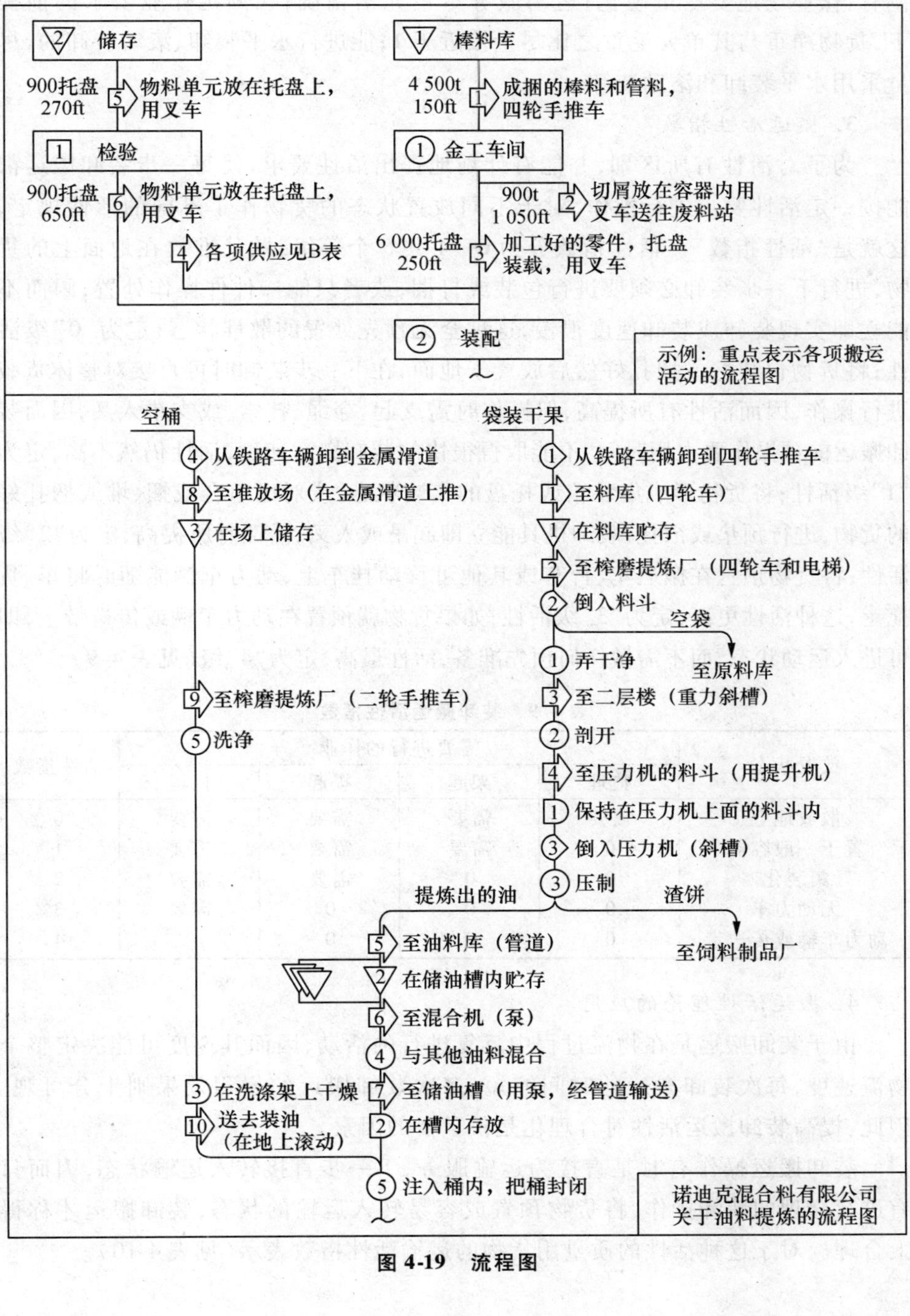

2 储存
900托盘
270ft
5 物料单元放在托盘上，用叉车
1 检验
900托盘
650ft
6 物料单元放在托盘上，用叉车
4 各项供应见B表
1 棒料库
4 500t
150ft
1 成捆的棒料和管料，四轮手推车
1 金工车间
900t
1 050ft
2 切屑放在容器内用叉车送往废料站
6 000托盘
250ft
3 加工好的零件，托盘装载，用叉车
2 装配
示例：重点表示各项搬运活动的流程图
空桶
4 从铁路车辆卸到金属滑道
8 至堆放场（在金属滑道上推）
3 在场上储存
9 至榨磨提炼厂（二轮手推车）
5 洗净
3 在洗涤架上干燥
10 送去装油（在地上滚动）
袋装干果
1 从铁路车辆卸到四轮手推车
1 至料库（四轮车）
1 在料库贮存
2 至榨磨提炼厂（四轮车和电梯）
2 倒入料斗
空袋
至原料库
1 弄干净
3 至二层楼（重力斜槽）
2 剖开
4 至压力机的料斗（用提升机）
1 保持在压力机上面的料斗内
3 倒入压力机（斜槽）
3 压制
提炼出的油
渣饼
至饲料制品厂
5 至油料库（管道）
2 在储油槽内贮存
6 至混合机（泵）
4 与其他油料混合
7 至储油槽（用泵，经管道输送）
2 在槽内存放
5 注入桶内，把桶封闭
诺迪克混合料有限公司关于油料提炼的流程图

图 4-19　流程图

例有:作业场地要尽量硬化;运动服务尽量光洁精确;在满足作业要求的前提下,货物净重与其单元毛重之比尽量接近于1;能进行水平装卸、滚动装卸的,尽量采用水平装卸和滚动装卸。

3. 搬运活性指数

为了对活性有所区别,并能有计划地提出活性要求,使每一步装卸搬运都能按一定活性要求进行操作,对于不同放置状态的货物作了不同的活性规定,这就是"活性指数"。活性指数分为0—4共5个等级:散乱堆放在地面上的货物,进行下一步装卸必须要进行包装或打捆,或者只能一件件操作处置,因而不能立即实现装卸或装卸速度很慢,这种全无预先处置的散堆状态,定为"0"级活性;将货物包装好或捆扎好然后放置于地面,在下一步装卸时可直接对整体货载进行操作,因而活性有所提高,但操作时需支起、穿绳、挂索,或支垫入叉,因而装卸搬运前预操作要占用时间,不能取得很快的装卸搬运速度,活性仍然不高,定为"1"级活性;将货物形成集装箱或托盘的集装状态,或对已组合成捆、堆或捆扎好的货物,进行预垫或欲挂,装卸机具能立即起吊或入叉,活性有所提高,定为"2"级活性;将货物预置在搬运车、台车或其他可移动挂车上,动力车辆能随时将车、货拖走,这种活性更高,定为"3"级活性;如果货物就预置在动力车辆或传送带上,即可进入运动状态,而不需做任何预先准备,活性最高,定为"4"级(见表4-9)。

表4-9 装卸搬运活性指数

放置状态	需要进行的作业				活性指数
	整理	架起	提起	拖运	
散放地上	需要	需要	需要	需要	0
置于一般容器	0	需要	需要	需要	1
集装化	0	0	需要	需要	2
无动力车	0	0	0	需要	3
动力车辆或传送带	0	0	0	0	4

4. 搬运活性理论的应用

由于装卸搬运是在物流过程中反复进行的活动,因而其速度可能决定整个物流速度,每次装卸搬运的时间缩短,多次装卸搬运的累积效果则十分可观。因此,提高装卸搬运活性对合理化是很重要的因素。

装卸搬运操作有时是直接为运输服务,下一步直接转入运输状态,因而只有进行合理的装卸操作,将货物预置成容易转入运输的状态,装卸搬运才称得上合理。对于这种活性的质量用货物的运输活性指数表示(见表4-10)。

从表 4-10 中很容易看出，运输活性越高，货物越容易进入运输状态，可能带来直接缩短运输时间的效果。

表 4-10　货物的运输活性指数

货物状态	活性指数
散放，要运输时必须先集装或一件件操作处理，在运输工具上还需采取固定、苫盖、防震等保护	0
事先预垫，可直接穿吊索或用叉车装上运输工具，或预先放于企业内部的集装箱、托盘、网	1
事先将货物置于本行业范畴集装工具上，运输时装上运输工具即可转入本行业范畴的运输	2
事先将货物全部置于集装工具中，装到运输工具上后就可转入全面的运输	3
不但事先将货物全部装入集装工具中，而且将集装工具放在运输工具上。这样，一启动就开始运输	4

4.6.3　搬运系统设计方法

1．物料分类

（1）物料分类的主要依据

• 物料的可运行性。影响可运行性的主要因素是物料本身的物理化学特性；而外界的因素，如工位器具、托盘、货架和搬运设备等，也是重要影响因素。

• 物流条件。其中包括生产工艺方面的要求、质量保证体系方面的要求（如精密件的搬运就可能采用一些特殊方法）、生产管理方面的要求（如生产中的间隙性、周期性、配套性、不均匀性）、环保要求以及一些特殊要求（如贵重物品的控制）和法律管制品等。

• 物流分类方法。是由人工根据上述因素，对所调查的物品进行经验判断，从而编制物料分类表。

（2）物料分类程序

• 列表标明所有的物品或分组归并的物品名称；

• 记录其物理特性及其他特性；

• 分析每种或每类物料的各项特征，并确定哪些特征是主导的，在起决定作用的特征下面画出标记线；

• 确定物料类别，把那些具有相似主导特征或特殊影响特性的物料归并为一类；

● 对每类物料写出分类说明,并填写物料分类一览表,如表 4-11 所示。

表 4-11 物料分类一览表

物料类别		分类依据		典型例子
摘要	类别号	物理特性(尺寸、重量、形状、损伤可能、状态)	其他特性(数量、时间性、特性控制)	
空桶	a	新的或空的金属桶,直径 18in(高 31in,351b 重)	供货者交货时间及频率有很大变化,是中等的季节性变化	标准金属桶
实桶	b	装有油或化学品等的金属桶,直径 18in(高 31in),平均 3001b 重	有 20—30 种物品,随季节有些变化,必须遵守政府对成品油的规定	鱼油供货者装在桶内来厂
袋	c	多层塑料纸袋装的矿物、果仁、化学物品等,平均尺寸	数量相当大的稳定物流;约 10 种不同物品	"母鸡乐"混合料(制成品)
其他物品	d	盒子、纸箱、捆、麻包装的外购物品,有各种尺寸和形状,重量 1 至 501b	每种的数量少,时间要求往往很高(维修件)。有些物品必须严格管理(防失窃)	浓缩维生素用纸箱装,酒精用 5 加仑罐头,钢袋是成卷的

2. 设施布置

(1) 选择物料搬运设备应考虑的因素

尽管为完成某项工作而选择恰当的设备或设备系统是件复杂的工作,但还有一些基本程序要遵守。

第一,在进行设备选择时应考虑的问题有:

● 明确问题性质。明确是否确实需要进行这个搬运步骤。

● 要有长远考虑。随意地布置一台运输机械或增添一排货架可能会解决目前问题,但也许会导致将来有更大的麻烦,因此制订设备选择计划时应当有长远发展的眼光。

● 牢记系统化的概念。所选用的设备不仅仅局限于工厂某一角落,它要在整个生产系统的总目标下发挥作用,即使是一辆单独的叉车或一台单独的输送机,也是整个物料搬运系统中的一个组成部分。

● 简化原则。没有充分的理由时,不要盲目追求不必要的高级设备。例如,在可能的条件下应尽可能利用重力输送的长处;在增加投资前一定要确信现有设备先得到了充分利用;当购买并在工厂安装了新设备后要保证有合格人员管理、操作该设备。

● 选用合适的规格型号。为完成某种轻量级工作而购买价格昂贵的重量级设备,或选用使用寿命不长的设备都是极不恰当的。同样,应尽可能采用标准设备,而不采用价格昂贵的非标准设备。

● 要考虑多方案的比较。不要只依靠一家设备商去选择完成某项搬运工作的设备与搬运方法,要想到可能会有更好、更低廉的设备与搬运方法。

第二,选择搬运设备时应考虑的因素有:

● 设备的技术性能。能否胜任工作及设备的灵活性要求等。

● 设备的可靠性。在规定的时间内能够工作而不出现故障,或出现一般性故障易立即修复且安全可靠。

● 工作环境的配合和适应性。工作场合是露天还是室内,是否有振动、是否有化学污染及其他特定环境要求等。

● 经济因素。包括投资水平、投资回收期及性能价格比等。

● 可操作性和使用性。操作是否易于掌握,培训的复杂程度等。

● 能耗因素。设备的能耗应符合燃烧与电力供应情况。

● 备件及维修因素。设备条件和维修应方便、可行。

● 物料的特征。是否易燃、易爆、易损坏,是否液态等。

● 物料的运动方式。根据物料的运动方式来选择合适的物料搬运装备(见表 4-12)。

表 4-12　基本设备

类型	设备
水平式	卡车、连续运输机、小推车、滑道、缆索、索道
垂直式	各种提升机、起重机、卷扬机
倾斜式	连续运输机、起重机、料头卷扬机、滑道
垂直及水平	叉车、起重机、升降机、提升机
多平面式	旋转起重机

(2) 物料搬运设备及器具

物料搬运设备及器具是机械化生产的主要组成部分,它的技术水平是搬运作业现代化的重要标志之一。按装卸机械的作用可分为两类:起重搬运设备,包括起重机、叉车等;输送设备,包括卡车、牵引车、连续运输机械小推车等。各种物料搬运设备及器具如图 4-20 至图 4-25 所示。

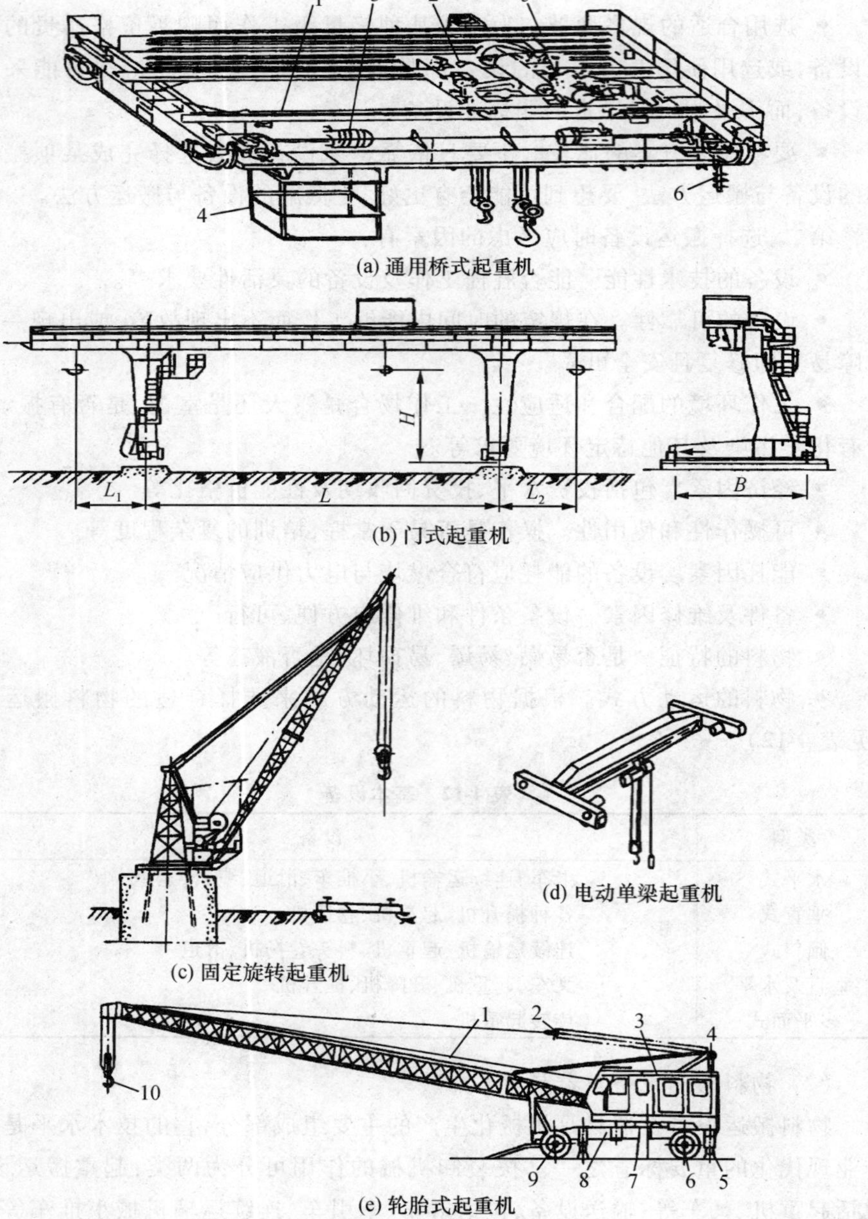

(a) 通用桥式起重机

(b) 门式起重机

(c) 固定旋转起重机

(d) 电动单梁起重机

(e) 轮胎式起重机

图 4-20　常用起重设备

(a) 平衡重式叉车

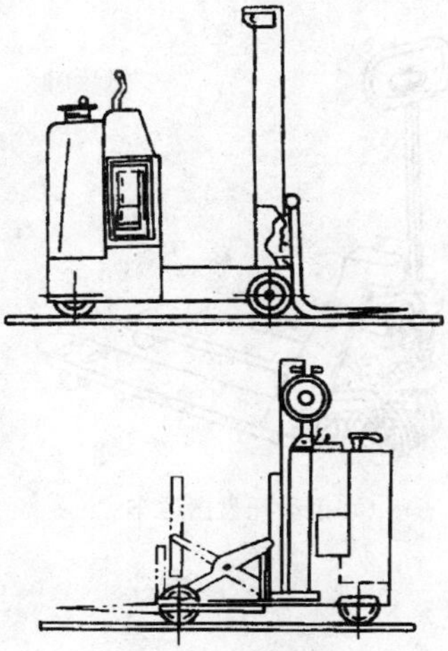

(b) 前移式叉车

图 4-21　常用叉车

图 4-22　常用手推车

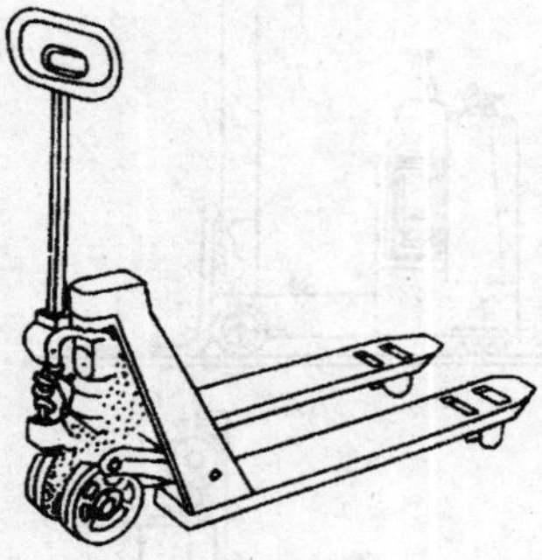

(a) 手动托盘搬运车

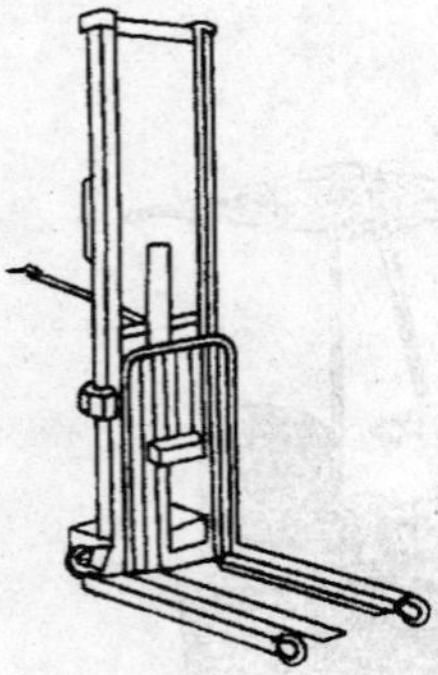

(b) 手动叉车

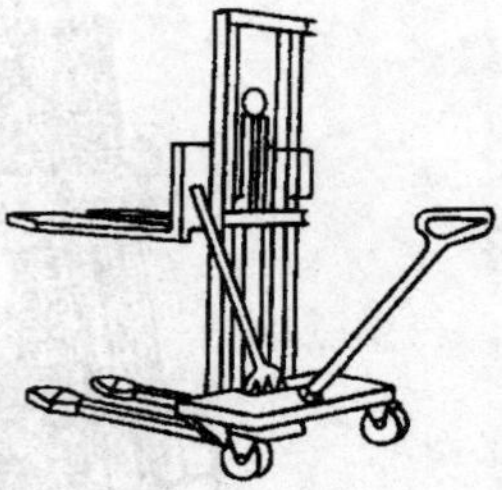

(c) 步行式叉车

图 4-23　常用叉车

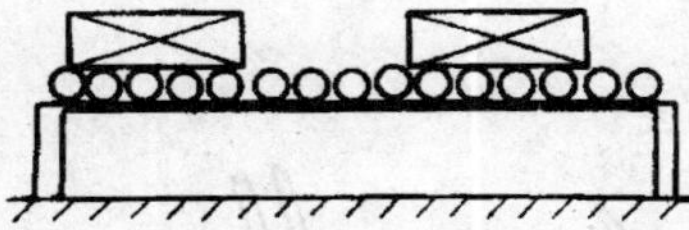

(a) 辊道式运输机

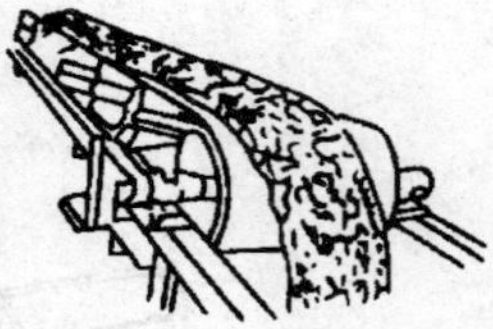

(b) 皮带输送机

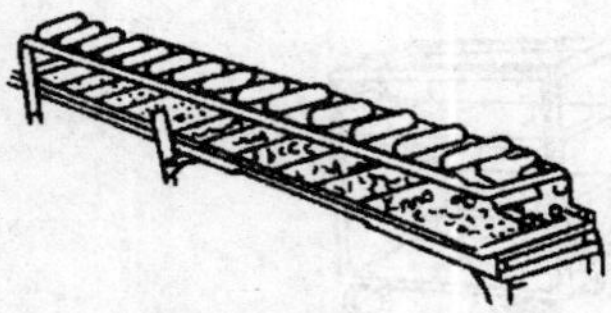

(c) 链条输送机

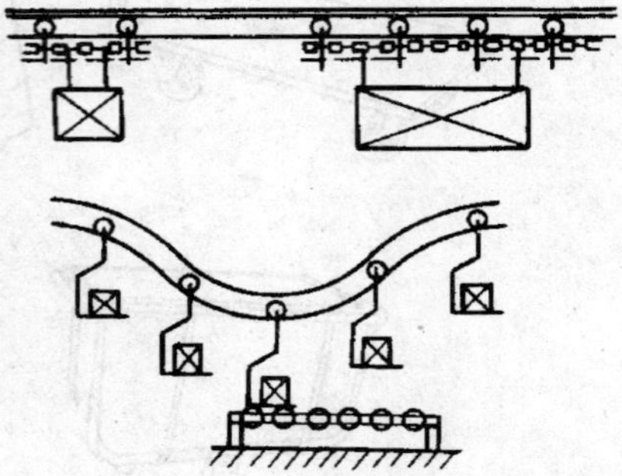

(d) 悬挂运输机

图 4-24　常用运输机械

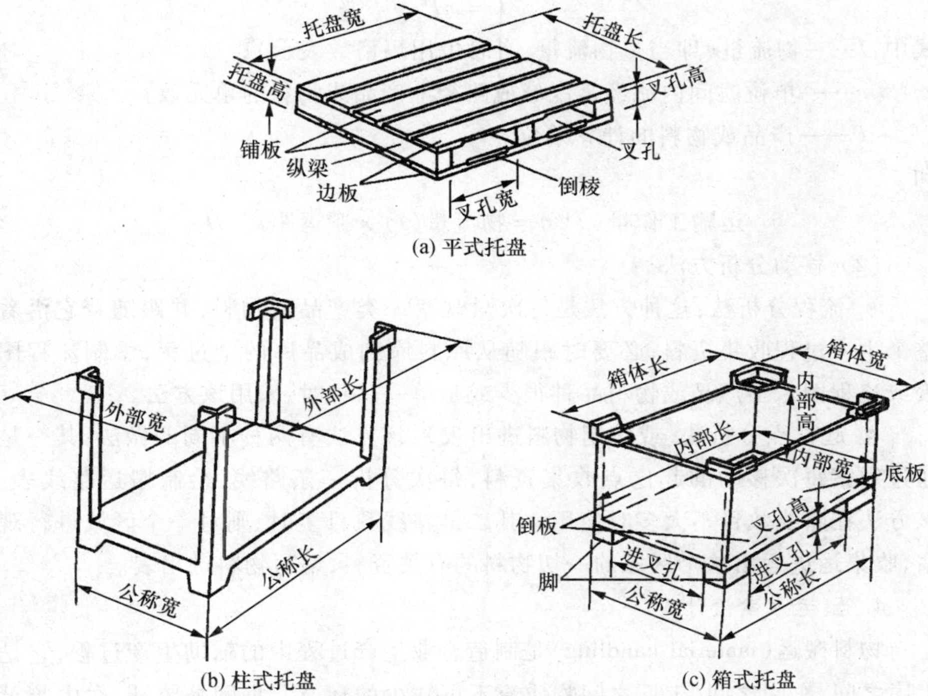

图 4-25　平式托盘、柱式托盘与箱式托盘各部分名称

3. 移动分析

(1) 收集各种移动分析资料

设施布置决定了物料搬运的起点和重点之间的距离,而移动距离是选择任何搬运方法的主要因素,因此,我们选择的方案必须是建立在物料搬运作业与具体布置相结合的基础之上。

在分析各项移动时,我们需要掌握的资料如下。

- 物料(产品或物料类别):包括物理特征和其他特征。
- 路线(起点和终点或搬运路径):包括移动距离以及路线的具体情况(如水平程度和弯曲程度、拥挤程度和路面情况、气候与环境、起讫点的具体情况和组织情况等)。
- 物流或搬运活动:包括物流量(单位时间内在一条路线上移动的物料数量)。我们有如下公式:

$$I = nP$$

式中：I——物流量（即当量物流量，有时也用玛格数表示）；

n——单位时间内流经某区域或路径上产品或物料的单元数；

P——产品或物料的计算单位。

和

$$运输工作量(TW) = 物流量(I) \times 搬运距离(D)$$

（2）移动分析方法

• 流程分析法：这种方法是每次只观察一类产品或物料，并跟随着它沿着整个生产过程收集资料，必要时跟随从原料库到成品库的全过程，编制流程图表或流程图。当产品或物料品种很少或是单一品种时，采用该方法。

• 起讫点分析法（或编制物料进出表）：该方法有两种不同的做法：其一是通过观察每次移动的起讫点收集资料，每次分析一条路线，绘制搬运路线表。该方法在路线数目不太多时使用。其二是路线数目多时，则对一个区域进行观察，收集运进运出这个区域的一切物料的有关资料，编写物料进出表。

4. 搬运方案设计

物料搬运（material handling）是制造企业生产过程中的辅助生产过程，它是工序之间、车间之间、工厂之间物质流不可缺少的环节。据国外统计：在中等批量的生产车间里，零件在机床上的时间仅占生产时间的5%，而95%的时间消耗在原材料、工具、零件的搬运、等待上；物料搬运的费用占全部生产费用的30%—40%。为此，设计一个合理、高效、柔性的物料搬运系统，对压缩库存资金占用、缩短物料搬运所占时间是十分必要的。

（1）物料搬运

物料搬运是物流系统的一部分。它是在已经设计和建立的物流系统条件下，使系统中的物料（包括液体、散装物体、单件物体、包装件、单元装载体等）按照生产工艺及服务的要求运动，以实现系统设计提出的目标，因而它也是物流系统的控制与管理活动。

由于物料搬运在生产领域各个生产环节中起着相互连接与转换的作用，保证生产能连续、正常地进行，因此物料搬运系统的合理与否，将直接影响生产率和企业的经济效益。但物料搬运只是增加成本而不增加价值，从最佳经济原则考虑，搬运工作量越少越好。

物料搬运系统是指一系列的相关设备和装置，用于一个过程或逻辑动作系统中,协调、合理地将物料进行移动、贮存或控制。物料搬运系统中设备、容器性质取决于物料的特性和流动的种类。

每一系统都是经过专门设计的,服务于特定物流系统环境和规定的物料。当前物料搬运系统的设计要求合理、高效、柔性和能够快速转换,以适应现代制造业生产周期短、产品变化快这一新特点。

(2) 物料搬运方法及选择原则

物料搬运方法是物料搬运路线、搬运设备和搬运单元的总和。

- 物料搬运路线特点及选择原则

物料搬运路线分为直达型、渠道型和中心型,如图4-26所示。

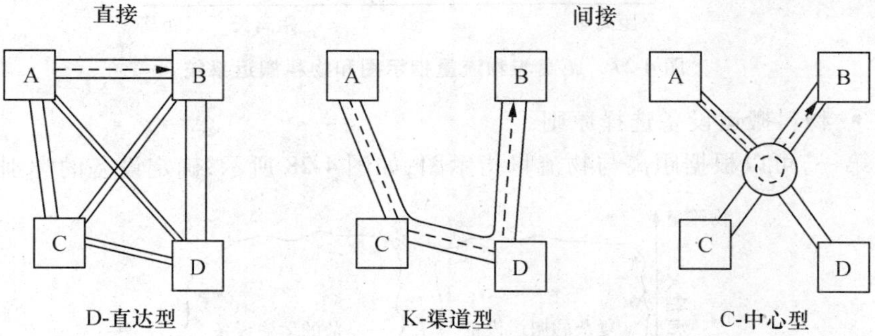

图4-26　物料搬运路线分类

首先介绍直达型,这种路线上各种物料从起点到终点经过的路线最短。当物流量大、距离短或距离中等时,一般采用这种形式是最经济的,尤其当物料有一定的特殊性而时间又较紧迫时更为有利。

其次介绍渠道型,一些物料在预定路线上移动,同来自不同地点的其他物料一起运到同一个终点。当物流量为中等或少量,而距离为中等或较长时,采用这种形式是经济的,尤其当布置是不规则的分散布置时更为有利。

最后还有中心型,各种物料从起点移动到一个中心分拣处或分发地区,然后再运往终点。当物流量小而距离中等或较远时,这种形势是非常经济的,尤其当厂区外形基本上是方正的且管理水平较高时更为有利。

图4-27说明:直达型用于距离短而物流量大的情况;间接型(渠道型或中心型)用于距离长而物流量小的情况。

依据物料搬运的规则,若物流量大而距离又长,则说明这样的布置不合理。距离与物流量指示图有助于我们根据不同的搬运活动来确定路线系统的形式。

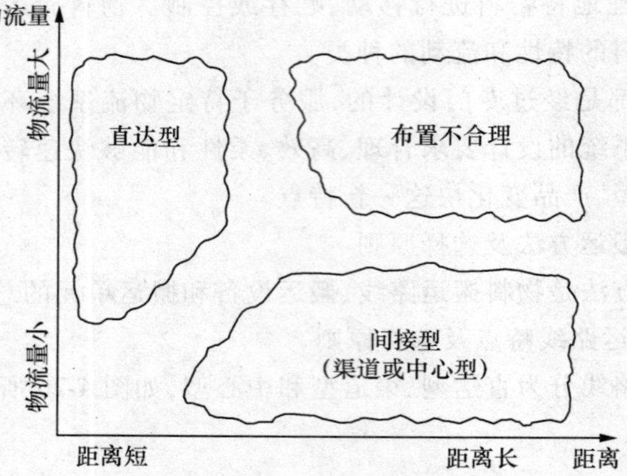

图 4-27　距离与物流量指示图和物料搬运系统

- 物料搬运设备选择原则

第一,可以根据距离与物流量指示图,如图 4-28 所示,确定设备的类别。

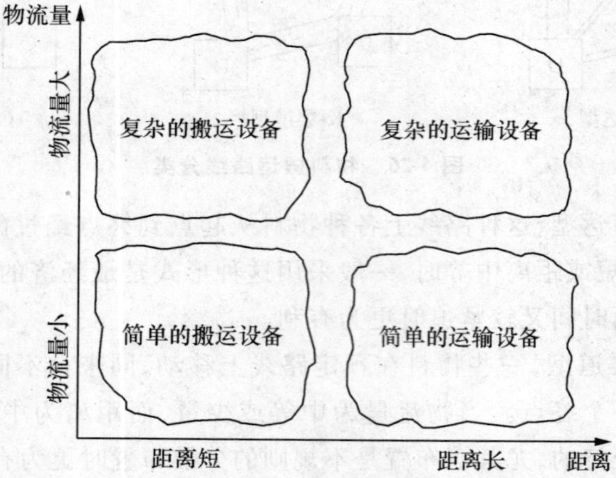

图 4-28　距离与物流量指示图和物料搬运设备

物料搬运设备按费用数据分类时,我们一般把设备分成四类,在距离与物流量指示图上每一类都有它一定的位置。

简单的搬运设备适合于距离短、物流量小的搬运需要;复杂的搬运设备适合于距离短、物流量大的搬运需要。

简单的运输设备适合于距离长、物流量小的运输需要;复杂的运输设备适合于距离长、物流量大的运输需要。

设备按技术或具体性能分类时，可分为起重机、输送机、无轨搬运车辆和有轨搬运设备。无轨搬运车辆按费用分类的典型举例如下：

简单的搬运设备如工轮手推车，复杂的搬运设备如狭窄通道带夹具的叉车。

简单的运输设备如机动货车，复杂的运输设备如电子控制的无人驾驶车辆。

第二，根据设备的技术指标和物料特点，选择设备规模及型号。

- 搬运单元：搬运单元是指物料搬运时的基本装载方式，如散装、采用车厢、罐装等，单件采用单件包装、集装器具等。应根据物料特点和设备来选择运输与搬运单元。

（3）物料搬运的 20 条原则

- 规划原则：以获得系统整体最大工作效益为目标，规划所有的物料搬运和物料存储工作。
- 系统化原则：尽可能广泛地把各种搬运活动当做一个整体，使之组成相互协调的搬运系统。其范围包括供货厂商、收货、储存、生产、检验、包装、成品储存、发货、运输和消费用户等。
- 物流顺畅原则：在确定生产顺序与设备平面布置时，应力求物流系统的最优化。
- 精简原则：减少、取消或合并不必要的运动与设备，以简化搬运工作。
- 利用重力原则：在可能的条件下，尽量利用重力搬运物料，但应注意防止磕碰。
- 充分利用空间原则：最大可能地充分利用建筑物的整个空间。
- 集装单元化原则：尽可能地采用标准的容器与装载工具来集装物料搬运，以利于搬运过程的标准化、集装化。
- 机械化原则：合理利用搬运机械设备，提高搬运机械化程度。
- 自动化原则：在生产、搬运和储存过程采用合理的作业自动化。
- 选择设备原则：在选择设备过程中，考虑被搬运物料的特点——包括物料的运动方式和采用的搬运方法，如图 4-28 所示。
- 标准化原则：使搬运方法、搬运设备、搬运器具的类型、尺码标准化。
- 灵活性原则：在专用设备并非必要的情况下，所采用的搬运方法和搬运设备应能适应各种不同的搬运任务和实际应用的要求。
- 减轻自重原则：降低移动式设备的自重与载荷的比例。

• 充分利用原则：力求使人员与搬运设备得到充分利用。

• 维修保养原则：为全部搬运设备制定预防性保养和计划维修制度。

• 摒弃落后原则：当出现可提高效率的方法和设备时，合理更新陈旧设备与过时的方法。

• 控制原则：利用物料搬运工作改进对生产、库存和接订单、发货等工作的控制管理。

• 生产能力原则：利用搬运设备促使系统达到所要求的生产能力。

• 搬运作业效能原则：以每搬运一件单元货物所耗成本的指标考核搬运作业的效能。

• 安全原则：为保证搬运的安全，提供合适的方法和设备。

(4) 搬运方案设计

所谓物料搬运方法，实际上就是一定类型的搬运设备与一定类型的运输单元相结合，进行一定模式的搬运活动，以形成一定的路线系统。一个工厂的搬运活动可以采用同一种搬运方法，也可以采用不同的方法。一个搬运方案，都是几种搬运方式的组合。

• 初步确定搬运方法：根据搬运路线系统选择原则确定搬运路线；根据搬运设备选择原则确定搬运设备类别、规格、型号；根据物料一览表确定运输单元。在记录时，用统一的物料搬运符号表示，如图 4-29 所示。

• 方案的修改和限制，要使初步设计出的方案符合实际、切实可行，必须根据实际的限制条件进行修改。解决物料搬运问题，除了路线系统、设备和运输单元以外，还要考虑正确和有效地操作设备问题、协调和辅助物料搬运正常进行的问题（如生产和库存的问题）等。

• 说明和各项需求的计算，对修改后的几个初步搬运方案，要逐个方案进行说明和计算，其内容包括：每条路线上每种物料搬运方法的说明；搬运方法以外的其他必要的变动说明，如更改布置、作业计划、生产流程、建筑物、公用设施、道路等；计算搬运设备和人员的需求量；计算投资数和预期的经营费用。

• 方案评价，从几种合理可行的方案中（包括总说明、物流图、汇总表、需求一览表），选出最佳方案——即对方案评价，是程序模式的一个决定性的步骤。评价方案方法有：成本费用或财务比较、无形因素比较等。

搬运方案的初步设计阶段确定了搬运路线系统、搬运设备、运输单元和总体方案。搬运方案的详细设计是在此基础上制定从工作地到工作地或从具体

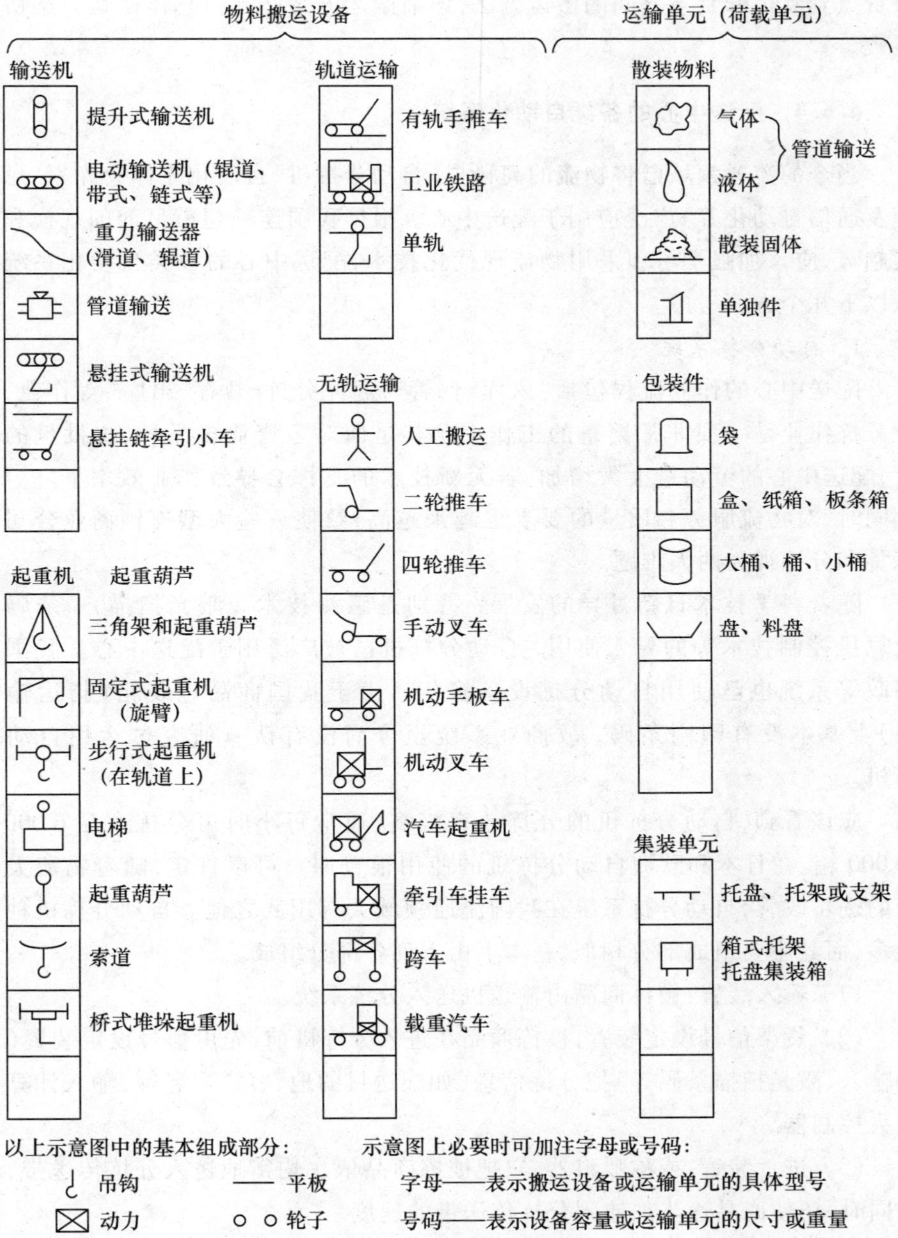
物料搬运设备
运输单元（荷载单元）
输送机
提升式输送机
电动输送机（辊道、带式、链式等）
重力输送器（滑道、辊道）
管道输送
悬挂式输送机
悬挂链牵引小车
起重机
起重葫芦
三角架和起重葫芦
固定式起重机（旋臂）
步行式起重机（在轨道上）
电梯
起重葫芦
索道
桥式堆垛起重机
轨道运输
有轨手推车
工业铁路
单轨
无轨运输
人工搬运
二轮推车
四轮推车
手动叉车
机动手板车
机动叉车
汽车起重机
牵引车挂车
跨车
载重汽车
散装物料
气体
液体
管道输送
散装固体
单独件
包装件
袋
盒、纸箱、板条箱
大桶、桶、小桶
盘、料盘
集装单元
托盘、托架或支架
箱式托架
托盘集装箱
以上示意图中的基本组成部分：
吊钩
平板
动力
轮子
示意图上必要时可加注字母或号码：
字母——表示搬运设备或运输单元的具体型号
号码——表示设备容量或运输单元的尺寸或重量

图 4-29　物料搬运符号

取货点到具体卸货点之间的搬运方法，详细搬运方案必须与总体搬运方案协调一致。

4.6.4 配送中心的各类自动化系统

当今的流通领域已将物流的高科技（自动分拣机、自动化立体仓库、信息处理及通信自动化等）广泛应用于配送中心。根据我国连锁超市目前的规模和发展趋势，应该加强学习和采用物流现代化技术，配送中心的各类自动化系统可从以下几个方面考虑。

1. 自动分拣系统

配送中心的作业流程包括“入库-保管-拣货-分拣-暂存-出库”等作业，其中分拣作业是一项非常繁重的工作。尤其是面对零售业多品种、少批量的订货，配送中心的劳动量大大增加，若无新技术的支撑会导致作业效率下降。与此同时，对物流服务和质量的要求也越来越高，致使一些大型连锁商业公司把拣货和分拣视为两大难题。

随着科学技术日新月异的发展，特别是感测技术（激光扫描）、条码及计算机控制技术等的导入使用，自动分拣机已被广泛用于配送中心。我国的邮政等系统也已使用自动分拣设备多年。由于我国商品包装箱（指运输包装）上基本没有印刷条码，故商业系统至今尚没有认真研究过运用自动分拣机。

应该看到，自动分拣机的分拣效率极高，通常每小时可分拣商品 6 000—12 000 箱。在日本和欧洲自动分拣机的使用很普遍。可以肯定，随着物流大环境的逐步改善，自动分拣系统在我国流通领域大有用武之地。自动分拣机种类很多，而其主要组成部分相似，基本上由下列各部分组成。

（1）输入装置：被拣商品由输送机送入分拣系统。

（2）货架信号设定装置：被拣商品在进入分拣机前，先由信号设定装置（键盘输入、激光扫描条码等）把分拣信息（如配送目的地、客户户名等）输入计算机中央控制器。

（3）进货装置：或称喂料器，它把被拣商品依次均衡地送入分拣传送带，与此同时，还使商品逐步加速到分拣传送带的速度。

（4）分拣装置：它是自动分拣机的主体，包括传送装置和分拣装置两部分。前者的作用是把被拣商品送到设定的分拣道口位置上；后者的作用是把被拣商品送入分拣道口。

(5) 分拣道口:是从分拣传送带上接纳被拣商品的设施,可暂时存放未被取走的商品,当分拣道口满载时,由光电管控制、阻止分拣商品进入分拣道口。

(6) 计算机控制器:是传递处理和控制整个分拣系统的指挥中心。自动分拣的实施主要靠它把分拣信号传送到相应的分拣道口,并指示启动分拣装置,把被拣商品送入道口。分拣机控制方式主要是脉冲信号跟踪法。

近年来,连锁超市和便利店的发展势头很猛,对物流作业的“拆零”需求越来越强烈,拣货、拆零作业的劳动力已占整个配送中心劳力的 80%;订货商品的多品种、小批量化,使得配货作业人手不足的矛盾非常突出。如何提高这个物流环节的作业效率,已成为配送中心机械化、自动化的研究重点。

目前,医药行业、化妆品制造行业已广泛使用全自动拣选系统(如日本资生堂、花王、大木等株式会社);而流通领域,特别是连锁超市、便利店的配送中心都广泛使用电子票签拣货系统。只要把客户的订单输入操作台上的电脑后,存放各种商品的货架上的货位指示灯和品种显示器,会立刻显示出拣选商品在货架上的具体位置(即货格)及所需数量,作业人员便可从货架里取出商品,放入批发输送带上的周转箱,然后按动按钮,货位指示灯和品种显示器熄灭,配齐订单商品的周转箱由输送带送入自动分拣系统。电子票签拣货系统自动引导拣货员进行拣选作业。任何人不需特别训练,即能立即上岗作业,从而大大提高了商品处理速度,减轻了作业强度,而且使差错率大幅度下降。

2. 自动化立体仓库

自动化立体仓库的出现是物流技术的一个划时代的革新,它不仅彻底改变了仓储行业劳动密集、效率低下的落后面貌,而且大大拓展了仓库功能,使之从单纯的保管型向综合的流通型方向发展。自动化立体仓库是用高层货架储存货物,以巷道堆垛起重机存取货物,并通过周围的装卸搬运设备,自动进行出入库存取作业的仓库。

自动化立体仓库具有普通仓库无可比拟的优越性。首先是节约空间、节约劳力。据国际仓库自动化会议资料:以库存 11 000 托盘、月吞吐 10 000 托盘的冷库为例,自动化立体仓库与普通仓库比较情况为:用地面积为 13%、工作人员为 21.9%、吞吐成本为 55.7%、总投资为 63.3%。立体仓库的单位面积储存量为普通仓库的4—7倍。其次是提高仓库管理水平,减少货损,优化、降低库存,缩短周转期,节约资金。近年来,特别在冷冻行业,自动化立体仓库的发展极快。

自动化立体仓库主要由货架、巷道堆垛起重机、周边出入库配套机械设备和仓储管理控制系统等几部分组成。货架长度大、排列数多、巷道窄,故密度高;巷道机上装有各种定位的检测器和安全装置,保证巷道机和货叉能高速、精确、安全地在货架中取货。目前,立体仓库自动控制方式有集中控制、分离式控制和分布式控制3种。分布式控制是目前国际发展的主要方向,大型立体仓库通常采用三级计算机分布式控制系统;三级控制系统是由管理级、中间控制级和直接控制级组成的。管理级对仓库进行在线和离线管理,中间控制级对通信、流程进行控制,并进行实时图像显示,直接控制级是由PLC(可编程序控制器)组成的控制系统对各设备进行单机自动操作,使仓库作业实现高度自动化。

3. 计算机智能化技术

计算机技术在物流上的应用已远远超出了数据处理、事务管理,正在跨入智能化管理的领域。例如,配送中心的配车计划与车辆调度计算机管理软件,在美、日等国已商品化,它能大大缩短配车计划编制时间,提高车辆的利用率,减少闲置及等候时间,合理安排配送区域和路线等。

又如,配送中心的自动分拣系统、自动化立体仓库、自动拣货系统(如电子票签拣货装置)的计算机控制和无线移动电脑在配送中心入库、出库、拣货、盘点、储位管理等方面的应用,实现配送中心物流作业的无纸化。

再如,建立配送中心自动补货系统,把供应商、配送中心、商场(POS系统)的产、供、销三者组成网络与ECR(集成供应链物流管理系统),使传统的点(企业内信息系统)发展到线(企业间资讯系统)、面(供应链上中下游垂直、水平整合),进而进入"体"(跨国、跨企业的供应链整合)的时代,以网络化的商业行销(电子商务),带动创造附加价值的新物流行销,促进商品流通、缩短流通通路、满足客户多样化个性化的需求,真正使商流、物流、信息流、资金流融合为一体,实现商业自动化。

ECR是20世纪80年代末90年代初美国食品杂货业面临激烈的市场竞争时,为了提高竞争力而采取的一种新战略。ECR的核心是要求供应商和零售商共同关注消费者的需求,把精力转移到消费者的需求上并为之做出努力,使消费者少付出金钱、时间、精力和风险而更加方便地获得更多信息,并得到更好的品质、更新的创意、更新鲜的商品。由此,供应商和零售商双方都能成为市场的赢家,也就是说 ECR 力求将消费者、供应商和零售商拴在一根线上,结为利益共同体。以沃尔玛(Wal-Mart)为代表的连锁零售商,率先接受了 ECR 思想,并大获胜果。

4.7 各国配送中心案例、特点及启示

配送是现代物流的重要组成部分,而配送中心是提高物流企业组织化程度、实现集约化经营的有效形式。现代化物流配送中心建设是经济发展的必然趋势。

我国在 20 世纪 80 年代初引入"物流"的概念,90 年代初开始开展物资与商品配送,近年来陆续发展了一些不同类型的物流配送中心。由于种种原因,我国商品物流配送中心发展速度很慢,运作也不规范,未形成规模。发达国家的经验可以给予我们一些启示。

发达国家配送中心建设比较完备,物流业作为国民经济发展的一个重要的产业部门,从其发展趋势来看,已呈现出物流的系统化、信息化、社会化、现代化与综合体系化及物流、商流和信息流一体化,促进了商品流通产业的发展与升级。

本节我们将介绍几个国外物流配送中心的案例。

4.7.1 美国几种典型的物流配送中心

美国的物流配送中心是 20 世纪六、七十年代以来逐步发展形成的。众多的物流配送中心各具特色,但归纳起来主要有三种模式:一是特大型生产企业产供销一体化的配送中心;二是大型零售、连锁企业自有的配送中心;三是为广大中小型生产、零售企业服务的社会化物流配送中心。第三种模式又可分为两类,一类是没有商品所有权与经营权的纯"物流"中心,它主要是依托众多生产企业,根据生产企业的指令(订单)向零售企业配送商品;另一类是从事商品分销(代理)的配送中心,它主要依托零售企业,根据零售企业的订单组织订货与配送。

1. 干货物流公司(DSC,美国除生鲜食品之外的货物统称干货)

该公司成立于 1960 年,开始只是一家普通的仓储企业,从 1969 年起将各

地的干货仓库改作运输和配送公司，并于1981年签订了第一份配送合同。从此，公司的配送中心及配送业务发展到全美国，公司名称也由原来的干货储存公司变更为干货物流公司。这从一个侧面反映出美国物流观念变化与物流业发展的轨迹。该公司现有35个配送中心，100万平方米仓库，2 000名员工，每年配送商品在540万吨以上，是美国大型专业物流企业之一。公司的主要业务是将300多家工厂生产的商品配送给美国各地7 000多家零售企业，其中16家工厂的商品由该公司独家配送。公司对配送的商品没有所有权与经营权，主要是为工厂服务，工厂生产的商品就近存入该公司各地的配送中心，零售商向工厂订货，工厂汇总后通知公司送货，送给谁由工厂决定，具体送货时间由各配送中心与零售商店协商确定。货款由零售商与工厂结算，配送中心向工厂收取相应的物流费用。所有环节包括存货、处理订单和配送商品都由以卫星通信为载体的电脑网络跟踪控制。

该公司的 MelrosePark 配送中心，地处芝加哥西部的一个郊区，到附近的机场及3条高速公路只需几分钟，主要为美国中西部的零售商配送商品。该中心拥有一个占地13万平方米的立体仓库（库高9米），库房两侧有342个供卡车装卸货物的库门，有先进的安全控制及自动化喷淋系统，以及装有可视屏（电脑终端）的叉车，但没有自动分拣设施。通常的作业流程为：装满工厂货物的卡车从库房一侧卸货，然后根据商品的品类、生产厂家等资料，由工人刷涂该中心自编的仅供储存、发货之用的条形码，再用叉车送到指定的货架（指令由电脑终端给出）；接到配送货物的指令后，由人工拣选商品，送到库房的另一侧装入卡车。该中心负责人说，货物进出库最理想的情况是，白天进晚上出，但实际上做不到。据统计，该中心储存的包装食品1年周转12次（即最多存放30天），储存的其他干货1年周转7.5次（即存放49天）。

2. 食品配送公司（Valley F. D.）

它是一家具有批发（分销）功能的配送公司，在国内拥有30家配送中心，主要分布在东部地区，公司总部也设在东部，因此东部地区的配送中心由公司总部统一经营（统一采购、统一调度配送）。位于加州地区的一个配送中心，有占地1万平方米的立体仓库和38辆运货卡车，以及维修车间、加油站等，由于远离公司总部而实行独立经营，其主要业务是根据市场调查的情况从生产企业进货（买断或代理），再根据零售企业的订单组织商品配送，货款结算时间对工厂是21—30天，对零售企业是7天。该中心仓库内没有自动分拣设备，商品进出及储存也没有实行电脑管理，使用的叉车也是普通型，没有安装可视屏，从分拣至拣选都是手工操作，由工人现场手写代码，分区存放（分为两类：需即时送走的和需储存一段时间的）。该公司于 1996 年底实行电脑管理，达到上述干货公司的水平。

值得一提的是该中心货运卡车的管理。中心负责人说，卡车调度的原则是尽可能多地利用社会卡车，只有为了降低成本时才用自有卡车，中心的 38 辆卡车由专门机构统一调度使用，并且通过公共电脑网络与货主、专业运输公司、卡车协会（即美国个体卡车司机协会）等组织保持联系，及时沟通货源与卡车流向的信息，以保证卡车回程运输的货源，避免卡车空驶。

3. 沃尔玛连锁公司的配送中心

作为美国最大的连锁公司，全国设有 30 个配送中心，这些配送中心只为公司所属的连锁店配送商品，不接受其他商店的订单，也不实行独立核算。连锁店铺将订单传递给临近的配送中心，配送中心汇总后报公司总部，商品由公司总部向工厂统一采购，店铺将货款汇至总部，由总部与工厂结算，配送中心不负责货款结算。

沃尔玛连锁公司的 Portter-ille 配送中心，拥有 1.1 万平方米的立体仓库，位于加州地区，为周围 4 个州的 77 家店铺配送商品，每天进出库的商品达 15—20 万箱（件）。该中心的自动化设施齐备，除了公司总部与各地配送中心，以及配送中心内部实行电脑管理外，库房内从货物入库时的分拣、刷码到进入指定的货架，从订单处理、拣选商品、传送到指定的库房门待装卡车，全部是自动化操作。这是在前述干货公司与食品配送公司所没有的，代表了目前美国物流管理与技术的最高水平。

4. 美国物流配送业的发展给我们的启示

（1）从现代供应链的角度，全面认识物流的作用，发展生活资料配送与发展生产资料配送应同时并举。现代供应链以原材料供应为起点，以商品送达消费者为终点，物流的作用贯穿全过程，这中间既包括生产资料配送，也包括产成品（主要是工业消费品）配送。20 世纪 90 年代初，原物资部、商业部分别推动生产资料与生活资料配送工作。内贸部组建后，生产资料配送制工作一直延续下来，而生活资料配送制工作却由于种种原因中断了。近年来随着连锁商业的发展，商品配送开始引起重视，主要发展了连锁企业内部的配送中心。从美国的情况看，原材料与商品都在搞配送，并且商品配送主要由第三方进行。国家有关主管部门应该将生活资料配送制与生产资料配送制放在同等重要的位置，统筹兼顾，采取得力措施同时推进。

（2）从建立健全社会主义市场经济条件下商品流通体系的要求出发，认清发展商品物流配送中心的战略意义，推动社会化物流配送中心的建设。改革开放以来，我国计划经济条件下的“一、二、三级批发到零售”的流通体系逐步解体，1996 年内贸部党组提出建立新的商品流通体系，是一个非常英明的决策。从美国的情况看，多数商品流通通过独立的“批发—配送”企业即社会化的物流配送中心完成。大型连锁企业有自己的配送中心，而中小型生产、零售企业的商品由社会化配送中心配送。我们的连锁企业应该走出认识误区，避免“小而全”；流通主管部门应该将发展商品物流配送中心作为商品流通改革、搞活国有商业企业、重振国有商业雄风、建立健全新的商品流通体系的一件大事来抓，调整现有流通企业的组织结构与经营结构，充分发挥现有批发、储运企业的作用，盘活存量资产，发展社会化的物流配送中心。另外，不能把发展配送中心仅仅作为连锁商业内部的事情，应该从商品流通体系建设的全局统筹考虑，统一规划，首先选择有条件的大中型商业储运、商业批发企业进行试点建设，通过发展社会化物流配送中心来提高商品流通的组织化程度与现代化水平。

（3）从市场需要出发，找准企业定位，发展完善商品代理与配送功能，逐步实现传统储运业向现代物流业、传统批发业向现代批发业的转变。美国社会化物流配送中心的模式主要有两种，一种是依托生产企业、不具有批发职能的物流配送中心；一种是主要依托零售企业、具有批发职能的物流配送中心。不论何种模式，与传统的储运、批发企业相比，都具有几个重要特征：一是根据市场和零售商的订单组织采购与配送，商店需要什么就送什么；二是与生产、零售企业的关系日趋稳定化，有长期配送契约；三是服务周到、系统、经济，为生产与零售企业节约物流成本；四是众多配送中心组成一个网络体系，具有整体优势与规模效益。我国传统储运、批发企业要向现代物流配送中心转变，就必须在这四个方面狠下工夫，从自身条件与市场需要出发，逐步发展。

（4）从我国生产力水平的实际出发，逐步实现物流管理与技术的现代化。像美国这样发达的国家，物流管理与技术也不都是自动化，我国流通企业就更不宜盲目追求先进的洋设备。我国现有储运、批发企业首先要立足于现有设施，在完善功能、发展稳定与生产、零售企业关系、逐步开展商品代理配送业务的基础上，根据需要逐步配套建设相应设施。有条件的企业可首先考虑发展电脑网络化管理，将企业内部管理及与生产、零售企业的信息传递纳入电脑网络；需要新建仓库的，不宜再建一般的平房仓和楼房仓，应该建设 10 米左右高的立体仓库；装备自动化的分拣设施要慎之又慎。

4.7.2　德国物流企业配送中心案例

1. 丽德公司仓库配送中心

位于内卡斯沃尔姆的配送中心，是德国丽德（LiDi）连锁店的仓库配送中心之一。丽德公司在每个地区都有这样一个仓库作为当地连锁店的配送中心，负责向所辖地区的连锁店配送食品。

该配送中心配送的食品，由丽德公司自制的占 40%，其余向专业食品厂订购。该中心在经济上实行独立核算，它的仓储面积为 7 000 平方米，设有 9 000 个货位，库存商品每年周转 20 次左右，每月出库商品达 2 000 万马克，货损价值 3 000 马克，货损率只有 0.05%。仓库内采用五层高架货仓，每个货位都有各自的编号，垂直的五层放置同样商品的集装单元托盘，其中最下面的一层供配货使用，其他四层作为商品配货备用。全库由信息管理系统实行统一指挥，每天电脑显示需进的货，以及需进多少，货物什么时间到达。由于食品的时效性强，电脑还出示一份报告，列出将要到保质期的商品名称及位置，提醒工作人员尽早出库。在进货时，电脑打印出标签，贴在集装单元托盘上，标签上有货位号、小包装数量及其他相关的信息。电脑通过库内及铲车上安装的红外线发射、接收装置等，通知负责货物进出库的职工，什么货在哪个库门进库，应放在什么位置；什么货在什么位置需要出库，出哪个库门，以及哪种配货商品已经用完，是从什么位置取下的应予以补充等。

该配送中心的配货职工根据订单的要求进行配装，将货物集装单元放到指定的位置。配货职工每个工作日的基本工作量是 200 个小包装，但平均都能完成 1 000 个小包装的配货量。该中心负责向 80 个食品店供货，每个食品店在报订单后 30 个小时内便可收到所需的商品。该中心还拥有自己的车队，其运量占总量的 70%，对一些单程运输的商品则委托其他专业运输公司或第三方物流企业去完成。

2. 维尔特公司配送中心

维尔特集团是一家私人物流配送公司，总部设在斯图加特。它建于 1945 年，目前在全球有 40 余家分公司，每家公司都有一个配件（送）中心。

维尔特公司配送中心的主要特点，一是经营商品的种类较多，主要经营的商品有电子组件、各类五金、电动工具、黏合剂等；二是订购批量大，根据市场情况，从世界各地大批量订购各类型商品，其中从我国订购的有电动工具、五金等；三是重视本公司的形象宣传，按照客户对各种产品的需求订单，对订购来的产品重新包装并组配成各种包装单元，贴上该公司的商标送到客户手中；四是送达速度快，从客户发出订单，到货物运至客户手中，一般只需要 2 天时间，急件可在 36 小时内送到，且不另收费；五是自动化水平高，可以用机器人运输车运输的货物全都用机器人运输车来运输，这种机器人价值 120 万美元，其工作效率相当于 8 个工人的工作量，整进整出的集装单元托盘集中储存在五层高架的无人全自动库内，每小时可处理集装单元托盘 52 个，零散品种的运输全都通过有 7 公里长的传送带来完成。总之，整个工作流程全都是在中央计算机指挥下进行的。该仓库有员工 600 余人，每天配 7.5 万种商品，每个配货的工作台每 20 分钟由电脑传送一份配货单，传送带根据电脑的指令将不同品种的商品送到需要该品种商品的配货员工的工作台前，配送员工依据配货单进行包装，贴上客户的地址，传送到下道工序。货物配好后，公司的车队负责按时送到客户的手中。

3. 卡什塔公司配送中心

卡什塔公司设有 165 个分店，25 个专业店，共计 6 400 名员工，物流成本占总成本的 8%，是目前欧洲最大的百货公司之一。它的物流配送特点是集中采购与有效渠道紧密结合。集中采购的商品有四大类，占全部商品的 93%，它们分别是常用大宗商品占 48%，服装占 23%，食品占 14%，家电与家具等大件商品占 15%。这四类商品分别由几个不同地区的仓库(供应)中心负责供货。这些供货中心直接面对分店中心，各分店、商店的仓储设施部分向分店中心提供，并作为分店中心仓储设施的一部分。计算机管理手段与条形码技术广泛采用。因此，每个分店或商店及公司都能够随时了解某一时刻、某一种商品的库存量与销售情况，并及时分析、预测销售趋势，从而对经营决策提供了坚实的依据，为分店(商店)向分店中心，分店中心向仓库中心订货及反过来及时供货提供了第一手的信息材料，进而有效地降低资金占有率，节省了仓储面积，使物流成本不断下降。

4. 从上述德国几家企业的配送中心经营情况来看，我们可以得出以下几点认识

(1) 加快物流企业配送中心的建设是提高物流业经济效益的有效途径。随着贸易的全球化，需要组织实施全球化物流，有时需要全球性的采购和配送，

从客观上要求必须加快物流企业配送中心的建设，提高其组织化程度。德国一些物流企业不断提高物流组织化程度和水平，应用物流设施技术，细化物流管理与分工，从而推动了企业不断发展。

(2) 现代物流管理与配送技术是提高物流企业经济效益和物流组织化程度的基本手段。现代物流离不开电脑、网络等技术的支持。因此，物流信息管理系统及网络化建设是企业技术改革的核心。德国企业在高新技术的应用与推广方面，促进了物流业组织化程度的提高和作业过程的优化，从而降低了库存，节约了开支和物流成本，实现准确、合理、有效的配送。

(3) 物流企业的配送中心发展不应固守一种模式。德国物流企业是国有与私有、专一性商品配送企业与综合性商品配送企业并存，这样，有助于企业优势互补，共同促进物流业的发展。

4.7.3　日本物流企业配送中心案例及类型与管理

1. 日产丰田汽车销售公司上乡工厂以自动化仓库为主体的配送中心

该中心占地 13 500 平方米、高 25 米，共有 15 个巷道、库存 37 674 个货位（自称世界最大的自动化仓库），保管由该工厂自己生产、包装好的汽车维修配件，并按订货要求，发送给各用户。

2. 日本配送中心的类型与管理

日本随着连锁超市经营的快速发展，对社会化配送组织提出更高的要求，其发展趋势是系统内自建的配送中心逐步缩小，而商品配送社会化、物流设施共同享用、物流配送共同化日益明显，主要有以下 3 种运作类型：

(1) 大型商业企业自设的配送中心。一般由资金雄厚的商业销售公司或连锁超市公司投资建设，主要为本系统内的零售店铺配送，同时也受理社会中小零售店的商品配送业务。配送的商品主要有食品酒类、生鲜品、香烟、衣物、日用品等。

(2) 批发商投资、小型零售商加盟组建的配送中心。为了与大型连锁超市公司竞争，由一些小型零售企业和连锁超市加盟合作，自愿组合，接受批发商投资建设配送中心的进货与配送。这种以批发商为龙头，由零售商加盟的配送中心，实际是商品的社会化配送。这样的配送形式，既可解决小型零售商因规模小，资金少而难以实现低成本经营的问题，也提高了批发商自身在市场的占有率，同时实现了物流设施充分利用的社会效益。

(3) 物流企业接受委托,为连锁超市服务的配送中心。这种类型是物流企业在完成对本系统的店铺配送外,主要以大量的小型便利店或7-11商店为配送对象,受其委托相互之间以合同为约束手段,开展稳定的业务合作。

上述3种类型的配送中心,实际上不同程度地承担了社会配送功能,并且还有进一步扩大配送范围的发展趋势。

日本的配送中心由于实现了较为成熟的电脑管理,建立了严格的规章制度和配备了比较先进的物流设施,确保商品配送过程的准确、及时,真正起到了降低流通成本,加速流转速度,提高经济效益的作用。其管理特点是:

- 普遍实现电脑网络管理,使商品配送及时准确,保证经营正常运行。由于采用计算机联网订货、记账、分拣、配货等,使得整个物流过程衔接紧密、准确、合理,零售商店的货架存量压缩到最小限度,且缺货率低,要货周期短,给企业带来了可观的经济效益。

- 严格的规章制度使商品配送作业准确有序地进行,真正体现了优质服务。一整套严格的规章制度使配送中心的各个环节作业安排严格按规定时间完成,并且都有详细的作业记录。配送中心对门店从订货到送达时间都有严格规定,一般保鲜程度要求高的食品今天订货明天送到;其他如香烟、可乐、百货等,今天订货后天送到。如送货途中因意外不能准时到达,必须马上与总部联系,总部采取紧急措施,确保履行合同。

- 先进的物流设施,节约了劳动力成本,并保证提供优质的商品。日本配送中心的物流设施都比较先进,一是自动化程度高,节约人力;二是对冷藏保鲜控制温度要求高,保证商品新鲜。收货发货按相应电钮,电脑会自动记录,并将信息分别送至统计、结算、配车等有关部门。温控高架仓库的冷冻库和冷藏库设计科学合理,钢制货架底座设有可移动的轨道,使用方便,大大提高了冷库面积的利用率和高度利用率。此外,送货冷藏车可同时容纳3种需不同温度要求的商品,并在整个物流过程中都能控制温度。

4.7.4 加拿大配送中心的管理与技术

加拿大的物流配送设施也是世界一流的。由于物流成本可观,导致大中零售商纷纷将物流业务交给第三方专业性配送公司,这种专业性配送公司实行先进的电脑管理,对进货、存货、配送、发货全过程采用电脑控制,配送中心进什么货,进多少,进入哪个仓位、哪个货架,配送的货走哪条输送线,发往何处,发多少货，库存有多少等，这些工作均借助电脑有条不紊地进行。配送中心还与部分零售商的 POS 系统联网，随时了解商店的销售动态，做到商店尚未提出要货，就已把缺货的商品主动送货上门。

配送中心商品的条形码技术管理，除了商品条形码标记以外，商品包装箱还贴有区位码和物流码。有的区位码是经电脑处理信息后，由配送中心通知供应商贴上的，所以货物由供应商送到配送中心后，可以很快送到指定的仓位、货架储存。物流码则主要用于配送过程中，一般在配送发货前贴上，部分在进货时就贴上，借助于物流码，自动分拣系统可以方便地进行分拣配送商品。

配送中心的自动分拣系统由控制室、辊道输送线、激光扫描仪等组成，是专业配送公司的关键设备。控制室内配置着电脑、键盘控制器、现场监视器。操作员坐在控制室内，从监视器屏幕上，可以选择看到不同部位商品配送的状况。纵横交错的辊道输送线则将各个仓位、货架连成一体，便于进行自动配送。发往供货对象的各类商品在主输送线上移动时，激光扫描仪会自动“阅读”商品包装箱上的物流码，将信息送到“道口”，然后被自动转入指定的分支线，送达指定的出口处打包发货。

配送中心装有一台大型的自动打包机，将各分支线上发往同一供货对象的商品，由辊道输送线送到打包平台上，自动打包机便将小型分散的不同商品箱，组合打包成一个标准箱，送上卡车运往要货单位。

本章小结

在本章的学习中，向读者介绍了配送中心的概念，使读者了解配送中心的作用、功能和类型。介绍了配送中心的作业流程，配送中心的选址概念，特别介绍了配送中心选址的定量方法。要求读者理解配送中心是专门从事货物配送活动的流通企业，经营规模较大；重点掌握配送中心设施和工艺结构是根据配送活动的特点和要求专门设计和设置的，故专业化、现代化程度高，设施和设备比较齐全，货物配送能力强，不仅可以远距离配送，还可以进行多品种货物配送，不仅可以配送工业企业的原材料，还可以承担向批发商进行补充性货物配送。掌握配送中心的装卸搬运系统，包括搬运概念、搬运的活性理论、搬运系统的设计方法以及配送中心的各类自动化系统。这种配送中心是工业发达国家货物配送的主要形式,是配送未来的发展方向。本章最后以美国、德国、日本及加拿大配送中心案例,论述了各种配送中心的特点以及对我们的启示。

思考题

1. 简述配送中心的作用、功能、类型。
2. 论述配送中心的一般作业流程和特殊作业流程。
3. 配送中心的选址方法和程序是什么?
4. 配送中心设施与设备的规划是什么?
5. 如何进行配送中心的内部布局?
6. 什么是搬运的活性理论?
7. 各国配送中心案例的特点是什么? 我们从中得到什么启示?
8. 现阶段中国配送发展的现状是怎样的?

参考文献

1. 俞仲文、陈代芬:《物流配送技术与实务》,人民交通出版社,2002 年版。
2. 汝宜红、田源:《配送中心规划》,北方交通大学出版社,2002 年版。
3. 郝渊晓:《现代物流配送管理》,中山大学出版社,2001 年版。
4. 鲍吉龙、江锦祥:《物流信息技术》,机械工业出版社,2003 年版。

第5章
智能配送

教学目的

- 智能配送系统的概念;
- 智能配送系统的主要技术;
- 智能配送系统的实施;
- 智能配送系统的组成结构;
- GPS 的概念和主要实现方法;
- 计算机网络的分类;
- 人工智能的概念;
- 自动识别技术的概念和实现的方式;
- GIS 的概念和 GIS 产品的输出。

本章主要介绍智能配送系统的概念,先从它的产生开始叙述,让读者对智能配送的概念、基础有所了解,也对智能配送系统各个部分采用的技术、解决方案进行了介绍,最后给大家提供了一个智能配送的实例,以加深读者从概念到实际运用的理解。

引导案例

面包的配送案例

某物流中心,负责某面包公司的面包片在南京市内的配送,其客户大概有1 000 多家,而每天要货的客户大概有40 多家,每天的配送目的地也都不相同,对物流中心的车队、司机等都是严峻的考验。目前,该物流中心的配送装车送货都是依靠司机的经验进行,由于人为的因素较多,所以在配送时,往往不能把货物按时送到客户手中，而且，车辆驶出物流中心后，物流中心无法控制，导致许多费用往往超标，例如维修费、燃油费等。物流中心的配送效率急需提高。

物流中心的配送要求有以下各项：

- 按时送货，是指按照客户要求的时间将商品送到客户手中，这一点在配送中是最重要的，必须提前做好规划。
- 按质送货，是指将商品完好无缺地送到客户手中。按质送货不仅要求将商品完整无缺地送到客户手中，而且要求配送人员向客户提供的服务是优质的。
- 成本最低，为了提高市场竞争力，在提供配送服务时，在保证按时送货和按质送货的前提下，价格也是比较重要的因素，因而若能让物流中心本身运作有效率，成本控制得当，自然对客户的收费也能较低廉，也就更能以经济性抓住客户。

当物流中心在城市里进行配送时，上面三个要求是必须满足的。在配送实际中，由于路况、客户要求、突发情况以及商品本身特性等条件的制约，配送规划往往是一个极其复杂的系统工程。如何规划配送才能达到上述三个要求呢？这是摆在物流企业面前的最大的一个难题。

智能配送系统是由计算机根据配送的要求，选出一个最佳的配送方案，从配送路线、使用车辆到装载的商品等元素都会进行设置。在做配送计划时，智能配送系统的思路是：首先根据客户在城市中的分布方位和道路交通状况，以及物流中心的具体位置，分配配送的固定路线。因为物流中心的客户不是每天都需要送货的，这就要根据当天客户的订货情况，由智能配送系统调整配送路线。例如：在固定路线分配完成后，就可以根据当天该路线上的商品特性及数量，由智能配送系统计算出当天需要的车辆、车上装载的货品、行车的路线、货品装卸等。车辆在配送途中，还可以利用 GPS 技术，随时反映车辆的实时状况，物流中心也可以向司机随时发出指令。

这就是智能配送系统的实例，而智能配送系统是怎么完成的这些功能，我们将在本章中进行讲述。

首先我们来了解一下智能配送系统是如何建立的。随着我国经济增长方式由量的扩张到质的提高，市场竞争环境日趋激烈，越来越多的企业认识到现代物流的重要作用，要求对物流系统采取优化管理，逐步建立起既满足当前物流需求水平，又具有较高服务水平的现代物流网络体系。同时，第五代计算机即智能计算机的研发，用于模拟、延伸和扩展人的智能的理论、技术、方法及其应用系统的人工智能以及相关技术也日益发展，并在商业、农业、建筑业、交通业得到了广泛应用,产生了智能商业、智能农业、智能建筑、智能交通等系统。为此,智能配送系统的建立也提到议事日程。

交通运输作为物流的重要功能,其智能化的思想萌芽于20世纪60年代美国通用和福特汽车公司倡导和推广的"现代化公路网"构想,这预示着物流系统向智能化迈进了一大步。20世纪70年代,我国开始引进智能运输系统,主要应用于重要运输线路。20世纪90年代以来,我国更加重视运输信息网络的建设,并开始在运输过程中应用智能技术,取得了明显的进展。但是,公认的智能配送系统的概念至今尚未被提出。虽然运输等物流功能的智能化技术或子系统已被开发,可是智能配送系统设计的研究成果甚少。为此,本章将在详细阐述智能配送系统概念的基础上,介绍智能配送系统所用到的一些相关技术,如人工智能、计算机网络技术、自动识别技术等,最后初步介绍了智能配送系统的设计以及智能配送系统的实施。

5.1　智能配送简述

智能配送系统是指利用系统集成技术,使物流系统能模仿人的智能,具有思维、感知、学习、推理判断和自行解决物流经营问题的能力,从而使物流系统高效、安全地处理复杂问题,为客户提供方便、快捷的服务。

5.1.1　智能配送系统的产生

在实际运用中,我们将商品的移动称为输送,而其中短距离、少量的输送被我们称为配送,一般配送的有效距离最好在50公里半径以内。若以物流中心为据点来划分,由工厂将商品送到物流中心的过程称为输送,属于少品种、大量、长距离的运送;而由物流中心将商品送到客户手中的活动称为配送,属于多频率、多样少量、短距离的运送。输送较重视效率,即尽可能以装载率优先,希望每次装载愈多愈有利;而配送则多以服务为目标,在许可能力下以满足客户服务要求为优先。

在物流经营管理系统比较单一的条件下,高投资的智能技术使用只能大幅增加物流经营成本。而当中国加入WTO后,经济的全球化将对物流的国际化产生重大影响,将扩大物流服务的地域、数量、经营项目等方面的范围,刺激我国物流业的快速发展,同时也加大了物流系统管理的难度。为此,产生了对具备模仿人的智能,具有思维、感知、学习、推理判断和自行解决物流经营问题能力的物流系统的需要。

经过二十多年的改革开放和经济的持续快速发展,我国物流业目前已初步具备了发展智能配送系统的经济环境和市场条件。

市场供求关系已发生重大变化,市场竞争进一步加剧,为企业加强科学管理,发展智能配送系统提供了良好的经济环境条件。随着经济体制市场化改革的深入,中国经济保持了多年的持续快速增长态势,商品市场的供求关系发生了根本性变化,打破了长期以来商品供不应求的市场格局,初步形成了供求平衡或供过于求的买方市场格局。

企业改革日益深化,为智能配送系统发展培育了必要的微观基础。推进企业改革,着力培育市场主体是市场化改革进程中的一个重要方面,其主要的进展体现在对国有企业放权让利及建立现代企业制度方面,使国有企业从计划的执行者逐步转变成为市场主体。到目前为止,全国 30 多万家国有企业中,绝大多数实现了市场化经营,承担国家计划的企业只有 10 000 多家。14 000 多家国有大中型企业中,1/3 以上实行了公司化改造,国有小企业完成改组、改制的已达 50%—70%。与此同时,由于所有制理论的突破和改革开放政策的引导,特别是近年来大力发展中小企业的政策,使得一大批非国有经济市场主体迅速成长起来,成为我国经济发展中不容忽视的经济力量。

现代信息技术和现代商品物流技术的进步为中国智能配送的快速发展准备了充分的技术基础。规划智能配送系统中大量使用先进的信息技术和商品物流技术,这些技术在西方发达国家已日趋完善。目前已有相当多的智能配送技术在中国的企业中得到越来越广泛的应用,例如条形码技术、计算机支持的信息管理技术、通信技术、传感器技术、全球定位系统、EDI 技术、LBS 技术、地理信息系统等。

5.1.2 智能配送系统的基础

智能配送系统建立在物流信息技术发展的基础之上,物流信息技术主要由通信、软件、面向行业的业务管理系统三大部分组成,包括基于各种通信方式基础上的移动通信手段、全球卫星定位(GPS)技术、地理信息(GIS)技术、计算机网络技术、自动化仓库管理技术、智能标签技术、条形码及射频技术、信息交换技术等现代尖端科技。在这些尖端技术的支持下,形成以移动通信、资源管理、监控调度管理、自动化仓储管理、业务管理、客户服务管理、财务处理等多种信息技术集成的一体化现代物流管理体系。譬如,运用全球卫星定位技术,用户可以随时看到自己的货物状态,包括运输货物车辆所在的位置(某座城市的某条道路上)、货物名称、数量、重量等,大大提高了监控的透明度。如果需要临时变化线路,也可以随时指挥调动,大大降低货物的空载率,做到资源的最佳配置。

物流信息技术通过切入物流企业的业务流程来实现对物流企业各生产要素(车、仓、驾等)进行合理组合与高效利用,降低经营成本,直接产生明显的经营效益。它有效地把各种零散数据变为商业智慧,赋予了物流企业新型的生产要素——信息,大大提高了物流企业的业务预测和管理能力,通过"点、线、面"的立体式综合管理,实现了物流企业内部一体化和外部供应链的统一管理,有效地帮助物流企业提高了服务质量,提升了物流企业的整体效益。

而智能配送系统与物流信息化的最大区别是,物流信息化强调用信息技术代替人的部分手工工作,而智能配送系统强调用信息技术辅助人脑进行决策,帮助管理者发掘埋藏在数据海洋里的知识,为顾客提供最合适的物流服务。

5.1.3 智能配送系统的技术支持

智能技术已被广泛用于各个领域,其中也包括物流领域。但是,智能配送系统并不单纯是智能技术在物流系统中的应用,而是将物流技术、人工智能技术、计算机网络技术及其他相关技术(自动识别技术、传感器技术、通信技术、全球定位系统、地理信息系统、EDI 技术、LBS 技术、电子自动订货系统、销售时点信息系统、货物跟踪系统、自动分拣系统)用系统工程的方法有机地结合起来。因此,智能配送系统应该具有思维、感知、学习、推理判断和自行解决问题的能力。

5.1.4 智能配送系统的人力支持

智能配送系统的建立需要高素质的计算机技术人才与熟知物流活动规律的经营人才的协同努力。智能配送系统是由 Internet/Intranet 组成的网络平台和各功能模块形成的。网络平台使异地间的实时信息交换和通信往来成为现实。在智能配送系统中,计算机网络技术起着关键性作用,因为任何物流活动的顺利进行均需要快速传送大量信息,这无不依赖于网络通信系统的发展。同时,网络信息平台还可为物流经营提供大量有用的信息,不但能拓宽物流企业的业务范围,还可扩大服务领域。但是实践证明,若无熟知物流活动规律的经营人才的共同努力,大量信息的筛选、分析乃至应用将无从入手。

5.2 智能配送系统的主要技术

由智能配送的简述可知,智能配送系统必须在物流技术、智能技术、计算机网络技术和相关技术的支持下才能得以实现,它是这些技术系统化的有机结合。因此,要进行智能配送系统规划,就必须了解它所应用的主要技术(主要应用到的技术如图 5-1 所示)。

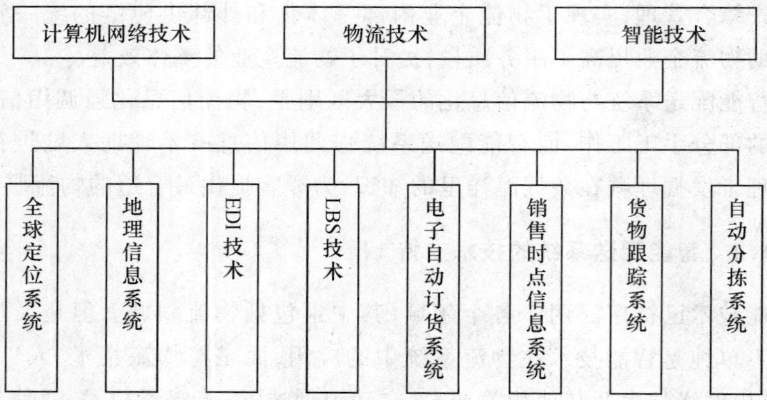

图 5-1 智能配送系统技术结构图

5.2.1 人工智能

人工智能的学科范畴很广,因为,人的智能体现在思维、感知、行为三个层次,而人工智能要模拟、延伸、扩展人的智能,所以,其主要研究内容可分为三个层次:

(1) 机器思维与思维机器

机器思维,具体地说是计算机思维,如专家系统、机器学习、计算机下棋、计算机作曲、计算机绘画、计算机辅助设计、计算机证明定理、计算机自动编程等。

思维机器,或者说是会思维的机器。现在的计算机能否称之为会思维的电脑还是有争议的问题。因为现有的电脑做任何事情,都需要人发出指令、编写程序，否则，它什么也不会做。一台计算机接上电源，它自己既不会想做什么，也不会想如何做，更不会想为什么要做，所以，现在的计算机是一种不会思维的机器。但是，现有的计算机可以在人脑的指挥和控制下，辅助人脑进行思维活动和脑力劳动，如：医疗诊断、化学分析、知识推理、定理证明、产品设计等，实现某些脑力劳动自动化或半自动化。从这种观点也可以说，目前的计算机具有某些思维能力，只不过现有电脑的智能水平还不高。所以，需要研究更聪明的、思维能力更强的智能电脑或脑模型。

(2) 机器感知与感知机器

机器感知或机器认知研究如何用机器或计算机模拟、延伸和扩展人的感知或认知能力，包括：机器视觉、机器听觉、机器触觉等，如：计算机视觉、模式（文字、图像、声音等）识别、自然语言理解等，都是人工智能领域的重要研究内容，也是在机器感知或机器认知方面高智能水平的计算机应用。

感知机器或认知机器，研制具有人工感知或人工认知能力的机器。包括：视觉机器、听觉机器、触觉机器等，如：文字识别机、感知机、认知机、工程感觉装置、智能仪表等。

(3) 机器行为与行为机器

机器行为或计算机行为研究如何用机器去模拟、延伸、扩展人的智能行为，如：自然语言生成器用计算机等模拟人的说话行为；机器人行动规划模拟人的动作行为；倒立摆智能控制模拟杂技演员的平衡控制行为；机器人的协调控制模拟人的运动协调控制行为；工业窑炉的智能模糊控制模拟窑炉工人的生产控制操作行为；轧钢机的神经网络控制模拟操作工人对轧钢机的控制行为等。

行为机器指具有人工智能行为的机器，或者说，能模拟、延伸与扩展人的智能行为的机器。例如：智能机械手、机器人、操作机；自然语言生成器；智能控制器，如专家控制器、神经控制器、模糊控制器等，这些智能机器或智能控制器，具有类似于人的智能行为的某些特性，如自适应、自学习、自组织、自协调、自寻优等，因而，能够适应工作环境的条件的变化，通过学习改进性能，根据需求改变结构，相互配合、协同工作，自行寻找最优工作状态等。

人工智能的研究方法和技术路线，有不同的观点、不同的学派。

- 功能模拟学派

功能模拟学派或称为符号主义派，主张从功能方面模拟、延伸、扩展人的智能，他们认为人脑和电脑都是物理符号系统，其代表性成果有：启发式程序、专家系统、知识工程等。

• 结构模拟学派

结构模拟学派,或称为联结主义学派,主张从结构方面模拟、延伸、扩展人的智能,用电脑模拟人脑神经系统的联结机制。其代表性成果有:M-P 神经细胞模型、BP 神经网络模型、Hop field 神经网络模型等。

• 行为模拟学派

行为模拟学派,或称为行为主义学派,主张从行为方面模拟、延伸、扩展人的智能,他们认为:智能可以不需要知识。其代表性成果是 MIT 的 Brooks 研制的智能机器人。

上述不同学派,从不同的观点,用不同的方法,在不同的层次上,对人的智能进行了研究和模拟,各有所长,各有所短。应当相互结合,取长补短,从功能、结构、行为多方面、多层次,对人的智能进行全面的、综合的研究,将有助于人工智能学科的发展。

例如:专家系统与神经网络相结合的混合式智能系统、基于知识的机器人行动规划系统、基于神经网络的机器人智能控制系统等。

综上所述,人工智能是从思维、感知、行为三层次,机器智能、智能机器两方面,研究模拟、延伸与扩展人的智能的理论、方法、技术及其应用的技术学科。

下面将分别从智能控制、智能管理、智能 CAD、智能交通四个方面来说明人工智能在控制、管理、制造、运输领域的应用。

1. 智能控制

人工智能在控制领域中的应用,发展了新一代的控制技术:智能控制,如专家控制、知识控制、神经控制、模式控制等。智能控制为解决常规控制难以胜任和应用的问题提供了新途径。例如缺乏准确数据、完备信息的难以建立数学模型的不确定、不确知的系统就可以通过智能控制的方法来解决它。

智能控制比常规控制具有更高的智能水平,例如具有自适应、自寻优、自学习、自识别、自组织、自协调等智能特性。

2. 智能管理

人工智能在管理领域中的应用,发展了智能管理新技术和新一代的计算机管理系统——智能管理系统。

智能管理系统(IMS)是管理信息系统(MIS)、办公自动化系统(OAS)、决策支持系统(DSS)智能化、集成化、协调化的产物,具有更高的智能水平,可以为非结构化半结构化的管理决策提供信息服务和决策支持；而且具有更全面的管理功能，可同时具备信息管理、事务处理、决策支持等多种功能，可以用下面的式子表示：

$$AI + (MIS + OAS + DSS) = IMS \text{ 或者 } IMIS + IOAS + IDSS = IMS$$

3. 智能 CAD

计算机辅助设计（CAD）是计算机应用的重要领域，因而，也是人工智能的重要应用场合。

传统的 CAD 技术只是辅助设计人员进行绘图方面的工作，可以实现某些绘图业务的半自动化。智能 CAD 系统应用人工智能方法和技术，提高 CAD 系统的智能水平。智能 CAD（intelligent CAD）是 AI 和 CAD 技术相结合的一门综合性研究技术，它在 CAD 之中运用了 AI 的理论和技术，使 CAD 系统能够在某种程度上具有设计师一样的智能和思维方法，从而把设计自动化引向了 CAD 技术在学术上深化的一个重要方向。

设计型专家系统是 AI 介入 CAD 形成智能 CAD 系统的重要形式，是利用已有的专家系统工具，开发针对某种设计的专家系统。专家系统开发工具是一个提供知识表达方法、知识库的管理系统，提供推理机制以及学习功能的计算机软件系统，当用户用所提供的知识表达方法恰当地表达出某一领域的知识时，专家系统开发工具就可以自动生成一个可以解决该特定领域问题的专家系统。但是，这种使用经常局限在设计某一个以逻辑思维为主的局部，如对某一个问题和指标的咨询，或某一个过程的步骤的规划，这是因为目前的专家系统建立在逻辑推理的基础之上，而对于设计的核心问题——形状的综合，尚缺乏有效的处理方法。因此，设计型专家系统还需要进一步发展，才能应用到 CAD 过程的核心环节中去。图 5-2 给出了面向 Agent 技术的智能 CAD 系统的总体结构。

（1）基于人工神经网络的智能 CAD 部分：首先用实例来训练神经网络，以获得人工神经网络的权值矩阵，然后该部分可以用于工程设计。在使用过程中，可把遇到的新问题作为学习样本对神经网络的权值矩阵进行修正。为了系统的稳定性，在系统运行一段时间后，需要用积累了一定数量的学习样本来修正权值矩阵。

（2）基于 Agent 的智能 CAD 部分：在这部分里，当系统接到新的设计任务后，可通过组织有效的智能体集合来完成设计任务。实现途径有两种：一是通过 Agent 创造子来创造新的 Agent，一旦完成任务，可通过 Agent 析构子取消相

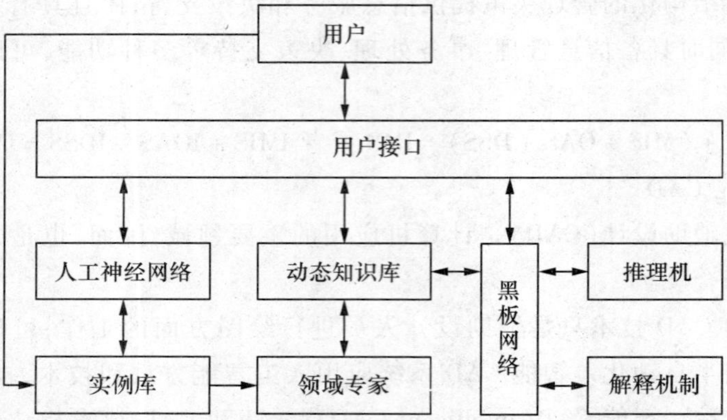

图 5-2　面向 Agent 的智能 CAD 系统的总体结构

应的 Agent;二是利用空闲的 Agent 来构成执行任务的 Agent 集合。另外,还可以通过不断地、周期性地根据变化的任务资源、外部信息以及系统的历史行为,改变系统的 Agent 的类型和数目,达到重构组织的目的。

需要说明的是,尽管当前智能 CAD 系统水平有待提高,但我们并不认为智能程度(或自动化程度)越高越好。

4. 智能交通

智能交通是利用计算机技术和通信技术管理交通事务,以提高道路的通行能力,舒缓交通阻力,提高道路通行的安全系数,加强紧急事故的处理能力等。其中 GIS 软件在该应用中起到了至关重要的作用,它能够通过图形的形式记述查询道路的通行状况,迅速定位事故点,抢修车辆的调度,以及提供交通疏散的方案等。这一软件近年来在国内外的交通管理部门得到了大量应用。例如:北京交通管理局、欧洲公路管理信息系统、芝加哥铁路局、密歇根州交通管理局等。

因为交通运输是智能配送系统环节中重要的一环,所以下面对智能交通系统做一个比较详细的介绍。

(1) 智能交通系统(ITS)起源

解决车和路的矛盾,常用的有两个办法,一是控制需求,最直接的办法就是限制车辆的增加;二是增加供给,也就是修路。但是这两个办法都有其局限性,经济的发展必然带来出行的增加,因此限制车辆的增加不是解决问题的好办法。所以长期以来,国外在车辆与路的矛盾中无一例外地采取了增加供给,即大量修筑道路基础设施的办法。但随着经济与技术的发展,它已不是解决交通运输紧张的唯一办法,面对越来越拥挤的交通,有限的资源和财力以及环境的压力,建设更多的基础设施将受到限制。

在研究这一问题的过程中,世界各国发现电子信息技术被越来越多地引入运输系统,它不但有可能解决交通的拥堵,而且对交通安全、交通事故的处理与救援、客货运输管理、高速公路收费系统等方面都会产生巨大的影响,因此他们不断扩大研究、开发和试验的范围,智能运输系统(intelligent transport system, ITS)应运而生。

目前国内外对智能运输系统的理解不尽相同,但不论从任何一个角度出发,有一点是共同的:ITS 是用各种高新技术,特别是电子信息技术来改善交通效率、安全和环境保护。

(2) 智能交通系统(ITS)概念

ITS 是英文(intelligent transportation systems)的缩写,即为智能交通系统。ITS 是一个广泛包括各种技术的统称,它为许多交通问题提供了解决的方案。ITS 包含了许多技术,其中有信息处理技术,通信技术,控制技术和电子技术,将这些技术应用于我们的交通系统可以挽救生命,节省时间和金钱,ITS 的前景十分广阔。当然 ITS 不止是未来的事物,一些真实的系统、产品和服务在有些发达国家已经十分普遍。ITS 能够使得人和物以更快更安全的方式进行空间的移动。

(3) 智能交通系统(ITS)包括的内容

- 先进的交通信息服务系统(ATIS)

先进的交通信息服务系统是建立在完善的信息网络基础上的,交通参与者通过装备在道路上、车上、换乘站上、停车场上以及气象中心的传感器和传输设备,可以向交通信息中心提供各处的交通信息;该系统得到这些信息并通过处理后,实时向交通参与者提供道路交通信息、公共交通信息、换乘信息、交通气象信息、停车场信息以及与出行相关的其他信息;出行者根据这些信息确定自己的出行方式、选择路线。更进一步,当车上装备了自动定位和导航系统时,该系统可以帮助驾驶员自动选择行使路线。

随着信息网络技术的发展,科学家们已经提出将 ATIS 建立在因特网上,并采用多媒体技术,这将使 ATIS 的服务功能大大加强,汽车将成为移动的信息中心和办公室。

• 先进的交通管理系统(ATMS)

这个系统有一部分与 ATIS 共用信息采集、处理和传输系统,但是 ATMS 主要是给交通管理者使用的,它将对道路系统中的交通状况、交通事故、气象状况和交通环境进行实时的监视,根据收集到的信息,对交通进行控制,如:信号灯、发布诱导信息、道路管制、事故处理与救援等。

• 先进的公共交通系统(APTS)

这个系统的主要目的是改善公共交通的效率(包括公共汽车、地铁、轻轨交通、城郊铁路和城市间的公共汽车),提供便捷、经济的、运量大的公交系统。

• 先进的车辆控制系统(AVCS)

AVCS 目前还处于研究试验阶段,从当前的发展看,可以分为两个层次:

第一层次为车辆辅助安全驾驶系统,该系统有以下几个部分:车载传感器(微波雷达、激光雷达、摄像机、其他形式的传感器等)、车载计算机和控制执行机构等,行驶中的车辆通过车载的传感器测定出与前车、周围车辆以及与道路设施的距离和其他情况,由车载计算机进行处理,对驾驶员提出警告,在紧急情况下,强制车辆制动。

第二层次为自动驾驶系统,装备了这种系统的汽车也称为智能汽车,它在行驶中可以做到自动导向、自动检测和回避障碍物;在智能公路上,能够在较高的速度下自动保持与前车的距离。智能汽车在智能公路上使用才能发挥出全部功能,如果在普通公路上使用,它仅仅是一辆装备了辅助安全驾驶系统的汽车。

• 货运管理系统(FMS)

这里的货运管理系统是指以高速道路网和信息管理系统为基础,利用物流理论进行管理的智能化的物流管理系统。综合利用卫星定位、地理信息系统、物流信息及网络技术有效组织货物运输,提高货运效率。

• 电子收费系统(ETC)

公路收取通行费是公路建设资金回收的重要渠道之一,但是随着交通量的增加,收费站开始成为道路上新的瓶颈。电子收费系统就是为解决这个问题而开发的,使用者可以在高速公路公司或银行预交一笔通行费,领到一张内部装有电子线路的通行卡,将其安装在自己汽车的指定位置,这样当汽车通过收费站的不停车收费车道时,该车道上安装的读取设备与车上的卡进行相互通信,自动在预交账户上将本次通行费扣除。在现有的车道上安装电子不停车收费系统,可以使车道的通行能力提高 3—5 倍。

- 紧急救援系统(EMS)

紧急救援系统是一个特殊的系统,它的基础是 ATIS、ATMS 和有关的救援机构和设施,通过 ATIS 和 ATMS 将交通监控中心与职业的救援机构联成有机的整体,为道路使用者提供车辆故障现场紧急处理、拖车、现场救护、排除事故车辆等服务。

5.2.2　计算机网络

人类社会已进入信息时代,世界各国积极建设信息高速公路,计算机网络是信息高速公路的基础,Internet 最终将改变我们的生活方式。

现在计算机网络广泛应用于办公自动化、电子数据交换、电子商务、远程教育、电子银行、证券和期货交易、远程交换、电子公告板系统(BBS)等,各行各业和社会的各个方面都在经历网络带来的挑战和机遇。

计算机网络技术的发展,也为物流发展提供了强有力的支撑,使物流向信息化、网络化、智能化方向发展。这不仅使物流企业和工商企业建立了更为密切的关系,同时物流企业也为各客户提供了更高质量的物流服务,特别是 20 世纪 90 年代电子商务的发展,将像杠杆一样,撬起传统产业和新兴产业,成为企业决胜未来市场的重要工具。

1. 计算机网络的定义、演变和发展

计算机网络就是利用通信设备和线路将地理位置不同的、功能独立的多个计算机系统互连起来,以功能完善的网络软件(即网络通信协议、信息交换方式、网络操作系统等)实现网络中资源共享和信息传递的系统。

如图 5-3 所示,计算机网络由用户资源网和通信子网组成,用户资源网又由主机(HOST)和终端(T)组成,而通信子网由通信链路组成。网络节点有分组交换设备 PSE、分组装/卸设备 PAD、集中器 C、网络控制中心 NCC、网间连接器 G,统称为接口处理机 IMP。

计算机网络的主要功能就是实现计算机硬件资源、软件资源的共享,用户间信息交换。

网络发展三阶段:面向终端的网络、计算机—计算机网络、开放式标准化网络。

- 面向终端的计算机网络

以单个计算机为中心的远程联机系统,构成面向终端的计算机网络。用一

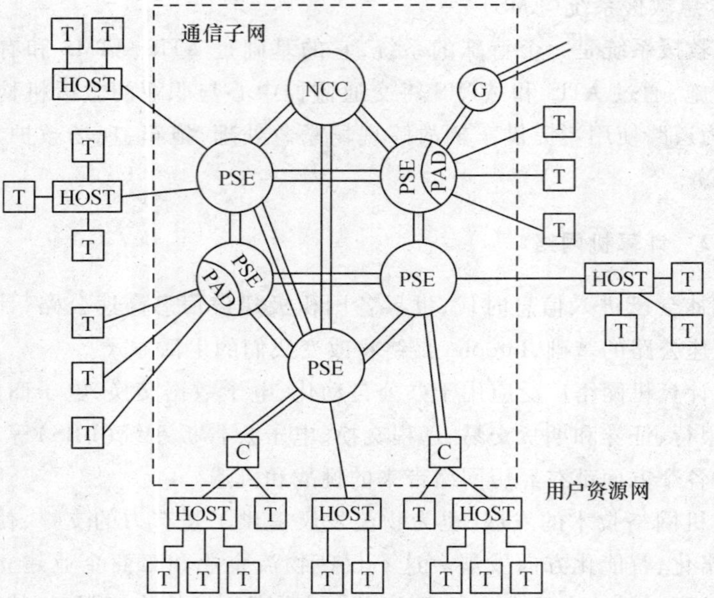

图 5-3　一个典型的计算机网络示例

台中央主机连接大量的地理上处于分散位置的终端，如 20 世纪 50 年代初美国的 SAGE 系统。

如图 5-4 所示，为减轻中心计算机的负载，在通信线路和计算机之间设置了一个前端处理机 FEP 或通信控制器 CCU 专门负责与终端之间的通信控制，使数据处理和通信控制分工。在终端机比较集中的地区，采用了集中管理器（集中器或多路复用器）用低速线路把附近群集的终端连起来，通过 MODEM 及高速线路与远程中心计算机的前端机相连。这样的远程联机系统既提高了线路的利用率，又节约了远程线路的投资。

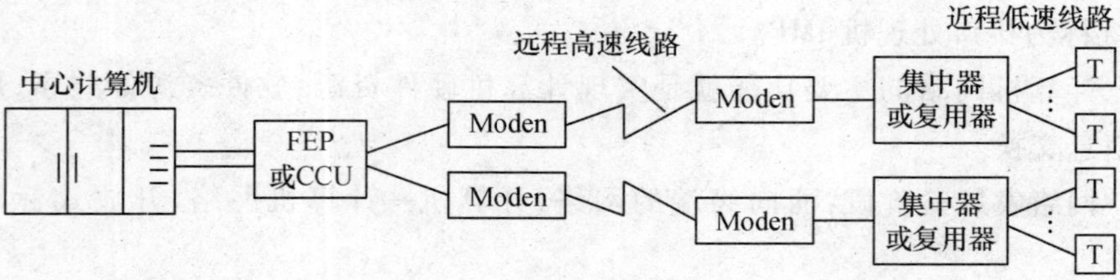

图 5-4　单计算机为中心的远程联机系统

• 计算机—计算机网络

20 世纪 60 年代中期，出现了多台计算机互连的系统，开创了计算机—计算机通信时代，并存多个处理中心，实现资源共享。美国的 ARPA 网，IBM 的 SNA 网，DEC 的 DNA 网都是成功的典例。这个时期的网络产品是相对独立的，没有统一标准。

• 开放式标准化网络

由于相对独立的网络产品难以实现互连，国际标准化组织 ISO（international standards organization）于 1984 年颁布了一个称为开放系统互联基本参考模型的国际标准 ISO7498，简称 OSI/RM，即著名的 OSI 七层模型（如图 5-5 所示）。从此，网络产品有了统一标准，促进了企业的竞争，大大加速了计算机网络的发展。

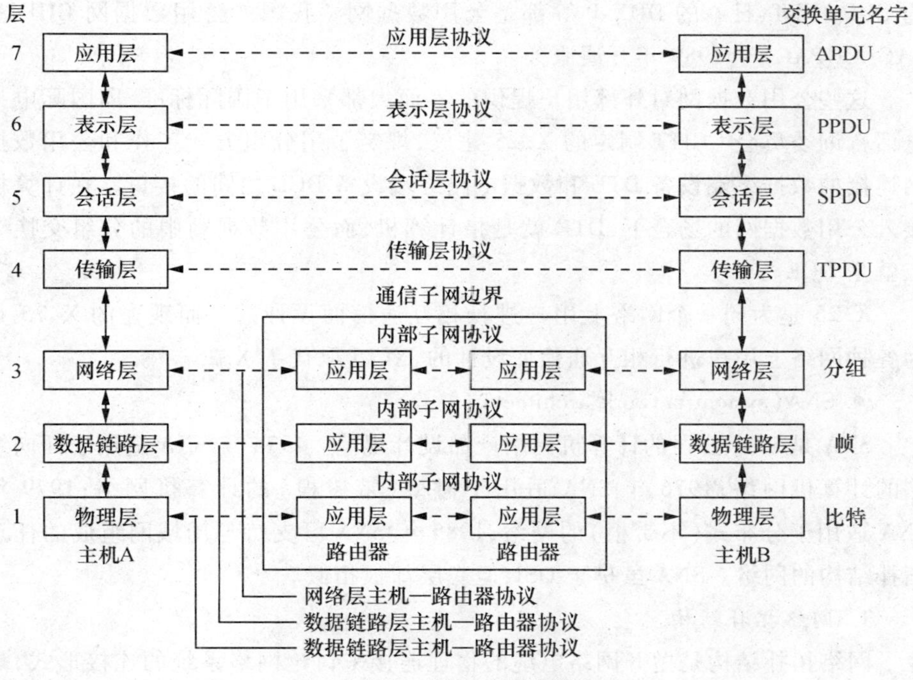

图 5-5　OSI 七层模型图

2. 计算机网络实例简介

• 因特网

因特网（internet，国际互联网）是当今世界上最大的连接计算机的电脑网络通信系统。它是全球信息资源的公共网而受到用户的广泛使用。该系统拥有成千上万个数据库,所提供的信息包括文字、数据、图像、声音等形式,信息属性有软件、图书、报纸、杂志、档案等,其门类涉及政治、经济、科学、教育、法律、军事、物理、体育、医学等社会生活的各个领域。internet 成为无数信息资源的总称,它是一个无级网络,不为某个人或某个组织所控制,人人都可参与,人人都可以交换信息,共享网上资源。它的发展历程为:1969 年——ARPANET,ARM 模型,早于 OSI 模型,低三层接近 OSI,采用 TCP/IP 协议;1988 年——NSFNET,OSI 模型,采用标准的 TCP/IP 协议,成为 internet 的主干网。

- 公用数据网 PDN(public data network)

计算机网络中负责完成节点间通信任务的通信子网称为公用数据网。如英国的 PSS、法国的 TRANSPAC、加拿大的 DATAPAC、美国的 TELENET、欧共体的 EURONET、日本的 DDX-P 等都是公用数据网。我国的公用数据网 CHINAPAC(CNPAC)于 1989 年开通服务。

这些公用数据网对外部用户提供的界面大都采用了国际标准,即国际电报电话咨询委员会 CCITT 制定的 X.25 建议,规定了用分组方式工作和公用数据网连接的数据终端设备 DTE 和数据电路终端设备 DCE 之间的接口。在计算机接入公用数据网的场合下,DTE 就是指计算机,而公用数据网中的分组交换节点就是 DCE。

X.25 是为同一个网络上用户进行相互通信而设计的。而现在的 X.75 是为各种网络上用户进行相互通信而设计的,X.75 取代了 X.25。

- SNA(system network architecture)

SNA 是 IBM 公司的计算机网络产品设计规范。1974 年 SNA 适用于面向终端的计算机网络;1976 年 SNA 适用于树型(带树根)的计算机网络;1979 年 SNA 适用于分布式(不带根)的网络;1985 年 SNA 可支持与局域网组成的任意拓扑结构的网络。SNA 虽早于 OSI,但底层却很相似。

3. 网络拓扑结构

网络拓扑结构是抛开网络电缆的物理连接来讨论网络系统的连接形式,是指网络电缆构成的几何形状,它能表示出网络服务器、工作站的网络配置和互相之间的连接。

网络拓扑结构按形状可分为六种类型,分别是:星型、环型、总线型、树型、总线/星型及网状拓扑结构。

- 星型拓扑结构

星型布局是以中央节点为中心与各节点连接而组成的,各节点与中央节点通过点与点方式连接,中央节点执行集中式通信控制策略,因此中央节点相当复杂,负担也重。目前流行的PBX就是星型拓扑结构的典型实例,如图5-6所示。

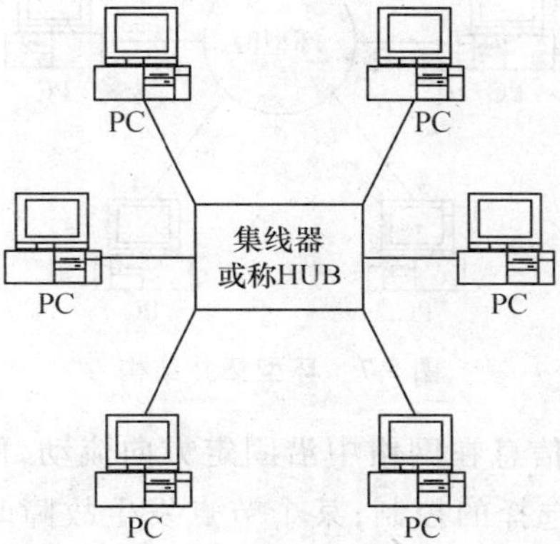

图5-6 星型拓扑结构

以星型拓扑结构组网,其中任何两个站点要进行通信都必须经过中央节点控制。中央节点主要功能有:为需要通信的设备建立物理连接;为两台设备通信过程中维持这一通路;在完成通信或不成功时,拆除通道。

在文件服务器/工作站(file servers/workstation)局域网模式中,中心点为文件服务器,存放共享资源。由于这种拓扑结构,中心点与多台工作站相连,为便于集中连线,目前多采用集线器(HUB)。HUB具有信号再生转发功能,通常有4个、8个、12个、16个、24个端口等规格,每个端口相对独立。

星型拓扑结构特点:网络结构简单,便于管理、集中控制,组网容易;网络延迟时间短,误码率低,网络共享能力较差,通信线路利用率不高,中央节点负担过重,可同时连双绞线、同轴电缆及光纤等多种媒介。

- 环型拓扑结构

环形网中各节点通过环路接口连在一条首尾相连的闭合环形通信线路中,环路上任何节点均可以请求发送信息。请求一旦被批准,便可以向环路发送信息。环形网中的数据可以是单向也可以是双向传输。由于环线公用,一个节点发出的信息必须穿越环中所有的环路接口,信息流中目的地址与环上某节点地址相符时,信息被该节点的环路接口接收,而后信息继续流向下一环路接口,一直流回到发送该信息的环路接口节点为止,如图 5-7 所示。

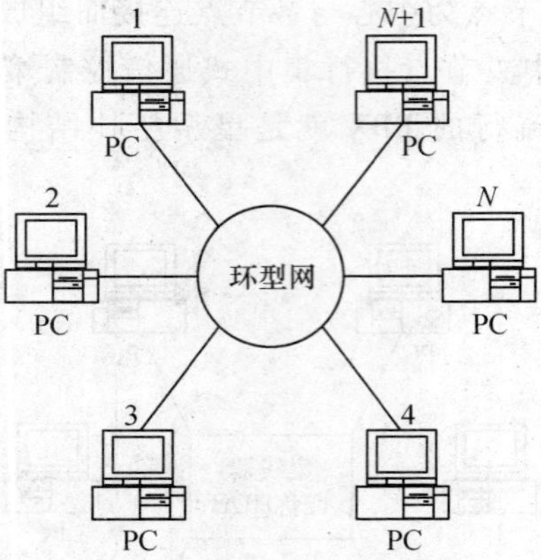

图 5-7　环型拓扑结构

环形网的特点是:信息在网络中沿固定方向流动,两个节点间仅有唯一的通路,大大简化了路径选择的控制;某个节点发生故障时,可以自动旁路,可靠性较高;由于信息是串行穿过多个节点环路接口,当节点过多时,影响传输效率,使网络响应时间变长。但当网络确定时,其延时固定,实时性强;由于环路封闭故扩充不方便。

环形网也是微机局域网常用拓扑结构之一,适合信息处理系统和工厂自动化系统。1985 年 IBM 公司推出的令牌环形网(IBM token ring)是其典范。在 FDDI 得以应用推广后,这种结构会进一步得到采用。

- 总线拓扑结构

用一条称为总线的中央主电缆,将相互之间以线性方式连接的工作站连接起来的布局方式,称为总线形拓扑,如图 5-8 所示。

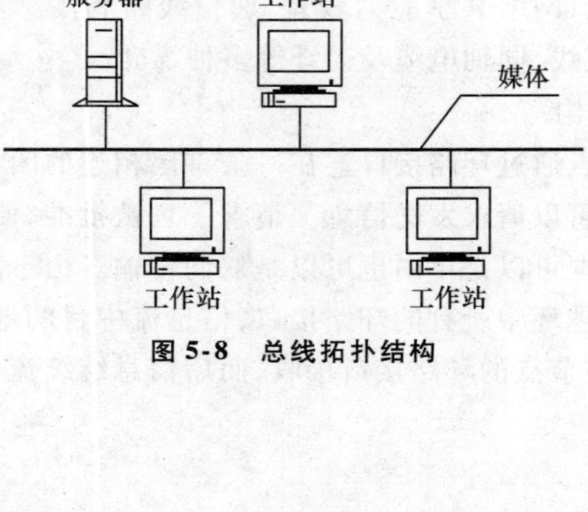

图 5-8　总线拓扑结构

在总线结构中，所有网上微机都通过相应的硬件接口直接连在总线上，任何一个节点的信息都可以沿着总线向两个方向传输扩散，并且能被总线中任何一个节点接收。由于其信息向四周传播，类似于广播电台，故总线网络也被称为广播式网络。总线有一定的负载能力，因此，总线长度有一定限制，一条总线也只能连接一定数量的节点。

总线布局的特点是：结构简单灵活，非常便于扩充；可靠性高，网络响应速度快；设备量少、价格低、安装使用方便；共享资源能力强，特别便于广播式工作，即一个节点发送所有节点都可接收。在总线两端连接的器件称为端结器（末端阻抗匹配器或终止器），主要与总线进行阻抗匹配，最大限度吸收传送端部的能量，避免信号反射回总线产生不必要的干扰。

总线形网络结构是目前使用最广泛的结构，也是最传统的一种主流网络结构，适合于信息管理系统、办公自动化系统领域的应用。

- 树型拓扑结构

树型结构是总结型结构的扩展，它是在总线网上加上分支形成的，其传输介质可有多条分支，但不形成闭合回路，树型网是一种分层网络，其结构可以对称，联系固定，具有一定容错能力，一般一个分支和节点的故障不影响另一分支节点的工作，任何一个节点送出的信息都可以传遍整个传输介质，也是广播式网络。一般树型网上的链路相对具有一定的专用性，无须对原有网络做任何改动就可以扩充工作站。

- 总线/星型拓扑结构

用一条或多条总线把多组设备连接起来，相连的每组设备呈星型分布。采用这种拓扑结构，用户很容易配置和重新配置网络设备。总线采用同轴电缆，星型配置可采用双绞线，如图 5-9 所示。

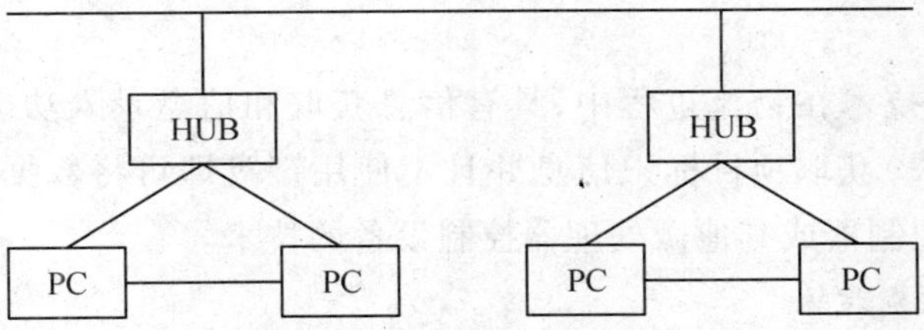

图 5-9　总线/星型拓扑结构

- 网状拓扑结构

将多个子网或多个局域网连接起来构成网际拓扑结构。在一个子网中，集

线器、中继器将多个设备连接起来,而桥接器、路由器及网关则将子网连接起来。根据组网硬件不同,主要有三种网际拓扑:

(1) 网状网:在一个大的区域内,用无线电通信连路连接一个大型网络时,网状网是最好的拓扑结构。通过路由器与路由器相连,可让网络选择一条最快的路径传送数据。

(2) 主干网:通过桥接器与路由器把不同的子网或LAN连接起来形成单个总线或环型拓扑结构,这种网通常采用光纤做主干线。

(3) 星状相连网:利用一些叫做超级集线器的设备将网络连接起来,由于星型结构的特点,网络中任一处的故障都可容易查找并修复。

应该指出,在实际组网中,拓扑结构不一定是单一的,通常是几种结构的混用。

以上是计算机网络的一种分类方法,即根据网络的拓扑结构分类。其实计算机网络还可以根据网络的分布范围(广域网WAN、局域网LAN、城域网MAN)、网络的交换方式(电路交换、报文交换、分组交换)、网络的传输媒体(双绞线、同轴电缆、光纤、无线)、网络的信道(窄带、宽带)、网络的用途(教育、科研、商业、企业)分类。

5.2.3 自动识别技术

现代物流已不仅仅是实物的流动,而是一个实物流、信息流统一的综合服务领域。众所周知,信息在计算机及其网络中流动最有效、最快捷、最安全,但实物往往要通过装卸、配送运输、仓储等许多物理环节才能从源头流向终点。实现信息流、实物流互连,就需要依靠自动识别技术。近年来,物品的自动识别技术在服务领域、生产领域、流通领域、包装技术领域等得到了快速的普及和推广。

自动识别技术在物流过程中,具有信息获取和信息录入功能,是指通过自动(非人工手段)获取项目标识信息并且不使用键盘即可将数据实时输入计算机、程序逻辑控制器或其他微处理器控制设备的技术。

1. 自动识别技术

自动识别技术(auto identification)是对字符、影像、条码、声音等记录数据的载体进行自动的机器识别,在获取被识别物品的相关信息后,提供给后台的计算机处理系统来完成相关后续处理的一种技术。它是高度自动化的信息或者数据采集技术，其中包含了自动识别、数据采集和移动计算三个方面上的技术应用。一般来说，自动识别系统由标签、标签生成设备、识读器及计算机等设备组成。其中，标签是信息的载体，识读器可获取标签装载的信息，并自动转换为与计算机兼容的数据模式传入计算机，实现信息的自动识别以及信息系统的自动数据采集。

物流过程中，标签装载着物流信息，并附着于物流单元上，保证标识信息与实物同步，识读器则成为物流单元与信息系统的纽带。自动识别技术在物流中的作用显而易见。例如，配送中心的交接运输过程是这样的：货物进入配送中心的入口端时，工作人员需要一面卸货，一面根据订货单要求对货物进行调配，并确定货物的出货模式及目的地，最终从配送中心的出货端将货物运出。如果不使用自动识别技术，物与信息完全分离，货物卸货后，工作人员只能坐等货物信息和货物处理指示信息，因为没有这些信息，人们无法得知哪个箱子与哪个订货单对应；各箱子是要通过常规渠道运输，还是要进行其他处理，运输的目的地是哪里？如果使用自动识别技术，工作人员收到货物的同时，利用识读器可获取随货物同时到达的物流信息，并传入信息系统，从而获得货物处理指示，按照要求卸货，货物顺利流向下一环节，既减少仓库存储空间占用，也减少了出货调配用的单据数量，消除了人工处理产生的费时和人为错误问题，还能动态了解物品运行全过程情况。

自动识别技术家族中，非接触的射频识别技术，即智能标签技术已经逐步取代条形码技术，成为自动识别技术的主导。有一批基于不同原理的自动识别技术，包括：条码技术（参见《物流信息管理》中物流信息技术）、IC 卡技术、射频识别技术、智能标签（smart tag）技术（又称射频识别（RFID）技术）、磁识别技术、声音识别技术、图形识别技术、光字符识别技术和生物识别技术等。各种自动识别技术间没有优劣之分，只能根据具体应用确定最适合的自动识别技术。目前，在物流应用中常用的自动识别技术是条码技术和 IC 卡技术。

自动识别技术具有：

- 准确性：自动数据采集，彻底消除人为错误；
- 高效性：信息交换实时进行；
- 兼容性：自动识别技术以计算机技术为基础，可与信息管理系统无缝联结。

自动识别技术大大增加了物流过程的自动化、现代化，是物流过程重要的支持技术之一。图5-10为常见的射频识别技术设备。

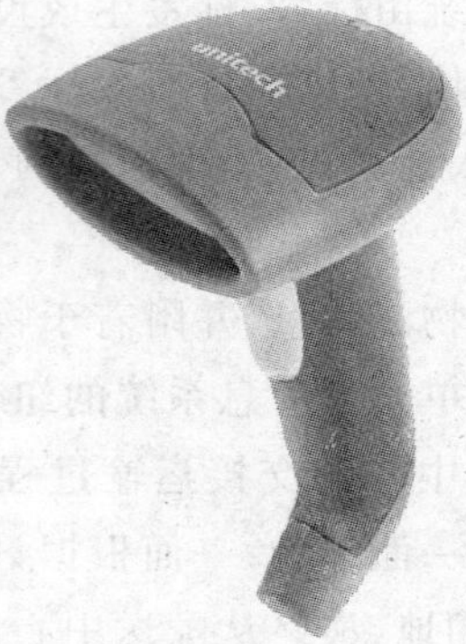

图 5-10　射频识别技术设备

2. IC卡技术

在现代人的生活与工作中,需要各类证件与卡片,如身份证、驾驶证、通行证、病历卡、住宿卡、储蓄卡、会员卡、借书卡等。随着科学技术的进步,尤其是计算机网络技术的发展,这些证件与卡片的形式与功能发生了巨大的变化。自20世纪70年代起,这些证件开始采用条形码卡、穿孔卡,如今则广泛使用磁卡与集成电路卡,来替代印在纸上的证件与卡片。智能卡技术是正在迅速替代磁卡的一种先进的技术,已广泛地进入我们的社会生活。图5-11为生活中常见的IC卡应用。

图 5-11　IC卡应用

(1) IC 卡简介

智能卡的英文名称有 smart card 与 integrated circuit card，后者经常译作集成电路卡，简称 IC 卡。它把集成电路芯片封装入塑料基片中，外形与普通磁卡做成的信用卡相似，厚度为 0.76～0.80 mm。

IC 卡芯片可以写入数据与存储数据，根据芯片功能的差别，可以将其分为三类：

- 存储型：卡内集成电路为电可擦的可编程只读存储器（EEPROM）。
- 逻辑加密型：卡内集成电路具有加密逻辑和 EEPROM。
- CPU 型卡：集成电路包括 CPU、EPROM、随机存储器（RAM）以及固化在只读存储器（ROM）中的卡内操作系统 COS（chip operating system）。

从对 IC 卡上进行信息存储和处理的方式来看可以分为接触卡和感应卡。前者由读写设备的接触片上的触点相接触接通电路进行信息读写，后者通过非接触式的技术进行信息读写。

(2) IC 卡的优点

由于在 IC 卡问世前，磁卡在全世界已得到广泛应用，因此通常 IC 卡仍然保留磁卡的功能，即 IC 卡上按磁卡标准封装磁条，可以与磁卡兼容使用。IC 卡与磁卡、凸字卡等相比，具有如下四大优点：

- 内含存储容量大：IC 卡内有 RAM、ROM、EPROM、EEPROM 等。存储器存储容量可以从几个字节到几兆字节；而且存储器可以分为多个应用区以实现一卡多用，便于使用与保管。
- 高安全性：IC 卡通过卡中的 CPU 或存储器以及卡上操作系统等多方面设置安全措施，信息加密后不可复制，而且卡上存储器具有控制密码，如遇到非法解密，卡片即行自毁，使之不能再行读写。
- 使用可靠：IC 卡的读写设备较简单，而且对计算机网络的实时性要求不高。因为卡内存储器内包含账上余额等信息，可以在脱机方式下工作，不需等待银行中心的确认即可操作。
- 使用寿命长：IC 卡在原理上与制作工艺上，对磁场静电等干扰的抗御能力远优于传统磁卡，而且可重复读写十万次以上，使用寿命很长。

(3) IC 卡的应用

智能卡的应用领域可分为两大类：金融业与非金融业。现代经济活动中，购买过程采用大量的现金支付方式已不能满足人们的需要，无现金交易方式逐渐替代现金交易,金融卡作为一种无现金交易的凭证而被大量发行。金融卡有信用卡(credit card)和现金卡(debit card)等。信用卡主要由银行发行与管理,持卡人用它作为消费时的支付工具,可以在世界范围内按预先设定的透支金额进行支付。而现金卡可用作电子存折和电子钱包,可以快速而直接地支付中等量的交易款,也可以代替支付小额现金,通常现金卡是不允许透支的。由于 IC 卡具有高可靠性与高安全性的特点,因而在金融业中得以广泛使用。IC 卡在非金融业领域应用更为广泛。

若按其用途罗列出来,可以看出它已渗入我们生活的各个角落:

- 身份证明卡

卡上存储的内容可包含持卡人的全部履历档案与生理档案,如指纹、声音、视网膜等,可供个人身份的证明与进入通道管制区域或考勤等使用。

- 健康保险卡

卡上存储的内容可包含持卡人的身份、健康保险投保公司、医疗服务机构、个人健康数据以及医疗费用支付等信息,主要供医疗与保险管理之用。

- 电话卡

用 IC 卡代替电话磁卡,可以不必一再地购买新磁卡,IC 卡在专用的 IC 卡电话机上作为一种电子货币被逐渐地消费,即使在通话过程中发生电子货币耗尽的情况也不必担心,在一定的范围内允许善意透支,只要以后在这一卡号上再存入钱款即可。另外,在某些移动电话中含有一张 IC 卡,用于信息加密、用户授权和用户自用信息(如呼号、快速拨号、付费等),可以使用户不限于只能使用某一特定的话机。凭借 IC 电信卡,用户可以在世界上任何地方使用移动通信设备,而且电话传送的信息可以加密传送,不被截取,同时也保证杜绝非授权者使用他人的通信工具。

- 校园卡

校园卡是一种在特定区域内使用的多功能卡,称之为校园卡似乎不太确切,因为在许多大公司内部、俱乐部或商住楼内也采用这类多功能卡,以满足区域内人们的需要。在校园内,校园卡广泛使用于教师、学生及职工的工作与生活之中,如食堂就餐、小卖部购物、图书馆借书、体育场地预定、使用电脑与复印机计费、教室及会场预定、停车场使用等,都可以采用 IC 卡进行持卡人身份确认、费用结算和事务管理。

• 其他

在公用设施的预定登记中采用 IC 卡,可以有效地使用有限的设施资源,避免发生争执。区域内的费用结算采用 IC 卡,可以减少现金交易,缩短等候时间,提高事务管理的工作效率与质量。

IC 卡技术是正在迅速替代磁卡的一种先进的技术,已广泛地进入我们的社会生活,自动化技术在智能卡中有广阔的前景。

5.2.4　传感器技术

1. 传感器技术的概念

国家标准 GB7665-n7 对传感器的定义是:“能感受到规定的被测量并依据一定的规律转换可用于输出信号的器件或装置。”

传感器的含义有广义和狭义之分,广义的传感器是指可以感知某一物理量、化学量、生物量等信息,并能将它转变为有用的信息的装置。狭义的传感器是指能将各种非电量转化成电信号的部件。在现代化技术中,电信号是最适合传输、转换、处理和定量运算的物理量,特别是在电子计算机作为处理信号的基本工具的时代,总是把各种被测量的物理量通过传感器最终转换成电信号进行处理。

传感器技术与通信技术、计算机技术构成信息产业的三大支柱。传感器技术是测量技术、半导体技术、计算机技术、信息处理技术、微电子学、光学、声学、精密机械、仿生学、材料科学等众多学科相互交叉的综合性高新技术密集型前沿技术之一。世界各国普遍重视并不断加大投入,美、日、英、法、德和独联体等国都把传感器技术列为国家重点开发关键技术之一,我国也早已把传感器技术列为国家八五重点攻关项目及中长期科技发展重点新技术之一。传感器种类非常繁多,按用途大致可分为以下主要几类:磁敏传感器(电量传感器)、温度传感器(热敏传感器)、湿度传感器、气敏传感器、光敏传感器、压力传感器、深度传感器、力矩扭矩传感器、速度传感器、加速度传感器、位移传感器、流量传感器、物性量传感器。

2. 传感器技术的发展方向

随着科学技术的不断发展,特别是微加工技术(包括微电子和微机械加工技术)的快速发展,以及信息产业的飞速发展和环保生态产业的兴起,微型化、集成化、多功能化、智能化、网络化、系统化、低功耗、无线、便携式已成为国内外新型传感器的特点。近年来传感器技术发展的主要趋势表现在：

（1）新材料、新功能的开发应用

传感器技术的重要基础是传感器材料，无论是哪一种传感器，都要选择恰当的材料来制作才能发挥传感器的功能，而且要求所使用的材料具有优良的机械特性，不能存在材料上的缺陷。近年来，应用在传感器技术领域的新型材料主要有：

- 半导体硅材料，包括单晶硅、多晶硅、非晶硅、硅蓝宝石等。由于硅材料的相互兼容性、优良的电学特性和机械特性，因此，采用硅材料研制的硅微结构传感器还是非常多的。
- 石英晶体材料，包括压电石英晶体和熔凝石英晶体（又称石英玻璃），它具有极高的机械品质和非常好的温度稳定性。同时，天然的石英晶体还具有良好的压电特性。因此，主要采用石英晶体材料来研制微小型化的高精密传感器。

（2）传感器的多功能化发展

一般的传感器都是测量单个参数的传感器，但近年来，也出现了利用一个传感器实现多参数测量的多功能传感器。如一种同时检测 Na^+、K^+ 和 H^+ 离子的传感器，可用于检测血液中的纳、钾和氢离子的浓度，这对诊断心血管疾患非常有意义，可以实现直接用导管送到心脏内的检测。

在多功能方面的进步最具代表性的是气体传感器。现在一种多功能气体传感器能够同时测量 H_2S、C_8H_{18}、$C_{10}H_{20}O$、NH_3 四种气体，该传感器的敏感结构共有 6 个用不同敏感材料制成的部分，它们分别对这四种被测气体有响应，但由于其相应的灵敏度差别很大，利用这种从不同敏感部分输出的差异，即可测出被测气体的浓度。

（3）传感器的智能化发展

随着微处理器技术的进步，传感器技术正向智能化方向发展，这是信息技术发展的必然趋势。所谓智能化传感器就是将传感器获取信息的功能与专用的微处理器的信息分析、处理等功能结合在一起的传感器。由于微处理器具有计算与逻辑判断功能，我们可以方便地对数据进行滤波、变换、校正补偿、存储记忆、输出标准化等；同时也可以实现自诊断、自检测以及通信与控制等功能。图 5-12 展示的是任天堂著名的 Wii 游戏机传感器。

智能配送系统中常用的传感器主要有：磁性传感器（检测车辆的偏移）、图

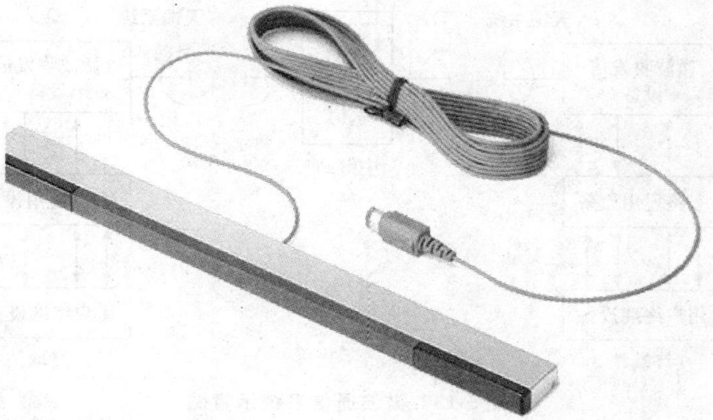

图 5-12　Wii 的传感器

像传感器、雷达检测器(车速、交通量等参数)、超声波传感器(存在和相对位置)和红外传感器。近年来传感器技术得到了较大的发展,同时也有力地推动着物流配送技术领域的发展与进步。当传感器技术产生较快的发展时,必将为智能配送技术带来新发展、新进步和新的动力与活力。

5.2.5　通信技术

1. 通信方式

通信按信息交换时双方所处状态,可分为固定通信和移动通信,即通信双方均处于固定状态的为固定通信,通信双方至少有一方是在移动中进行信息交换的为移动通信。

由于通信手段和介质的不同,通信可有以下三种形式:

- 微波通信:利用特有的设备,使用频率为 0.3 GHz ~ 300 GHz 的电磁波构成的通信方式。它的通信方式如图 5-13 所示。
- 光纤通信:光纤即光导纤维的简称,光纤通信是以光波为载频、以光导纤维为介质的一种通信方式。光纤通信的设备如图 5-14 所示。
- 卫星通信:是利用人造地球卫星为中继站,转发无线电信号,在多个地球站之间进行的通信。卫星通信方式如图 5-15 所示。

2. 公共数据通信网

公共数据通信网是在一国范围或国际间提供公用数字化信息服务的数据通信网,主要用于计算机数据的传输与处理。公共数据通信网络分为基础网

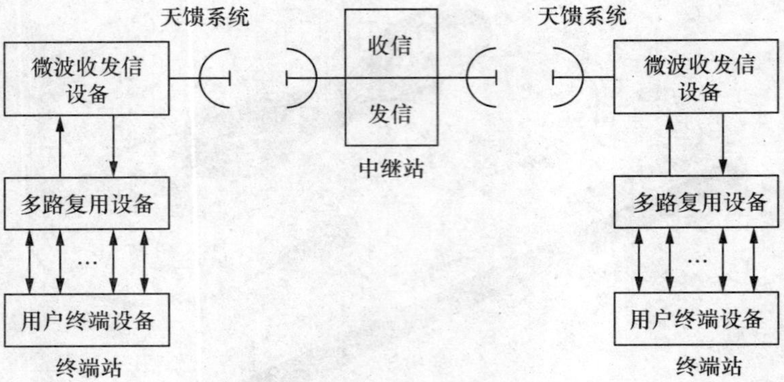

图 5-13　微波通信系统示意图

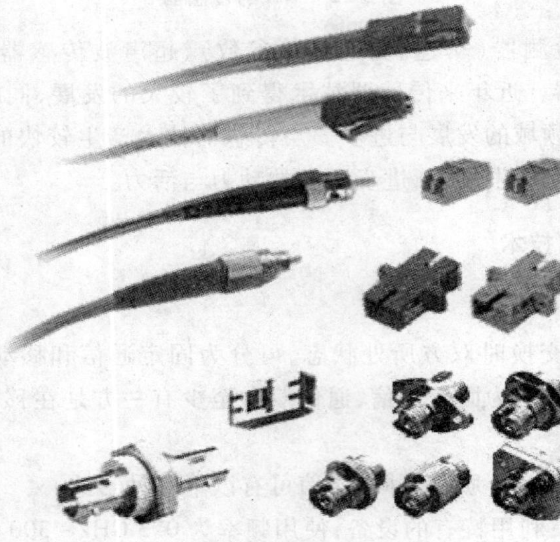

图 5-14　光纤通信的设备

络、信息网络和增值网络平台。其中基础网络包括共用数字数据网(DDN)、共用分组交换网(PAC)、共用帧中继宽带业务网(FRN)和综合业务数字网(ISDN);信息网络包括计算机互联网(NET)和公众多媒体通信网,可以提供丰富的网上信息资源和各种信息服务;增值网络平台,能提供电子信箱(MAIL)、传真存储转发(FAX)和电子数据交换(EDI)等多种功能。

3. 公共移动通信网

公共移动通信网普遍采取蜂窝拓扑,是基于提高频率、减少相互干扰和增

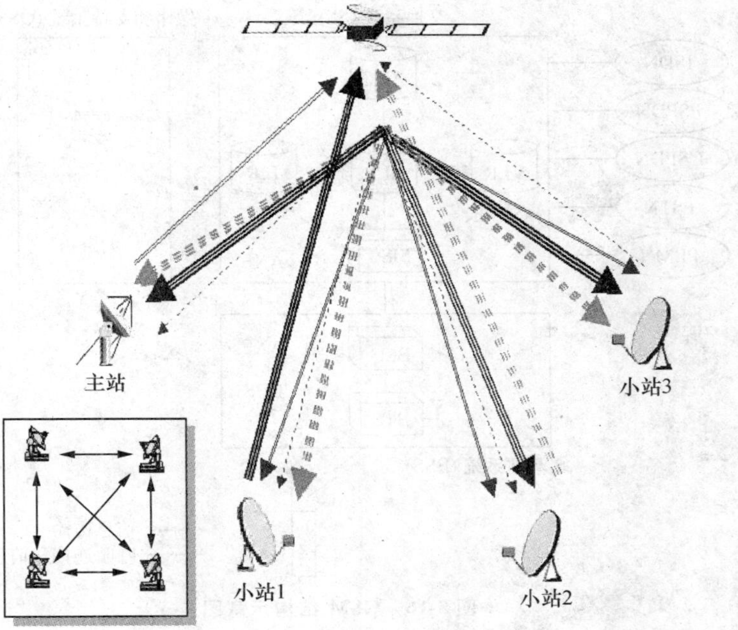

图 5-15　卫星通信方式示意图

加系统容量考虑,公共移动通信网分为模拟蜂窝网和数字蜂窝网。

数字移动通信网有两种体制:一种是时分制的 GSM 系统,GSM 结构示意图如图所示;一种是码分制的 CDMA 系统。两者都是蜂窝结构,并采取数字无线传输和蜂窝之间的先进切换方法,因此获得了比模拟蜂窝系统好得多的频谱利用率,也提高了系统容量,值得推广。图 5-16 就是 GSM 的结构图。

5.2.6　全球定位系统

GPS 是 global positioning system 的简称,即全球卫星定位系统。全球定位系统是 20 世纪 70 年代由美国陆海空三军联合研制的新一代空间卫星导航定位系统,当时主要目的是为陆、海、空三大领域提供实时、全天候和全球性的导航服务,主要用于情报收集、核爆监测和应急通信等一些军事目的,是美国独霸全球战略的重要组成。通常意义上的 GPS 是指美国全球卫星定位系统,其原理是,24 颗 GPS 卫星在离地面 12 000 公里的高空上,以 12 小时的周期环绕地球运行,使得使用者可以在任意时刻,在地面上的任意一点都可以同时观测到 4 颗以上的卫星,由于卫星的位置精确可知,所以在 GPS 观测中,我们就可以得到

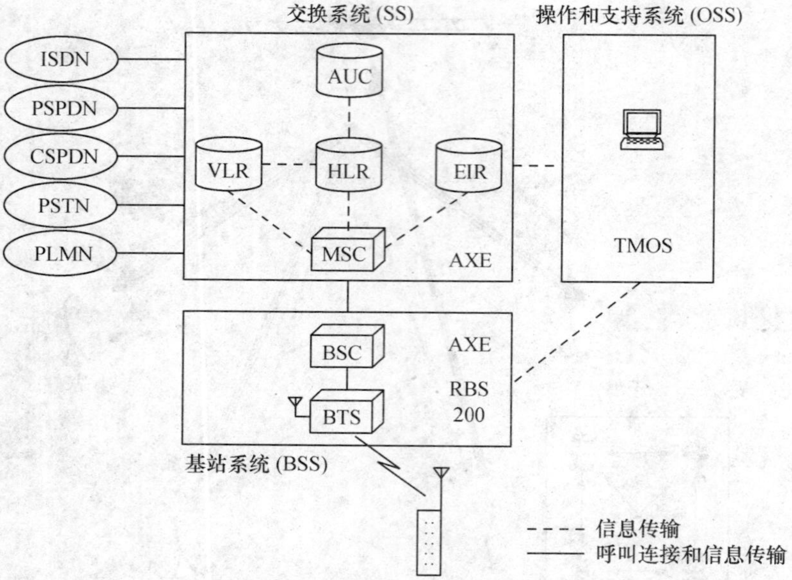

图 5-16 GSM 结构示意图

卫星到接收机的距离,利用三维坐标中的距离公式,利用 3 颗卫星,我们就可以组成 3 个方程式,解出观测点的位置。考虑卫星的时钟与接收机时钟之间存在误差,所以实际上就有 4 个未知数,因而需要引入第 4 颗卫星,形成 4 个方程式进行求解,从而得到观测点精确的经纬度和高程。

事实上,接收机往往可以锁住 4 颗以上的卫星的位置,这时,接收机可按卫星的星座分布将其按每组 4 颗的方式,分成若干组,然后通过算法挑选出误差最小的一组用作定位,从而提高精度。由于卫星运行轨道、卫星时钟存在误差,大气对流层、电离层对信号的影响,使得民用 GPS 的定位精度只有 100 米。为提高定位精度,普遍采用差分 GPS 技术,建立基准站(差分台)进行 GPS 观测,利用已知的基准站精确坐标,与观测值进行比较,从而得出一个修正数,并进行发布。接收机收到该修正数后,与自身的观测值进行比较,消去大部分误差,得到一个比较准确的位置。实验表明,利用差分 GPS,定位精度可提高到 5 米。

GPS 系统提供了两种定位信号,其一是 C/A 编码,由标准定位信号经干扰而成,定位精度在 100 米左右,以供民间用户使用;另一种即所谓的 P 码,经加密后播放,以供军用,定位精度在 3 米以内。对于民用的 C/A 码,可利用基站差分技术将其中的干扰滤掉,使其精度达到 10 米左右。GPS 接收设备包括 GPS

手持机，与手持电话体积相当，其计算机接口包括 GPS 接收卡或外接设备，由天线、接收单元和电源组成，体积很小，可方便地装载在汽车等航行器上。GPS 最初只是运用于军事领域。目前 GPS 已被广泛应用于交通行业，它利用 GPS 的定位技术结合无线通信技术（GSM 或 CDMA）、地理信息管理系统（GIS）等高新技术，实现对车辆的监控，经过 GSM 网络的数字通道，将信号输送到车辆监控中心，监控中心通过差分技术换算位置信息，然后通过 GIS 将位置信号用地图语言显示出来，最终可通过服务中心实现车辆的定位导航、防盗反劫、服务救援、远程监控、轨迹记录等功能。

GPS 由空间卫星系统、地面监控系统、用户接收系统三大子系统构成，具有全球性、全能性（陆地、海洋、航空与航天）、全天候的优势，GPS 导航定位、定时、测速系统目前已广泛应用于军事和民用等众多领域。在一些发达国家，GPS 技术已经开始应用于公交、地铁、私家车等各方面，目前，国内 GPS 的应用还处于萌芽状态，但发展势头迅猛，交通运输行业已充分意识到它在交通信息化管理方面的优势。

在我国交通运输和道路工程中，GPS 技术的运用已经开始得到重视和发展，并开始步入深层和普遍运用阶段。许多城市的出租车、租车服务、物流配送等行业已经开始利用 GPS 技术对车辆进行跟踪、调度管理，合理分布车辆，以最快的速度响应用户的乘车请求，降低能源消耗，节省运行成本。在车辆导航方面，通过 GPS 系统，我们在城市中建立数字化交通电台，实时发播城市交通信息，车载设备通过 GPS 进行精确定位，结合电子地图以及实时的交通状况，自动匹配最优路径，并实行车辆的自主导航。民航运输还通过 GPS 接收设备，使驾驶员着陆时能准确对准跑道，同时还能使飞机紧凑排列，提高机场利用率，引导飞机安全进离场。综上所述，GPS 技术在交通运输和道路工程中的运用主要表现在公路测量、物流配送、汽车导航定位及城市交通管理等方面。

1. GPS 技术给测绘界带来了一场革命

与传统的手工测量手段相比，GPS 技术有着巨大的优势，利用载波相位差分技术（RTK），能实时处理两个观测站的载波相位，在测量上可以达到厘米级的精度，并同时具有操作简便、仪器体积小便于携带、全天候操作、观测点之间无须通视、测量结果统一在坐标下及信息自动接收、存储、减少繁琐的中间处理环节等特点。现在，GPS 技术已广泛应用于大地测量、资源勘查、地壳运动、地籍测量等领域中。

在道路工程中,GPS目前主要用于建立各种道路工程控制网及测定航测外控点等。高等级公路的迅速发展对勘测技术提出了更高的要求,由于线路长、已知观测点少,因此,用常规测量手段进行测绘不仅布网困难,而且难以满足高精度的要求。我们可以采用GPS技术先建立线路首级高精度控制网,然后用常规方法布设导线加密。实践证明,采用这种方法,在几十公里范围内的定点误差只有2厘米左右,达到了常规方法难以实现的精度,同时大大提前了工期。

GPS测量信息包含有三维信息,可用于数字地面模型的数据采集、中线放样以及纵断面测量。在中线平面位置放样的时候,即可获得纵断面,在中线放样中需实时把基准站的数据由数据链传输到移动站,从而可以提供移动站的实时位置。由于GPS仪器不像经纬仪那样可以指示方向,因此,需要与CAD系统相结合,从而可在计算机屏幕上看到目前位置与设计坐标之间的差异,能取得良好效果。

GPS技术同时也被应用于特大桥梁的控制测量中。由于无须通视,即可构成较强的网形测绘结构,对于提高定位精度、检测常规测量的支点也非常有效。GPS检测精度达到了毫米级,因此它在隧道测量中也具有广泛的应用前景,使用其进行测量,减少了常规方法的中间环节,速度快、精度高,具有明显的经济效益和社会效益。

实时动态定位(RTK)系统由基准站和流动站组成,所以建立无线数据通信是实时动态测量的保证,由于其原理是取点位精度较高的首级控制点作为基准点,安置一台接收机作为参考站,对卫星进行连续的观测,流动站上的接收机在接收卫星信号的同时,也通过无线电传输设备接收基准站上的观测数据,随后计算机根据相对定位的原理实时计算并显示出流动站的三维坐标和测量精度,这样用户就可以实时监测待测点的数据观测质量和基线解算结果的收敛情况,根据待测点的精度指标,确定观测时间,从而减少冗余观测,提高工作效率。

2. GPS为"零库存"带来可能

据统计,在我国120多万公里的公路上跑动着的1 200多万辆民用车辆中,居然有将近一半是空车,全国货运空驶率平均为49%;数以万计的运输公司,在混乱的竞争中,不断陷入困境。刚刚兴起的国内物流业尚处于"小、多、散、弱"和服务功能单一的状态,社会化、专业化程度低,物流效益差,物流成本费用高,物流费用占商品总成本的比重高达40%;而西方发达国家的物流费用一般占商品总成本的10%左右,美国有代表性的运输公司车辆空驶率在10%以内。

为什么国外的空载率能够达到那么低？国内专家通过对美国和欧洲一些发达国家考察发现：在差不多十几年前，美国公路的空驶率在20%左右，后来降到了10%以下，其中的奥秘就在于他们应用了信息管理技术，通过卫星定位系统对车辆进行了有效的调度，GPS在此又展现了它的魅力。

美国高通（QUALCOMM）公司的OmniTRACS移动信息管理系统是高通公司利用其CDMA的专利技术开发的基于卫星的双向移动通信和自动跟踪系统，该系统使运输公司和物流管理公司等能够实时地获得每个移动目标的业务状态和性能信息，有效监控，管理其车、船队，以较低的运行费用，大大提高其对资产和人员的利用效率；而广大的货主，也能通过internet等信息渠道了解其货物的运动状态，有利于安排生产，为逐步走向"零库存"生产提供必要的条件。如果这类系统的普遍使用能使我们的空驶率降低10%，则仅此一项每年可为国家节省过百亿元的投资。

随着国内物流业的发展，对货物的跟踪服务需求越来越大，国内已经或正在开发此项技术的企业将随着激烈的市场竞争使该项技术日趋完善。

3. 功能强大的GPS导航系统

三维导航是GPS的首要功能，飞机、船舶、地面车辆以及步行者都可利用GPS导航接收器进行导航。汽车导航系统是在GPS的基础上发展起来的一门新技术，它由GPS导航、自律导航、微处理器、车速传感器、陀螺传感器、CD-ROM驱动器、LCD显示器组成。

GPS导航是由GPS接收机接收GPS卫星信号（三颗以上），得到该点的经纬度坐标、速度、时间等信息。为提高汽车导航定位的精度，通常采用差分GPS技术。当汽车行驶到地下隧道、高层楼群、高速公路等遮掩物而捕捉不到GPS卫星信号时，系统可自动导入自律导航系统，此时由车速传感器检测出汽车的行进速度，通过微处理单元的数据处理，从速度和时间中直接算出前进的距离，陀螺传感器直接检测出前进的方向，陀螺仪还能自动存储各种数据，即使在更换轮胎暂时停车时，系统也可以重新设定。

由GPS导航系统和自律导航系统所测到的汽车位置坐标、前进的方向与实际行驶的路线轨迹存在一定误差，为修正这两者间的误差，使之与电子地图上的路线统一，需采用地图匹配技术，加一个地图匹配电路，以对汽车行驶的路线与电子地图上道路的误差进行实时匹配，并做出自动修正，此时，地图匹配电路通过微处理单元的整理程序进行快速处理，得到汽车在电子地图上的正确位置，这样可以指示出正确行驶路线。GPS 导航系统中的 CD-ROM 用于存储道路数据等信息，LCD 显示器用于导航的相关信息，GPS 天线是内置的，可以接收到来自环绕地球的 24 颗 GPS 卫星中的至少 3 颗所传递的数据信息，结合储存在 GPS 导航系统内的电子地图中，通过 GPS 卫星信号确定的位置坐标与此相匹配，进行确定汽车在电子地图中的准确位置，这就是平常所说的定位功能。

在可以进行定位的基础上，可以通过多功能显示器，提供最佳行车路线，前方路况以及最近的加油站、饭店、旅馆等信息。假如不幸 GPS 信号中断，也不用担心，因为 GPS 系统中已记录了你的行车路线。当然，这些功能都离不开已经事先编制好的使用地区的地图软件。

导航系统与电子地图、无线电通信网络及计算机车辆管理信息系统相结合，可以实现车辆跟踪和交通管理等许多功能，如车辆跟踪、提供出行路线的规划和导航、信息查询、话务指挥、紧急援助等。图 5-17 是 GPS 系统的界面图。

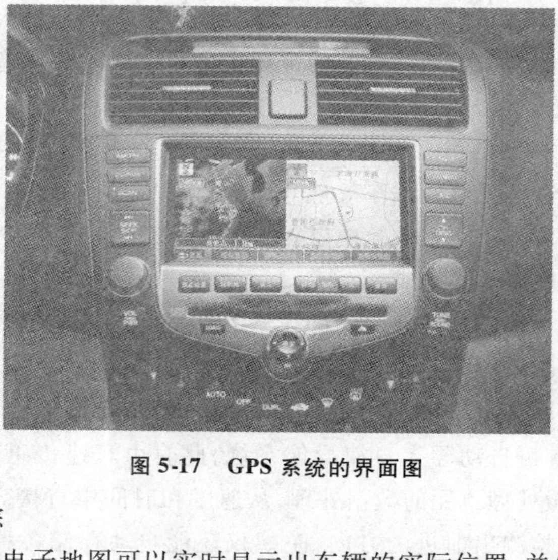

图 5-17　GPS 系统的界面图

- 车辆跟踪

利用 GPS 和电子地图可以实时显示出车辆的实际位置，并任意放大、缩小、还原、换图；可以随目标移动，使目标始终保持在屏幕上；还可以实现多窗口、多车辆、多屏幕同时跟踪，利用该功能可对重要车辆和货物进行跟踪服务。车载 GPS 还有一个功能就是防盗，分为静态防盗和动态追踪两种。前者是指车主离开汽车后，停泊的车辆遭遇偷盗、毁坏、移动时，车辆会通过自身的监控系统向 GPS 监控中心发出警报，并会自动与车主手机联系、电话报警等；后者则可对行驶中的被盗车辆进行定位跟踪、车况监听、车迹记录，甚至控制车辆断电、断油等。

现在一般的中高档车上都装有 GPS 系统，随着这项技术的不断发展以及服务提供的不断完善，越来越多的人将会享受到 GPS 带来的便捷。

- 出行路线的规划和导航

规划出行路线是汽车导航系统的一项重要辅助功能，包括自动线路规划和人工线路设计：自动线路规划由驾驶员确定起点和终点，由计算机软件按照要求自动设计最佳行驶路线，包括最快的路线、最简单的路线、通过高速公路路段次数最少的路线等；人工线路设计由驾驶员根据自己的目的地设计起点、终点和途经点等，自动建立线路库。线路规划完毕后，显示器能够在电子地图上显示设计路线，并同时显示汽车运行路径和运行方法。

- 信息查询

为用户提供主要物标，如旅游景点、宾馆、医院等数据库，用户能够在电子地图上根据需要进行查询。查询资料可以文字、语言及图像的形式显示，并在电子地图上显示其位置。同时，监测中心可以利用监测控制台对区域内任意目标的所在位置进行查询，车辆信息将以数字形式在控制中心的电子地图上显示出来。

- 话务指挥

指挥中心可以监测区域内车辆的运行状况，对被监控车辆进行合理调度。指挥中心也可以随时与被跟踪目标通话，实行管理。

- 紧急援助

通过 GPS 定位和监控管理系统可以对遇险或发生事故的车辆进行紧急援助。监控台的电子地图可显示求助信息和报警目标，规划出最优援助方案，并以报警声、光提醒值班人员进行应急处理。

近些年来，国外研制了各种用于车辆诱导的系统，其中对车辆位置的实时确定主要依靠惯性测量系统以及车轮传感器。随着技术的发展，GPS 大有取代之势。用于城市车辆诱导的 GPS 定位一般是在城市中设立一个基准站，车载 GPS 实时接收基准站发射的信息，经过差分处理便可计算出实时位置，把目前所处位置与所要到达的目标在道路网中进行优化计算，便可在道路电子地图上显示出到达目标的最优化路线，为公安、消防、抢修、急救等车辆服务。

4. GPS 交通领域的应用前景

在未来的 20 ~ 30 年内，导航定位系统将向全球性、全天候、高精度、连续、实时的全球卫星导航系统方向发展，包括 GNSS 及其增强系统。GPS 人为降低精度的选择可用性（SA 技术）已经取消，民用码（C/A 码）的定位精度可达 20 ~ 30 米；GPS 系统将发展为由多种导航设备组合到一起的组合导航系统，采用数据融合技术，包括全球卫星导航、惯性导航及其天文导航在内的组合导航系统，成为集通信、导航、识别等多种功能于一体的综合导航系统。

而目前在我国，交通领域对 GPS 的应用还处于比较初级的阶段，仅仅是简单地利用 GPS 的定位系统，通过与别的智能交通系统结合，达到应用目的，生硬的组合使 GPS 在运用过程中吸纳、处理信息的能力受到了限制。所以，从技术上看目前主要是解决如何将卫星定位系统（GPS）、交通地理信息系统（GIS）和无线数字通信技术（TelCom）三项高新技术融合为一体，优化 GPS 应用，使 GPS 应用不再是单一性的，尽量减少硬件设施的投入。随着 GPS 应用技术的发展，GPS 技术将被人们更进一步地开发，并且在硬件设施、运行环境和运用软件方面能与很多智能化技术结合起来，出现更多的 GPS 实用技术。

5.2.7 地理信息系统

在信息的诸多类型中与空间相关的信息是十分重要的一类，如何利用计算机处理这类信息是地理信息系统（GIS）产生和发展的原动力。GIS 技术在国防、城市规划、交通运输、环境监测和保护等领域的成功应用，极大地刺激了 GIS 技术的发展，使之成为世界各国激烈竞争的高科技热点之一，国家科委曾经将其列入九五重中之重科技攻关项目。

GIS 是计算机科学、地理学、测量学、地图学等多门学科综合的技术。要给出 GIS 的准确定义是困难的，因为 GIS 涉及的面太广，站在不同的角度，给出的定义就不同。通常可以从四种不同的途径定义。

- 面向功能的定义：GIS 是采集、存储、检查、操作、分析和显示地理数据的系统。
- 面向应用的定义：根据应用领域的不同，将 GIS 分为各类应用系统，如土地信息、城市信息系统、仓库规划信息系统等。
- 工具箱定义方式：GIS 是一组用来采集、存储、变换和显示空间数据的工具的集合。

• 基于数据库的定义：GIS 是这样一类数据库系统，它的数据有空间次序，并且提供一个对数据进行操作的操作集合，用来回答对数据库中空间实体的查询。

我们认为，虽然 GIS 是一门多学科综合的边缘学科，有多种定义方式，但其核心是计算机科学，基本技术是数据库、地图可视化及空间分析，因此，可以这样定义：GIS 是处理地理数据的输入、输出、管理、查询、分析和辅助决策的计算机系统。

GIS 研究内容非常广泛，主要有输入、存储、地理数据的操作和分析、输出等四个方面的内容。目前 GIS 总体上主要呈现网络化、开放性、虚拟现实、集成化、空间多维性等发展趋势。

1. 输入

地理数据如何有效地输入到 GIS 中是一项琐碎、费时、代价昂贵的任务，大多数的地理数据是从低质地图输入 GIS，常用的方法是数字化和扫描。数字化是先对地图进行数字化处理，再把处理完成后的地理数据输入到 GIS 中。数字化的主要问题是低效率和高代价。扫描输入则是直接把地图通过扫描仪输入到 GIS 中。此时，面临另一个问题，扫描得到的栅格数据如何变换成 GIS 数据库通常要求的点、线、面、拓扑关系属性等形式，就这一领域目前的研究进展而言，全自动的智能地图识别在短期内没有实现的可能。因而，矢量化方法中，交互式的地图识别是一种较为现实的途径，在 GIS 输入中常采用交互式的地图识别方法，即 GIS 中的地图数据和图形可以通过友好的人机界面进行交互修改和补充。

目前 GIS 的输入正在越来越多地借助非地图形式，遥感就是其中的一种形式，它已经成为 GIS 的重要数据来源，与地图数据不同的是遥感数据输入到 GIS 较为容易，遥感数据获取手段近年来得到了迅猛发展。航空航天遥感传感器数据获取技术趋向三多和三高，三多是指多平台、多传感器、多角度，三高是指高空间分辨率、高光谱分辨率和高时相分辨率。作为遥感的平台有地球同步轨道卫星（35 000 km）、太阳同步卫星（600—1 000 km）、太空飞船（200—300 km）、航天飞机（240—350 km）、探空火箭（200—1 000 km），还有高、中、低空飞机，升空气球，无人飞机等；传感器有框幅式光学相机、全景相机、光机扫描仪、光电扫描仪、面阵扫描仪、微波散射计雷达测高仪、激光扫描仪和合成孔径雷达等，这些平台让我们几乎覆盖了所有可透过大气窗口的所有电磁波段。但如果通过对遥感图像的解释来采集和编译地理信息则是一件较为困难的事情。因此,GIS中开始大量融入图像处理技术,许多成熟的GIS产品,如MAPGIS中都具有功能齐全的图像处理子系统,遥感样图参见图5-18。

图5-18 北京局部遥感图

地理数据采集的另一项主要进展是GPS(全球导航定位系统)技术,GPS可以准确、快速地定位在地球表面的任何地点,可为GIS提供准确的地理数据。全球定位系统(global positioning system)由空间部分、地面监控部分和用户接收机三大部分组成,参见图5-19。地面监控部分包括四个监控站、一个上行注入站和一个主控站。监控站设有GPS用户接收机、原子钟、传感器和计算机,监控站的任务主要是取得卫星观测数据并将这些数据传送至主控站。主控站对地面监控部实行全面控制,主控站主要任务是收集各个监控站对GPS卫星的观测数据,利用这些数据计算每一颗GPS卫星的轨道和卫星钟改正值。上行注入站的任务主要是在每颗卫星运行至上空时把导航数据及主控站发出的指令注入卫星,这种注入对每颗GPS卫星每天进行一次,并在卫星离开注入站作用范围之前进行最后的注入。

全球定位系统具有性能好、精度高、应用广的特点,是迄今最好的导航定位系统。随着全球定位系统的不断改进,对其硬、软件的不断完善,应用领域正在

图 5-19　GPS 卫星系统

不断地开拓，目前已普及到国民经济的各部门，并开始逐步深入人们的日常生活，使人们的日常生活也能运用到这项技术。

GIS 发展的重要趋势是与全球定位系统（GPS）和遥感（RS）的集成，从而构成实时的、动态的 GIS。GPS 为 GIS 的快速定位和更新提供手段，遥感技术的多谱段、多时相、多传感器和多分辨率的特点，为 GIS 不断注入"燃料"；反过来又可利用 GIS 支持从遥感影像数据中自动提取语义和非语义信息。

2. 存储

地理数据存储是 GIS 中最低层和最基本的技术，它直接影响其他高层功能的实现效率，从而影响整个 GIS 的性能。基于微机平台的 MAPGIS 能够快速、高效地处理多达上万幅的海量地图库，较好地解决了地理数据的存储问题。在 GIS 中，人们将复杂的地表现象抽象化，GIS 数据以数字数据的形式表现了现实世界中的客观对象（公路、土地利用、海拔）。用数学表达分为四大类：数字线划数据、影像数据、数字高程模型和地物的属性数据。现实世界中的客观对象可被划分为两个抽象概念：离散对象（如房屋）和连续的对象领域（如降雨量或海拔）。这两种抽象体在 GIS 系统中存储数据时主要的两种方法为：栅格（网格）和矢量。地理数据示例参见图 5-20。

GIS 对数据的存储采用了分层技术，即根据地图的某些特征，把它分成若干层，整张地图是所有层叠加的结果。在与用户的交换过程中只处理涉及的层，而不是整幅地图，大大提高了 GIS 数据存储速度，因而能够对用户的要求作出快速反应。GIS 通过执行数据重构把数据转换成不同的格式。例如，GIS 可以通过在具有相同分类的所有单元周围生成线，同时确定单元的空间关系，如邻接和包含，将卫星图像转换成向量结构的数据。由于数字化的数据以不同的方法收集和存储，两种数据可能会不完全兼容，因此 GIS 必须能够将地理数据从一种结构转换为另一种结构。

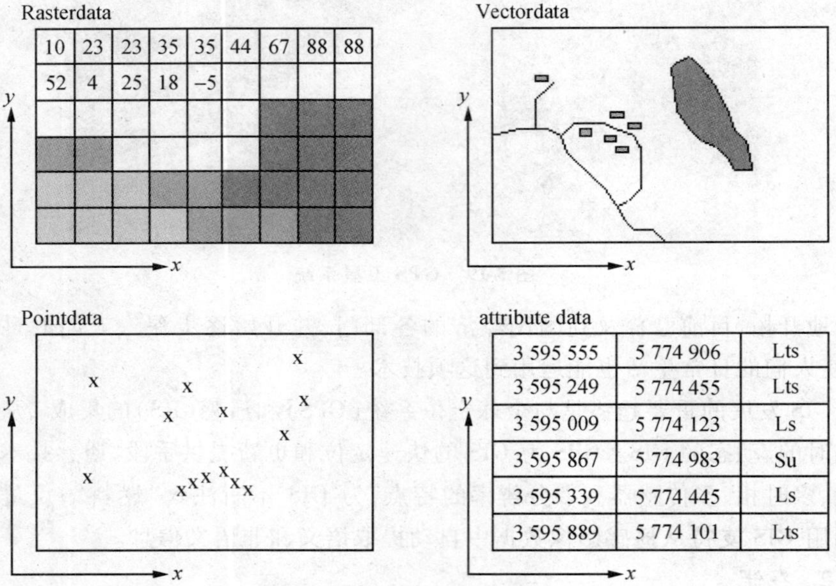

图 5-20 地理数据示例

3. 地理数据的操作和分析

GIS 中对数据的操作提供了对地理数据有效管理的手段，对图形数据（点、线、面）和属性数据的增加、删除、修改等基本操作大多可以借鉴 CAD 和通用数据库中的成熟技术，有所不同的是 GIS 中图形数据与属性数据紧密结合一起，形成对地物的描述，对其中一类数据的操作势必影响一致性和操作效率问题，这是 GIS 数据操作的主要问题。

GIS 的分析功能，即空间分析，是 GIS 得以广泛应用的重要原因之一。通过 GIS 提供的空间分析功能，用户可以从已知的地理数据得出隐含的重要结论，这对许多应用领域是至关重要的。GIS 的空间分析分为矢量数据空间分析和栅格数据空间分析两类。仓库参谋人员在 GIS 中的地图上划定一个范围，就可以得到该范围内仓库物资库存情况等信息，为仓库参谋人员的决策分析提供依据。操作联系图参见图 5-21。

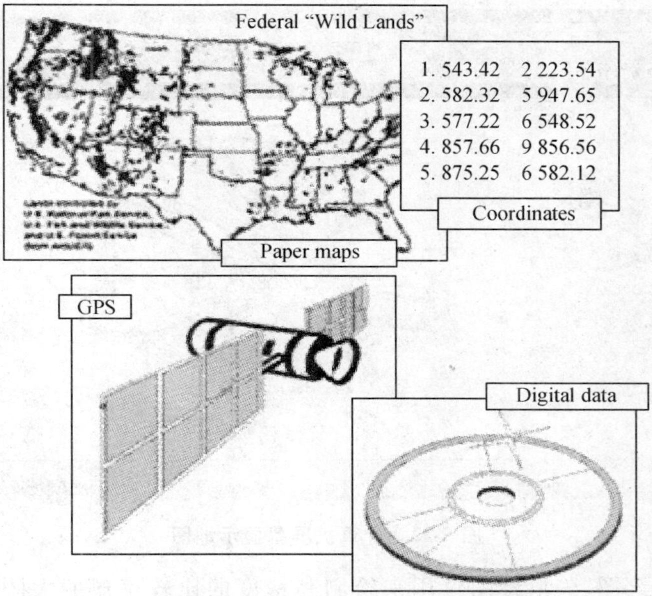

图 5-21　空间分析示意图

4．输出

将用户查询的结果或者是数据分析的结果以文本、图形、多媒体、虚拟现实等合适的形式输出，是 GIS 问题求解过程的最后一道工序。输出形式通常有两种：在计算机屏幕上显示或通过绘图仪输出。对于一些对输出精度要求高的领域，高质量的输出功能对 GIS 是必不可少的。这方面的技术主要包括：数据校正、编辑、图形整饰、误差消除、坐标变换、出版印刷等。其中，地图图形输出是地理信息系统产品的主要表现形式。

(1) 空间信息输出系统：一般地理信息系统软件都为用户提供三种图形、图像输出方式以及数据属性报表输出。

- 屏幕显示：屏幕显示方式主要用于系统与用户交互时的快速显示，是比较廉价的输出产品，需以屏幕摄影方式制作硬拷贝来保存资料，可用于日常的空间信息管理和小型科研成果输出，其优点是代价低、速度快，色彩鲜艳，且可以动态刷新；缺点是非永久性输出，关机后无法保留，而且幅面小、精度低、比例不准确，不宜作为正式输出设备。但值得注意的是，目前，也往往将屏幕上所显示的图形采用屏幕拷贝的方式记录下来，以在其他软件支持下直接使用。参见图 5-22。

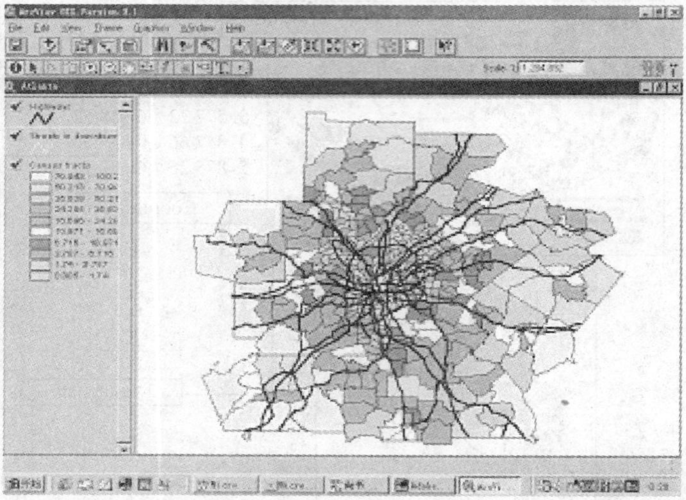

图 5-22 计算机屏幕显示地图

• 矢量绘图：矢量绘图仪用来绘制高精度的比较正规的大图幅图形的产品。矢量绘图通常采用矢量数据方式输入，根据坐标数据和属性数据将其符号化，然后通过制图指令驱动制图设备。

• 打印输出：喷墨打印机，特别是高品质的激光打印机已经成为当前地理信息系统地图产品的主要输出设备。打印输出可利用行式打印机、点阵打印机、喷墨打印机及激光打印机等几种打印机，参见图 5-23。

(2) 输出产品类型。

• 地图：地图是空间实体的符号化模型，是地理信息系统产品的主要表现形式，根据地理实体的空间形态，常用的地图种类有点位符号图、线状符号图、等值线图、三维立体图、晕渲图等。图像也是空间实体的一种模型，它不采用符号化的方法，而是采用人的直观视觉变量（如灰度、颜色、模式）表示空间位置实体的质量特征。

• 统计图表：非空间信息可采用统计图表表示。统计图将实体的特征和实体间与空间无关的相互关系用图形表示，它将与空间无关的信息传递给用户，使得用户对这些信息有全面、直观的了解。统计图常用的形式有柱状图、扇形

图 5-23　喷墨绘图机

图、直方图、折线图和散点图等。

随着数字图像处理系统、地理信息系统、制图系统、各种分析模拟系统以及决策支持系统的广泛应用,数字产品成为广泛采用的一种产品形式,使信息可进一步分析和输出,综合多种系统的功能。数字产品的制作是将系统内的数据转换成其他系统采用的数据形式。

5.2.8　LBS 技术

1. LBS 技术概念

据统计,在人们的日常生活中,有 80% 的信息与位置相关,为了寻找某个人、某个地点,常常耗去大量的精力。伴随现代生活节奏的不断加快,实时地理位置信息正在成为人们最渴求的信息之一,而 LBS 正好可以满足人们的这种需要。

位置信息通常可以归纳为两大类:

- 移动位置信息,主要是指车辆和人的实时位置,通常以平面坐标方式标记,或者以附近最具代表性的地物、单位名称为标记。
- 固定位置信息,也称为地图类信息,是指重要或明显地区、建筑、机构的详细属性(方位、距离、到达路线等)。

LBS 系统是定位服务,也称为基于位置服务(location based service,LBS),

就是服务提供商为处于移动状态中的客户(包括手机和移动台客户)提供的,基于该移动客户实时地理位置数据的服务,这类服务一般都具备非常强的位置相关性,所以具有广阔的市场前景。

LBS技术的发展应追溯到1996年,当时美国联邦通信委员会(FCC)公布了E-911定位需求,要求在2001年10月1日前,网络运营商必须能对发出E-911紧急呼叫的移动设备用户提供精度在125公尺以内的定位服务。它需要网络运营商提供呼叫者的方位、回电的号码,还要一并提供公共紧急服务。紧接着欧洲和日本也提出了类似的要求,这最终促成了LBS——基于呼叫设备的地理位置的服务——的出现。而后随着定位系统(positioning systems)、通信技术(communication technology)和GIS(global information system)领域的发展刺激了该行业从业者对LBS的想象力。电信公司开始广泛利用该项服务,依照移动用户的地理位置为其提供量身订制的服务。

举例来说,你正在一个不熟悉的商场购物,希望找到附近的一家经济实惠的餐厅用餐,你需要从你所在的城市1 600平方公里范围内的2 000家餐馆里找出方圆1公里之内的餐馆的名称和地址,可谓是大海捞针。然而,假如这个时候你的手机具备了LBS技术,这个看似复杂的任务就会变得轻而易举。基于位置的手机服务就像是玩捉迷藏的游戏一样,在一个陌生的地点,拿着手机按图索骥,就可以找到你中意的饭店或酒吧,这将给你带来出人意料的惊喜和便利。

LBS是基于地理信息技术将物理位置在电子地图上定位,并以此为基础而提供的空间信息服务。例如,客户地址、商家位置、服务与销售区域等位置数据提供了大量的诸如客户购买力、竞争对手影响力、本地企业、人口、居民生活方式、交通状况甚至更多的有价值的信息。合理地分析、整合这些信息并将之传达给决策人,即可帮助企业各个部门提高决策能力,譬如策略制订人和计划制订者、市场和销售人员、客户服务代表等。

LBS与基于GPS系统的GIS(空间信息系统)又有区别,CIS强调的是空间信息的处理分析能力,LBS不再以空间信息的处理和分析为核心,而是将空间信息技术有机地融入其他信息系统当中,以业务决策支持为核心。LBS的重点在于将空间信息与其他信息系统的集成和融合能力以及业务的决策分析能力集一身,是对GIS概念和内涵的延伸。LBS是空间信息技术与无线通信技术的结合,从企业级的应用向社会化的应用过渡。

2．LBS 技术的发展

尽管 LBS 已经存在了相当长的一段时间，然而，是高带宽移动网络的到来才使它们充分发挥出了原有的潜力。大量有用的信息可被重新用于无线互联网的目的，再加上根据用户的实际位置对内容进行过滤和个性化处理，提供了引人瞩目的商业机会，还能通过提高效率节省商业资金。

目前网络运营商已将 LBS 技术应用于众多领域。识别方位的功能将使无线行业客户的付费方式产生根本性的变革，原因是运营商将收费的模式由统一收费改为按地区差异收费，本地用户可以在他们的居住区域内享受到较为优惠的费率；通过远程跟踪出租车或货车的位置进行货运管理将成为司空见惯的方式，人们可以知道他们的货车或包裹所在的位置，甚至在未来几年里，还能够跟踪他们的货物所在的具体方位；随着改进的位置服务的应用，道路救援和驾驶方向指示将更为普及。今后，复杂的位置服务将为驾驶者提供具体细致的指导。如果你正驾车前往一家剧院，中途发现汽油不够了，你的手机就会告诉你前面隔三个街区的马路右侧有一个加油站；它会显示出通往剧院的方向，甚至能提醒你，如果你想把你的票换成靠近乐池的位置，你可以在几分钟后提出要求。如果你是一位业余的高尔夫球手，就可以通过一个卫星发射器了解你在打出每一杆后，你的球所在的方位，相关的方位数据会被发射到卫星里并进行跟踪。当你回到家以后，就可以在网页上察看高尔夫成绩，并浏览高尔夫球场的地图，上面标注着打出球的落点。

3．LBS 技术的具体应用

一个完整的 LBS 系统由四个部分组成：定位系统、移动服务中心、通信网络以及移动智能终端，如图 5-24 所示。

其中，定位系统包括全球卫星定位系统和基站定位系统两个部分。空间定位技术是整个 LBS 系统的核心技术，这一部分正在不断完善当中，移动运营商可以选用单一定位技术或者组合定位技术，来获得适当的定位精度。

移动服务中心负责与移动智能终端的信息交互和各个分中心（定位服务器、内容提供商等）的网络互连，完成各种信息的记录、分类、转发以及分中心之间业务信息的流动，并对整个网络状态进行监控。

通信网络是用于连接用户和服务中心的，要求实时、准确地传送用户请求及服务中心的应答。通常可选用 GSM、CDMA、GPRS（general packet radio service）、CDPD（cellular digital packet data）等无线通信手段，在此基础上依托 LBS

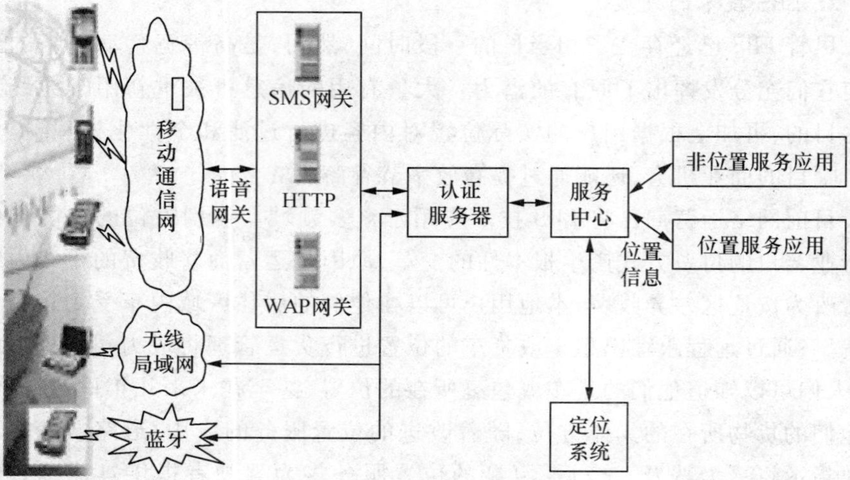

图 5-24 LBS 的结构示意图

体系发展无线增值服务。另外,国内已建成很多无线通信专用网,还有有线电话、寻呼网和卫星通信、无线局域网、蓝牙技术等都可以成为 LBS 的通信链路,在条件允许可接入 internet 网络时,可以更大容量地传输数据或下载地图数据。

移动智能终端是用户接触的唯一部分,手机、PDA 均可能成为 LBS 的用户终端。但是出于更完善的考虑,它要求有完善的图形显示能力、良好的通信端口、友好的用户界面及完善的输入方式(手写板输入、键盘控制输入、语音控制输入等),因此 PDA 以及一些手机可以成为个人 LBS 终端。

LBS 系统工作的主要流程如下:用户通过移动终端发出位置服务申请,申请经过各种通信网关后,移动定位服务中心接受申请,经过审核认证后,服务中心调用定位系统获得用户的位置信息,服务中心根据用户的位置,对服务内容进行响应,如发送路线图等,具体的服务内容将由内容提供商提供,图 5-25 就是该过程的主要信息流程。另一种情况是,用户配有 GPS 等主动定位设备,这时就可以通过无线网络主动将位置参数发送给服务中心。LBS 系统的种类可大致分为四种,如图 5-26 所示。

精度水平对于不同的基于位置的应用也是不同的。例如,对于航船来说,它们到海岸的距离以及海水的深度等数据都要求一定的精度,而人群的定位精度能够达到 100 米以内就可以接受了。

在 SARS 病毒肆虐的那段时间,中国香港特别行政区一家移动电话公司抢

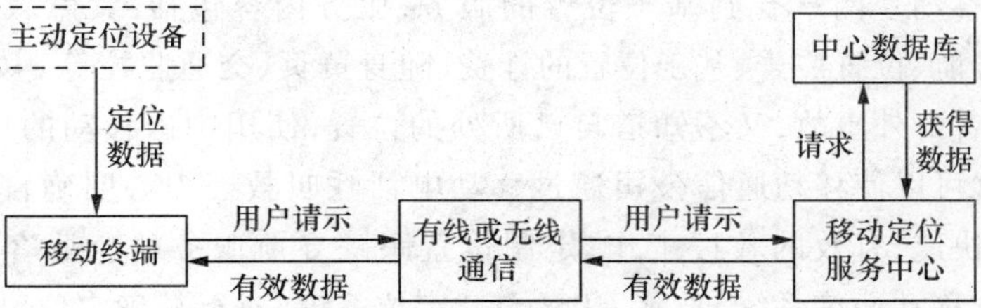

图 5-25　LBS 系统工作流程

安全 紧急服务 路边求助	付账 基于位置的付账 无线办公室 住宅使用 基于事件的付账
信息 生活信息 事件信息 交通信息	追踪 舰队追踪 财产追踪 人群追踪

图 5-26　LBS 系统分类

先推出了文本信息服务,可以让手机订户知道他们正在接近 SARS 患者居住或工作的建筑物。Sunday Commnuni-cations 公司提供的这项收费服务代表了基于位置服务的一种最新的应用方式。无线运营商依赖的是政府每天公布的数据,该数据指出住院的 SARS 患者在前十天逗留过的建筑物,该公司在此基础上为其订户提供了量身订制的信息,订户只需在他们的手机键盘上按动几下按钮,就可以收到一条文本信息,上面列举出在呼叫位置周围一公里内,所有可能受到 SARS 感染的建筑物的名单。有些报纸根据香港卫生署提供的免费信息绘制了地图,特别行政区政府也在网站上发布了公告,罗列了 100 多个相关地址。但是,对于普通人群来说,移动服务使用起来则更为方便。在伦敦也有公司提供了类似的文本信息服务,它可以及时对所在区域发生了恐怖主义袭击的用户提出警告。

基于位置服务在中国内地也得到了一定程度的发展。中国移动曾通过 STK 卡来提供位置服务,经过 1 年多的实践,发现这种 STK 卡方案有着诸多技术上的限制以及使用上的不方便性,实际使用流量也非常小。因此他们把目光投向了支持所有手机的基于网络的位置服务解决方案。目前北京移动的用户可以通过移动梦网享受到基于位置的服务,服务内容包括:紧急救援、亲友定位、跟踪导航、位置广告、基于位置的计费、随身黄页、交通监控等。如果遇到交通事故或者野外事故,又不知道自己所处的位置,使用中国移动的位置紧急救援服务,就可以使移动通信公司通过移动电话呼叫救援中心明确自己的位置,从而实施快速、有效的救援工作;定制位置跟踪导航服务的企业客户,可使用GSM(全球移动通信系统)取代GPS(全球定位系统)进行精确定位,指挥大规模交通导航系统及物流配送;定制交通监控服务的客户,可获得移动公司向在交通干线上的客户提供的诸如交通阻塞情况、平均车流、干线上的汽车占有量等相关交通信息。

LBS与目前已在国内广泛应用的GPS车辆监控系统相比较,LBS的服务对象既包括车辆也包括人,其核心思想是“无论何时何地、以何种方式,都能方便地获取地理信息服务”。从潜在需求和市场前景来看,针对个人和公众的位置信息服务量将远远超过车辆。

随着联通CDMA 1X网络的商用,LBS所依赖的大众网络通道已经初步拥有,因而这一市场已经初步热起来。通过拥有LBS功能的手机,普通用户只需支付很小的一笔费用,就可以在高清晰度的彩屏手机上,依据自身的位置找到自己需要的目的地。

5.2.9 电子自动订货系统

1. 电子自动订货系统(EOS)的概念

EOS电子订货系统是结合电脑与通信方式,并采用电子资料交换方式,取代传统商业下单/接单以及相关作业的自动化订货系统,它由零售店的电脑终端机,将订货资料输入到订货系统报表,并转换成标准格式经由通信网络传送到网络中心,再转送给供应商进行自动订货作业。

EOS是指企业间利用通信网络(VAN或互联网)和终端设备以在线联结(On-Line)方式进行订货作业和订货信息交换的系统。EOS按应用范围可分为企业内的EOS(如连锁店经营中各个连锁分店与总部之间建立的EOS系统),零售商与批发商之间的EOS系统以及零售商、批发商和生产之间的EOS系统,EOS的基本框架如图5-27所示。

连锁体系内部的网络型,即连锁门店内设有电子订货配置,连锁总部有接单电脑的系统,并用即时、批次或电子信箱等方式传输订货信息。这是“多对

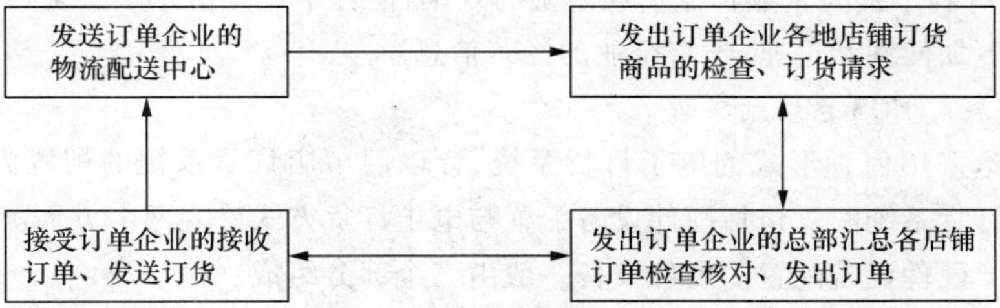

图 5-27　EOS 框架

一”与“一对多”相结合的初级形式的电子订货系统。

供应商对连锁门店的网络型,其具体形式有两种:一种是直接的“多对多”的方式,即众多的不同连锁体系下属的门店对应供应商,由供应商直接接单并发货至门市店;另一种是以各连锁体系内部的配送中心作为间接的“多对多”,即连锁门店直接向供应商订货,并告知配送中心有关订货信息,供货商按商品类别向配送中心发货,并由配送中心按门店订单组配货品后向门店送货,这可以说是中级形式的电子订货系统。

众多零售系统共同利用的标准网络型,特征是利用标准化的传票和社会配套的信息管理系统来完成订货作业。其具体形式有两种:一是区域性社会配套的信息管理系统网络,即成立由众多的中小型零售商、批发商构成的区域性社会配套的信息管理系统营运公司和地区性的咨询处理公司,以为本地区的零售业服务,来支持本地区 EOS 的运行;二是专业性社会配套信息管理系统网络,即按商品的性质划分专业,从而形成各个不同专业的信息网络。这是高级化的电子订货系统,是以统一的商品代码、统一的企业代码、统一的传票和订货的规范标准的建立为前提条件。

2. EOS 系统的作用

EOS 系统能及时准确地交换订货信息,它在企业物流管理中的作用如下:

- 对于传统的订货方式,如上门订货、邮寄订货、电话、传真订货等,EOS 系统可以缩短从接到订单到发出订货的时间,缩短订货商品的交货期,减少商品订单的出错率,节省人工费。
- 有利于减少企业的库存水平,提高企业的库存管理效率,同时也能防止商品特别是畅销商品出现的缺货现象。
- 对于生产厂家和批发商来说,通过分析零售商的商品订货信息,能准确判断畅销商品和滞销商品,有利于企业调整商品生产和销售计划。

• 有利于提高企业物流信息系统的效率，使各个业务信息子系统之间的数据交换更加便利和迅速，丰富企业的经营信息。

3. 应用 EOS 系统的条件

无论采用何种形式的电子订货系统，皆以门市店订货系统的配置为基础。门市店订货系统配置包括硬件设备配置与电子订货方式确立两个方面。

(1) 硬件设备配置。硬件设备一般由三个部分组成：

• 电子订货终端机，其功能是将所需订货的商品和条码及数量以扫描或键入条码的方式，暂时储存在记忆体中，当订货作业完毕时，再将终端机与后台电脑连接，取出储存于记忆体中的订货资料，存入电脑主机当中。电子订货终端机和手持式扫描器的外形有些相似，但功能却有很大差异，其主要区别在于：电子订货终端机具有存储和运算等电脑基本功能，而扫描器只有阅读及解码功能。

• 数据机，它是用于传递订货主与接单主电脑信息资料的主要通信装置，其功能是将电脑内的数据转换为线性脉冲资料，通过专有的数据线路，将订货信息从门店传递给商品供货方的数据机，供货方以此为依据发送商品。

• 其他设备，如个人电脑、价格标签及条码的印制设备等。

(2) 确立电子订货方式。EOS 的运作除硬件设备外，还必须配备记录订货情报的货架卡和订货簿，确立电子订货方式。常用的电子订货方式有三种：

• 电子订货簿：电子订货簿是用于记录商品代码/名称、供应商代号/名称、进/售价等商品资料的书面表示。利用电子订货簿订货，由订货者携带订货簿及电子订货终端机直接到现场巡视缺货状况，再从订货簿寻找商品，对条码进行扫描并输入订货数量，然后直接接上数据机，通过电话线传输订货信息。电子订货簿可以与货架卡并用。

• 货架卡就是设在货架槽上的一张商品信息记录卡，显示内容包括：中文名称、商品代码、条码、售价、最高订量、最低订量、厂商名称等信息。利用货架卡订货，不需要携带订货簿，而只需手持电子订货终端机，一边巡货一边订货，订货手续就完成了，然后再直接接上数据机将订货信息传输出去。

• 低于安全存量订货法，即将每次进货数量都输入电脑，销售时电脑会自动扣减库存，当库存量低于安全存量时，系统会自动打印货单或直接将订货信息传输出去。

（3）订货业务作业的标准化，这是有效利用 EOS 系统的前提条件。

（4）商品代码的设计。在零售行业的单品管理方式中，每一个商品品种对应一个独立的商品代码，商品代码一般采用国家统一规定的标准。对于统一标准中没有规定的商品则采用本企业自己规定的商品代码。商品代码的设计是应用 EOS 系统的基础条件。

（5）订货商品目录账册（order book）的设计和运用。它是 EOS 系统成功的重要保证。计算机以及订货信息输入和输出终端设备的添置和 EOS 系统设计是应用 EOS 系统的基础条件，需要制定 EOS 系统应用手册并协调部门间、企业间的经营活动。

5.2.10　销售时点信息系统

现代社会的商业零售企业的竞争已经不仅仅是价格的竞争、服务的竞争，还是管理方面的竞争、应用现代化工具和手段的竞争、企业的规模和效益的竞争。随着企业规模的扩大以及实现连锁经营，企业将面临着如何降低管理费用、降低经营成本，如何科学合理地订货、快捷地配送，以达到提高商品的周转率、降低库存，提高资金的利用率，避免组织机构庞大、机构重叠及人员编制不合理等现象。

大型连锁商业商务信息系统的建设正是为了解决这些问题的，它可以应用于超级市场、折扣店和各种专卖店（如书店和家具店）等。但是，在高度竞争的零售环境中，零售商和供应商需要合作才能取得共同的成功。解决的唯一办法就是创造一个双赢的局面，并且不断进行监控，完善这种双赢。而要达到这个目标，只有通过使用恰当的信息技术基础设施来实现。销售时点信息（point of sale）系统是指通过自动读取设备（如收银机）在销售商品时直接读取商品销售信息（如商品名、单价、销售数量、销售时间、销售店铺、购买顾客等），并通过通信网络和计算机系统传送至有关部门进行分析加工以提高经营效率的系统。POS 系统最早应用于零售业，以后逐渐扩展至其他如金融、旅馆等服务行业，利用 POS 系统的范围也从企业内部扩展到整个供应链。图 5-28 是一体化 POS 机的图片。

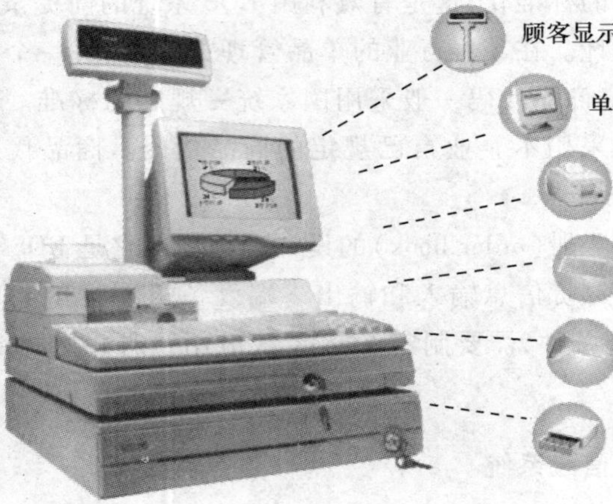

图 5-28　一体化 POS 机

1. POS 系统的作业水平

• 收银台业务的省力化：商品检查时间缩短，高峰时间的收银作业变得容易，输入商品数据的出错率大大降低，职工培训教育时间缩短，店铺内的票据数量减少，现金管理合理化。

• 数据收集能力大大提高：可以提高收银台的管理水平，信息发生时点收集信息的可信性增强，数据收集做到省力化、迅速化和实时化。

2. POS 系统的店铺营运水平

• 店铺作业的合理化提高收银台的管理水平：贴商品标签和价格标签、改变价格标签的作业迅速化、省力化，销售额和现金额随时把握，检查输入数据作业简便化，店铺内票据减少。

• 店铺营运的效率化：库存水平人员配置效率化、作业指南明确化，销售目标的实现程度变得容易测定，销售报告容易做成，能把握畅销商品和滞销商品的信息，货架商品陈列、布置合理化，发现不良库存时，对特殊商品进行单品管理成为可能。

3. POS 系统的企业经营管理水平

• 资金周转率：可以提前避免出现缺货现象，使库存水平合理化，商品周转率提高。

• 商品计划的效率化：促进销售方法的效果分析，把握顾客购买动向，按商品品种进行利益管理，基于销售水平制订采购计划，有效地店铺空间管理，基于时间段地广告促销活动分析。

5.2.11　货物跟踪系统

货物跟踪系统是指物流运输企业利用物流条形码和 EDI 技术及时获取有关货物运输状态的信息(如货物品种、数量、货物在途情况、交货期间、发货地和到达地、货物的货主、送货责任车辆和人员等),提高物流运输服务的方法。具体说就是物流运输企业的工作人员在向货主取货时、在物流中心重新集装运输时、在向顾客配送交货时,利用扫描仪自动读取货物包装或者货物发票上的物流条形码等货物信息,通过公共通信线路、专用通信线路或卫星通信线路把货物的信息传送到总部的中心计算机进行汇总整理,这样所有被运送的货物的信息都集中在中心计算机里。货物跟踪系统提高了物流企业的服务水平,其具体作用表现在以下四个方面,图 5-29 为货物车辆全程跟踪解决方案示意图。

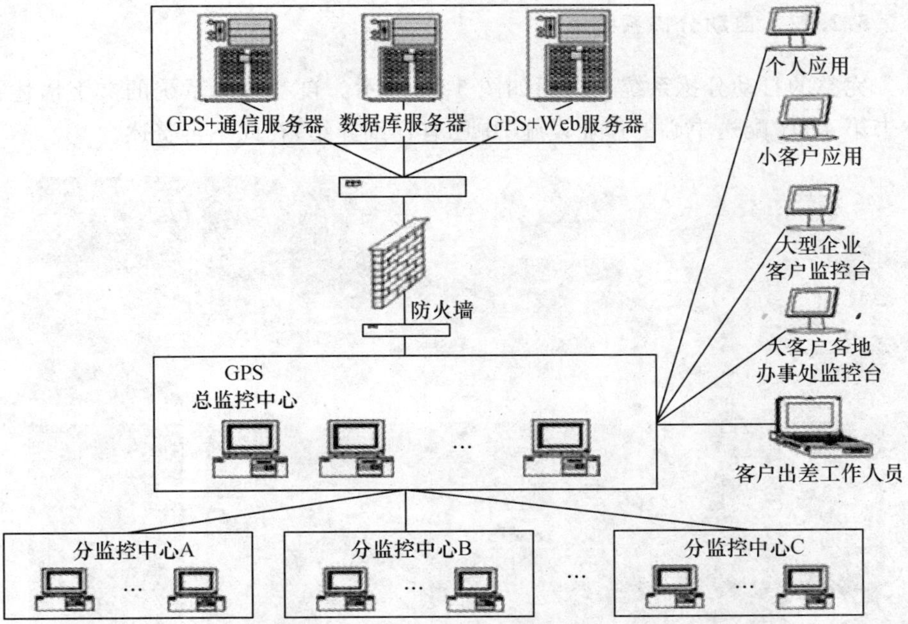

图 5-29　货物车辆全程跟踪解决方案

(1) 当顾客需要对货物的状态进行查询时,只要输入货物的发票号码,马上就可以知道有关货物状态的信息。查询作业简便迅速,信息及时准确。

(2) 通过货物信息可以确认是否货物将在规定的时间内送到顾客手中,能及时发现没有在规定的时间内把货物交付给顾客的情况,便于马上查明原因并及时改正,从而提高运送货物的准确性和及时性,提高顾客服务水平。

(3) 作为获得竞争优势的手段,提高物流运输效率,提供差别化物流服务。

(4) 通过货物跟踪系统所得到的有关货物运送状态的信息丰富了供应链的信息分享源,有关货物运送状态信息的分享有利于顾客预先做好接货以及后续工作的准备。

建立货物跟踪系统需要较大的投资,如购买设备、标准化工作、系统运行费用等。因此只有有实力的大型物流运输企业才能够应用货物跟踪系统。但是随着信息产品和通信费用的低价格化以及互联网的普及,许多中小物流运输企业也开始应用货物跟踪系统。在信息技术广泛普及的美国,物流运输企业建立本企业的网页,顾客通过互联网与物流运输企业建立联系,通过互联网从事物流运输业务。

5.2.12 自动分拣系统

完整的自动分拣系统示意图如图 5-30 所示。自动分拣系统的文字描述在本书第 4 章“配送中心的作业设施”中已有详细介绍,在此不再赘述。

图 5-30 自动分拣系统

5.3　智能配送系统设计

现代物流的根本宗旨是提高物流效率、降低物流成本、满足客户需求，并越来越呈现出智能化、信息化、网络化、柔性化、标准化和社会化的特征。其中智能化是现代物流的核心，只有实现了智能化，才能有效地实现物流的网络化、系统化和柔性化，物流企业才能有效地提高物流效率，为客户提供优良的物流服务。

5.3.1　智能配送系统结构设计

根据设计目的，可以从不同角度确定智能配送系统的结构。

1. 物流社会化的角度

从物流社会化的角度可以将智能配送系统分为社会化物流系统、非社会化物流系统。社会化物流系统，也可称第三方物流系统，即物流活动由专业物流公司来完成，它们不参与商品的买卖，只提供专业的物流服务，是独立于买方和卖方之外的第三方；非社会化物流系统，是指归属于某个行业或企业，为其产业活动服务，如企业集团内部的物流系统。

由于社会化物流系统一般拥有为数众多的服务对象，建议首先进行需求分析，根据客户实际需要进行设计（如智能配送系统、智能化信息平台等），以便用最少的资金，最大幅度地提高物流系统整体的智能化水平。对于非社会化物流系统，建议重点针对产业活动特性和商品物流特性，进行关键物流要素的智能化设计。

2. 物流企业的角度

从物流企业的角度可以将智能配送系统分为物流企业系统、企业物流系统。物流企业系统，是为满足物流需求，以提供有偿物流服务为目的的物流系统；企业物流系统，是包括企业内部从原材料采购到将产品送达客户的全部物流活动的物流系统。

对于物流企业的智能配送系统设计，应该以提高物流水平为目标。首先要具备完善的信息通信网络，有条件的物流企业应该构建 EDI 系统，以便及时、准确地收集各种信息，在智能配送系统中，需要具备电子订货功能、自动集配功能、货物跟踪功能等；对于企业物流的智能配送系统设计，应该注意使企业的物流活动与采购、生产、销售等活动相互协调，紧密联系，以降低企业的经营管理成本。企业智能配送系统应在完善的企业内部信息网络的基础上,具备自动分选、自动补货、自动识别等功能。

3. 物流作用的角度

按照物流的作用,物流系统可分为供应物流、生产物流、销售物流与回收物流四类。

- 供应物流

供应物流是指生产企业、流通企业购入原材料、零部件或成品的物流活动全过程。对于供应与销售物流,应该注意批发商与零售商的物流系统具有不同的特点。批发商的物流特点为:物流是主业,商流是先导,大批量进小批量出,委托型物流有进一步发展的趋势;零售商的物流特点为:以集配货物为主,需要固定的配送中心及运输设施,兼有保管、流通加工等功能。在设计智能配送系统的过程中,应提高物流活动的快速反应能力,建设具有规模效应的现代化物流及信息设施。

- 生产物流

生产物流是指从工厂的原材料购进起,直到产成品出厂为止的物流活动全过程。对于生产物流,应该注意其特点是物流处于企业的"后勤"位置,以原材料、半成品、产成品的厂内物流为主,大多需要仓库或物流中心。设计生产物流的智能系统,应该通过设计自动输送、自动分拣、自动包装等功能,实现物流过程与生产过程的有效衔接。

- 销售物流

销售物流是指生产企业、流通企业将商品送达客户的物流活动过程。对于销售物流,应该侧重物流流通的快速、及时、高效,因此在设计智能配送系统过程中,应当采用充分利用全球定位系统、地理信息系统和 LBS 技术等。

- 回收物流

回收物流是指对生产及流通活动中可以进行再利用的材料进行回收的物流活动过程。对于回收物流,由于其具有品种繁多、流通渠道不规则、多有变化、管理和控制难度较大等特点,故在设计智能系统的过程中,需要建立完善的回收物流信息系统,实现对回收作业的实时监控,以提高运输车辆利用率,降低作业成本。

5.3.2 智能配送系统技术选择

由上节所述的智能配送系统简述和所涉及的技术可知,智能配送系统只有在物流技术、智能技术、计算机网络技术与相关技术的支持下才能得以实现,因此,进行智能配送系统设计,必须了解它所应用的主要技术。

智能技术,是指用于模拟、延伸和扩展人的智能的技术,一般通过机器(计算机等)得以实现,应用于通信、检测、遥感等许多领域。物流系统的功能要素,是指物流系统所具备的基本能力,包括运输、存储保管、包装、装卸搬运、流通加工和物流信息处理等,这些基本能力有机地结合在一起,便能有效地实现物流系统目标。表 5-1 展示了各个物流功能要素中可以应用的智能技术及相关技术。

表 5-1　智能技术与物流功能要素关系表

要素名称	服务功能	主要技术
运输	在途驾驶员信息 路径引导 电子付费服务 运输车辆服务 紧急事件与货物安全 危险预警 货物跟踪	地理信息系统(GIS)、条码技术(BAR CODE)、电子数据交换(EDI)、计算机网络、射频技术(RF)、全球定位系统(GPS)、IC 卡技术、传感器技术、全球移动通信系统(GSM)
存储	货位管理 自动补货 存储安全	条码技术(BAR CODE)、计算机网络、传感器技术、射频技术(RF)
包装	自动识别 自动包装	条码技术(BAR CODE)、计算机网络
装卸搬运	自动分拣 自动分货	条码技术(BAR CODE)、计算机网络、人工智能
流通加工	作业管理	计算机网络
物流信息	订单管理 客户管理 设备管理	计算机网络、电子数据交换(EDI)、人工智能、全球移动通信系统(GSM)、客户管理系统(CRM)

智能技术与功能要素是交互式联系的,其关系可以表述为:某一技术可以应用于多个物流功能要素。如传感器技术既可以用于运输中的车辆检测、车辆识别和分类、车辆控制、环境信息检测和危险驾驶警告,也可以用于存储保管中货物的检验及分类;某一物流要素可以采取多种技术实现同一目的。如运输过程中车辆的识别,既可以使用传感器技术,也可以采用智能卡(如 IC 卡)技术。

因此,在物流功能要素上应用智能技术时,应该遵循以下原则:一是在实现同一功能要素中的某项作业时,要在不影响实施效果的前提下,尽量采取简便易行、投入成本较小的技术；二是在选择智能技术时，尽量选择多功能的技术，即选择可以用于多种物流要素的技术，这样可以减少引进或研发成本，节约时间，很快适应市场。

只有做到上述两点，即在设计中寻求最优化的物流功能要素和智能技术的组合，才能实现智能配送系统的最优化，达到以最小投入，获得最大产出的效果。

5.3.3 智能配送系统的实施

智能配送系统在实施过程中仅仅依赖智能技术是远远不够的，这一概念是在物流的基础上得以存在的。在智能配送系统的实施过程中，应该把智能技术、物流技术及其相关技术有机结合，系统才能得以实现，系统的目的才能达到，智能配送系统才能真正存在，并且具有存在的作用和意义。

图 5-31 表示了智能配送系统的实施框架，框架图的第三层中物流技术和智能技术是同样重要的，它们与第二层结构中的智能配送的子系统为交互式的隶属关系，是各个子系统功能得以实现的基础，只有子系统实现了，整个智能配送系统才能实现。

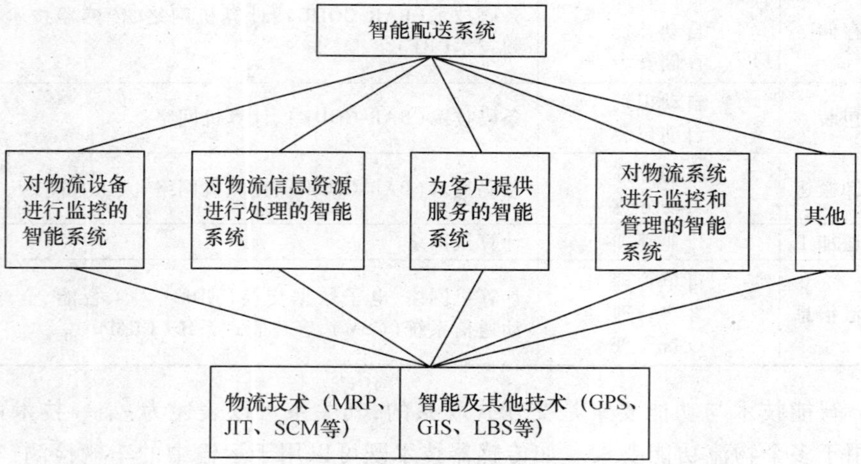

图 5-31 智能配送系统实施框架

1. 实施的具体过程

首先由物流设计单位与物流实施单位的项目负责人组成项目实施小组，共同制定实施细则和流程，协调实施过程中可能遇到的问题，准备实施过程中可能应用到的技术支持。

然后由物流设计单位的设计人员与物流实施单位的各业务部门的业务骨干理清各部门、各个环节的业务需求，细致调查了解各部门、各业务角色的应用特点，在此基础上进行流程设计和管理模块的定义，既保证系统中功能和属性的定义符合业务的实际状况，又参考国内同行业先进的管理规范，用现有的物流技术、智能技术，对公司原有的体制和流程进行调整，以实现管理的创新和流程的优化、智能化。在界定公司工作流程的过程中，明确项目实施中涉及的各业务部门的责任，为后面的系统安装调试做好准备。

模块功能初步确定后，物流设计单位的工程师开展具体的程序设计工作，在设计过程中，不断地和物流实施单位的相关业务负责人进行沟通，边设计边完善系统内容，直到完成一个可以测试的全面方案。

在系统安装调试阶段，根据业务模块的划分和确定的流程，将公司以前积累的大量客户信息全面导入新系统，并实际应用新系统进行实际测试，在此基础上，对系统进行修改调整。

在进行安装调试的同时，应用培训工作应同时开展。由于员工的计算机应用水平参差不齐，对智能技术应用的不同程度，各部门涉及的业务应用又不尽相同，项目实施小组对各部门员工应进行分批培训工作，直到所有系统应用人员都能理解新系统的功能并进行熟练操作。

2. 实施的例子

对于智能配送的应用的实际例子现在在国内还比较少，下面介绍几个智能配送系统实施的方案模型。

模型一：基于电子商务的铁路物资智能配送系统

基于电子商务的铁路物资智能配送是指网络平台将采用网络化的信息技术、现代化的作业设备及智能化的管理手段，按用户要求，进行一系列自动的分拣、配货等工作，高效地输送给用户的过程。铁路物资智能配送系统可采用长远规划、逐步实施的改造过程。具体来说需要建立一个电子商务的网络平台、完整的智能配送体系和铁路物资配送中心（如图 5-32 所示）。

（1）基于电子商务的网络平台

根据国内外物流配送业发展情况，在电子商务时代，信息化、现代化、社会化的铁路物流网可归纳为以下几个特征：

- 物流业务反应速度快

物流中心对上下游的物流需求反应速度、物流配送速度加快，前置时间、配

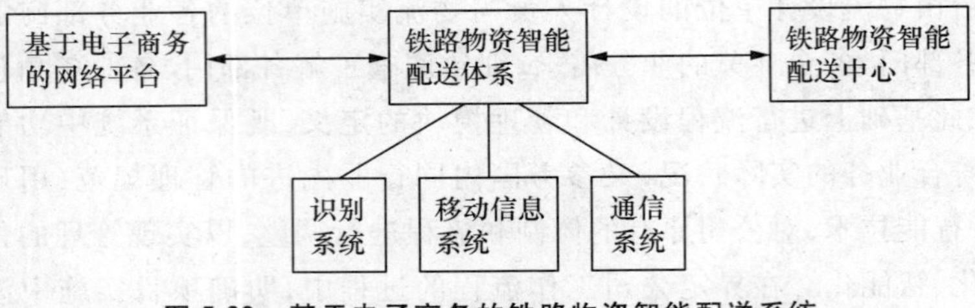

图 5-32　基于电子商务的铁路物资智能配送系统

送时间变短，商品周转次数越来越多。

• 物流配送功能集成化

网络平台着重于将物流与供应链的其他环节进行集成，包括物流渠道与商流渠道的集成、物流渠道之间的集成、物流功能的集成、物流环节的集成等。

• 物流配送服务系列化

网络平台将强调物流服务的恰当定位与完善化、系列化，除了传统的储存、运输、包装、流通加工等服务外，还在外延上扩展至市场调查与预测、采购及订单处理；向下延伸至物流配送咨询、物流配送方案的选择与规划、库存控制策略建议、货款回收与结算等增值服务，在内涵上提高了以上服务对决策的支持作用。

• 物流配送作业规范化

网络平台将强调作业流程、作业过程、运作管理的标准化和程序化，使复杂的作业流程变得简单易推广。

• 物流配送目标系统化

网络平台将从系统角度统筹规划各种物流活动，处理好物流活动与商流活动之间的关系。

(2) 铁路物资智能配送体系

智能配送体系是通信系统、信息系统与配送系统的有机结合。铁路物资智能配送系统既意味着运输组织优化，如防止空载、提高满载率，也意味着人员和物流设施效益优化。为实现智能配送，铁路物资流通网需要形成如下体系：

• 移动信息系统

为了将移动的车辆信息纳入网络平台，需建立移动信息系统。该系统和网络平台的地面信息系统构成统一的整体，将合同信息、路线信息、车辆信息和行驶信息等进行收集、储存、交换、处理，随时了解车辆所在位置，帮助物流中心人员做好车辆调度工作，满足顾客需求。

• 识别系统

借助电子识别系统,使配送中的物资可通过条码加以区别,并跟踪、监控其作业地点、时间。识别系统是实现智能配送的重要手段,被用来控制物流作业流程中的各阶段,如出入库、运输、储存等。

• 通信系统

在网络平台中,信息通过远程输送设施得到交换,需使用标准化数据结构、标准化输送程序和统一的接口。网络平台可充分利用现有铁路通信网络,以加速信息流速,降低手工输入错误率,减少传送货单的纸张需求等。

为了实现智能配送,网络平台应优化作业流程、改善配送计划和实时监控;使用专为智能配送设计的、由信息技术支持的电子调度台,根据工作岗位的数目配备计算机。

(3) 合理规划铁路物资智能配送中心

铁路物资供应网络如果实行基于电子商务的配送制,需有建立覆盖全国的配送网络,保证及时、准确、安全、经济地将物资运往需求者。从目前的情况看,要达到上述要求,需要对现有的供应网点进行合理规划和技术改造。

从区域内产需的角度区分,配送中心可主要分为资源型和供应型两种。资源型配送中心的功能是吸收分散的资源,形成供应能力,一般设在资源集中的地区;供应型配送中心的功能是供应用户,与用户的衔接十分重要,一般设在用户集中的地区。铁路物资总公司所属企业大都分布在全国各大工业城市,可成为资源型综合配送中心;铁路局系统、工程总公司系统等可建成供应型专业配送中心。资源型和供应型配送中心要合理布局,形成区域铁路物资配送网络。

模型二:某大型企业的智能配送及物流管理信息系统解决方案

企业的智能配送及物流管理信息系统由物流业务管理系统、物流企业管理系统、物流电子商务系统和客户服务系统等四部分组成,如图 5-33 所示。

(1) 物流业务管理系统

物流业务管理系统由 11 个子系统组成,分别是:配送管理信息系统、货代管理信息系统、仓储管理信息系统、运输管理信息系统、结算管理信息系统、客户管理信息系统、报关管理信息系统、数据交换信息系统、合同管理信息系统、采购管理信息系统和调度管理信息系统。各系统功能简述如下:

• 配送管理信息系统:按照即时配送(JIT)原则,满足生产企业零库存生产的原材料配送管理,满足商业企业小批量多品种的连锁配送管理,满足共同配送

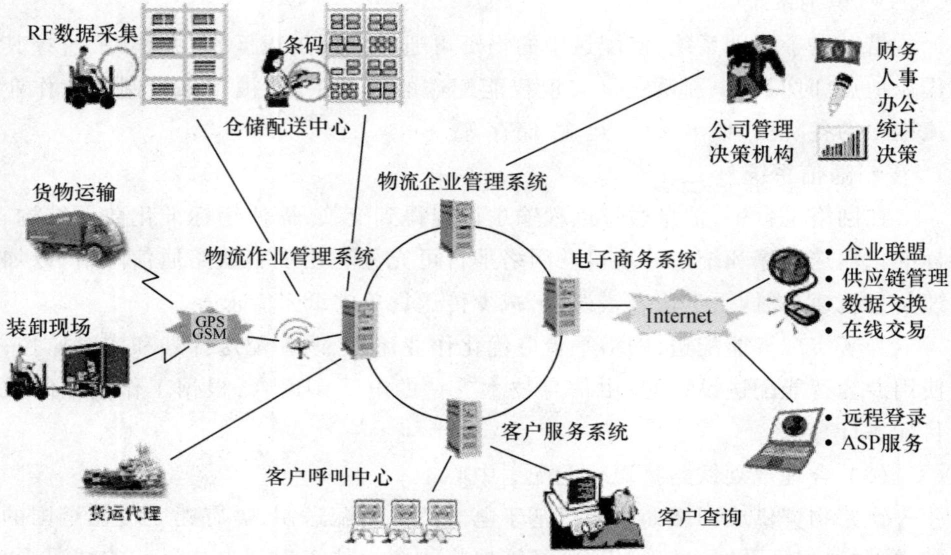

图 5-33　某大型企业的智能配送及物流管理信息系统框架图

和多级配送管理。支持在多供应商和多购买商之间的精确、快捷、高效的配送模式;支持以箱为单位和以部件为单位的灵活配送方式;支持多达数万种配送单位的大容量并发配送模式;支持多种运输方式,跨境跨关区的跨区域配送模式。结合先进的条码技术、GPS/GIS 技术和电子商务技术,实现智能化配送。

• 货代管理信息系统:满足国内一级货运代理的要求,完成代理货物托运、接取送达、订舱配载、多式联运等多项业务需求,支持航空、铁路、公路和船务运输代理业务。配合物流的其他环节,实现物流的全程化管理,实现门对门、一票到底的物流服务。

• 仓储管理信息系统:可以对所有的包括不同地域、不同属性、不同规格、不同成本的仓库资源,实现集中管理。采用条码、射频等先进的物流技术设备,对出入仓货物实现联机登录、存量检索、容积计算、仓位分配、损毁登记、简单加工、盘点报告、租期报警和自动仓租计算等仓储信息管理。支持包租散租等各种租仓计划,支持平仓和立体仓库等不同的仓库格局,并可向客户提供远程的仓库状态查询、账单查询和图形化的仓储状态查询。

• 运输管理信息系统:可以对所有运输工具,包括自有车辆和协作车辆以及临时车辆实行实时调度管理,提供对货物的分析,配载的计算,以及最佳运输路线的选择;支持全球定位系统(GPS)和地理图形系统(GIS),实现车辆的运行监控、车辆调度、成本控制和单车核算,并提供网上车辆以及货物的跟踪查询。

- 结算管理信息系统:对企业所有的物流服务项目实现合同价格一条龙管理,包括多种模式的仓租费用、运输费用、装卸费用、配送费用、货代费用、报关费用、三检费用、行政费用、办公费用等费用的计算;根据规范的合同文本、货币标准、收费标准自动产生结算凭证,为客户以及物流企业(仓储、配送中心、运输等企业)的自动结算提供完整的结算方案。

- 客户管理信息系统:通过对客户资料的收集、分类、存档、检索和管理,全面掌握不同客户群体、客户性质、客户需求、客户信用等客户信息,以提供最佳客户服务为宗旨,为客户提供方案、价格、市场、信息等各种服务内容,及时处理客户在合作中遇到的各类问题,妥善解决客户合作中发生的问题,培养长期的忠诚的客户群体,为企业供应链的形成和整合提供支持。

- 报关管理信息系统:集报关、商检、卫检、动植物检疫等功能的自动信息管理于一体,满足客户跨境运作的需求。系统支持联机自动生成报关单、报检单,自动产生联机上报的标准格式,自动发送到相关的职能机构,并自动收取回执,使跨境物流信息成为无缝物流信息传递,使报关、报检业务迅速、及时、准确,为物流客户提供高效的跨境物流服务。

- 数据交换信息系统:系统提供电子商务化的 WEB-EDI 数据交换服务,通过电子商务网站或者基于 Internet 的数据交换通道,提供标准的 EDI 单证交换,实现与供应链上下游合作伙伴之间的低成本的数据交换,为供应链企业数据交换、电子商务数据交换以及未来开展电子支付、电子交易创造条件。

- 合同管理信息系统:合同是商务业务和费用结算的依据,系统通过对合同的规范化、模式化和流程化,合理地分配物流服务的实施细则和收费标准,并以此为依据,分配相应的资源,监控实施的效果和核算产生的费用,并可以对双方执行合同的情况进行评估以取得客户、信用、资金的相关信息,交给客户服务部门和商务部门作为参考。

- 采购管理信息系统:采用规范化的企业采购模式和管理流程,满足企业开放式或供应链采购方式,包括网上招标、供应商管理、采购计划管理、需求管理、报价管理、审批管理、合同管理、订货管理、补货管理、结算管理、信用管理、风险管理等功能,从降低成本、提高效率和控制流程等不同方面为企业创造价值。

- 调度管理信息系统:用于大型物流企业的业务集中调度管理,适用于网状物流、多址仓库、多式联运、共同配送、车队管理等时效性强、机动性强、需要快速反应的物流作业管理,以应付客户的柔性需求,减少部门之间的沟通环节,保证物流作业的运作效率。

(2) 物流企业管理系统

物流企业管理系统由五个子系统组成,分别是:商务管理系统、财务管理系统、统计管理系统、办公管理系统、决策支持信息系统。

- 商务管理系统:物流企业专业营销管理,包括物流市场预测、物流营销策划、物流项目论证、物流资源整合、物流方案设计、价格政策制定、物流绩效评估等,结合合同管理和客户管理系统,准确地把握企业的市场方向、政策动向和客户需求,灵活地制定营销策略,实现企业的发展战略目标。

- 财务管理系统:结合成熟的财务管理理论,针对物流企业财务管理的特点,根据财务活动的历史资料进行财务预测和财务决策,运用科学的物流成本核算、作业绩效评估手段,从财务分析的角度,对企业发展战略、客户满意度、员工激励机制、企业资源利用,企业经济效益等方面进行分析,并得出有关财务预算、财务控制和财务分析报告,为实现企业价值最大化提供决策依据。

- 统计管理系统:统计工作作为企业管理的基础,按照物流行业的标准,针对物流企业的经营管理活动进行统计调查、统计分析、统计监督,并提供统计资料。按照物流企业的统计要求,对物流企业的各项经营指标及经营状况进行分类统计和量化管理。

- 办公管理系统:以降低管理成本、提高管理效率为目的,为物流企业的规范化、流程化和科学化管理提供包括办公管理、项目管理、资源管理、人事管理、知识管理在内的统一的企业管理平台,通过电子公文传递、资源动态分配、多方网络会议、邮件自动管理、定位信息传呼等实现企业的无纸化办公。

- 决策支持系统:及时地掌握商流、物流、资金流和信息流所产生的信息并加以科学地利用,在数据仓库技术、运筹学模型的基础上,通过数据挖掘工具对历史数据进行多角度、立体的分析,实现对企业的人力、物力、财力、客户、市场、信息等各种资源的综合管理,为企业管理、客户管理、市场管理、资金管理等提供科学决策的依据,从而提高管理层决策的准确性和合理性。

(3) 物流电子商务系统

电子商务系统的功能主要有:实时查询(客户在网上实时查询库存情况、运输情况和账单)、清单录入(客户可以直接录入作业指令单、订车单、订仓单等)、网上下单（客户可以直接输入物流服务的需求）、信息反馈（客户对物流服务提出建议或投诉）、网上报价（客户可以在线发出询价请求并得到报价回复）、网上交易（物流服务项目的在线查询、交易撮合和电子签约）、网上联盟（通过联盟的形式整合社会物流资源）、数据交换（通过EDI方式实现不同机构信息系统的数据对接）、信息外包（以ASP方式实现远程物流信息系统功能外包）、项目招标（通过电子招标的形式获得最佳的供货方）等。

（4）客户服务系统

系统实现的客户服务内容包括：流程查询（查询有关作业的流程状态）、在库查询（查询有关的库存状况）、在途查询（查询运输途中货物的状况）、定制查询（按照客户的要求选择查询内容）、账单下载（在线获取结算清单）、实时跟踪（查询有关货物的地理位置图形）、定制信息（按照需要发出客户要求的专业信息）、咨询服务（在线解答客户在物流活动中的疑难问题）。

企业的智能配送及物流信息系统各子系统的功能划分如图5-34所示。

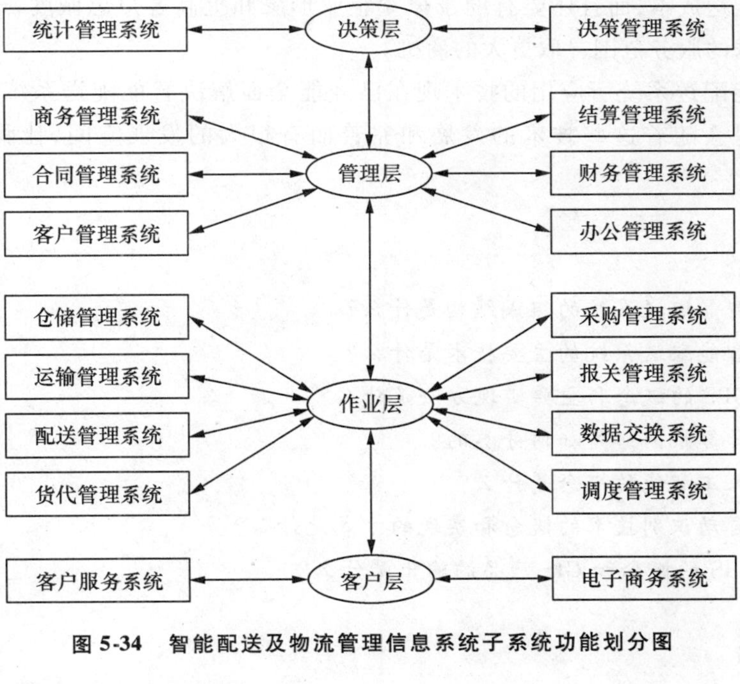

图5-34　智能配送及物流管理信息系统子系统功能划分图

本章小结

城市配送是商品市场发展的产物，随着少批次、大批量的物流配送活动逐步被多批次、小批量的物流配送活动所取代，现在的市场需求逐渐倾向个性化、多样化，为了占有更多的市场份额，城市配送已成为电子商务时代物流活动的中心环节和最终目的。

因此，物流活动中的主体——物流企业都应面向配送、面向市场、面向客户，建立自己的智能配送系统。城市配送行业是一个服务密集型行业，企业要发展就要把服务做好，跟上市场的发展。这就需要一个完善的物流运作模式，一套信息化的智能配送系统。从整体来看，国内的城市配送公司大多在配送信息化方面缺乏配套的智能配送系统。智能配送系统不仅要对配送业务施以合理化管理以快速响应市场需求，在最短的时间内满足客户需要，从而降低原有的人工配送成本，而且还要有助于树立企业形象和提高客户忠诚度，进一步为扩大配送的服务范围寻取更大的商机。

智能配送系统所应用的技术现在已经能全面解决智能配送系统的问题，但是还是会随着这些技术的发展和完善而有很大的发展空间，让我们拭目以待。

思考题

1. 智能配送系统的组成结构是什么？
2. 智能配送系统的主要技术是什么？
3. GPS 的概念和主要实现方法是什么？
4. 计算机网络是如何分类的？
5. 人工智能的概念是什么？
6. 自动识别技术的概念和实现的方式是什么？
7. GIS 的概念和 GIS 产品的输出是什么？

参考文献

1. 张超：《地理信息系统实习教程》，高等教育出版社，2007 年版。
2. 汝宜红：《配送管理》，机械工业出版社，2007 年版。

3. 李冬航、罗宁:“技术和应用让 LBS 动起来”,《计算机世界报》,2007 年第 32 期第 8 版。

4. 周万森:《仓储配送管理》,北京大学出版社,2007 年版。

5. 刘彦平:《仓储和配送管理》,电子工业出版社,2007 年版。

第6章
创新的分销和配送战略

教学目的

- 初步认识分销和配送的概念；
- 掌握分销的概念；
- 熟悉分销与物流的关系及分销面临的物流问题；
- 掌握创新的分销和配送战略的概念；
- 了解供应链的概念；
- 掌握协作是供应链发展的必然趋势。

在本章的学习中，使读者重点认识到供应链上各个环节必须打破企业边界，实现跨企业间的协作，因为协作使得整个供应链能够实现高效的顾客反应，以实现创新的分销和配送战略。本章还向读者简单介绍了面向商贸企业的DRP分销渠道管理软件的使用。

引导案例

蒙牛公司销售与分销应用案例

运用信息技术优化、固化蒙牛的管理制度与业务流程，构建适合蒙牛乳业管理需求的管理机制和管理系统，实现业务过程的透明、可控、可追溯，实现业务的统一、规范，从而实现对各地直营公司和经销商的直接监控和管理。

1. 企业基本情况

蒙牛乳业集团于1999年7月成立，短短几年时间，就在全国乳制品企业中排名上升至第二位。其中，UHT牛奶销量居全球第一，液态奶销量居全国第一，冰淇淋销量居全国第一。

几年来，蒙牛集团带动内蒙古及周边地区新增奶牛 80 多万头，产业链条辐射几百万农牧民。早在 2007 年，销售收入就达到 213 亿元，成为中国乳业收奶量最大的农业产业化“第一龙头”。

目前，公司已在全国 15 个省级行政区建起 20 多座生产基地。产品覆盖全国（台湾地区除外）的所有地区，并出口东南亚、蒙古、美国等国家，是乳业牛奶出口最大的企业。开发的产品有液态奶、冰淇淋、奶粉及奶片等系列 100 多个品种。

2. 企业信息化需求

随着企业的高速发展，蒙牛集团在管理上出现了以下难题：

- 集团的分销管理基本完全依靠手工作业进行，工作量大，各种营销数据汇总统计分析的效率低下，时效性差。
- 公司经营规模不断扩大，库存、应收账款、费用等经营数据无法及时准确地统计上报，不利于蒙牛总部进行管理和决策。
- 集团相关的业务数据不能统一掌握，在管理配置、资源调配、库存管理、渠道管理等方面增加了难度。
- 如何实现调度人员在接受订单时实时获得各个仓库的库存信息，以便合理分配库存，安排发货。
- 直营公司和各地经销商的价格难以规范，缺乏监控手段。
- 缺乏对渠道的数据分析，无法及时准确掌握经销商及渠道伙伴的经营情况、合同执行情况。

3. 蒙牛公司 NC 实施方案

（1）实施 NC 方案的总体思路

NC 是“新世纪”（new century）的英文缩写。其核心管理理念是“协同商务、集中管理”，这是中国集团企业和企业集团在以互联网为核心的电子商务时代，坚持国际化发展所获得的最佳管理与业务实践，也代表着当今世界最先进的管理模式和未来发展趋势。

（2）具体实施方案

① 解决企业管理制度、业务规则等在营销网络中的统一、规范问题，解决各种经营数据汇总统计分析时效性差等问题。

构建蒙牛公司信息管理系统，要以蒙牛公司的数据，即以蒙牛集团及所属公司的全部经营数据为基础，进行集中存储、集中业务处理。

由于蒙牛经营数据集中存储，根据授权相关人员直接对多公司经营数据进行汇总、统计分析，解决了各种经营数据汇总统计分析的时效性差的问题，大大提高了效率。

通过软件参数与业务流程配置，实现了蒙牛集团管理制度的规范和业务流程的统一。

蒙牛公司信息系统集中部署在总部、异地分公司、仓库，可以通过浏览器进行远程操作，实时处理各自的调拨请求、发货，实时了解仓库信息，接受客户订单等。

由于蒙牛公司的经营数据集中存储，业务在一个系统平台上处理，根据授权蒙牛公司总部相关人员可以随时查询、审批多个公司的业务，监控各个分公司的业务过程，实现蒙牛总部实时对异地分支机构进行管理和会计核算。

② 实现冰淇淋等商品多仓库库存资源的合理调配问题。

由于经营数据(包括库存数据)实时集中存储，蒙牛公司调度中心可以随时了解各地仓库冰淇淋、酸奶等商品的库存情况，主动、合理地进行商品调配，最大程度减少了由于库存分布不平衡导致的缺货与积压并存的情况。

另外，蒙牛公司通过 NC 系统的运用，在价格管理方面也得到了规范，控制了分支机构的价格调整的随意性；通过系统实现了对渠道成员合同、订单的执行状况跟踪，可以随时查询渠道的采购、出库、运输、开票、应收及收款状况，增加了业务的透明度、可控性。

4. 蒙牛公司信息化效果评析

运行 NC 系统之后，蒙牛公司在管理方面有了较明显的提升，主要体现在：

(1) 蒙牛公司经营数据收集的效率及准确性有了很大提高，使得蒙牛公司管理层可以快速应对市场变化，及时做出决策。

(2) 实现了经营数据的统一、集成，管理人员可以随时查询整个公司的销售、库存、发运、应收等情况，增加资源调度的前瞻性和合理性。

(3) 实现调度人员实时获得各个仓库的库存信息，使订单发货安排得更加合理、快捷。

(4) 实现经营数据与财务的一体化，经营数据要及时反映给财务，实现财务对业务的全程监控。

(5) 实现对经销商及渠道伙伴的经营情况、合同执行情况的监督与分析。

6.1　现代物流与分销

6.1.1　现代物流特点及发展趋势

物流,从其最初实物分配阶段(physical distribution),发展到后来的综合物流管理阶段(integrated logistics management),到如今的供应链管理阶段(supply chain management),标志着物流业已从传统物流向现代物流转变。物流业已从发展以交通运输、仓储管理为主要功能的阶段,转入以物流组织和管理体制创新、信息技术应用为特征的多功能集成化、系统化、网络化的现代物流阶段。

现代物流是指原材料、产成品从起点至终点及相关信息有效流动的全过程。它将运输、仓储、装卸、加工、整理、配送、信息等方面有机结合,形成完整的供应链,为用户提供多功能、一体化的综合性服务。现代物流水平已成为一个国家体现其综合国力的重要标志之一。

1. 现代物流的特点

与传统物流相比,现代物流呈现出以下几大特点:

(1) 系统性、整体性和网络性

现代物流要求将人类社会物流(包括生产资料和消费资料流通)的全部环节(采购、运输、仓储、包装、流通加工、搬运、信息)视为一个有机的整体,即物流系统。而物流系统由于客观的因素必然是网络的物流系统,因此无论是现代微观物流还是现代宏观物流,谋求的都是物流全过程的高效性、协调性和总体的经济性。

(2) 商流与物流的可分离性

现代化工业国家已从生产性社会过渡到供应性社会,因此,传统的商流和物流伴随活动时常在经济上是不合理、低效率的。而现代物流实现商流和物流的分离是社会发展专业分工、职能分工的结果,其社会经济效益增长显著。

(3) 服务准时性和上门性

由于现代化工业生产要适应瞬息万变的市场,要求及时反应和柔性生产,从而出现了准时制,对现代物流的要求是准时送货。

(4) 标准化和信息化

现代物流实现上述三个特征的技术保障是物流的标准化和信息化。我们可以毫不夸张地说,没有物流的标准化和信息化,也就没有现代物流。

（5）集成化

随着物流专业化和社会化的发展，物流企业提供的功能和服务不断地增加，制造业和商业企业的物流不断地转移（外包），特别是在供应链的条件下，现代物流从传统的仓储和运输延伸到采购、制造、分销等诸多环节，物流功能的增加必然要求对物流环节或过程进行整合集成，通过集成，优化物流管理，降低运营成本，提高客户价值。另外，由于科学技术的发展及其在物流领域的广泛应用，在提高了物流管理水平的同时，大量技术的采用也面临着各种技术之间的集成问题。现代物流着重于将物流与供应链的其他环节进行集成，包括物流渠道与商流渠道的集成、物流渠道之间的集成、物流功能的集成、物流环节与制造环节的集成等。

2. 发达国家现代物流发展的经验和趋势

（1）美国物流业的特征及发展经验

美国是世界上最早进行专业物流研究的国家，也是世界上物流业最发达的国家之一。美国的物流系统有以下几个特征：

- 多渠道、多形式的物流结构

美国推行自由经济政策，一方面，商品经济高度发达，加上地域广阔，物流业务数量巨大而且异常频繁；另一方面，在激烈的竞争环境中，物流服务的提供方即物流企业也需要在维持较低水平物流成本的同时，以最大限度地满足客户需求为原则，采取最有利于用户利益、最容易被用户接受的经营方式和流通渠道，形成了灵活多样的物流供需结合方式。

- 高效率的物流运输系统

运输是物流系统的重要环节，完善的运输系统为高度发达的物流业奠定了基础。美国完善的运输系统不仅体现在运输方式多、技术水平高，更体现在充分利用各种运输方式的优势，构架了高效的综合运输体系。各种运输方式在综合运输体系中分工明确，衔接紧凑，节约了运输时间和运输费用，有效提高了运输效率。货物在物流过程中广泛实行转运、联运。

- 现代化的物流技术

美国物流企业凭借现代化的信息和网络技术，建立了发达的物流信息系统，并使物流系统与之实现联动。信息技术的应用，一方面使物流企业能够提供缺品率低、小批量、迅速及时的交货及定时配送等高质量服务，有效地减少了库存；另一方面可以帮助生产厂家更容易地把握合理的库存量和市场信息，大大提高了企业在国际物流中的竞争力。

（2）日本发展物流业的特征和经验

日本物流业发展的历史虽然不长，但其发展速度之快、经营规模之大、整体现代化程度之高，令世界瞩目。日本物流业的高度发展，是由于日本采取了一系列行之有效的措施。

- 建设大型物流基地和物流设施

为发挥大城市流通中心的作用，从20世纪60年代中期开始，日本在东京、大阪、神户等城市大规模开辟物流基地，其中包括占地25万平方米的东京批发中心等一批大型物流活动中心。在436万平方米的神户第一人工岛附近修建了12个集装箱泊位及15个杂货泊位。这些大型物流基地和众多的仓库终端成为支撑整个物流网络的终点。与此相联系的是物流企业普遍采用了现代化的流通手段和技术，实现了运输、仓储、装卸、包装、分拣等系统的现代化。

- 发展多层次的物流系统网络

日本国土面积不到38万平方公里，但在20世纪80年代中期，物流企业就已经有5万多家，从业人员105万人，货运量达到34亿吨。整个物流系统网络以大中城市为依托，以商社为主体，加上规模不同的代理店、特约店、零售店以及生产企业、工业公司的销售网络，形成了一个多层次的、大中小并举的庞大的网络型系统。

- 流通高度社会化

与美国的情形不同，日本的生产企业一般不直接参与购销活动，他们的原材料由专门的流通部门即商社承担。商社负责产销，可以集中订货，解决用户资金周转上的困难，可以发挥信息功能和市场预测功能，协调不同厂家、不同运距的产品价格。据统计，日本钢材总销量的97%都是通过商社销售的，生产厂家倚重商社，生产与流通专业化分工明确，物资流通高度社会化。

- 健全的物流管理体制

日本政府高度重视物流，政府不干涉企业具体的物流业务，但注意在宏观上为物流的发展创造有利的环境，引导物流发展。日本的通产省、运输省负责制定物流政策和法令，政府统一规划大型物流中心，制订方案，积极扶持。如在填海造地的平和岛上，由政府规划、私人集资，建设了规模巨大的仓库团地和物流中心。经过多年的努力，政府和物流主管部门、货主企业和交通运输部门共同建立健全了一套物流管理体制。

(3) 现代物流业的发展趋势

• 第三方物流日益成为物流服务的主导方式

从欧美国家的情况看,生产加工企业不再拥有自己的仓库,而由另外的配送中心为自己服务,已经成为一种趋势。据有关资料报道,美国某机构对制造业500家大公司的调查显示,将物流业务交给第三方物流企业的货主占69%(包括部分委托)。同时研究表明,美国33%和欧洲24%的非第三方物流服务用户正积极考虑使用第三方物流服务。

• 信息技术、网络技术日益广泛应用于物流领域,物流与电子商务日益融合

20世纪70年代电子数据交换技术(EDI)在物流领域的应用曾简化了物流过程中烦琐、耗时的订单处理过程,使得供需双方的物流信息得以及时沟通,物流过程中的各个环节得以精确衔接,极大地提高了物流效率。而互联网的出现则促使物流行业发生了革命性变化,基于互联网及时准确的信息传递满足了物流系统高度集约化管理的信息需求,保证了物流网络各点和总部之间以及各网点之间信息的充分共享。

• 物流全球化

物流全球化包含两层含义,一是指经济全球化使世界越来越成为一个整体,大型公司特别是跨国公司日益从全球的角度来构建生产和营销网络,原材料、零部件的采购和产品销售的全球化相应地带来了物流活动的全球化。另一层含义是指,现代物流业正在全球范围内加速集中,并通过国际兼并与联盟,形成愈来愈多的物流巨无霸。1998年,欧洲天地邮政(TNT)以3.6亿美元兼并法国国内第一大快递服务公司Jef Service。1999年,英国邮政以5亿美元兼并德国第三大私人运输公司German Parcel。这些兼并活动不仅拓宽了企业的物流服务领域,同时也大大增强了企业的市场竞争力。

6.1.2 分销

1. 市场营销概念

市场营销是企业的基本职能之一。其定义可概括为:"从卖方的立场出发,以买方为对象,在不断变化的市场环境中,以顾客需求为中心,通过交易程序,提供和引导商品或劳务到达顾客手中,满足顾客需求与利益,从而获取利润的

企业综合活动。”

市场营销有四大要素，即产品（product）、价格（price）、分销（place）、销售促进（promotion），简称4P。

2. 分销概念

在市场营销四大要素中，分销愈来愈得到了人们的重视，被认为是市场营销中潜力最大的要素，是整体营销的关键环节。

目前，我国流通领域的多元化格局已经形成，国际上的商业资本也越来越多地涌进来。竞争促使我国的流通体制和分销方式必须发生质的变化以迎接挑战，提高竞争力。业内人士早已预言，中国加入WTO后首当其冲受到极大挑战与威胁的，是中国的分销业。很明显，不论产业发展得多么好，产品制造得多么精美，最终的商业成功大部分还得依赖于如何搞好分销。面对市场分化的日益精细，面对国外分销商的虎视眈眈，这一点显得更为重要。

分销，包括分销渠道、储存设施、运输、存货控制等，主要指产品从生产出来一直到消费者手中的整个传递过程中所涉及的一系列活动，包括在商品转移过程中取得这种商品和服务的所有权和帮助所有权转移的所有企业和个人（生产者、中间商、代理中间商、最终消费者等）。

分销渠道，也称销售渠道或配销渠道，是指产品从生产者向消费者或用户转移中经过的通道，该通道由一系列的市场中介机构或个人组成。换言之，一切与商品转移相关的中介机构或个人组成了商品的分销渠道。渠道的起点是生产者，终点是消费者或用户，中间环节有各类批发商、零售商、代理商、经纪人和实体分销机构。

实体分销，即通过计划、实施与控制原材料和制成品从生产地到达使用者，在满足顾客时间、地点及服务水准需要的基础上使企业赢利。实体分销由六方面的职能组成：运输、仓储、物料搬运、存货控制、保护性包装和订单处理。

从经济理论的观点来看，分销的基本职能在于对产品从生产者转移到消费者过程中所必须完成的工作加以合理高效地组织，其目的在于消除产品（或服务）与使用者之间的分离。分销服务已不仅仅涉及批发和零售，而是包括了直销、代理、批发、零售到仓储、运输、售后服务等各个方面。

6.1.3　分销与物流的关系及分销面临的物流问题

1. 市场营销与物流的关系

企业要取得持续性竞争优势，离不开正确地运用市场营销策略。而物流代表了一个企业巨大的战略潜力,它是企业获得持续竞争优势的关键因素。物流所涉及的活动中很多都与营销策略有关,这些活动构成了营销和物流两个系统的联系,只有把营销和物流结合成一个共同的竞争战略,实行一体化,物流系统才能够成为一个有效的系统,为实现企业的目标、提高企业的竞争优势提供强劲的支柱。

在20世纪80年代中期以后的美国,随着人们对物流管理认识的提高,经济环境、产业结构和科学技术的迅猛发展,物流理论和实践开始向纵深发展。人们认识到物流不仅与生产密切相关,而且和营销紧密相连,成为支撑企业竞争力的三大支柱之一。人们从理论上和实践上开始认识到现代物流活动对创造需求的巨大作用,原有的营销组合已不适应时代发展的要求,而有必要进行现代物流与现代营销的再结合和创新。这一理论对现代物流的本质给予了高度总结,也推动了客户关系管理和供应链管理的研究、发展极其广泛的应用。

现代物流概括起来主要包括:运输、仓储、配送、流通加工、包装、搬运装卸、信息处理等环节。而产品的营销过程和满足消费需求的过程,与物流有着极其紧密的联系。物流的有效性、通畅性和及时性直接决定了产品的生产和创新;物流各个环节的成本直接影响产品的价格构成;物流的通达性和网络结构直接影响了分销渠道的有效性,从而也影响了消费者接受该产品的方便性;物流的及时性与多功能性直接影响了促销策略的实施;物流的信息化处理能力直接影响了厂商或销售商与消费者的沟通。尽管营销创新层出不穷,但只要存在供给与需求、生产与消费之间的时间差异和空间间隔,物流作业的发生就不可避免。物流也在进行翻天覆地的变革,一些新的物流管理方式如客户关系管理、JIT制造、虚拟库存等应运而生,在电子商务时代这一点尤甚。因此,物流对营销具有客观而潜在的能动性,物流的整体效用极大地左右了营销策略的实施效果。

英国著名供应链管理专家马丁·克里斯托弗(Martin Christopher)认为,营销绩效取决于物流(供应链)效率和客户以及消费者的选择权。决定物流(供应链)效率的因素有灵活性、成本控制以及规模采购等。

随着消费者个性化要求日益突出,加之媒体分化,信息过载以及供给越来越多,产品和服务愈发趋同,竞争日益激烈,营销策略更加注重客户导向,生产推动式逐步向市场拉动式转变,此时,定制化的物流服务能力成为吸引消费者的重要变量,是构成产品差异性的重要组成,理所当然地受到高级经理和营销人员的高度重视,因此可以说,营销创新对物流服务也提出了新要求,现代物流已经成为开展现代营销必备的一种有力手段。在这个意义上,营销对物流具有反作用。

2. 分销与物流的关系

分销是一个系统工程。传统意义上的分销只是一条通道,分销决策仅限于通道的长与短、宽与窄的选择。而在现代分销概念中,分销的过程是“五流合一”的过程,商流、物流、信息流、促销流和货币流相互依存、相互支撑,缺一不可。而其中的物流是分销的基础,物流水平直接制约着分销水平,因为分销行为的对象与载体是商品,没有商品实体的转移即没有物流,分销就会成为无源之水,无本之木。

(1) 生产厂家与物流

商品的生产者面临的物流问题与最终消费者息息相关。为什么这么说?首先,现在客户都在追求个性化的商品,这种追求导致商品的种类增加。其次就是客户现在获取商品的信息比原来的渠道更多、更快、更便捷。特别是有了网络以后,客户很容易获得商品的资讯,有了更多的选择机会。这些消费特点决定了生产厂家在把握市场需求的时候更准确,产品的上市周期要更短,厂家必须更敏捷地去应对市场的需求。

面对激烈的市场竞争,生产厂商要站稳脚跟,除了需求要把握得准,更重要的是在产品交付的过程当中,如何使物流的成本压得更低、更有效率。所以,生产厂家关心的与物流有关的两个问题是:一是应该在什么时候生产什么东西;二是选择什么样的方式、什么样的渠道把生产好的商品按照客户的要求在适当的时间交付到客户手上去。

(2) 零售商与物流

零售是和客户交互的最末端,零售商所关心的首先是应该进什么样的商品,应该卖什么样的商品,这样的商品组合不仅能带来营业额而且能带来效益。其次,对零售企业来讲,怎样做到客户所需要的商品能够在商店里适时适量地提供,货进多了成本就高,可能卖不出去,货进早了进晚了也不行,都无法满足客户的需求。最后,零售商向什么样的厂商、什么样的分销商采购更合适?另外,现在的零售企业很多都实行连锁经营,通过大批量采购和销售来降低成本,如何了解每个分散的连锁店每天动态的销售情况、缺货情况,从而在其物流中心选择给不同的商场补货、配货,并保证成本最低。因为零售商出售多个厂家的商品,对他而言,采购环节相对来说更重要,哪家的东西好卖,哪家的东西提供及时,这是零售商最关心的问题。

(3) 分销商与物流

对分销渠道来讲,关心的问题又不一样。分销的类型很复杂,基本上可以分成两类,一类是纯粹为某一个生产厂商做分销的企业,具有排他性的,像欧莱雅化妆品就是和当地的分销商合作的,这时分销商只起中间分货的作用;另一类是为多个厂商做产品分销。分销商们所关心的问题有两个:其一是如何把货分得越多越好,分得多的前提就是必须了解下游零售商的要求,零售商到底要什么货,什么人、什么地区会要这个货,分销商才可以组织分销;其二就是分销商手上的货品的存货量越少越好。这些问题无不与物流有关。

(4) 实体分销与物流的关系

实体分销涉及大量的物流技术问题:现代化的运输、仓储、包装、装卸技术等,都与实体分销的效率紧密地联结在一起。要提高实体分销效率,降低成本,除了要有先进的管理方法外,还必须要有先进的物流手段。日本在 20 世纪 60—80 年代完成了这个转变,建起了标准化的现代物流系统。我国近 20 年在通信、运输等方面也取得了长足进步。

实体分销过程本身就是一个大系统,其中的各功能子系统相互依存、相互作用。如运输速度影响库存规模,即运速快,较少的库存量也能满足周转的需要;反之,运速慢,库存量大,费用也高。再如,装卸搬运的机械化水平影响包装,若使用几乎可以免装卸的集装系统,则商品包装可相对简化。同时,一个企业实体分销的效率离不开整个国民经济的发展水平,离不开交通运输、码头、航空港以及整个物流系统的标准化、社会化。

实体分销中存在大量需要权衡选择的问题,即当某个目标能较好地达到时,另一目标却不能达到,或某项费用较少时,另一项费用却增加。如缩短送货周期,提供紧急订货等,虽可提高服务水准,吸引顾客增加订货,但频繁发货也带来运送成本的增加。又如,企业选择运量大、运费低的铁路运输方式,虽然节省了运费,但铁路运输存在货物在途时间长,不能实现门对门的直达运输,对货物包装要求较高,发生磕碰损失的风险大等缺点,所产生的费用总和也许并不比其他运输方式低。因此,决策时必须综合考虑各种因素,选择最优方案。

3. 我国分销领域现状及所面临的物流问题

前几年,我国分销领域发生了很大的变化,但基本是单一环节和形式的变化。单一环节变化表现为批发环节的变化，或是零售环节的变化，而不是整个分销通路的变化；形式的变化，大多是批发环节选择代理制，零售企业发展新型业态，缺乏从整合分销通路角度进行变革。

（1）零售业现状

零售商是分销渠道中处于最末端的中间机构，其服务对象是最终消费者，因而对市场信息反映最直接、最灵敏。零售商具有分布面广、分布点多、从业人员多等特点。零售商的形式多种多样，就像产品一样，也经过从发展到衰退的阶段。一种零售类型在某个历史时期出现，经过一个迅速发展的时期，日臻成熟，然后衰退。尽管许多零售商店拥有独立的经营权，但是越来越多的商店正在采用某种合作零售形式，这就导致了零售组织的产生，如公司连锁商店的出现。

零售业零售商在制定竞争战略时，必须考虑新的发展趋势。新的零售形式不断涌现，威胁着现有的零售形式，而且新的零售形式的生命周期由于变革的加速正在缩短；当前在不同类型商店之间的竞争愈演愈烈，特别是连锁超市和小型独立自营商店的竞争成为热点，连锁店大量购物的能力、更优惠的贸易条款优于独立商人。例如沃尔玛这样的超级零售商，通过高级信息系统和购买力，使顾客得到强有力的价格优惠。

为满足零售商当前采取的减少存货、降低库存成本的多品种小批量订货的要求，物流活动就应与此相适应，要表现出极大的灵活性和准确性。第三方物流的出现适应了这一趋势，日益为大众所接受，依靠其管理人员和技术的专业化实现了规模效益，在存货控制、货物在途监测、控制运输及库存成本、顾客服务等方面都有较大的优势，利用计算机提高预测水平、控制仓储成本，用电子技术（EDI、电子转账等系统）向供货商订货，传递信息。

（2）批发业现状

批发商包括将商品或服务售予那些为了再售或企业使用而购买的人时所发生的一切活动。批发商在分销中起着联结生产者和零售商的作用。批发商的顾客主要是零售商，以零售商的需求为导向是批发商营销活动的出发点和归宿；批发商又是企业的直接供应对象，企业的营销活动通过批发商、零售商才能到达最终消费者。批发业的类型变化比零售业少，且变化速度慢。批发商最近几年正遭遇着不断增长的竞争压力，他们面临着竞争的新力量、顾客的新需求、新技术和来自大的工业、机构及零售买主的更多的直接购买计划，因此他们必须在目标市场、产品品种、服务、定价、促销和销售地点等方面改进其战略决策。

当前批发业的发展趋势表现出制造商对批发商的不满:认为他们没有积极地推销制造商的产品而是坐等订单,批发商不愿意多存货以致不能尽快供应顾客订货,批发商不能向制造商提供有关市场现状和竞争情况的情报,为服务索取的费用太高,工作的业务成本居高不下等。

对于批发业存在的这种新的形势,企业联盟的创立在一定程度上解决了这个问题。企业联盟是指拥有不同关键资源的几家企业,为了彼此的利益而结成联盟,以创造竞争优势。制造业、批发业和物流业联盟可以达到比单独从事物流活动所取得的更好的效果,企业间形成相互信任、共担风险、共享收益的物流伙伴关系。各企业之间通过整合外部资源,为我所用,从而拓展自己的发展空间,利用外部的能力和优势来弥补自身的不足和劣势,将有限的资源集中在附加值高的功能上,同时参与联盟的企业保持了各自的相对独立性,组织成员间仍存在竞争,从而避免了组织的僵化。企业联盟有效消除了交易的重复、浪费与不确定性,大大降低了成本,加快了客户反应速度,创造了整体优势,实现了参与联盟企业的"共赢"。

(3) 我国分销企业面临的物流问题

分销企业的物流问题一般集中于运输、仓库管理、组织三方面。主要存在运输方式的选择不合理、运输频率高、仓库过多、组织设计不合理等问题。

相对于发达国家的分销物流而言,中国分销业的物流管理水平还处于起步阶段,专业化物流服务的方式还很有限,分销物流企业的经营管理水平有待大幅度提高。尽管中国已出现了一些很专业化、比较成气候的分销物流企业,但物流服务水平和效率还比较低,主要表现在以下几方面:

- 服务方式和手段比较原始和单一。目前多数从事物流服务的企业只能简单地提供运输(送货)和仓储服务,而在流通加工、物流信息服务、库存管理、物流成本控制等物流增值服务方面,尤其在物流方案设计以及全程物流服务等更高层次的物流服务方面还没有全面展开。

- 物流企业组织规模较小,缺乏必要的竞争实力。目前从事物流服务的企业,包括传统的运输和储运等流通企业和新型的专业化物流企业,规模和实力都还比较小,网络化的经营组织尚未形成。

- 物流企业经营管理水平较低,物流服务质量有待进一步提高。多数从事物流服务的企业缺乏必要的服务规范和内部管理规程,经营管理粗放,很难提供规范化的物流服务,服务质量较低。

- 信息技术应用水平较低。以信息系统建设滞后为例，工商企业内部物流信息管理和技术手段都还比较落后，如条形码技术、企业资源管理（ERP）等物流管理软件，在物流领域中的应用水平较低。

6.1.4　国际物流分销案例分析

1. 英迈中国的崛起

英迈国际（Ingram Micro Inc.）的"进入"好似针对中国物流现状而开出的一剂猛药，它的服务和管理手段、信息技术和其公司强大的资金、信息、物流集成和处理实力，一开始就将中国 IT 分销市场国际化的进程引到了一个高起点的竞争层面上。

英迈作为全球最大的信息产品、解决方案和服务供应商，它的服务包括为它的合作伙伴提供采购、推荐、供应链业务安排、电子招商和外包后勤服务等，拥有先进的物流经验。在 1998 年，它率先向中国国内引进 Impulse 管理系统，使其在中国的业务流程与英迈国际实现了同步，实现了信息、产品分销质量的标准化，通过了技术支持、储运、管理等方面的 ISO9000 认证。

英迈在中国保持了其在全球一贯的形象，就是以物流为主打、全面信息化起飞。其在中国的合作伙伴的仓储系统全部都以先进的 Intranet 相连，再连接到北京、上海、广州、成都 4 个中央分拨中心，构成一个覆盖全国的高效电脑实时管理的物流体系，使其代理的 30 多个国际知名品牌的电脑配件、网络、系统及外设、软件、半导体产品在中国得到迅速分销。

作为超级国际分销巨头，它与所有的业务厂商都建立了电子商务分销平台，英迈已通过 ERP 系统把其公司遍布全球的财务系统、物流系统、销售系统等流程紧密结合。一旦被成功地全面引入，作为其中国市场竞争的砝码，还将大幅度降低整个分销系统的运营成本，一举确立在电子商务时代的分销优势。

英迈公司对当前中国物流体系建设有着独到的见解：

第一，认为针对现实情况不应盲目跟风，物流系统的目的是在最短时间内把需要配送的物品配送至目的地，一个公司能不能围绕新的业务，通过一个订单把后勤部门全部调动起来是衡量物流企业优秀与否的一个核心问题。

第二，产品的覆盖面不应该成为衡量物流能力的重要标准，物流能力的覆盖面的衡量标准是应该经得起公司模式的转换，换了一种产品仍能覆盖到原有的区域。

第三,物流企业不能概念化,没有必要花费大量资金建立一个网站而只是把它当做普通的传真机来使用。电子商务是做生意赢得利润的工具,而不是概念,如果某一公司为了电子商务与网站接轨而导致后勤支持部门的日常工作发生巨大变化,那就是很危险的情况了。

如果说英迈携其资金流、信息流的集成和管理上的超级实力,在中国引领着物流的发展方向,那么英迈在这一具体指导思想下取得的卓著成绩,对我国物流企业的建设具有很好的指导意义。

2. 宝洁:分销天下

(1) 分销的演变历史

宝洁的通路管理模式和其对分销商的定位随着中国国内商业流通领域及零售业的发展,经过了几次重大变革。

宝洁进入中国大陆市场是在1988年。最初几年,宝洁将产品直接销售给分销机构,以分销商缴纳货款为分水岭,来确认产品所有权的转移。宝洁认为,产品该怎样销售,销售给谁是分销商或批发商考虑的事情,宝洁销售部门的主要任务是寻找分销商或批发商,促使其订购更多的商品,并且有能力回收货款。

这种模式的问题是显而易见的。因为当时,民营商业资本力量非常薄弱,而在流通渠道上发挥主导作用的都是国有商业企业,它们显然不能形成渠道自主推动力,回款难和市场覆盖率差是这种渠道管理模式的痼疾,宝洁也不例外。

因此,从1992年开始,宝洁开始帮助分销商销售自己的产品,给分销商很多支持,并对市场覆盖进行规划。因其突出的市场地位,宝洁产品的价格成为该品类的价格标靶。由于宝洁分销商设置的数量过多,层级过多,导致流通渠道混乱。而且,很多分销商拿着宝洁提供的各种费用支持,却不用于渠道拓展上。

于是,1995年以后,宝洁开始推行严格的数字化管理。同时,随着民营资本的崛起以及国有商业企业转变经营机制,在日用消费品领域,各个地区均形成了一些有话语权的分销商。同时,通过持续不断的培训与支持,也培养了一大批分销商。

1996年以后,国际、国内连锁零售终端的兴旺使中国内地的日用消费品零售业发生了革命性的改变,多种因素综合发展至1999年,宝洁再次对与其合作的分销商予以重新定位。

(2) 分销的角色界定

在新的分销商定位中,宝洁的分销商扮演了三个重要角色:

第一，分销商是向零售商和批发客户提供宝洁产品的首要供应商，由于提供有价值的产品和服务，分销商从其客户赚取合理的差价利润。未来的分销商将具备完善的基础设施、充足的资金、标准化的运作、高效的管理等素质。

第二，分销商是现代化的分销存运中心，是向生产商提供覆盖服务的潜在供应商。

第三，分销商同时也是向中小客户提供管理服务的潜在供应商，通过提供电子商务、店铺宣传、品类管理、促销管理等服务，收取相关管理服务费用。

宝洁希望使自己的分销商网络结构得到优化，把经销商变成愿意投资于市场长期发展的营销伙伴，借此建成一个战略性的分销商网络。因此，宝洁的分销商除了要求具备规模、效率、专业服务和规范等特点外，还必须具备很强的融资能力，宝洁的分销商必须将宝洁的发展置于优先的位置。战略一致是分销商和宝洁共同发展的关键。

（3）分销的管理方向

系统化、技术化的管理是分销商发展最基本的方向。随着市场竞争的加剧和市场开放程度的提高，各竞争对手相继把加强对客户的控制及对主要客户的支持列为主要的发展方向。

为了帮助分销商在提高销售水平的同时提高宝洁产品的销售效率，宝洁投资 1 亿元人民币，用于选定的分销商的电脑系统建设和车辆购置，在全国的分销商总部以及分公司基本完成电脑系统的安装，并构筑起分销商对二级客户的覆盖体系。

具体的实施措施还有：

① 精简分销商数量

为了实施这一计划，宝洁首先缩减了分销商的数量，变更了分销商的选择方式。1999 年上半年，宝洁公司将分销商数量减少了 40%，通过公开招标使分销商更关心自己的竞争力。

② 建立“核心客户（KA）”制度

由于日用消费品市场日趋成熟，竞争也越来越激烈，宝洁为了降低运作费用，精简促销成本，启动了“核心客户”制度。从原有的分销商当中（包括一级批发商和大型零售商）遴选出一部分作为核心客户，一律享有直供价，14 天付款优惠，取消原先针对终端的上架费、商品管理费、陈列费等，用“核心生意发展基金协议（CBDF）”和“品牌生意发展基金协议（BDF）”取代。

核心生意发展基金协议是针对批发大户每年签订的提供发展基金的协议；品牌生意发展基金协议是针对直供商场每年签订的提供发展基金的协议。这两个协议的本质相同，都是宝洁根据协议对分销商提供的特定促销服务，愿意提供以某一特定的计算方式来计算的一笔资金。这笔资金的目的在于鼓励宝洁的分销商为宝洁的商品提供一些有效的和持续的促销支持。

③ 通路管理

通路管理的基点可以称为对"三流"的控制，即对物流、资金流、信息流的管理与控制。

● 物流，宝洁培植的"宝供物流"使其在这几年的变革中，物流上并无多大的麻烦。另外，宝洁对分销商的运输车辆的直接支持则保证了从分销商到零售终端的物流畅通与及时。

● 资金流，宝洁对资金流的控制包括输入和输出两个部分。

宝洁输入资金可以依靠与不同的分销商确定相应的供价以及回款折扣来解决。同时经过分销商精简后，宝洁通过对分销商信用的管理和合理库存的控制来确保回款的及时。而资金的输出，即对分销商的费用支持，就显得很麻烦。

由于日用消费品市场竞争的激烈程度不断加剧，各生产商都试图通过给予分销商支持而控制渠道资源。所以对分销商、零售商的支持方式、方法层出不穷，费用也节节攀升。而宝洁通过建立合理化的费用运作体系来确定对分销商支持的额度，因此，覆盖服务费、BDF（品牌生意发展基金协议）、CBDF（核心生意发展基金协议）的出台就成为一种较好的选择模式。

● 信息流，由于目前分销商的实力及管理水平的局限，宝洁为了很好地掌握市场信息，为分销商支持了电脑并配装了各种软件，在宝洁与分销商之间建立了相对简单的信息反馈系统。但是，目前的状况离宝洁的期望仍有很大距离，因为目前国内很多企业在这方面只是简单粗放的信息流动，信息量、准确性、及时性都大打折扣。

3. 沃尔玛的分销竞争力

(1) 按二八法则采购

沃尔玛将"低价销售、保证满意"作为企业的经营宗旨，认为低价销售代表着零售业未来的发展方向，只有实行"真正的低价"，才能赢得顾客。而要做到低价，就必须降低成本。为此，沃尔玛绕开中间商，直接从工厂进货，大大减少了进货的中间环节，将价格压至最低。同时在商品采购中，沃尔玛采取"80/20

原则”(一个商店 80% 的销售额通常是由 20% 的商品创造),仅采购几个优质品牌,这一原则的实施不仅有利于获得价格折扣,而且降低了管理难度。

(2) 高效的配送系统

沃尔玛实行进销分离的体制,实行“统一定货,统一分配”的销售方式,由总部负责所有分店商品的统一订货。在美国的各个销售区域,沃尔玛设立了 20 多个销售中心,他们离所服务的商店的距离以一天的路程为限。同时,沃尔玛又建立起自己的车队,购买了 6 000 多辆卡车。现在,沃尔玛商店中 85% 以上的货物都是由公司的销售中心供应的,而其竞争对手仅能达到 50%—60% 的水平。这样,沃尔玛分店从计算机开出订单到进货的时间间隔平均只有 2 天左右,而其竞争者则需 5 天以上。另外还有一种加急运送方案,根据这一方案,一家商店在前一天晚上订货,第二天晚上就能收到急需的货品。沃尔玛的这一销售系统不仅实现了及时补货,更大大降低了沃尔玛的进货成本。

(3) 先进的信息管理

沃尔玛积极采用先进的信息技术为其高效的分销系统提供保证,每年投资在信息技术上的信贷规模近 10 亿美元,将电脑用于分销系统和存货管理。公司总部有一台高速电脑,同 20 个发货中心及 1 000 多家商店相连。通过商店付款柜台扫描器售出的每一件商品,都会自动记入电脑。当某一商品数量降低到一定程度时,电脑就会发出信号,向总部要求进货。总部安排货源后,将货物送往离商店最近的分销中心,再由分销中心的电脑安排发送时间和路线。这一高效的自动化控制使公司能够全面掌握销售情况,合理安排进货结构,及时补充库存的不足,降低存货水平,大大减少了资金成本和库存费用。正是由于先进信息技术的应用,保证沃尔玛销售产品的 90% 直接从厂商购买,才使成本得以降低。

(4) 与供应商共享数据

通过自己的零售链系统,沃尔玛与全球 6 000 多个供应商实现了信息的交流,包括 POS 数据、库存信息、按品种和季节形成的仓储资料、调价数据和供应商报告。与供应商共享信息,加强了沃尔玛与主要供应商的合作关系,这是沃尔玛处理与供应商关系的关键所在。

沃尔玛对于某商店每天的销售数据,在发往总部的同时,利用“RETAIL LINK”软件包,通过因特网发送到供货商的计算机系统内。这样,供货商对其商品销售的数据可以做到“实时监控”,马上可以掌握该地区的商品销售组合、流行趋势、顾客类型、销售时段,可据此按照自己的生产提前期,组织资源,进行生产和分销。在与某些供货商的合作中,沃尔玛可以做到不用准备商品库存(货架除外),因为供货商对其货架情况了如指掌,一旦发现沃尔玛某类商品货架的数量接近最低点,供货商立即组织主动送货,零售商与供货厂家形成了真正的合作伙伴关系。由于库存费用和运输费用都非常低,沃尔玛的市场竞争力自然远大于竞争对手。

6.2 创新的分销与配送战略

6.2.1 协作是供应链发展的必然趋势

企业不能仅仅依靠低成本竞争,降低成本与提升服务水平成为企业改善供应链绩效表现的关键所在。供应链运作水平的高低将直接决定企业的整体竞争力,利用信息技术实现高绩效供应链管理成为企业的重要选择。

1. 传统上,供应商和零售商之间是一种以"价格谈判"为核心的竞争关系

值得注意的是,大部分企业管理者并不清楚成本来自哪里,因此他们也缺少具体、可行的成本问题解决方案。某种意义上说,供应链过程浪费应是目前制造型企业成本控制工作关注的重点,其主要由七种浪费构成,包括:不必要的库存、服务瑕疵、产品瑕疵、生产瑕疵、采购失误、运输能力浪费和不必要的移动,其中不必要的库存和采购失误是最主要的构成部分。

成本和服务水平表现的大部分问题主要是由两种原因引起:一种是触发因素,它是整个供应链波动的源头;另一种是加剧因素,它将波动进行放大和扩展。前者主要包括终端市场波动、多样化的需求等,后者主要包括失败的预测、限制性订货条件、随机促销行为、MRP 的僵化运算、非限制性订货条件、经济订货批量、销售波动、计划失误等因素。而引起加剧因素的主要原因则是供应链上下游企业间缺乏必要的协作,统计结果表明,53.97% 的制造商很少与上下游企业进行协作或沟通,只有 46.03% 的企业表示经常与上下游企业进行协作或沟通。由于缺少协作和沟通,导致制造商无法共享相关信息,难以及时了解市场变化,对市场变化与需求波动反应迟缓,直接影响了供应链的绩效表现。

供应商方面,生产部门通过扩大生产规模降低成本;营销部门通过快速革新和变化来营造竞争优势;销售部门则通过价格和促销导向以增加需求。零售

商方面，采购部门通过扩大采购批量增强讨价还价的能力；物流部门通过维持安全水平以降低库存；营销部门充当价格的领先者；零售商店则以具有竞争力的价格维持店内的商品品种组合。

供应商和零售商之间是一种以“价格谈判”为核心的竞争关系，采取以供应商为导向的“推动”战略，而不是以消费者为导向的“拉动”战略，是“孤立的”、不注重“流程”、缺乏一致的消费者导向战略。

2. 由于缺乏有效的信息，整个分销和配送过程效率非常低

如图 6-1 所示，由于缺乏有效信息，从而导致低效率的计划、低效运输、等待时间过长、高库存水平……，因此有冗余的成本、服务水平低、时间和质量没有保障。

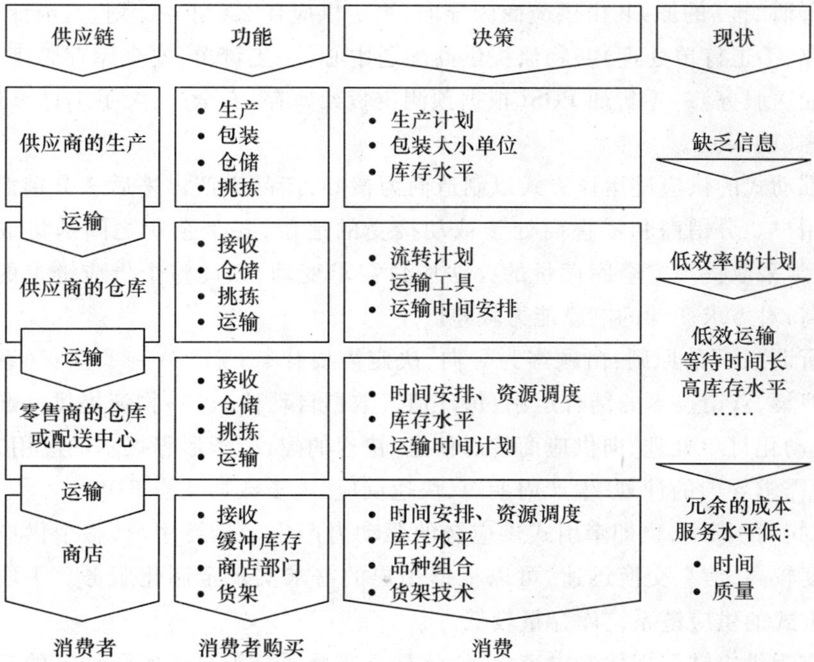

图 6-1　缺乏有效信息，低效率分销和配送过程

3. 随着市场环境的改变，这种低效的分销和配送将会越来越没效益

(1) 宏观经济的不景气

市场消费需求增长缓慢，产业结构不合理，市场消费物价持续走低，大量下岗工人和贫困的农民，资本利用效率很低。

(2) 消费者行为的改变

消费者缺少忠诚度,个性化、多样化,日益增强的价格性能比和服务质量敏感性,生活方式的改变。

(3) 竞争压力日益上升

市场开放度加大(WTO 的影响),一体化趋势,能力过剩或运作的低效率,缺乏协作,功能和流程的老化。

(4) 技术革新

信息技术的革新和广泛应用,包括:Internet 和 Intranet、新的传播媒介和电子商务。

4. “推”的原则会越来越被“拉”的原则所代替

所谓“推”的原则:由供应商为导向,决定供应什么(财务计划、营销计划、安全库存、手工订单处理)→物流提供商配送中心(手工订单、安全库存管理模式、简单配送服务)→零售商 POS(根据预测定货架库存、安全库存、手工订单处理)→顾客(购买)。

推动式的供应链运作方式以制造商为核心,产品生产出来后从分销商逐级推向用户。分销商和零售商处于被动接受的地位,各个企业之间的集成度较低,通常采取提高安全库存量的办法应付需求变动,因此整个供应链上的库存量较高,对需求变动的响应能力较差。

所谓“拉”的原则:由顾客为导向,决定需要什么(购买)→零售商(系统的数据搜集、营销技术的结合运用、每日销售数据自动传送)→物流提供商配送中心(自动化订单处理、向供应商传送信息、快速的建议、条形码技术的应用)→供应商(需求导向的计划、生产周期短、快速反应、电子数据交换 EDI)。

“拉”的原则,也即牵引式供应链的驱动力产生于最终用户,整个供应链的集成度较高,信息交换迅速,可以根据用户的需求实现定制化服务。采取这种运作方式的供应链系统库存量较低。

作为供应链管理战略内容之一,就是要选择适合于自己实际情况的运作方式。牵引式供应链虽然整体绩效表现出色,但对供应链上企业的要求较高,对供应链运作的技术基础要求也较高。而推动式供应链方式相对较为容易实施。企业采取什么样的供应链运行方式,与企业系统的基础管理水平有很大关系,切不可盲目模仿其他企业的成功做法,因为不同企业有不同的管理文化,盲目跟从反而会得不偿失。

“推”的原则会越来越被“拉”的原则所代替，也即成本和生产导向转向消费者需求导向。供应链将朝着“以消费者为导向”的一体化方向发展，如图 6-2 所示。

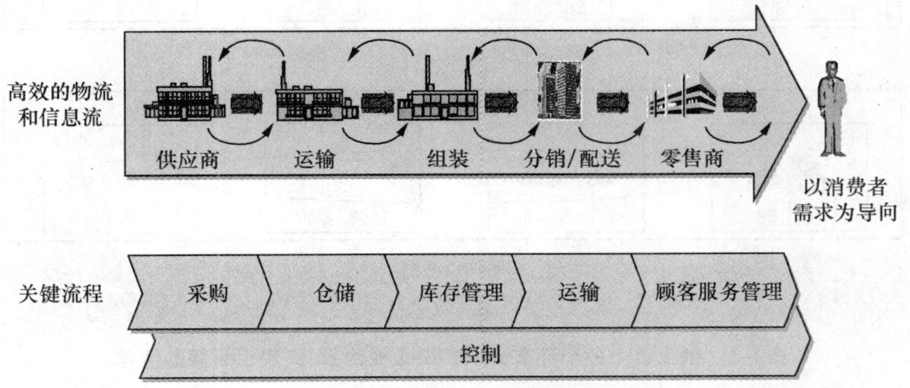

图 6-2　以消费者需求为导向

5. 供应链上各个环节必须打破企业边界，实现企业间的协作

企业已经不能仅仅依靠低成本竞争，降低成本与提升服务水平成为一个企业改善供应链绩效表现的关键所在。供应链运作水平的高低将直接决定一个企业的整体竞争力，利用信息技术实现高绩效供应链管理正成为企业的重要选择。

面对不断恶化的供应链绩效表现，制造商显然已经感受到提升供应链协作能力的紧迫性。事实上，成本和服务水平表现的大部分问题主要是由“长鞭效应”引起的。所谓“长鞭效应”（bullwhip effect），涉及整个产业链。试着想象客户手中拿着一根鞭子，购买心理不停的改变，就像执鞭者手中的鞭子各个环节也跟着不停地摆动，鞭子越长鞭末尾摆动的幅度就越大。解决长鞭效应最好的方法是将这个鞭子缩得越短越好，这样引起的变化也会很小。透过高效的供应链管理系统，可以减少长鞭效应，直接降低企业的营运成本，实现实时响应客户需求的理想境界。由于缺少协作和沟通，导致制造商无法共享相关信息，难以及时了解市场变化，对市场变化与需求波动反应迟缓，直接影响了供应链绩效表现。事实表明，打破企业边界，实现跨企业供应链协作成为制造商提升供应链绩效的关键，如图 6-3 所示。

供应链之间的协作，特别是全球采购策略的实施，势必要求企业提供适应

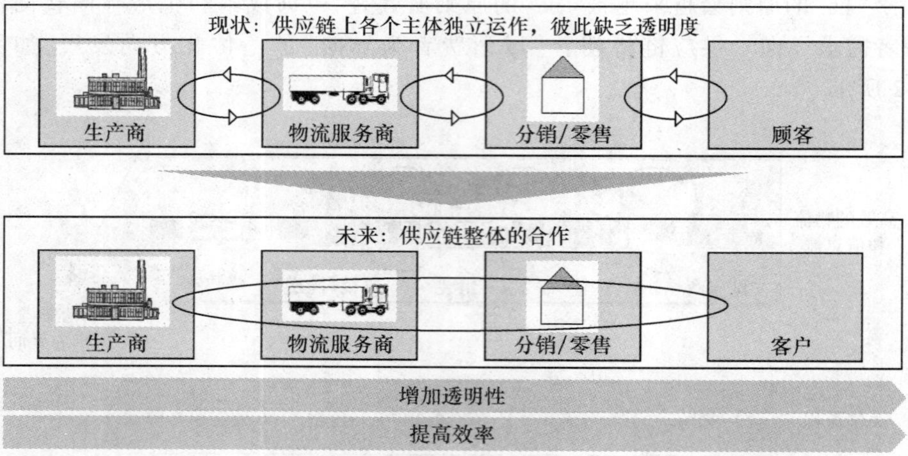

图 6-3　供应链上各个环节必须打破企业边界，实现企业间的协作

此策略的支持系统——互联网。互联网对全球竞争和供应商选择的影响已经成功地将客户变为供应链的驱动力。按照客户需求组织供应链成为互联网经济关键的管理理念。在供应链中，信息的交流是最重要的，对整个供应链的效率具有很大的影响。而在供应链的管理中，有些信息利用人力是很难捕捉到的，必须采用编码技术，因此必须利用信息技术手段，实现供应链上各节点之间的信息共享。作为供应链的核心企业，特别是实施全球采购和网络销售的企业，应建立一个网络平台，让供应商、企业自身和客户可以在此平台上进行信息传递。通过这种方式，企业把供应商和客户纳入自己的价值链中，弱化了企业与企业之间的边界，从而产生强大的协作优势。由于网络化的供应链管理，在各个环节必须打破企业边界，实现跨企业的协作，供应链成员能够作为一个整体进行动作，供应链内部减少了流程冗余，提高了执行效率，因而可以帮助供应链内部公司直接沟通各种信息，把库存积压降到最低水平，维持品质，创造利润。此外，借助供应商和客户之间的协作，网络化的供应链大大缩短了产品和服务的时间，提高了效率。只有这样，高效的分销和配送才有可能实现，如图6-4所示。

6. 协作使得整个供应链能够实现高效的顾客反应

提升核心营销力的关键在于企业供应链的变革是否成功，变革的重心就是协作的原则取代对立的原则，生产导向转向消费者需求导向，供应链朝着“以消费者为导向”的一体化方向发展，供应链上各个环节必须打破企业边界，实现企

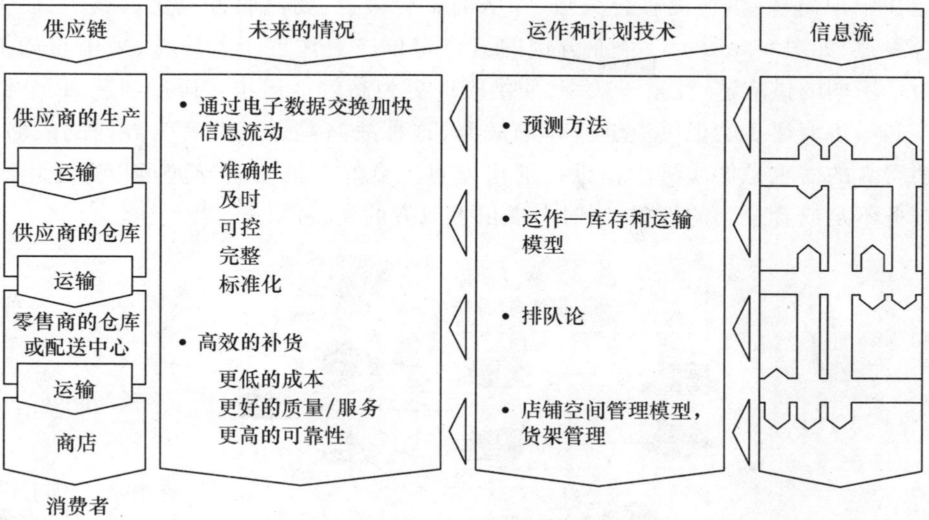

图6-4 高效的分销和配送

业间的协作，从而实现供应链整体的合作，只有这样，高效的分销和配送才有可能实现。

协作使得整个供应链能够实现高效的顾客反应，供应链协作使得成本管理的内容更加丰富。供应链协作是一个“多赢”的结果，制造商、分销商和零售商都可以从中受益。经验表明，供应链协作所带来的成本降低潜力可以使商品零售价格降低3.4%，如图6-5所示。

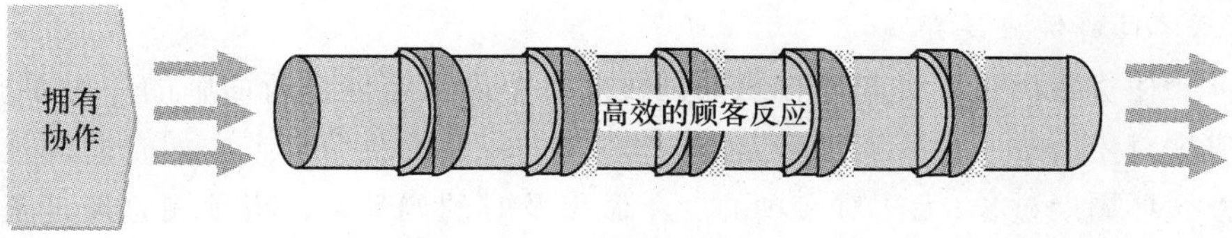

图6-5 协作使得整个供应链能够实现高效的顾客反应

6.2.2 中国的市场特征及相应的供应链战略

1. 中国消费品的供应链仍然处于比较初级的发展阶段

供应链协作的本质是利益的结盟和风险的分散。协作是供应链变革的方向，供应链协作的实质就是供应链的一体化。供应链一体化的三种模式均有可能在中国出现:供应商整合渠道、零售商整合渠道、物流服务提供商/分销商整合渠道,如图 6-6 所示。企业分销的战略定位应更注重于差异化,采用与竞争对手不同的供应链,注重于效率,使供应链更为高效地运作。通过制造商、分销商和零售商逐步实现供应链协作的战略,这种战略是以消费者为导向的战略,消费者的需求是供应链协作设计的出发点。良好的消费者导向可以避免出现服务不足或者过剩的现象,同时考虑供求双方的利益。

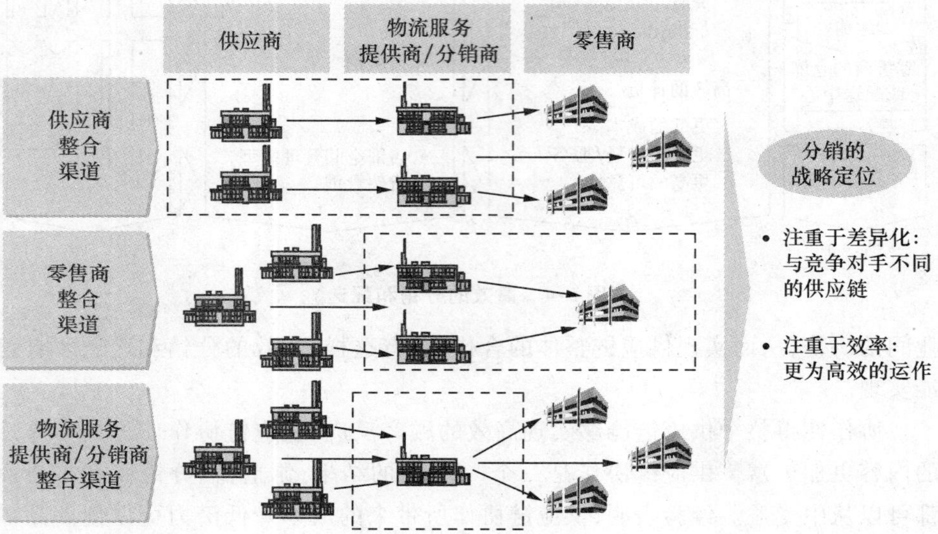

图 6-6　供应链的一体化三种模式

2. 目前供应链弊端

要使货物满足率高和库存量低是目前整个供应链体系所面临的一对矛盾,造成这对矛盾的主要因素是多方面的,涉及供应链的各个环节。如企业的计划流程循环周期过长,无法对市场的变化做出及时的调整。销售预测总量是基于销售目标而产生的,而不是针对市场实际需求产生的,因此缺乏有效的数据依据。产品生产完成后才制订配送计划,因此往往导致市场部门无法预测产品到货时间,因此也就无法及时安排营销活动。同时,也会使物流部门无法及时安排和调整储运能力。计划的执行缺乏监督和考核,会引起产品无法按时交货,影响销售活动的进行。

需求预测是销售计划、存货/分销计划和生产/采购计划的驱动力。整体上,需求预测缺乏完整的信息基础、系统的分析方法以及必要的考核体系,严重影响了预测的准确性，导致在销售丢失的同时，库存增加。

3. 供应链现有需求预测存在的问题

（1）以“粗线条”历史销售情况和对市场总体增长的估计为预测依据，缺乏系统的市场需求调研计划和工具，如对各地区消费者购买价值的变化、各地销售的竞争态势的科学研究；缺乏对历史销售数据按品种、按规格的记录，缺乏对数据进行汇总与分析的手段。

（2）需求预测缺乏“由下至上、再由上至下”的过程，需求预测大多由上至下，从增长目标的角度决策，缺乏对市场一线人员以及渠道客户的反馈信息的记录、保存与分析，需求预测主要依靠订货会上的感觉，而无有效的依据；对占相当比例的新产品的需求预测缺乏系统的分析和市场测试手段；缺乏针对新产品生命周期、主要客户群、销售要求等方面的系统分析；缺乏与供应链各个企业的协调、整合运作。

（3）由于目前的供应链体系在计划制订、执行和监控、调整各环节都有欠缺，导致供应链对市场需求反应迟缓。同时部分单位缺乏应急计划体系，时间精确度低，整合性不强，缺乏针对不同产品的采购策略，导致无法及时弥补预测的误差以应对市场需求的异常波动。

4. 中国供应链的发展趋势

（1）全国性分销商将获得更多的发展机会；

（2）为中小零售商提供采购和物流服务的分销商可能出现并逐步发展；

（3）分销商将继续扮演主要物流提供者的角色；

（4）越来越多的大型零售商将建立中央采购物流体系，实现后向一体化；

（5）自有品牌出现和发展将加强供应链前后向一体化的趋势。

5. 集成化供应链管理实现的步骤

企业从传统的管理模式转向集成化供应链管理模式，一般要经过五个阶段，包括从最低层次的基础建设到最高层次的集成化供应链动态联盟，各个阶段的不同之处主要体现在组织结构、管理核心、计划与控制系统以及应用信息技术等方面。

（1）基础建设

在传统型的供应链中，企业职能部门分散，独立地控制供应链中的不同业务，企业组织结构比较松散。这时的供应链管理主要具有以下特征：

- 企业的核心注重于产品质量。由于过于注重生产、包装、交货等环节的质量,可能导致成本过高,所以企业的目标在于以尽可能低的成本生产高质量的产品,以解决成本与效益的矛盾。

- 关于销售、制造、计划、物料、采购等的控制系统和业务过程相互独立,并不相匹配,因此部门缺乏合作,集成业务失败,导致多级库存等问题。
- 组织部门界限分明,单独操作,往往导致相互之间的冲突。
- 采购部门可能只控制物料来源和原材料库存;制造和生产部门通过各种工艺过程实现原材料到成品的转换;销售和分销部门处理外部的供应链和库存,而部门之间的关联业务往往会因各自为政而发生冲突。

处于这一阶段的企业主要采用短期计划,不能及时按类型解决问题。虽然企业强调办公自动化,但这样一种环境往往导致整个供应链的效率低下,同时也增加了企业对供需变化影响的敏感度。

这一阶段应在原有企业供应链的基础上分析总结企业现状,分析企业内部影响供应链管理的阻力和有利之处,同时分析外部市场环境,对市场的特征和不确定性做出分析和评价,最后相应地完善企业的供应链。

(2) 职能集成

职能集成阶段集中处理企业内部的物流,企业围绕核心职能对物流实施集成化管理,对组织实行业务流程重组,实现职能部门的优化集成,通常可以建立交叉职能小组,参与计划和执行项目,以提高职能部门之间的合作,克服这一阶段可能存在的影响用户订单的问题。

职能集成强调满足用户的需求。事实上,用户需求在今天已经成为驱动企业生产的主要动力,而成本则在其次,但这样往往导致第二阶段的生产、运输、库存等成本的增加。此时供应链管理主要有以下特征:

- 将分销和运输等职能集成到物流管理中,制造和采购职能集成到生产职能中。
- 强调降低成本而不注重操作水平的提高。
- 积极为用户提供各种服务,满足用户需求。
- 职能部门结构严谨,均有库存做缓冲。
- 具有较完善的内部协定,如采购折扣、库存投资水平、批量多少等。
- 主要以订单完成情况及其准确性作为评价指标。

在集成化供应链管理的第二阶段一般采用 MRP 系统进行计划和控制。对于分销网,需求得不到准确的预测和控制,分销的基础设施也与制造没有有效的连接。由于用户的需求得不到准确的理解，从而导致计划不准确和业务的失误，所以在第二阶段要采用有效的预测技术和工具，对用户的需求做出较为准确的预测、计划和控制。

但是，以上采用的各项技术之间、各项业务流程之间、技术与业务流程之间都缺乏集成，库存浪费等问题仍可能困扰企业。

(3) 内部供应链集成

这一阶段要实现企业直接控制领域的集成，要实现企业内部供应链与外部供应链中供应商和用户管理部分的集成，形成内部集成化供应链。集成的输出是集成化的计划和控制系统。为了支持企业内部集成化供应链管理，主要采用供应链计划(supply chain planning，SCP)和 ERP 系统来实施集成化计划和控制。这两种信息技术都是基于客户/服务(client/server)体系在企业内部集成中的应用。有效的 SCP 集成了企业所有的主要计划和决策业务，包括：需求预测、库存计划、资源配置、设备管理、优化路径、基于能力约束的生产计划和作业计划、物料和能力计划、采购计划等。ERP 系统集成了企业业务流程中主要的执行职能，包括：订单管理、财务管理、库存管理、生产制造管理、采购等职能。SCP 和 ERP 通过基于事件的集成技术连接在一起。

该阶段企业管理的核心是内部集成化供应链管理的效率问题，主要考虑在优化资源和能力的基础上，以最低的成本和最快的速度生产最好的产品，快速地满足用户的需求，以提高企业的反应能力和效率。这对生产多品种或提供多种服务的企业来说意义更大。提高企业运作柔性的投资也变得越来越重要。在第二阶段需构建新的交叉职能业务流程，逐步取代传统的职能模块，以用户需求和高质量的预测信息驱动整个企业供应链的运作。因满足用户需求而导致的高服务成本是此阶段管理的主要问题。

这一阶段可以采用 DRP 系统、MRPⅡ系统管理物料，运用 JIT(just in time)等技术支持物料计划的执行。JIT 的应用可以使企业缩短市场反应时间、降低库存水平和减少浪费。

在这个阶段，企业可以考虑同步化的需求管理，将用户的需求与制造计划和供应商的物料流同步化，减少不增值的业务。同时企业可以通过广泛的信息网络(而不是大量的库存)来获得巨大的利润。

该阶段的供应链管理具有以下特征：

- 强调战术问题而非战略问题；

- 制订中期计划，实施集成化的计划和控制体系；
- 强调效率而非有效性，保证要做的事情尽可能好、尽可能快地完成；
- 从采购到分销的完整系统具有可见性；
- 信息技术（information technology，IT）的应用。

广泛运用 EDI 和 Internet 等信息技术，建立与供应商及用户的联系，获得快速的反应能力。EDI 是集成化供应链管理的重要工具，特别是在进行国际贸易合作需要大量关于运输的文件时，利用 EDI 可以使企业快速获得信息和更好地为用户提供优质服务。与用户建立良好的关系，而不是"管理"用户。

（4）外部供应链集成

实现集成化供应链管理的关键在于该阶段，将企业内部供应链与外部的供应商和用户集成起来，形成一个集成化供应网链。

与主要供应商和用户建立良好的合作伙伴关系，即所谓的供应链合作伙伴关系（supply chain partnership），是集成化供应链管理的关键之关键。

该阶段企业要特别注重战略伙伴关系管理。管理的焦点要以面向供应商和用户取代面向产品，增加与主要供应商和用户的联系，增进相互之间的了解（产品、工艺、组织、企业文化等），相互之间保持一定的一致性，实现信息共享等，企业通过为用户提供与竞争者不同的产品、服务或增值的信息而获利。供应商管理库存（vendor management inventory，VMI）和共同计划预测与库存补充（collaborative planning forecasting and replenishment，CPFR）的应用就是企业转向改善、建立良好的合作伙伴关系的典型例子。通过建立良好的合作伙伴关系，企业就可以很好地与用户、供应商和服务提供商实现集成和合作，共同在预测、产品设计、生产、运输计划和竞争策略等方面设计和控制整个供应链的运作。对于主要用户，企业一般建立以用户为核心的小组，这样的小组具有不同职能领域的功能，从而更好地为主要用户提供有针对性的服务。

处于该阶段的企业，生产系统必须具备更高的柔性，以提高对用户需求的反应能力和速度。企业必须能根据不同用户的需求，既能按订单生产（make-to-order），按订单组装、包装（assemble or package-to-oder），又能按备货方式生产（make-to-stock），这样一种根据用户的不同需求对资源进行不同优化配置的策略称为动态用户约束点策略。延迟技术（postponement）可以很好地实现以上策略。延迟技术强调企业产品生产加工到一定阶段后，等收到用户订单以后再根据用户的不同要求完成产品的最后加工、组装，这样企业供应链的生产就具有了很高的柔性。

为了达到与外部供应链的集成,企业必须采用适当的信息技术为企业内部的信息系统提供与外部供应链节点企业的很好的接口,达到信息共享和信息交互,达到相互操作的一致性。这些都需要采用Internet信息技术。

该阶段企业采用销售点驱动的同步化、集成化的计划和控制系统。它集成了用户订购数据和合作开发计划、基于约束的动态供应计划、生产计划等功能,以保证整个供应链中的成员同步化地进行供应链管理。

(5)集成化供应链动态联盟(供应链管理的发展趋势)

在完成以上四个阶段的集成以后,已经构成了一个网链化的企业结构,我们称之为供应链共同体,它的战略核心及发展目标是占据市场的领导地位。为了达到这一目标,随着市场竞争的加剧,供应链共同体必将成为一个动态的网链结构,以适应市场需要的变化,不能适应供应链需求的企业将从供应链联盟中被淘汰。供应链从而成为一个能快速重构的动态组织结构,即集成化供应链动态联盟。企业通过Internet网络商务软件等技术集成在一起,以满足用户的需求,一旦用户的需求消失,它也将随之解体。而当另一需求出现时,这样的一个组织结构又由新的企业动态地重新组成。在这样的一个环境中求生存,企业如何成为一个能及时、快速满足用户需求的供应商,是企业生存与发展的关键。

集成化供应链动态联盟是基于一定的市场需求、根据共同的目标而组成的,通过实时信息的共享来实现集成。主要应用的信息技术是Internet/Intranet集成,同步化的、扩展的供应链计划和控制系统是主要的工具,基于Internet的电子商务取代传统的商务手段。这是供应链管理发展的必然趋势。

6.2.3 如何制定和实施高效的品类供应链战略

什么是品类?品类是指品类的结构,不能与信息系统脱节。品类可分为普遍性品类、特殊性品类、偶发性品类、季节性品类和便利性品类。品类管理主要目的是为消费者创造优质购物环境,提供给消费者更多样化的产品选择,并能够在有效管理下增加销售业绩,维持零缺货,创造供货商、零售商与消费者三赢的局面。

1. 建立高效的品类供应链战略需要遵循6个步骤(制定品类供应链战略的方法)

(1)供应链定义

供应链(supply chain)是生产及流通过程中,涉及将产品或服务提供给最终用户活动的上游与下游企业所形成的网链结构。有的供应链管理专著对供应链下了这样的定义："供应链是围绕核心企业，通过对信息流、物流、资金流的控制，从采购原材料开始，制成中间产品以及最终产品，最后由销售网络把产品送到消费者手中的过程，供应链是将这一过程所涉及的供应商、制造商、分销商、零售商，直到最终用户连成一个整体的功能网链结构模式。"

中国著名经济学家吴敬琏认为："所谓供应链管理，就是把生产过程从原材料和零部件采购、运输加工、分销直到最终把产品送到客户手中，作为一个环环相扣的完整链条，通过用现代信息技术武装起来的计划、控制、协调等经营活动，实现整个供应链的系统优化和它的各个环节之间的高效率的信息交换，达到成本最低、服务最好的目标。一体化供应链物流管理的精髓是实现信息化，通过信息化实现物流的快捷高效的配送和整个生产过程的整合，大大降低交易成本。"

（2）供应链评估

① 定性绩效评估指标

• 顾客满意度：旨在反映消费者对所提供的产品或服务的满意程度。其中又细分为交易前满意度、交易时满意度与交易后满意度。

• 弹性：旨在反映产能与订单调整的应变能力。

• 信息与物料之整合：旨在反映信息技术与物流的整合程度。整合程度高则可有效降低"长鞭效应"，提升供应链竞争力。

• 有效风险管理：旨在反映供应链的不确定性。有效风险管理可降低供应链的不确定性，提升系统运作的稳定性。

• 供货商绩效：旨在反映供货商的配合程度，即是否有能力适时、适质、适量、适价的提供零部件。

② 定量绩效评估指标

• 以成本为基础：旨在反映财务相关方面的绩效。其中又细分为成本最小化、销售最大化、利润最大化、库存投资最小化与投资报酬最大化等相关指标。

• 以顾客为基础：旨在反映顾客方面的定量指标。其中又细分为订单完成率最大化、产品延迟最小化、顾客响应时间最小化、前置时间最小化、功能重复最小化等相关指标。

（3）供应链目标的确定

供应链管理的目标很简单：以最优化的成本满足客户需要。我们需要把供应能力和市场需求相匹配。

而有效的供应链管理,对企业绩效有直接的作用。供应链管理的对象是产销量、库存和费用。产销量的增加、库存的降低、费用的削减会直接改善利润,投资回报、现金流量等企业总体绩效指标。

(4) 供应链战略的制定

一套完整的供应链战略应该包括库存策略、运输策略、设施策略和信息策略。具体地,我们必须考虑下列问题:

- 库存策略:循环库存的部署策略,安全库存的部署策略,季节库存的部署策略。
- 运输策略:运输方式如何选择,路径和网络如何选择? 自营与外包,反应能力和盈利水平的权衡。
- 设施策略:工厂、配送中心如何布局,设施能力(灵活性和盈利性)大小,如何选择生产方式,是按订单生产还是按库存生产? 如何选择仓储方式,反应能力和盈利水平的权衡。
- 信息策略:推动型抑或拉动型,如何进行供应链协调与信息共享,需求预测与整合计划的准确性如何提高? 技术工具如何选择,反应能力和盈利水平的权衡。

(5) 进一步细化供应链策略

对于众多细分行业的供应链管理既有共性,也有个性,进行供应链管理时既要遵循一些共同原则,也要针对所属细分行业的特征制定相对应的供应链管理策略。

(6) 实施和控制

品类供应链的设计需要从三个维度进行,即品类、渠道和流程。品类分为生鲜、饮料、肉、玩具……;渠道有超市、大型超市、百货店、便利店……;流程包括:订单处理、分拣、包装、配送、运输、接收、仓储……

根据商品品类区分不同的供应链,为不同的供应链设定不同的目标(服务水平,安全库存,交货期等),制定相应的仓储和运输战略,为每一个品类做高效预测。品类供应链设计的三个核心要素是量、周转和预测的精确度,参见表 6-1。

表 6-1 品类供应链设计的三个核心要素

三个核心要素	需求方	供应链战略
量	决定了货仓所需人工	运输成本高,降低运输成本;运输成本低,但是库存成本较高,降低库存成本
周转	决定了提货方法	人工成本高(补充货源,补给中心提货),降低人工成本;资本成本高,降低存货成本
预测的精确度	决定所需交货期	低风险时,平稳装卸,交货期适中;在资本成本高和潜在销售量下降风险时,降低交货成本

2. 卓越的品类供应链体现在以下四个方面

(1) 一体化的库存管理,以顾客为中心,以市场需求的拉动为原动力。

(2) 一体化的流程优化,仓储和运输;流程链上的合作伙伴关系。强调企业应专注于核心业务,建立核心竞争力,在供应链上明确定位,将非核心业务外包;各企业紧密合作,共担风险,共享利益;对工作流程、实物流程、信息流程和资金流程进行设计、执行、修正和不断改进;减少采购、库存、运输等环节的成本。

(3) 一体化的信息系统,技术、沟通、电子数据交换。利用信息系统优化供应链的运作。

(4) 高效监控机制,计划和控制。缩短产品完成时间,使生产尽量贴近实时需求。

3. 品类供应链战略的实施

可以分成四个阶段:

(1) 供应链构筑。主要是供应链的优化,是在物流和信息上的交互、存货管理。这个阶段比较重要的是电子数据交换。从补货体系来看,零售商的订单通过一个平台发给供应商,供应商通过 EC 平台看到自己的存货从而判断需不需要补货。电子数据交换在生产商和零售商之间呈现上升的趋势;顾客导向订货现在还做不到,这是相对比较高级的阶段;持续补货目前一般零售商都具备了;高效的卸货,说起来比较简单,但是其实还是比较复杂的,它主要强调的是配送环节;直通在国内是比较少的,目前还不是太容易。

(2) 品类管理。品类管理的流程主要包括 8 个步骤,即品类定义、品类角色、品类评估、品类评分表、品类策略、品类战术、品类计划实施和品类回顾。通过品类管理,将集中点从成本缩减转为增长,从顾客需求、市场份额、盈利能力、顾客忠诚度角度来看是供应商和零售商双方的合作。品类管理涉及补货、促销、有效的门店品类组合、有效的新品引进等。如果品类管理的思想能够得以贯彻,供应商和零售商双方的利益能够共同提高,最终获得双赢的结果。

(3) 激发顾客热情。品类管理相对来说是比较数据化的,它是从现有的需求来考虑,在这个阶段里就是需要激发顾客消费热情,有一个长期的满意度。消费者最大的期望是企业了解顾客并给予满意的服务,然后建立企业与消费者持久的供需关系,加强消费者对企业商品的信任。

(4) 强调顾客价值、强调品牌的阶段。对生产商和零售商来说要考虑资源的整合,毕竟资源是有限的。同时管理水平也要有所增长,管理水平和知识的增长,必须要超越销售额份额的增长,这样的增长才是比较有效的。消费者价值有两个方面:价值输出和价值导入。你传导的价值和顾客接受的价值是不是一样的,如果是平等的,你传导多少顾客就接受多少。比如说衬衣在广东加工厂做可能是 80 元钱,但是包装之后在商店卖就是 800 元钱了,所以传导的价值和顾客接受的价值,有很大的溢价。

第一个阶段的结果是供应链成本降低,第二个阶段的结果是销售额和毛利率增长,第三个阶段的结果是以更少的需求整合达到更大的购买力,第四个阶段的结果是购物观念改变,需求增长。总的来说,实施这四个阶段的效果是价值的有效传导。

4. 供应链管理的主要内容

供应链管理定义的最终目的是用于指导各行业供应链管理的实践,从供应链管理实践的角度而言,供应链管理必然包括:要求采用合适的管理策略;对供应链上各协同业务的管理;以订单协同为核心,实现订单的快速响应;对供应链渠道组织、非渠道组织进行管理;供应链管理的一个目标是实现整条供应链的成本最低;供应链管理的实现要应用信息技术。

不同行业、不同产品类型要求采用不同的供应链管理策略,供应链管理的首要目标是建立与自身行业及产品特征适合的供应链类型。

协同是供应链思想的核心,是供应链管理的最终目的,供应链协同表现为供应链的组织成员间互相配合来完成价值创造的某种工作,甚至供应链成员一起实现共同的战略构想。供应链协同按其层次分,有操作和业务流程协同、管理和业务标准协同、战略协同,业务流程和业务标准的协同,这些要求往往是同步的,供应链企业协同一致实现共同战略,是协同的最高级层次。供应链协同按内容分,有订单协同、财务资金协同、需求预测协同、需求计划协同等,订单协同是各协同工作开展的基础。

订单记载和传达了从最终客户到零售商、经销商、产品商和制造商、部分供应商的需求信息,订单的下达、响应和满足是供应链业务流程开始和结束的标志,订单协同是各协同工作开展的基础和最终目的,因而必然是供应链各协同业务的核心,要求对订单快速响应。

供应链管理基于最终客户需求,重点关注以核心企业为中心的渠道的商业流程优化,也就是以渠道为核心管理范围,条件成熟时适当扩展到金融服务提供商、物流服务提供商、制造外包商和研发服务提供商等。

供应链管理的一个目标是实现整条供应链的成本最低,以增强供应链上各企业的竞争能力,给最终客户创造最大的让渡价值。

供应链的直接处理内容是供应链上相关企业的信息资源,信息资源的处理依赖于信息技术的应用。

5. 供应链管理改进的模型

对供应链管理模型要从供应链管理体系结构、供应链管理的改进、竞争能力的提升和供应链管理模型的特点等方面进行论述。

供应链管理体系内的四个组成部分分别是供应链组织、业务流程、供应链绩效、供应链战略能力等,这四个部分具有一定的层次关系,组织是基础,供应链具体运作体现为组织内、组织间流程,供应链上组织的参与程度、流程的运转情况决定了供应链绩效水平,并最终决定了供应链作为一个整体的战略能力。

对应于供应链管理的体系结构,供应链管理活动的开展和改进必然表现为组织参与,订单驱动,流程改进、协同、高效,供应链绩效提升等过程。

面向外部管理的供应链管理首先需要各单个企业作为供应链组织参与者,供应链上的组织成员众多,不必要也不可能把这些组织成员一次性纳入供应链管理的框架内。供应链管理的重点和核心应该是渠道成员,供应链管理展开的过程首先也应该对这些渠道成员进行管理。供应链管理改进的过程中,要逐渐实现对各级渠道成员、非渠道成员,直至所有的供应链成员的协同管理。

基于订单流在供应链流程中的基础性地位,供应链的流程改进必然是由订单的流程改进开始,换句话说是由订单驱动的。供应链的订单流程改进后,高效率的订单业务流要求物流、资金流相匹配,这必然推动需求预测、计划、配送、仓储、财务、库存等业务流程的提升,最终达到整个供应链业务流程改进的目的。

组织的共同参与、组织内和组织间业务流程改进的结果是供应链绩效的提升,供应链绩效提升直接表现为供应链在业务、信息、内外部管理方面协同能力的增强,构建出与产品相对应的效率型供应链。

值得一提的是,尽管按供应链管理体系结构可以将供应链管理改进概括为这些过程,但各过程之间并不是独立的,而是互相联系和彼此渗透的,例如流程改进必然要求流程涉及组织的参与,这一过程本身也必然伴随着供应链绩效的提升。

和其他所有的管理思想和管理工具一样,供应链管理的目的在于提高行业内企业的战略能力,进而增强整个行业的竞争能力,由于行业竞争能力增强是一个延续性、永不结束的过程,这就决定了供应链管理的改进也必然是一个延续性的、永不结束的工作。可能从一段时间看,供应链管理改进是取得了一定效果,供应链上企业的战略能力得到了增强,但不能就此止步,还可以采取纳入更多的供应链组织、继续优化现有和更多的流程、提升供应链各项业务绩效等方式进一步推进供应链管理,改进和增强行业竞争能力。

供应链管理模型具有层次性、过程性和延续性的特点。

(1) 层次性,供应链管理包含了组织、流程、绩效、战略能力这四个层次,这四个层次管理的核心和侧重点不同,但又是互相支撑、互为一体的。

(2) 过程性,供应链管理改进包含和体现为组织参与、流程改进、供应链绩效提升这几个过程,供应链管理改进本身也是行业竞争能力提升的一个过程,这些过程是互相关联、互为一体、互相促进的。

(3) 延续性,竞争能力增强和行业供应链管理改进是延续性的工作,这也决定了组织参与、流程改进、绩效提升等工作将是延续的、永不结束的。

6. 供应链管理改进策略及应用方案

改善供应链,要求站在战略的高度,进行全程供应链管理。

供应链管理是关系企业生死存亡的竞争战略。以食品为例,当前市场环境是极度竞争性的,食品的技术含量低,相同产品之间的差异几乎为零,各品牌企业都试图保持综合成本的领先。但从企业内部的生产而言,它的生产技术并不复杂,改进也不困难,各个企业生产成本基本相同,在多年的竞争中,几乎没有任何的调整空间,要想在竞争中生存取胜,必须联合上下游的供应商、分销商、零售商,在供应链各环节降低产品成本,在终端市场降低产品最终价格,从而取得市场优势地位。

战略高度的供应链管理是全程供应链管理。全程供应链管理包括以下几个方面:

- 全程供应链管理是涵盖供应链规划、执行和评估改进的整个过程:供应链规划阶段完成产址选择、产能设计、销售网络规划、物流规划、战略采购规划等全局性工作;供应链执行以对需求的预测与计划为起点,以贯通全程的订单流为核心,以物流、资金流、商流、信息流的流转为实现方式,仍以食品为例,以食品产成品到达消费者手中消费为最终结果;供应链评估改进要求利用绩效评估体系对既有的供应链运作进行评估,根据评估的结果确定供应链的改进方向和举措。

- 全程供应链管理是贯通供应链供应、产销、销售各环节的管理:全程供应链不仅要实现在几个环节业务流程的畅通,还要实现各环节之间业务流程的畅通。

- 全程供应链管理是对供应链体系内各组成成员的管理,管理的主体和对象不仅包括核心企业、供应商、经销商、零售商等渠道内成员,还要进一步扩展到物流服务商、金融服务商、研发服务提供商和供应链管理平台提供商。

只有在战略高度确定全程供应链管理思想,才能按供应链管理模型改进供应链管理,增强行业竞争能力,最优化解决供应链管理的主要问题。

渠道,尤其是销售渠道的管理是关键突破点。

供应链上的组成成员除了制造商、供应商、代理商、零售商等渠道成员之外,还包括金融服务提供商、物流服务商、研发服务提供商等,供应链各个环节对最终客户价值最大化的贡献各不相同,贡献最大的是各渠道内成员,因此渠道管理是供应链管理的核心范围。

以销售为中心的行业,销售渠道承担了向最终消费者传递产品、收回生产和投资收益的重任,因此销售渠道管理又是渠道管理的核心内容。

基于以上对供应链渠道管理的分析,销售渠道管理重心应该放在渠道组织管理、渠道产品管理、渠道订单管理、渠道库存管理和渠道事件管理等几个方面。

对渠道体系内众多代理商、分销商、零售商的存货能力、服务能力、销售能力、财务能力等基本信息建档,对经销商的信用情况进行管理,根据销售及市场情况对渠道体系内成员的数量、位置进行合理规划。

对具有多个细分行业,每个细分行业又有多个产品线的多种产品,需要对产品类别、产品信息、产品价格等方面进行管理,针对不同的渠道成员提供不同价格的不同产品。

渠道订单管理是渠道管理最重要的方面,包括产品订购、产品询报价、销售退货等在内的订单流程管理,也包括市场需求计划的管理。

管理销售渠道中的产品、促销品、备品备件、回收包装物的库存,实现基于订单的收发货管理、自动补货管理和渠道库存调配管理,全面掌握产品、促销品、回收包装物在整个渠道中的分布情况。

对于渠道内冲货、压货现象严重的渠道事件进行管理，使企业能够全面监控渠道成员的行为，实现渠道成员间的良好协同。

渠道，尤其是销售渠道管理作为供应链管理核心范围的确立，对于最优化解决供应链协同、供应链订单响应速度、供应链渠道管理、供应链成本控制等主要问题是非常必要的。

供应链管理水平的渐进与持续提升。供应链管理是企业内部管理到外部管理的衍生，代表了很高的企业管理水平，即便是在国外也是较先进的管理方式，这种管理方式从被接受到最终实现，都需要时间和实践，这就决定了中国要提升供应链管理水平，只能采取循序渐进的方式，决不能一蹴而就。

当前供应链上企业的管理和经营水平有很大差距，一个企业的经营管理水平也许可以在短期内有很大提升，但在一条供应链上众多企业想要同时达到同一水平几乎是不可能的，这就决定了中国的供应链管理要采用渐进的方式进行，做到持续提升。

按行业特征制定相对应的供应链管理策略。有众多细分行业，这些细分行业的供应链管理既有共性，也有个性，进行供应链管理时既有一些共同原则，也有针对所属细分行业的特征制定的相对应的供应链管理策略。下面对几个典型细分行业供应链管理的特殊性做简单概述：

卷烟行业供应链管理最大的特点体现在销售环节，卷烟的销售方式一般采用访销和连锁专卖的方式，因此其供应链管理中应侧重对访销业务和连锁专卖零售业务的管理。

饮料、啤酒等行业，为拓宽市场，增加最终客户接触点，采用多级宽渠道销售模式，但同时为了不丧失对市场的灵敏响应，多采用在销售区域设厂的方式，以便按需求将产品快速推向市场，保持供应链的高效率。

生鲜、冷冻食品、液体乳的供应链可称为“冷链”，这些食品在储运、流通、销售各环节需要特别的冷藏措施；另一方面，因为它们对产品新鲜、质量的特别要求，多采用直接渠道形式，由产地直接进入终端卖场；很多乳业公司有专门工作人员直接将产品送到最终消费者手中。

果冻、薯片等休闲食品是中国的新兴行业，其产品比较接近创新性产品，要求有对市场灵敏反应的供应链，因此可能需要维护相对过剩的产能和仓储库存。

7. 中国供应链管理的未来展望

相对于国外供应链管理的多年经验，中国供应链管理探索才刚刚起步，供应链管理的前景无疑是十分广阔的，但各企业迈上供应链管理的道路绝不会是平坦的，借鉴国外供应链管理的成熟经验，行业的供应链管理必将遵循“成熟模式指导流程改进和业务标准并重，理论指导实践，企业供应链实践与第三方服务相结合”的客观发展规律，走出一条具有中国特色的供应链管理之路。

8. 品类供应链战略的实施效果

品类供应链战略的实施将达到降低库存水平、提高可获得性、提高车辆利用率、减少供货时间和降低成本的良好效果。

6.3 分销管理系统应用

在本节我们先介绍几个概念。

分销，所谓的分销是分级销售。在销售过程中，要考虑到下家的情况，不是盲目销售，而是有计划地销售，商家有服务终端的概念。分销和批发是相对的，是从管理和计划的角度对商家的定义。所以“分销商”，一般是说有服务终端意识的企业。

分销管理系统，以生意流程优化为基础，以销售与库存综合控制管理为核心，集采购、库存、销售、促销管理、财务以及企业决策分析功能于一体的高度智能化的企业分销业务解决方案。它适合具有多地点分布式分销网络的各类型企业使用，其分公司与经销商为系统操作的主要执行者，具有跨区域管理需求的消费品企业是该系统的最大受益者（如 IT 电子产品、通信行业、电器行业、日化行业、食品行业、服装行业等）。

我们以通用分销管理系统为例，介绍分销管理系统的应用。通用分销管理系统适用于小商品的多店批发、零售、商场配送中心（将货品送到各大商场及分店销售，也是一种多分店的管理）及代销等。其最大的特点是：分店、专卖店、分销商既是企业的客户又是企业的仓库，企业不需要管理直接客户，只需要管理分销商的库存及业绩。如化妆品、玩具、文具、建材、装饰等的多店管理。

主要功能有：采购合同、验收入库、采购退货、采购付款、分销送货、分销退货、销售订单、销售出库、销售退货、销售收款、库存盘点、库存调拨和其他出入库等。定义标签打印，自定义报表，自定义数据字段，如：产品属性、各种单据的项目。可统计每家分店和总部的库存、利润、营业额等。随时统计当天、当月、当年每分店的利润情况。

6.3.1　通用分销管理系统基本入门

1. 在用户及密码输入窗口中选择“正式数据”进入，可正式使用系统。如果您在使用过程中有不明白的地方，可以选择“演示数据”进入，参考其设置，如图 6-7 所示。

图 6-7　用户登录界面

2. 第一次使用系统时会弹出输入公司名称的窗口，这里输入的公司名称会显示在所在单据的抬头。可以在进入系统后通过【基本资料】菜单——“公司信息”菜单项更改，如图 6-8 所示。

3. 系统的最佳效果是在 1 024 × 768 的屏幕分辨率下显示，如果是在 800 × 600 的分辨率下使用系统，可通过“文件”菜单中的“隐藏菜单盒”和“隐藏快捷工具栏”功能，腾出更多的空间使屏幕更完整。

4. 设置部门管理：通过【基本资料】菜单——“部门管理”菜单项添加部门编号、部门名称、负责人、电话、说明等。

5. 设置供应商档案：通过【基本资料】菜单——“供应商档案”菜单项添加供应商资料，填入供应商编号、名称等信息。

6. 设置客户信息：通过【基本资料】菜单——“客户资料下拉数据”菜单项添加客户资料，填入客户简称、名称等信息。

7. 设置货品资料：通过【基本资料】菜单——“货品资料”菜单项添加货品资料，填入货品编号、名称、规格型号、录入期初库存等信息。

要说明的一点是：还可以直接在具体的单据中录入一种新的货品，保存单据后，该货品的信息也将自动存入系统的产品信息库。

8. 用户管理：通过【基本资料】菜单——“用户管理”菜单项添加新用户，输

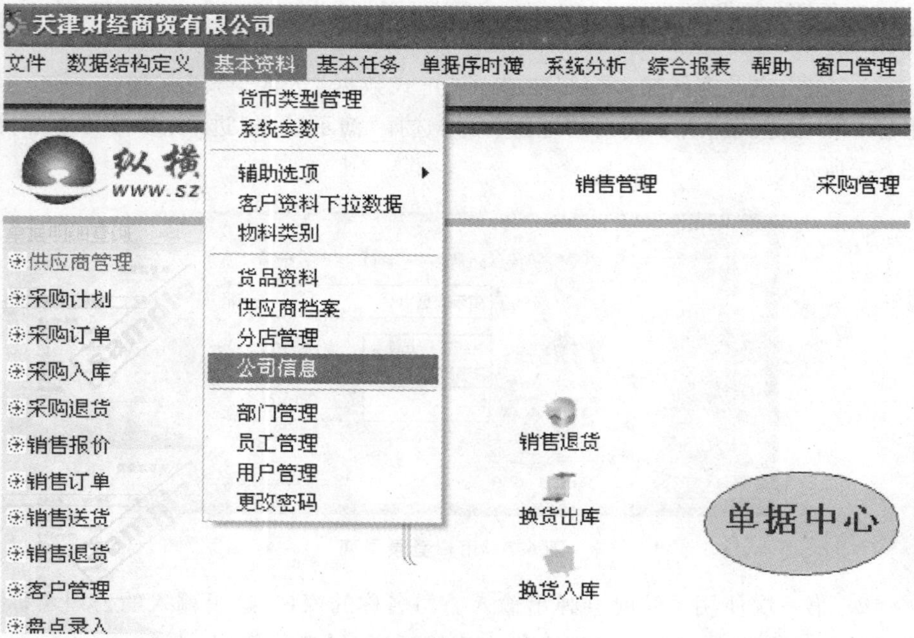

图 6-8 【基本资料】菜单——“公司信息”菜单项更改

入该用户的编号、员工姓名、密码,并用下面的权限设置相应的各功能模块使用权限和各报表使用权限,设置完保存后退出。再重新以新用户名和密码进入系统,可以看到相应的功能已经被拒绝使用。

9. 数据结构定义:通过【数据结构定义】菜单进入。当系统中的字段不足以描述您的产品时,可以利用数据结构定义来自定义字段,包括添加、修改、删除字段及其属性。通过数据结构定义,我们可以体会到纵横软件强大的自定义管理。具体定义请参见数据结构定义。

关于数据备份:把安装目录下的“zhsoftware. dll”数据备份到新文件夹中(注意不要将该文件夹放在安装目录下)。重新安装软件后,再将备份的“zhsoftware. dll”文件拷贝到安装目录下即可恢复数据。

6.3.2 数据结构定义

当系统中的字段不足以描述您的产品时,可以利用数据结构定义来自定义字段,包括添加、修改、删除字段及其属性。通过数据结构定义,我们可以体会到该软件强大的自定义管理,如图6-9所示。

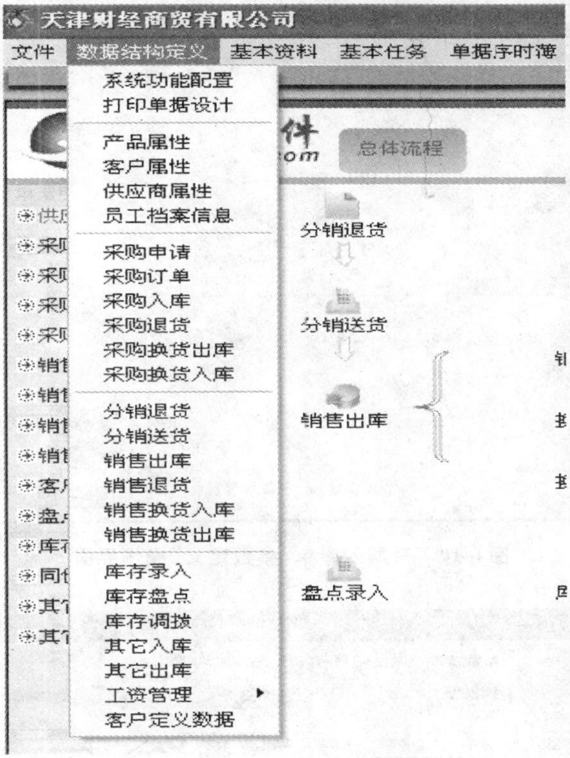

图6-9 数据结构定义

现在我们举例对采购入库单作一些自定义,如图6-10所示。

1. 这里有四个选项卡:参数定义、标题栏区、明细区和效果预览。

2. 参数定义可以定义数量、单价和金额的产生方式。选择手工录入,则数量的产生方式是手工录入数值。选择公式定义,则进入公式定义对话框,比如我们设置金额等于上次进价×数量,定义好后在金额产生方式的下面会显示金额的计算公式,单击效果预览,在上次进价处输入10,入库数量输入20,则金额会自动变为200(10×20)。想要更改公式,可单击定义按钮进行更改。

3. 标题栏区可定义标题栏区的各项目,如图6-11所示(标题栏区和明细区的划分见单据界面分布说明)。系统自带的已经显示在左边的内容,是不能更改显示名称的,比如不能将币别改为货币,但可以更改它们的显示顺序、显示宽度、保留位数、设置可见与否等。

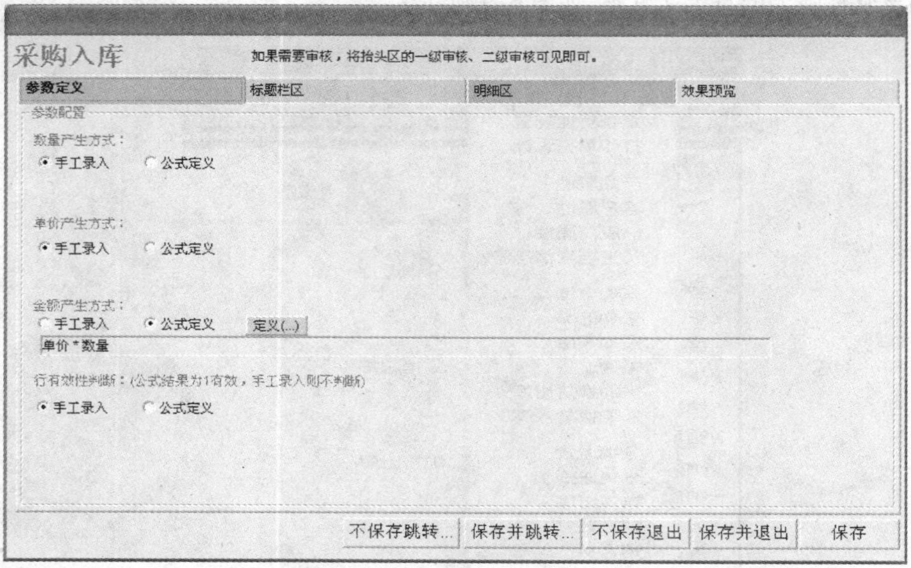

图 6-10 采购入库单“参数定义”操作界面

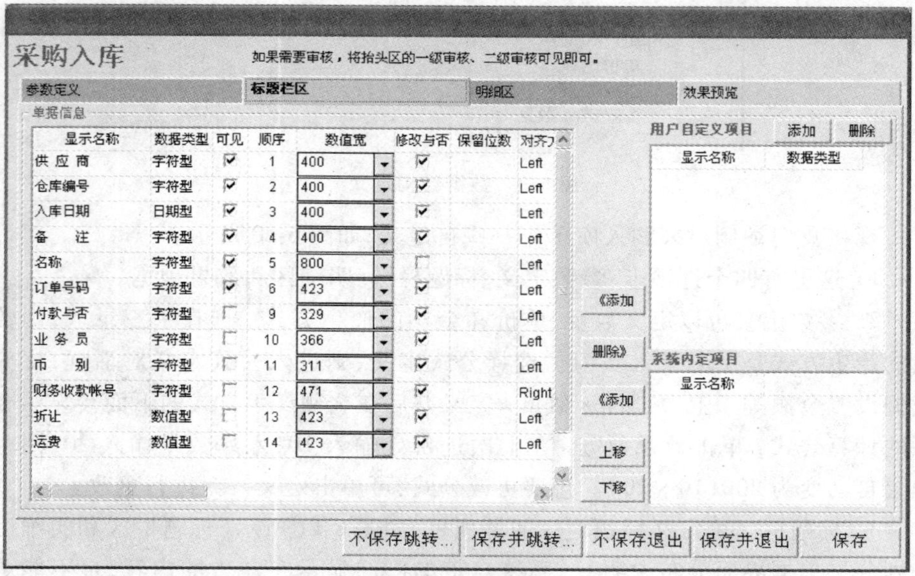

图 6-11 采购入库单“标题栏区”操作界面

如果系统的这些项目不能满足需要，可将不用的项目设为不可见，再添加自定义的项目，自定义项目的名称是可以更改的。点击右边的添加按钮，在弹出的输入框中输入类别，选择数据类型，可自定义添加下拉框、数值型、字符型、计算公式、复选框和日期型的项目。比如我们定义类别为下拉框类型。点击中间的添加按钮，把新定义的类别添加到标题栏区。可以更改类别的显示名称，比如改为大类，进入效果预览可以看到大类下拉框已显示在标题栏区。因为我们这里定义的是一个下拉框，可进入辅助选项对其添加下拉值。单击保存并退出，再退出系统，重新进入系统，进入基本资料菜单中的辅助选项，选择大类，可进入添加大类的下拉选项。

如果添加的是计算公式类型的字段，则添加字段会弹出公式录入对话框，录入公式。以后只要双击要修改计算公式的字段就可以改公式了。

4．明细区可定义明细区的各字段，自定义的方法同标题栏区是一样的，如图 6-12 所示。

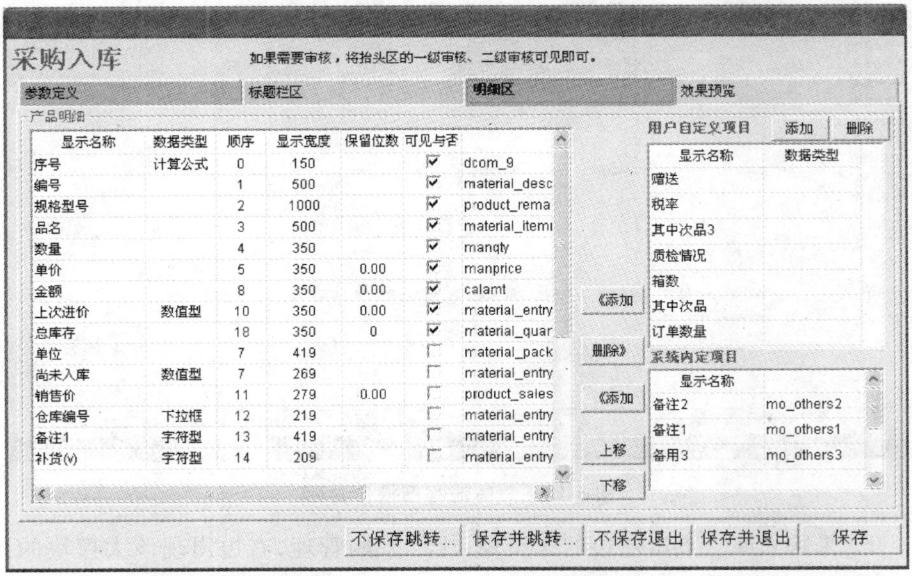

图 6-12　采购入库单“明细区”操作界面

5．接下来说明图 6-12 下方的五个按钮，“不保存跳转”和“保存并跳转”按钮，可以依次对各种单据进行自定义，通过跳转按钮可直接选择单据进行自定义。“不保存退出”按钮对所做的更改不保存退出数据结构定义窗口。“保存并退出"按钮是保存所做的更改并退出数据结构定义窗口。"保存"按钮是保存所做的更改,并保持在当前界面。

6.3.3 软件总体流程图

本系统为了操作的方便,特别设计了总体流程图界面,如图 6-13 所示。根据企业管理的业务过程,可以科学地划分为销售管理、采购管理、仓库管理和财务管理,工厂版本的还有生产管理。

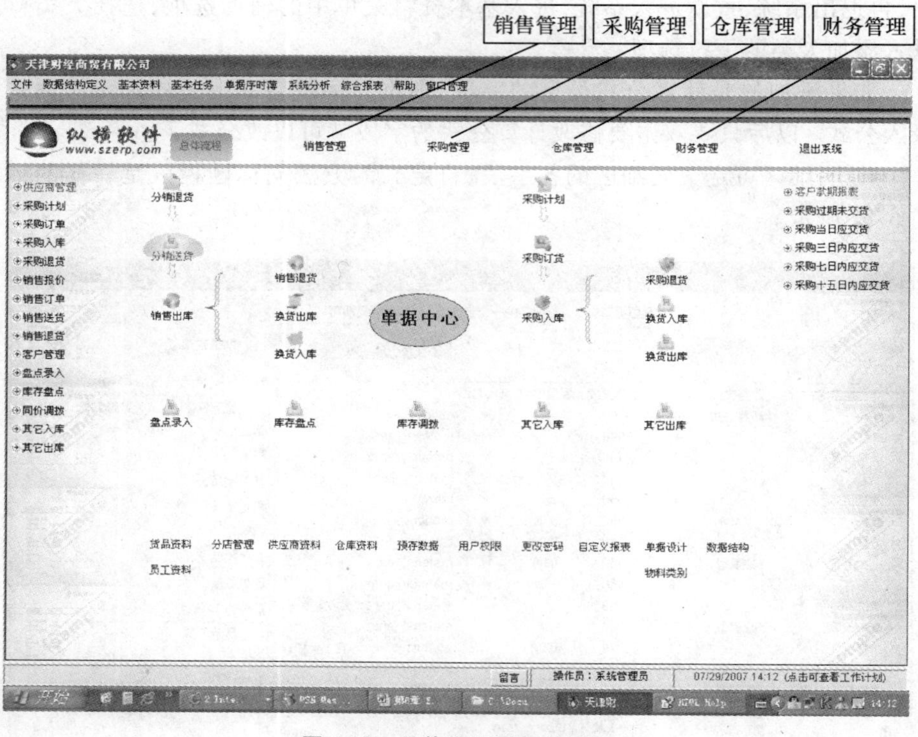

图 6-13 总体流程图操作界面

1. 采购入库。点击左边的大模块,比如采购管理,右边出现该大模块的各具体子模块如供应商管理、物料进价表、采购申请(工厂版本有此功能)、采购入库,采购退货。选择具体的子模块,下面会弹出该子模块中所有的单据。比如选择采购入库(采购入库即显示为红色),如图 6-14 所示。下面会弹出所有采购入库单的明细,可以选择显示不同时间段的明细,比如最近一周、最近一个月等。

新增按钮可以新增采购入库单，进入新增界面。

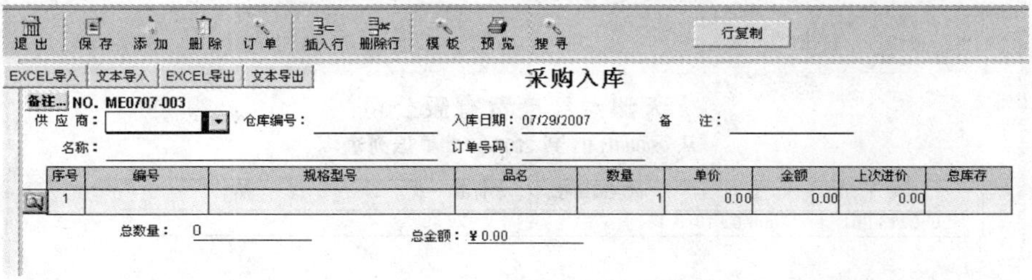

图 6-14　新增采购入库单操作界面

2．搜寻按钮可以输入筛选条件来查询所要的单据，比如查询时间段为所有时间段，单据号为 ME060213 并且编号等于 3101-3581-00 的入库单，如图 6-15 所示。

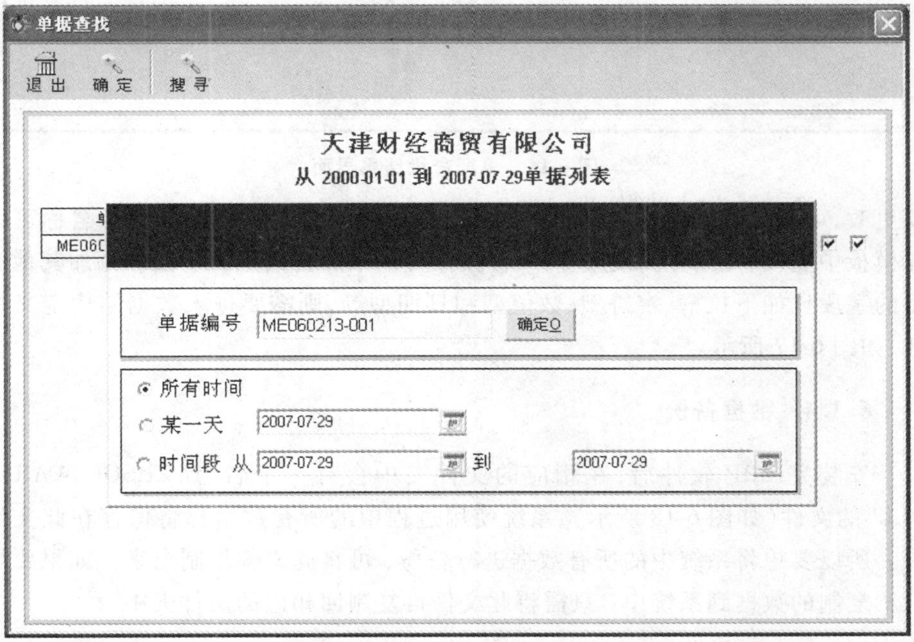

图 6-15　单据查找界面

查询结果如图 6-16 所示。

3．模板按钮可设置各字段可见与否、显示顺序、显示宽度、保留位数、对齐方式、字号等属性。对于系统自带的字段是不能修改显示名称的，如果实在需

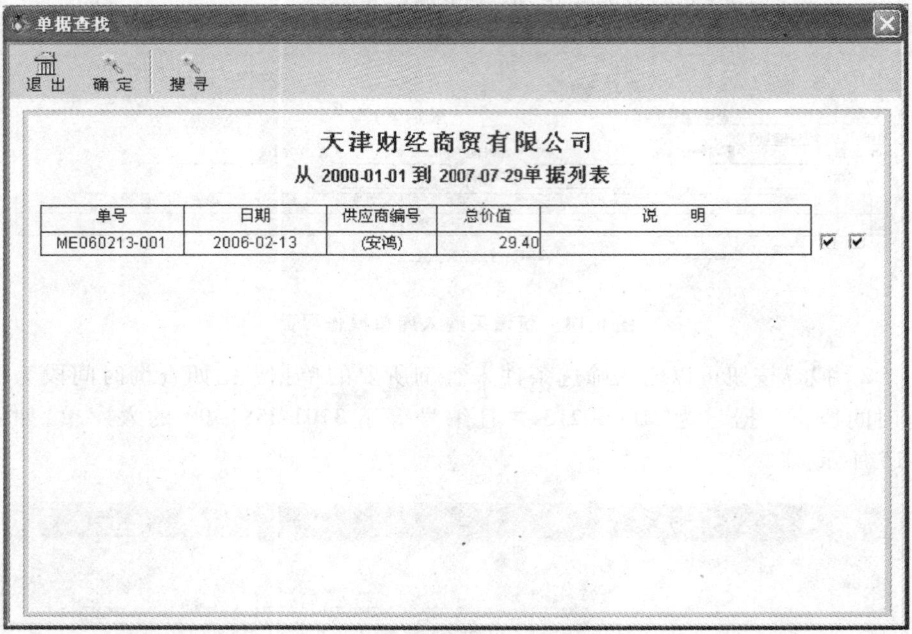

图 6-16　单据查找结果界面

要更改,可进入数据结构定义用强行更改来修改。自定义字段的显示名称可以在模板中更改。在模板中通过插入行按钮可以添加公式型的字段。添加其他类型的字段比如下拉框、字符型、数值型和日期型等,则需要进入数据结构定义添加,如图 6-17 所示。

6.3.4　数据备份

安装完 ERP 软件后,在相应的文件夹中会有一个名为“ZHSOFTWARE.DLL”的文件(如图 6-18 所示),系统使用过程中的所有数据都将保存在此文件中。所以要想将系统中的所有数据进行备份,可将此文件复制出来。如果要导入所复制的数据到系统中,只需将此文件再复制回相应的文件夹中。

6.3.5　业务流程

分销管理软件具有三个业务流程:采购管理流程、销售管理流程和仓库管理流程。下面分别对各个流程进行简单说明。

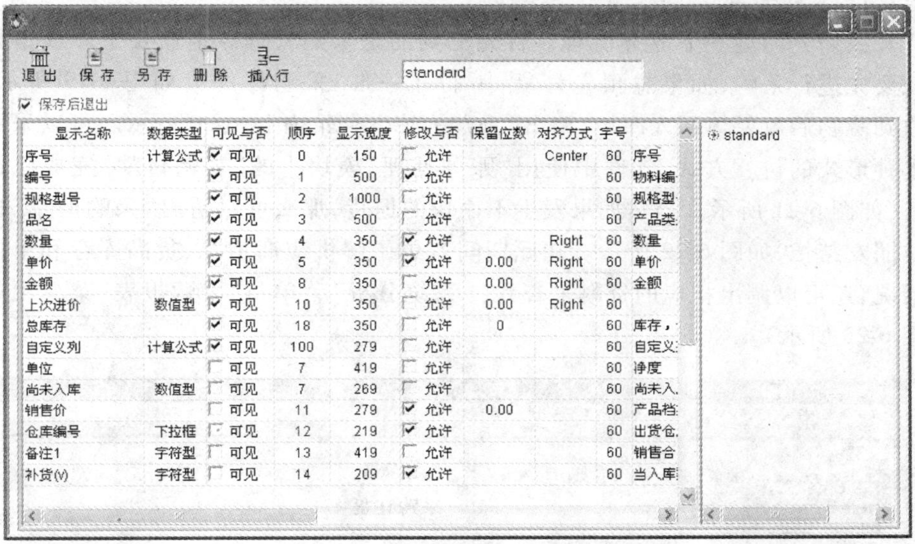

图 6-17　模板设置

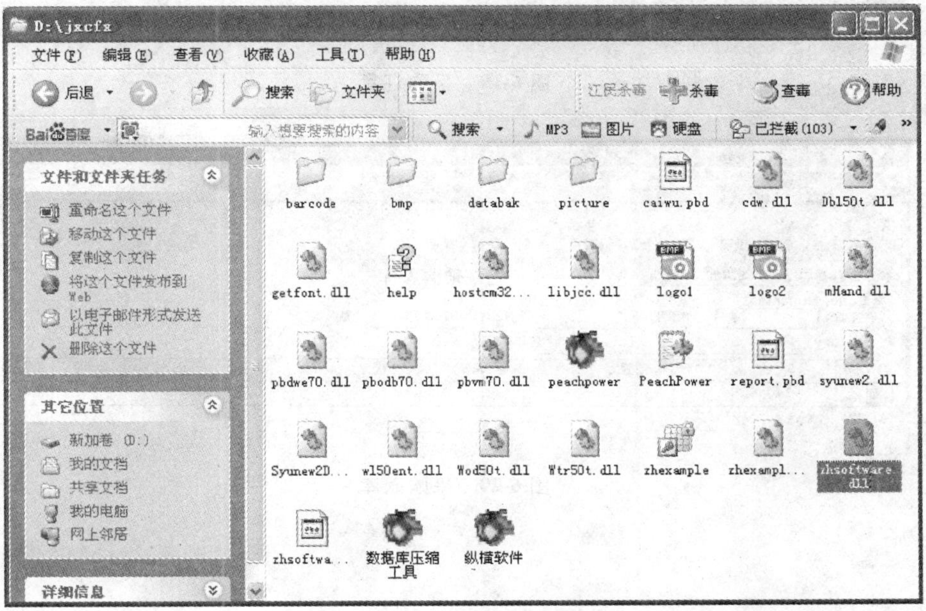

图 6-18　备份文件夹

1. 采购管理

我们先浏览一下业务流程。首先见到的是采购管理。企业要生产或销售就要先进行采购，如果想预先订货，不妨开一张“采购订货”，如图 6-19 所示。收到货物后就要填写入库单，调出“采购入库”界面，如图 6-20 所示。可以采用多种形式的付款方式，软件中使用“账务处理”模块中的“采购付款”完成此任务，如图 6-21 所示。当然如果发生不愉快的退货，那么可以请出“采购退货”这位朋友帮忙，如图 6-22 所示。在此期间若想了解供应商情况、货品库存和单据情况，还可以调出相应的资料来查看(“系统分析”菜单→“采购报表”菜单项如图 6-23 所示)。

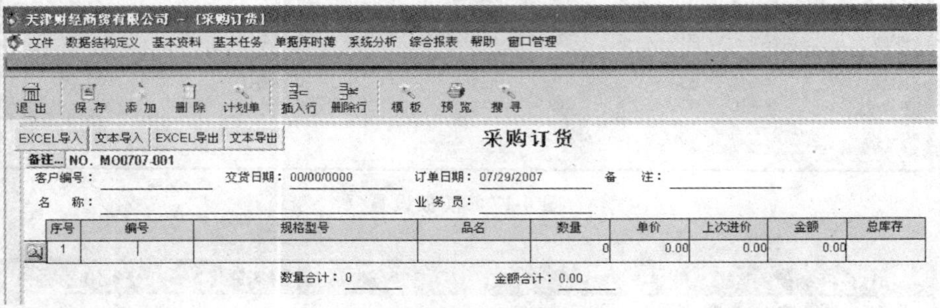

图 6-19 采购订货

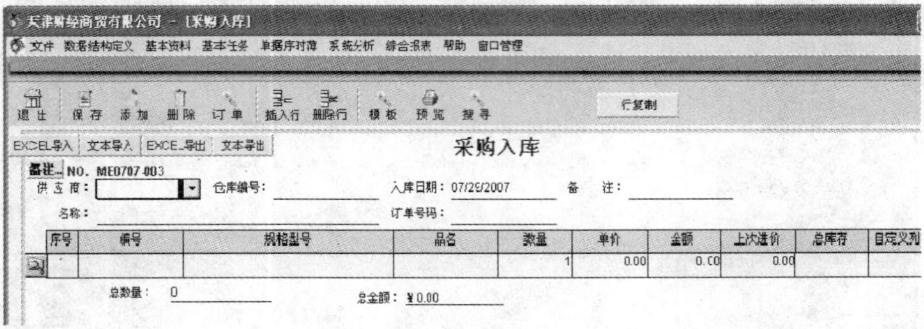

图 6-20 采购入库

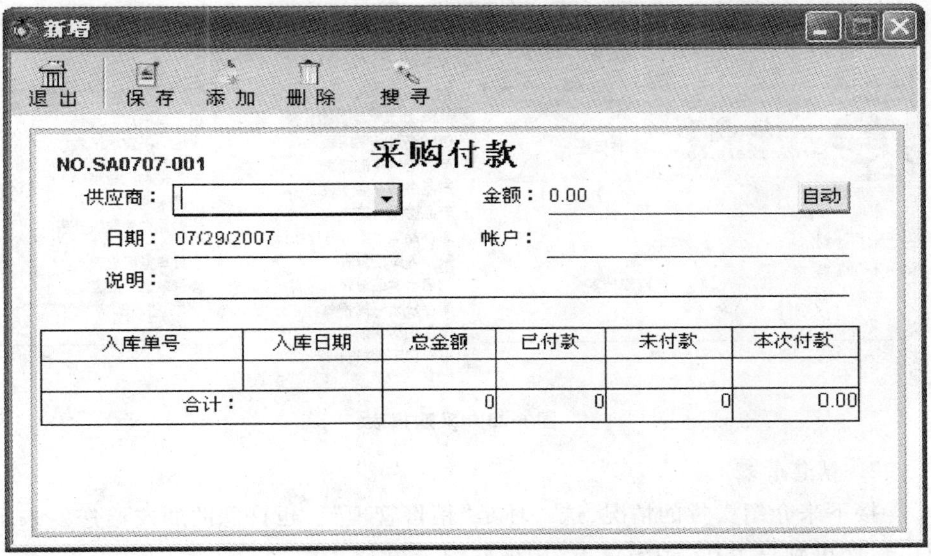

图 6-21　采购付款

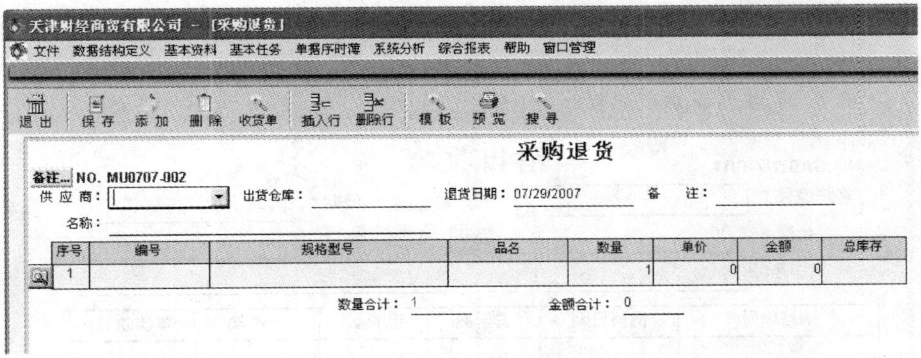

图 6-22　采购退货

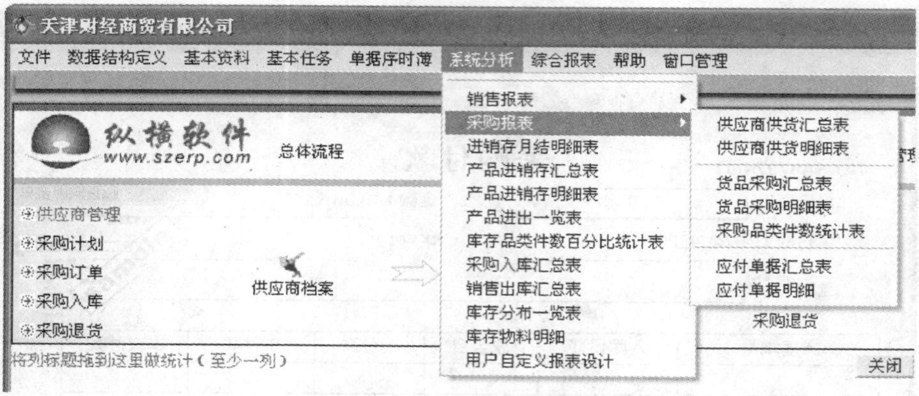

图 6-23　采购报表

2. 销售管理

接下来介绍卖货的情况,这一环是"销售管理"。也许您的朋友给您发来了订单,您可别忘了在"销售订单"中做好记录。

如果您是"现款销售",那么在开单时,就已完成了收款的过程。若遇到老客户要求赊销,您就得做一下"销售收款"的工作,如图 6-24 所示("账务处理"模块中的"销售收款")。

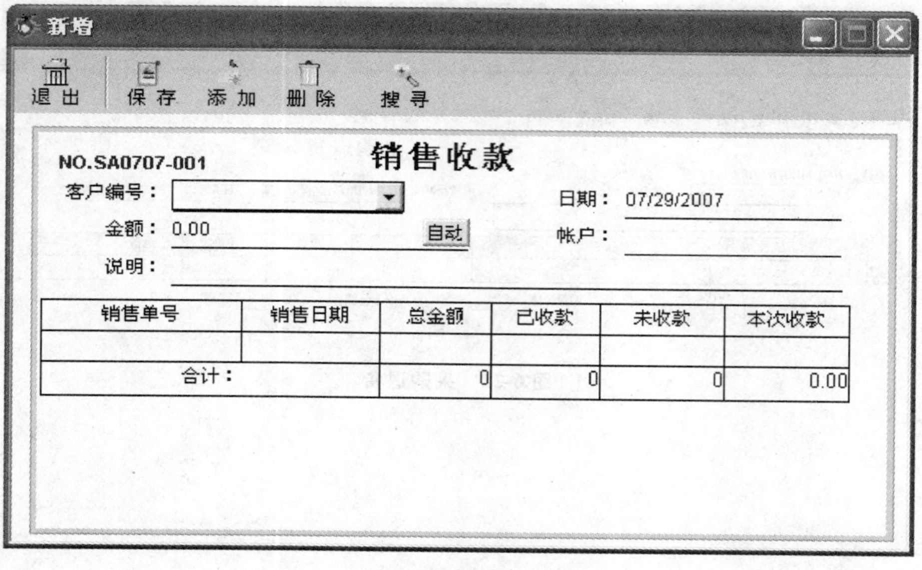

图 6-24　销售收款

万一发生“销售退货”，您的处理方法也是灵活的，既可以退回现金，也可以将退款转入客户预付款，那就可以冲销客户的应收款。当然“客户资料”能及时反映您的收款情况，随时供您查看，如图 6-25 所示。

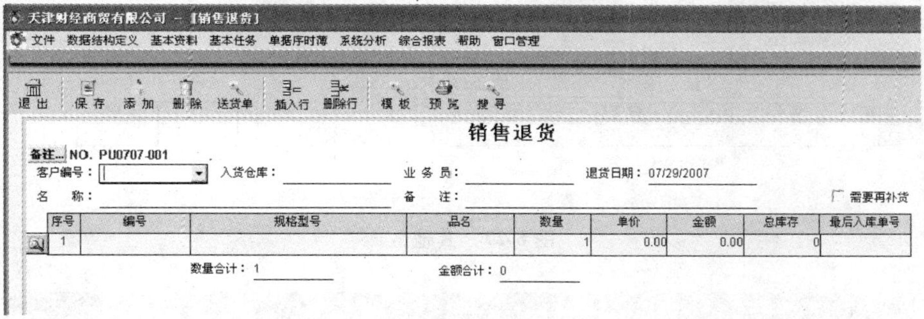

图 6-25　销售退货

在此期间您想了解客户情况、货品销售和单据等情况，还可以调出相应的资料来查看（“系统分析”菜单→“销售报表”菜单项，如图 6-26 所示）。

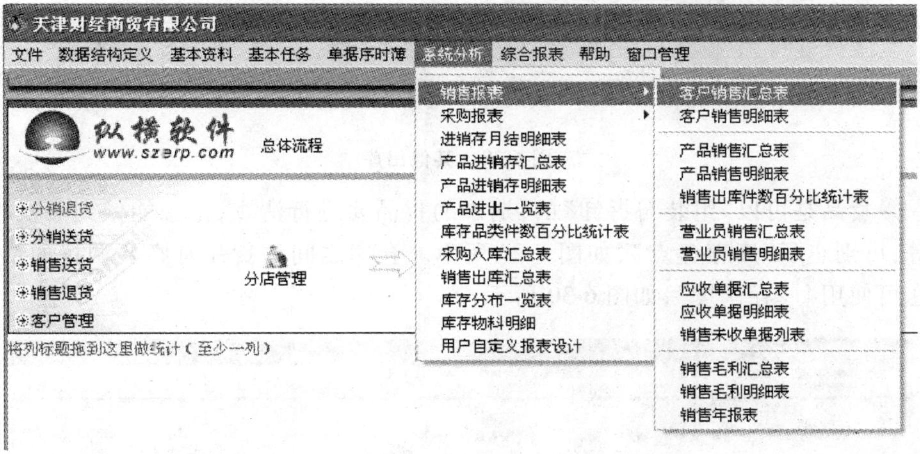

图 6-26　销售报表

3. 仓库管理

有了采购和销售，您一定会想到要进行“仓库管理”。除了上面提到的采购入库和销售出库外，还会有“其他入库”（如图 6-27 所示）和“其他出库”（如图 6-28 所示）。

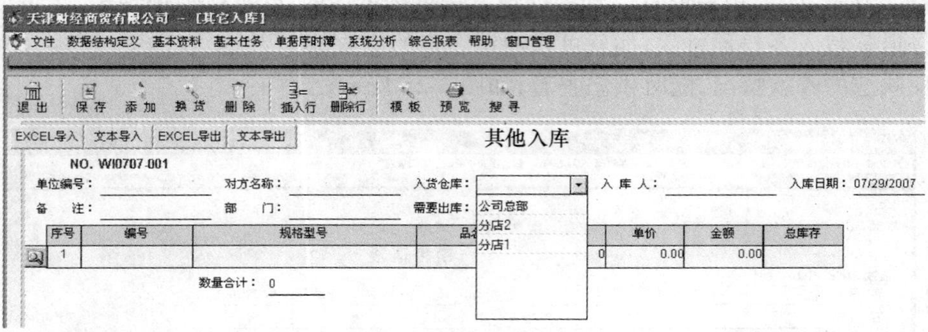

图 6-27　其他入库

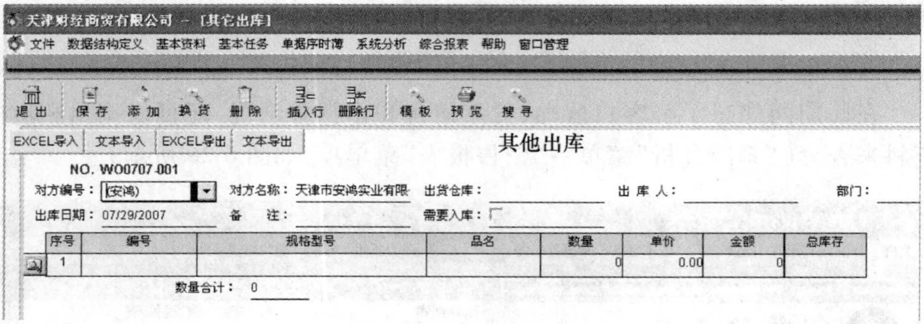

图 6-28　其他出库

货品是可以“组装与拆卸”的，期末的货品要进行清查，使您能做到账实相等，可别忘了“库存盘点”，如图 6-29 所示。仓库之间的货品有必要调拨的话，您可使用“库存调拨”，如图 6-30 所示。

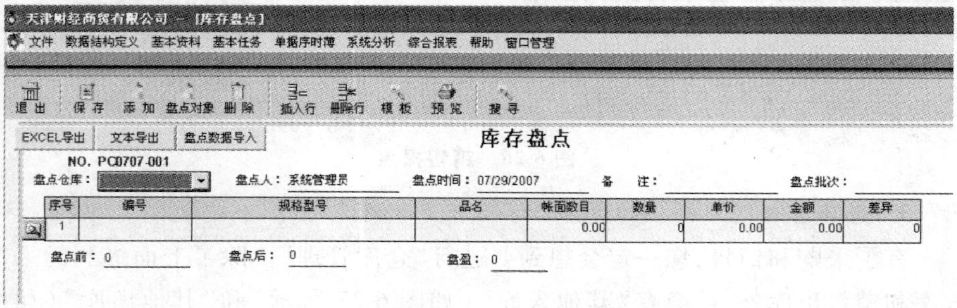

图 6-29　库存盘点

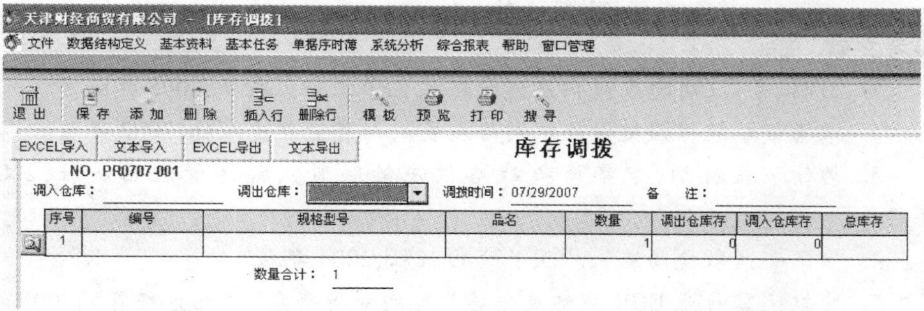

图 6-30　库存调拨

本章小结

本章首先以蒙牛公司销售与分销应用案例为引导，介绍了现代物流与分销的概念，简述了现代物流的特点及发展趋势，并引用了发达国家现代物流发展的经验。本章进一步介绍了市场营销概念、分销概念、分销与物流的关系、分销面临的物流问题以及我国分销领域的现状和所面临的物流问题，并引用国际分销的成功案例，以进一步阐述分销概念。本章重点介绍了创新的分销和配送战略，首先阐明协作是供应链发展的必然趋势，指出传统上供应商和零售商之间是一种以“价格谈判”为核心的竞争关系，若缺乏有效信息，整个分销和配送过程效率非常低，这种低效的分销和配送不适应市场环境的发展，要建立以消费者需求为导向的供应链原则，供应链上各个环节必须打破企业边界，实现企业间的协作。只有如此，高效的分销和配送才有可能实现。本章还简单介绍了通用分销管理系统的功能和特点。

思考题

1. 什么是分销？
2. 分销与现代物流的关系是什么？
3. 论述我国分销领域现状及所面临的物流问题。
4. 为什么说协作是供应链发展的必然趋势？
5. 供应链上各个环节为什么必须打破企业边界，实现企业间的协作？
6. 简述通用分销管理系统的功能特点及作用。

参考文献

1. 刘刚、辜勇、胡晓燕:《供应链管理》,化学工业出版社,2005 年版。

2. 宋华:《物流供应链管理机制与发展》,经济管理出版社,2002 年版。

3. 约翰·盖特纳,宋华译:《战略供应链联盟》,经济管理出版社,2003 年版。

4. 徐章一:《敏捷物流》,中国物资出版社,2004 年版。

5. 贾维:"零售业 ECR 战略及分类管理的分析研究",《北方经贸》,2005 年第 2 期。

教师反馈及教辅申请表

北京大学出版社本着“教材优先、学术为本”的出版宗旨，竭诚为广大高等院校师生服务。为更有针对性地提供服务，请您认真填写以下表格并经系主任签字盖章后寄回，我们将按照您填写的联系方式免费向您提供相应教辅资料，以及在本书内容更新后及时与您联系邮寄样书等事宜。

书名		书号	978-7-301-	作者	
您的姓名				职称职务	
校/院/系					
您所讲授的课程名称					
每学期学生人数	______人_____年级			学时	
您准备何时用此书授课					
您的联系地址					
邮政编码		联系电话（必填）			
E-mail（必填）		QQ			
您对本书的建议：				系主任签字 盖章	

我们的联系方式：

北京大学出版社经济与管理图书事业部
北京市海淀区成府路 205 号，100871
联系人：徐冰
电话： 010-62767312 / 62757146
传真： 010-62556201
电子邮件：em_pup@126.com   em@pup.cn
Q Q：5520 63295
新浪微博：@北京大学出版社经管图书
网址： http://www.pup.cn